生活保障システムの転換

生活保障システムの転換

Transforming Livelihood Security System

To Redress Reverse Function

〈逆機能〉を超える

大沢真理

Mari OSAWA

岩波書店

はじめに　これでは持続しない

1　問題の所在

「ようやく本気」？

二〇二三年一月四日、当時の岸田文雄首相は年頭記者会見で、「異次元の少子化対策」を掲げた。いわく、「昨年の出生数は八〇万人を割り込みました。少子化の問題はこれ以上放置できない、待ったなしの課題です。……若い世代からようやく政府が本気になったと思っていただける構造を実現するべく、大胆に検討を進めてもらいます」(https://www.kantei.go.jp/jp/101_kishida/statement/2023/0104nentou.html)。

「ようやく」と述べたのも道理である。日本政府が「少子社会」という言葉を初めて使ったのは、三十余年前の一九九二年の国民生活白書であり、安倍晋三首相が少子高齢化を「国難」と称して衆議院を解散したのは二〇一七年九月である。国難と称して以来の五年半も、政府が「本気になっ」てはいなかったと、岸田首相は認めたことになる。

従来、少子化の状況は「合計特殊出生率」をつうじて捉えられることが多かった。合計特殊出生率とは、ある年の一五−四九歳の女性一〇〇〇人当たりの出産数を合計した数値である。しかし日本での少子化は、一五−四九歳の女性人口が縮小しているため、仮に出生率が上がっても出生数は増えない、というスパイラルに入っている。実際には率も二〇一五年から低下しているが、いまや数こそが問題となる。従来、年間出生数が八〇万人を割るのは二〇三〇年と予測されていたため、少子化のスピードはハイどころかハイパーというべきである。

少子化をめぐって、各種の報道や諸外国の事例紹介も盛んである。おりしも二〇二三年三月には、民間の「たまひよ妊娠・出産白書二〇二三」が公表された。同白書では、幼い子どもの母親のうち、日本について「出産・育児をしやすい社会」と思うという回答は一〇・七%にとどまり、「あまり+全くそう思わない」という回答が七六・八%だった。出産・育児がしにくいと思う理由(複数回答)で、「経済的・金銭的な負担が大きい」が、母親では九割、父親では八割五分程度で、双方で最多となった(1)。

「経済」こそが問題

比較的若い人びとにとって、経済的な事情が出産・育児への大きなハードルになっていることは、これまでも指摘されてきた。すでに十数年前から、子どもの貧困、ワーキング・プア(就業貧困者)、貧困女子などの言葉が通用するようになり、二〇一三年には子どもの貧困対策法も制定された。後述する「相対的貧困」の定義により、子どもが貧困であるとは、子どもと世帯をともにする成人が貧困であることを意味する。新型コロナウイルス感染症の蔓延《まんえん》(以下、コロナ禍)ではシングルマザーの痛ましい状況も伝えられた。「異次元」と見得を切るなら、この問題にこそ踏み込まなければならない。

なるほど首相はこの年頭会見で、少子化対策の三本柱の第一として、児童手当を中心とした経済的支援を掲げた。しかし、岸田首相の就任以来の国会答弁や政策文書によれば、この内閣に、貧困を削減するつもりも、それ以前に貧困の実態を把握するつもりも、ありそうになかった。

より正確にはこの内閣に「も」、というべきである。というのは、そもそも自民党を中心とする政府は、従来、貧困を量的に把握して公表することがなく、日本社会に貧困が存在することを認めてこなかったからである。これが転換されたのは、民主党を中心とする鳩山由紀夫内閣の発足からまもない二〇〇九年一〇月二〇日である。すなわち、同日の閣議後記者会見で長妻昭厚生労働大臣が、同省の国民生活基礎調査にもとづく「相対的貧困率」を初めて公表したのである。以後、第二次安倍内閣（本書では第三次、第四次を含めて呼ぶ。以下も同）のもとでも相対的貧困率は計測され公表されてきた。それが岸田首相に至って、二〇二一年一二月八日に、相対的貧困率という指標自体が、〝日本にはなじまない〟という国会答弁がとびだした（本書の第二章）。

本書の主旨

貧困とは、日常的な語意では、日々の生計がなりたたないことをさす。日々の生計がおぼつかないようでは、次世代を産み育てることは当然にむずかしい。貧困は当事者にとって深刻な問題であるだけではない。社会の安定を損ない経済成長も阻害するなど、恵まれた層にとってもその克服が課題となる。にもかかわらず、日本の生活保障システムは、人びとの命と暮らしを守るうえで深刻な機能不全を呈している。順調な機能や、逆に機能不全の結果を、「アウトカム（成果）」と呼ぶとすれば、機能不全は貧困・格差の広がりや、経済的な事情による少子化などの「成果」として現れ、社会の持続可能性を脅かす。本書は、そのような生活保障システムの実態を徹底的に検証し、転換を提案したい。

私は、日本の生活保障システムが強固な「男性稼ぎ主」型であることを早くから指摘し、その転換を呼びかけてきた。とはいえ、そうした問題認識も、生活保障システムの型の転換が必要であるという主張も、昨今では新規なものでも特異なものでもない。日本の社会保障ではセーフティネット機能を強化する必要がある、という認識は、二〇一〇年前後には政権交代を越えて与野党に共有されたかに見えた。たとえば二〇一二年一一月に民主党の野田佳彦《よしひこ》首相に任命された社会保障制度改革国民会議は、一二月の総選挙による自民党・公明党連立政権への交代をまたいで、二〇一三年八月に安倍晋三首相に報告書を提出した。同報告書は、社会保障の機能強化のために、「生活保障モデル」を「一九七〇年代モデル」から「二一世紀（二〇二五年）日本モデル」へと転換するように提唱していた。

その「一九七〇年代モデル」とは、「正規雇用・終身雇用の男性労働者の夫と専業主婦の妻と子ども」という家族を前提に、「現役世代は雇用、高齢者世代は社会保障」という「生活保障モデル」だったという(本書の第六章)。本書の用語では「男性稼ぎ主」型である。社会保障制度改革国民会議のこうした提言が、第二次安倍内閣によっていかに受けとられたかは、第六章でつぶさに検証される。

私の議論の特徴は、機能不全という以上に、むしろシステムが命と暮らしを脅かすという意味で、「逆機能」していることに警鐘を鳴らす点にある。しかも、日本の生活保障システムの逆機能は亢進《こうしん》してきた。二〇二〇年初めからのコロナ禍のうえにコロナ対策も逆機能したことによって、まさに命と暮らしが大きく損なわれている。遅きに失したとはいえ、「男性稼ぎ主」型から脱却せずに日本社会の持続可能性はない。

本書の筋立て

それにしても、日本の現状は諸外国と比べてどうなのか、という疑問が起こるだろう。関連する研究が明らかにしてきたのは、いわゆる先進諸国のあいだでも生活保障システムは多様であって、貧困や格差の事情にもかなりの違いがあること、「リーマン・ショック」やコロナ禍のような危機にたいしても、多様な脆弱性《ぜいじゃく》/レジリエンスを示したことである(リーマン・ショックにつき、一一六、一五三—一五四頁を参照)。グローバルに見ると、一九九〇年代初めのソビエト連邦の崩壊にともない、東西「冷戦」、すなわちアメリカを中心とする資本主義諸国(主として欧州の西側、日本を含む)と、ソ連を中心とする社会主義諸国(主として欧州の東側、キューバなども含む)との厳しい対立構造は終焉《しゅうえん》した。それが一つの画期となって、資本主義が同時代のなかでも国や地域によって多様であることが盛んに研究されてきたのである。

本書の第Ⅰ部では、そうした多様性のなかでの日本の位相を見届けたい。第Ⅱ部では、二〇〇〇年代初めから岸田文雄内閣に至る日本政府の政策の展開を追究する。その焦点は、日本の憲政史上最長の在任期間を記した安倍首相の政策にあてられる。

ここではややランダムに、まず貧困事情、そしてコロナ禍中の死亡事情について見よう。

2　貧困事情

ＯＥＣＤ諸国との対比

日常語と区別される「相対的貧困」とはなにか、押さえておこう。こんにち経済協力開発機構（ＯＥＣＤ）諸国について、定期的に世帯ごとの収入および支出のデータが収集されている。日本の報告データは国民生活基礎調査の大規模調査にもとづく。国民生活基礎調査は一九八六年に開始し、以後三年ごとの大規模調査で前年の所得を調査してきた。なお国民生活基礎調査という調査の妥当性や各種の指標は、第二章で検討し紹介しよう。

当初所得から直接税と社会保険料を負担し、社会保障現金給付を受けたあとの所得を、「可処分所得」と呼ぶ。その額を世帯員の人数によりならし（世帯員数の平方根で割る、これを「等価」にするという）、その中央値をとって、中央値の五〇％に満たない低所得が、「相対的貧困」の水準とされている（四〇％や六〇％のレベルも参照される）。相対的貧困の水準に満たない低所得世帯の人口の比率が、相対的貧困率である（以下、基本的に貧困率と呼ぶ）。相対的貧困という指標の限界についても、第二章で踏まえる。

ここではＯＥＣＤの所得および資産分配データベースの「主要指標（Key Indicators）」により、直近の横断的な事情を見よう（https://www.oecd.org/en/data/datasets/income-and-wealth-distribution-database.html）。まず、二〇二四年一二月一八日時点で、加盟の三八カ国中三七カ国について、二〇二一年ないし直近年の貧困率を、高齢層、現役層などの年齢グループ別に通観できる。現役（労働年齢）層とは世帯主が一八―六四歳である世帯の人口、高齢層は世帯主が六五歳以上である世帯の人口、子どもは、それらの人口から一八歳未満をとりだしたものである。つまり前記のように、子どもが貧困であるとは、子どもと世帯をともにする成人が貧困であることを意味する。

主要指標から第一に気がつくのは、諸国の貧困率に小さくない差異があるなかで、日本の貧困率は、いずれの年齢グループでも一〇%を超え(高齢層では二〇%)、三七カ国で高いほうである点だ。

第二に主要指標は、現役層の「就業貧困者(ワーキング・プア)」の比率も示している。就業貧困者とは、世帯主が労働年齢であり一人以上が就業する世帯において、等価可処分所得が相対的貧困の水準に満たない、という世帯のメンバーをさす。その比率は欧州連合(EU)メンバー国では、スペインを別として、一〇%以内である。EU外の諸国のうち、コスタリカ(一五・一%)等の七カ国で一〇%を超えており、アメリカ(一二・四%)と日本(一〇・四%)がそこに含まれる。(2) 働いても貧困、という事態である。

第三に、現役層のうち若者(一八—二四歳)の数値に注目すると、日本での貧困率は一六・九%で、子どもの一一・五%や若者以外の現役層の一二・二%よりもかなり高く、OECD諸国のなかでも七番目に高い。つまりすぐ上下の年齢層に比しても、他国に比しても、日本では若年層の貧困率が高い。

子どもがいる現役層の貧困事情

では現役層で子どもがいる世帯(有子世帯)はどのような状況にあるのか。二〇一八年頃の数値を掲載したOECD家族データベースによれば、日本での貧困率は、有子現役世帯総数でも、うち成人が二人以上の世帯の人口でも、一一%から一三%程度で、分布の中ほどにある(OECD Family Database, 4. Child Outcomes, CO 2.2)。

ところが、「ひとり親」では様相が一変する。ここでの「ひとり親」は、有子の単身成人(一八—六四歳)の世帯をさす。ひとり親の大多数はいずれの国でも女性、つまりシングルマザーであり、ひとり親およびその子の貧困率は、女性がひとりで子育てすることが経済的に厳しい、という度合の代理指標といえよう。そのシングルマザーの貧困率は、日本で四八・三%、韓国で四七・七%と、OECD諸国で最悪である。(3) また、アングロサクソン系の諸国の多くでも、四〇%を超える高い数値となっている。シングルマザーの貧困率が二〇%を切っているのは、アイスランド、フィンランド、デンマークの三国にすぎない。

ここで、ひとり親が貧困であるのは、就業率が低いためではないか、という推測が起こりうる。OECD家族データベースで、ひとり親が就業しているか無業かを区別している版(二〇一二年頃の数値を掲載)を見ると、OECD諸国に中国とインドを含む四一カ国のなかで、日本とインドでのみ、ひとり親が就業する場合に、無業の場合よりも貧困率が高い。つまり日本とインドでは、ひとり親の所得が低いのは働いていないためではない。ひとり親ないし母子世帯の貧困率と就業率の関連を、第四章で見よう。

「男性稼ぎ主」型のエビデンスも

二〇一四年頃の数値を掲載したOECD家族データベースは、三二カ国について、有子カップル世帯を、成人ひとりが就業しているか、成人が二人とも就業しているかに分けて、貧困率を示している。日常的な用語でいえば、片稼ぎカップルと共稼ぎカップルの貧困率の差が分かるのである。貧困率の水準は国によって異なるので、貧困率の差を比率にすることで(片稼ぎカップルの貧困率aと共稼ぎカップルの貧困率bについて、(a-b)÷a×100%と算出)、世帯の二人目が稼ぐことによって貧困リスクが緩和されうる度合が、近似的に表される(図序-2)。稼げば貧困から脱する見込みがあることを、「稼ぎがい」と呼ぶとすれば、二〇一四年頃の数値が示されている三二カ国で、その稼ぎがいが最も低いのは日本である。最も低いというか、日本での数値は一三・六%であり、それについで低いスペインが六四・五%、三二カ国のうち二三カ国で八〇%を超えるのであって、日本の第二の稼ぎ手の稼ぎがいの低さは、まさに「異次元」である。「男性稼ぎ主」型が優勢である度合、といってもいい(4)。

日本の有子世帯のなかで、共稼ぎカップルの貧困率は一一・四%で、表示三二カ国のなかで最も高い。半面で片稼ぎカップルの貧困率である一三・二%は、中位よりだいぶ低い。これにたいして、たとえばアイルランド、デンマーク、およびドイツでは、有子共稼ぎカップルの貧困率が一%以下であり、共稼ぎをすれば貧困に陥るリスクはまずないといってよい。

所得再分配が貧困を深める？

そしてより細かく人口を区分すると、日本では、可処分所得レベルの貧困率が、当初所得レベルの値より高い区分が出てくる。当初所得のレベルの貧困率とは、当初所得の分布にたいして、可処分所得レベルでの貧困の基準を用いて算出する代理的な指標である。当初所得レベルと可処分所得レベルの数値の差は、政府の税・社会保障制度による所得再分配が不平等や貧困を削減する機能を、近似的に示すものといえる。

可処分所得レベルの貧困率のほうが高いとは、政府による所得再分配が貧困を削減する機能が、低いというにとどまらず、マイナスであることを意味する。つまり、所得再分配が貧困をかえって深めるという事態を示唆する。私はこれを日本のシステムの「逆機能」の現れと見ている。逆機能が生じた人口区分とは、現役層のうち世帯の成人が全員就業する世帯（共稼ぎ世帯、就業するひとり親、就業する単身者）（ＯＥＣＤの二〇〇九年の分析）、就業者全般（駒村康平たちの二〇一〇年の分析）、そして子ども（阿部彩が一九八五年から二〇一八年まで逐次分析）、である。いっぽう、専業主婦世帯、失業者や高齢者では、所得再分配により貧困が削減されている（大沢二〇二〇）。

阿部彩は、国民生活基礎調査による二〇一八年のデータを分析し、女性でのみ、〇－四歳児、および二五－二九歳で、可処分所得レベルの貧困率が当初所得レベルの値より高いことを見出した（阿部二〇二一：スライド22）。

女性を罰している

ひとり親の貧困率がＯＥＣＤ諸国で最悪であり、第二の稼ぎ手の稼ぎがいが格段に低いこと、所得再分配がかえって貧困を深めている恐れがある、という事態である。これについて私は、女性が働くこと、そして子どもを産み育てることにたいして税・社会保障制度が「罰を科している」、女性処罰的である、と表現したい。罰を科しているという表現を二〇一五年以来、使ってきた(大沢二〇一五)。実際に社会学の調査研究では、子どもをもつことで賃金が下がるという効果が、女性でのみ見出され、「マザーフッド・ペナルティ」と呼ばれている(竹内二〇一八、有田二〇二〇)。男性ではそうした効果は見られないのであって、「チャイルド・ペナルティ」と呼ぶことは不適切である。

ところでオーストラリア出身の公共哲学者ケイト・マンは、二〇一八年の著書『ひれふせ、女たち――ミソジニーの論理』で、「ミソジニー」の理解を転回させる必要があると主張した。すなわち、「素朴な概念」ではミソジニーは、女性を嫌悪する個人の属性と見られてきたが、個人の(深層)心理ではなく、社会環境の属性と見るべきである。それは「家父長制」が女性に配当する「(男性への)与え手」という役割と位置を引き受けない女性を、統制し処罰するメカニズムである。ミソジニーは「純粋に構造的な現象」でありうる。制度や社会的構造も(規範や実践とともに)、それを具現化する、というのである(Manne 2018: 18–20)。

女性が働くこと、そして(ひとりで)子どもを産み育てることが、税・社会保障制度によって「罰を科される」とは、マンが定義するミソジニーの具現化でなくて何だろうか。少子化や人口減少を首相が「国難」とまで称する国で、そのような「罰」があることは、素直に考えれば不合理という以外にない。私は従来そう述べてきたが、不合理ゆえの少子化とその加速なのだろう。

日本の貧困事情は、ＯＥＣＤ諸国のなかでも惨憺《さんたん》たるものといわざるをえない。そうした貧困・不平等と生活保障システムのモデルとの関連が、従来どのように研究されてきたか、序章で整理する。また、コロナ禍が所得の状況に何を生じさせたかは、第七章で見ることとしよう。

3　コロナ禍の死亡事情

ここでは、コロナおよび関連の被害のなかでも死亡の事情を見よう。コロナによる直接の健康被害は、生活保障システムのなかでも保健医療体制の機能を示すと考えられ、その終局的「成果」は死亡であろう。

コロナによる死者数がG5＋韓国で最悪に

Our World in Data で一〇〇万人当たりの死者数を「G5」、すなわちアメリカ、イギリス、ドイツ、フランス、日本の五カ国に韓国をくわえて見渡すと、日本は二〇二二年八月中旬から九月中旬にかけてトップに位置し、その後低下したものの一二月末から再びトップに躍り出た。厚生労働省HPの「データからわかる――新型コロナウイルス感染症情報」によれば、日本の死者で新型コロナウイルス感染症によると確認された者の累積数は、二〇二三年五月八日時点で七万四六八八人となった（以後、データは更新されないこととなった）。一日あたりの死者数は、二〇二二年一二月末にそれまでの最多を更新し、二三年一月中旬には五〇〇人に迫った。一〇〇人を切るようになったのは三月中旬である（https://covid19.mhlw.go.jp/）。

四年を超えるコロナ禍において、ワクチン接種の一定の普及にもかかわらず、二〇二二年末から二三年春先にかけての時期にこそ、最も多くの人が亡くなったのだ。民法・医事法を専門とする米村滋人《しげと》は、死者数の年ごとの増加にもとづき、日本政府のコロナ対策は二〇二一年以降こそが、「明らかに失敗だった」と断じる（米村二〇二三）。

男性のリスクが高いのか

右記「データからわかる――新型コロナウイルス感染症情報」で、二〇二三年四月二五日までの性別・年齢階級別のコロナ累積死者数を見ると(性・年齢階級が不明ないし非公表の死者数は一万三〇〇〇人余り)、その性比はポスト第二波と見られる二〇二〇年一〇月一日までは、女性一〇〇にたいして男性が一六八・三だったものが、その後は逐次低下し、二二年七月一日以来、第七波をへて第八波が収束したと見られる二三年四月二五日までのあいだでは、一一〇・五となっている(https://covid19.mhlw.go.jp/のデータから計算)。

ようするにオミクロン株による第七―八波では、コロナ死者が男性に多いとは、いえなくなった。年齢階級別には、女性の死者は九〇代が最多で九〇代と八〇代に集中しており、男性では八〇代が最多で、六〇代から九〇代に分散している(本書の図7-7)。そこで女性では八〇歳以上、男性では七〇歳以上を「高齢者」と捉え、都道府県別に二〇二一年一〇月一日の総務省の人口推計にたいしてコロナの累積死者数を見ると、どうだろうか(一八の県では、死者数の性別・年齢階級別の数値が示されていない)。女性の八〇歳以上の人びとでは、全国では人口の〇・三%がコロナで亡くなっていた。この全国値を超える道府県は、大阪府の〇・五七を筆頭に、沖縄の〇・五二、北海道の〇・四五、熊本の〇・四五などが高い。男性の七〇歳以上の人びとでは、全国では人口の〇・二四%がコロナで亡くなっていた。この全国値を超える道府県は、大阪府の〇・五を筆頭に、北海道の〇・三八、沖縄の〇・四二などが高い。また、数値がえられる都道府県で、福島県と東京都を除く二七の道府県のすべてで、女性の比率のほうが高い(図7-8)。

米軍基地を密に抱える沖縄県の数値は別件と見るべきで、男女とも突出しているのは大阪府である。コロナ禍において、「高齢」女性であること――そして大阪府民であること――が、「罰を科された」と感じられる数値である。

二〇二三年五月をもって、新型コロナウイルスの感染法上の位置づけは二類相当から五類相当に移された。共同通信の二〇二四年一〇月二四日付の報道によれば、同日公表の厚生労働省人口動態統計から、二三年五月以来二四年四月までの一年間で、コロナ死者数は三万二五七六人に上った。二類相当だった約三年間の累積死者数七万四六八八人にたいして、〝コロナが明けて〟からの一年間の数値である。季節性インフルエンザの一五倍であり、その死者の約九七%が高齢者だった(https://nordot.app/1222153845343044039)。性別は、人口動態統計からは不明である。

超過死亡という問題

とはいえ、以上はPCR検査によって確認された死者であって、コロナに感染したもとで持病が悪化して亡くなった人、コロナに感染はしなかったが医療資源の逼迫《ひっぱく》などにより適時の治療を受けられずに亡くなった人、医療機関以外の場所で検査しないまま亡くなり、老衰などと診断された人などの数を含まない。元来、「死因」の特定が容易でないなかで、コロナ関連の死者数などが、国際的にも国内でも推計されてきた。それらの研究が示唆するのは、確認された死者数が、とくに日本で相当に過少だ、という点である。国際保健学者の坂元晴香が紹介するように、ある期間内に観察される死亡数が、なんらかの外的でかつ一過性の事象により、通常の予測死亡数を上回る現象を、「超過死亡」という。外的かつ一過性の事象には、大規模感染症の発生や、大災害・武力攻撃などにより医療提供体制が広域的に毀損《きそん》されたりすることが、含まれる(坂元二〇二四)。

医学誌『ランセット』に二〇二二年三月に掲載された論文によれば、日本の超過死亡率は報告された死亡率の六倍を超える。世界では倍率は三程度であり、高所得国ではおおむね二を下回り、韓国での倍率は〇・八である。また、コロナに起因する不安や抑鬱は自殺を増加させると推測されるものの、二一年一二月末までのあいだの自殺の増加は、世界一九一カ国のうち日本を除いては稀《まれ》であるという(COVID-19 Excess Mortality Collaborators 2022: 8, 19–20)。急いで付言すると、後述するようにコロナ禍の日本で自殺が増えたのは、比較的若い女性であり、男性の自殺は減少した。そして、日本以外に韓国でも女性で自殺が増えた。

「日本の超過および過少死亡数ダッシュボード」(https://exdeaths-japan.org/)によれば、二〇二〇年一月初めから二二年一〇月末までの超過死亡の累積数は、五万一六四八－一五万二八三四人である。同期間の確認されたコロナ死者数は四万六七六五人であり、例年の死亡数をもとに推定される死亡数(点推定)からの超過数は一五万二八三四人であって、コロナ死者数の三・三倍である。坂元によれば、二〇二〇年一月から二二年一二月のあいだ大きな超過死亡数が見られた疾患は、脳心血管、呼吸器、そして老衰だった。また右記ダッシュボードの補足資料によれば、都道府県別に、確認されたコロナ死者数にたいして超過死亡数が大幅に多い県では、老衰死が多いように思われる。

人口動態統計によれば、老衰は、二〇一八年から日本の死因の第三位であり、以来とくに女性で増えて二一年からは女性の死因として第二位となった(男性では同年の第五位から二三年に第三位)。しかし諸外国では多い死因ではない(『朝日新聞』二〇二二年一〇月一九日付)。二〇二〇年一月から二二年一二月のあいだの老衰による超過死亡数は、七九五四—二万二五八六人だった。「老衰」では、「大往生」だからと、治療はおろか検査もされずに死亡診断されるのであり、「長生きしすぎた」ことへの「罰」のように感じるのは、ひがみだろうか。

比較的若い女性の自殺が増えた

いっぽう『令和六年版 自殺対策白書』(厚生労働省二〇二四)の参考資料2によれば、自殺による死者数の累積は、二〇二〇年からの四年間で八万五八〇六人であり、コロナ死者数に匹敵する。コロナ禍直前の五年間(二〇一五—一九年)の平均自殺数を計算すると女性で六六五一人、男性で一万四九九九人である。それにくらべて、二〇二〇年には女性で三七五人多く、男性では九四四人少なかった。二〇二一年には女性で四一七人多く、男性で一〇六〇人少なかった(小数点以下を四捨五入)(5)。

二〇二〇—二一年の二年連続で自殺が増えた女性について、厚労省HPの「自殺の統計:各年の状況」で職業別(表7)を見ると、「被雇用者・勤め人」では右記の直前五年間平均にたいして、二〇年に三八六人、二一年に四〇一人多かった。ついで増加が大きいのは、「学生・生徒等」で、それぞれ一四〇人と一六二人多かった。半面で「主婦」では、それぞれ六七人と九九人少なかった。

前記白書の参考資料2で年齢階級別の自殺死亡率(一〇万人当たりの自殺者数)の推移を見ると、女性では九歳未満(一貫してゼロ)を除くすべての年齢階級で二〇一九年から二〇年にかけて急上昇した。二三年にかけては二〇—二九歳と一〇―一九歳で上昇がいちじるしい（二二年に二〇―二九歳で低下）。これにたいして男性では、二〇一九年から二〇年にかけて、一〇―一九歳、二〇―二九歳と八〇歳超を除くすべての年齢階級で低下ないし同率となり、四〇―四九歳を別として、二一年にかけてさらに低下した。二〇二二年にかけては多くの年齢階級で上昇したが、二三年には落ちついた。二〇二〇―二二年の一〇―四九歳の女性では、自殺数は九〇〇九人、コロナ死者数は二三五人で、自殺者数が三八倍にのぼった。これは少子化を確実に加速する事象である。

では、諸外国での自殺の状況はどうだったのか。『令和四年版 自殺対策白書』は、韓国、イギリス、ドイツ、アメリカ、カナダの二〇一五―二〇年の自殺死亡率の動向を、日本と対比している。二〇一五―一九年の平均にたいして二〇二〇年に、女性では韓国、日本、イギリスで上昇し、他の三国では低下した。男性では、イギリスでのみ上昇し、アメリカは同値であり、日本を含む他の四カ国では低下した（厚生労働省二〇二二：七一―七二）。

対比の対象となった欧米諸国と日韓とでは、男女の立場や役割、およびジェンダー関係の質が異なることが示唆される。試みに、世界経済フォーラムが毎年公表するジェンダー・ギャップ指数を二〇二〇年について見ると、対象欧米諸国では、アメリカの〇・七二四がやや低いほかは、〇・八に近い数値であるのにたいして、韓国は〇・六七二、日本は〇・六五二である。ジェンダー不平等は女性にとって「致命的」という表現が思い浮かぶ。

「姥《うば》捨て」社会を生きることを拒否

この国の生活保障システムは、コロナ禍以前から女性に「罰を科していた」。そして四年余にわたるコロナ禍および関連の死亡の状況から、いまやむき出しの「姥捨て」社会になりつつあると感じざるをえない。それが、若年から中年の女性の将来展望を明るくするわけではないことは、自殺の動向に示されている。

韓国の作家で『破果』の著者であるク・ビョンモは、朝日新聞のインタビューにこう語っている（『朝日新聞』二〇二三年三月一九日付）。

自己犠牲ばかりが目に付く母親の姿を見て育った娘たちは「母親のようにはならない」と結婚と出産を拒否します。……そもそも、女性が幸せに暮らせる社会的なセーフティーネットが備わっていたら、「母親の老後はきっと幸せだ」と娘たちが十分に予想できる社会だったら、少子化という現象は今ほど深刻ではなかったはずです。

作家の鋭い感性も、日韓の娘たちが、結婚と出産の拒否を突き抜け、「女性を罰する」社会で生きることそのものを拒否したとは、捉えなかったのだろうか。

4 小括

日本で出産・育児へのハードルの一つが「経済的な事情」であることを糸口にして、ややランダムに見てきたのは、日本の生活保障システムの次のような「成果」である。

第一に、OECD諸国のあいだで貧困率に小さくない差異があり、日本の子ども・現役層・高齢層のいずれの数値も有数に高い。第二に、日本のひとり親とその子どもの貧困率はOECD諸国で最悪であり、韓国がこれに続く。ひとり親の大多数はシングルマザーである。第三に、日本では政府による所得再分配が貧困を削減する機能が低いなかで、第二の稼ぎ手の稼ぎがいがOECD諸国で格段に低く、その意味で「男性稼ぎ主」型が異次元の強固さをもつ。いくつかの人口区分では、所得再分配によりかえって貧困が深められている恐れがある。その人口区分とは、共稼ぎ世帯、就業するひとり親、就業する単身者、幼女と若年女性などである。つまり、日本の税・社会保障制度は、女性が働くこと、そして子どもを産み育てることにたいして、処罰的である。

第四に、コロナ禍という災害において生活保障システムはどのように機能したのか。コロナ禍では、感染症による痛苦や死亡だけでなく、行動制限等によるストレス、雇用や所得の喪失など、さまざまな被害が生じた。システムのうち保健医療体制の終局的な「成果」を、死亡事例で見ると、日本の人口当たり死者数は二〇二二年夏および二二年末から二三年初めにかけて、G5および韓国という諸国で最多となり、その死亡は男女の高齢層に集中していた。女性の八〇歳以上、男性の七〇歳以上について、人口にたいするコロナ死者の比率をとると、都道府県により相当の差がありながら、福島県と東京都を除く道府県で、女性の死者比率が高い。男女とも比率が高い道府県では、コロナ対策が高齢者処罰的に機能した疑いがある。

第五に、確認されたコロナ死者数は、相当に過少だったと推測される。超過死亡の数はコロナ死者の三倍以上に上り、その倍率が高い県では、「老衰」死が多かった。老衰死者の多くは高齢女性と見られ、保健医療体制が「婆さん」処罰的だった恐れがある。第六に、コロナ禍で自殺が増えた国は稀であるところ、日本と韓国では女性の自殺数が増加した(男性では減少した)。日本で自殺率が急増したのは比較的若年の女性であって、コロナ禍の経済社会情勢およびコロナ対策が、「娘」処罰的だったという点が浮上する。

目次

＊本書において、ウェブサイトの最終閲覧日はすべて二〇二五年二月二八日である。

序章　生活保障システムの機能と型

貧困・不平等と生活保障システムのモデルとの関連は、従来どのように研究されてきたのか。貧困率の高低などと福祉国家の特徴を関連づける研究は、一定時点ないし長くて一〇年間ほどの平均値を、横断的に（国際比較的に）分析してきた。本章ではそうした横断的な諸研究を整理し、本書の考察や検討が用いる枠組みを提示しよう。

1　定義と課題

生活保障システムと貧困

生活保障とは、日々の暮らしや命を次世代につなぐ営みが、官民の制度慣行のかみあいをつうじて、なりたっていくことをさしている。そうした生活保障という観点から注目されるのは、「官」の制度政策のなかでも税・社会保障、労働市場規制などであり、「民」では、企業の雇用慣行や家族・近隣の助けあい、非営利協同組織の活動などである。昨今では「自助、共助、公助」という言葉の使用が増えたが、本書は政府の制度を「公助」、民間の制度慣行を「共助」、公助や共助に頼らず、まずは自分で対処しようとすることを「自助」と呼ぶ。このような定義・用語は、政府が二〇一〇年代初年まで使っていたものと等しい。政府の用語の変更を第六章で扱う。生活保障システム論は、右のような官民の制度慣行がかみあう（かみあわない）ことを、「システム」として捉える。私は二〇〇〇年代の半ばから、

「生活保障システム」というアプローチを使ってきた。

暮らしがなりたたないことを「貧困」と呼ぶ場合が多い。もちろん所得が低いという意味で貧困ではなくても、コロナ禍で露呈したように、病気や怪我が適時適切に治療されなければ、暮らしの以前に命が危うい。そして、病気や怪我で働けなければ早晩所得も途絶えることになる。

福祉国家とSDGs

貧困が放置され貧富の格差もいちじるしいと、犯罪を招きかねないこともあり、貧困に対応する役割を担う政府は近代以前から存在した（大沢一九八六）。そして福祉国家といわれるような現代国家では、税・社会保障により所得が再分配され、保健医療・介護・保育などの公的サービスが提供され（狭義の公助）、他方で最低賃金制度や労働時間の制限、有給休暇の保障、雇用差別の禁止など、労働市場もさまざまに規制される（広義の公助）。なお、再分配以前の所得を「市場所得」と呼ぶ場合が少なくないが、市場自体が規制されている点に留意して、本書では「当初所得」と呼ぼう。

二〇一五年には国際連合が、二〇三〇年までの「持続可能な開発目標（SDGs）」を合意した。SDGsは「誰一人取り残さない」を標語とし、その第一目標は貧困の撲滅である。第一目標のターゲット2は、国内定義による「貧困」者の比率を半減することを、国連加盟国のすべてに——当然に日本にたいしても——求める。貧困者の比率を削減する回路は、税・社会保障を通ずる所得再分配だけではないとしても、何らかの再分配は貧困を削減するうえで欠かせない。分配面にかんしては、SDGsの第八目標のターゲット5が、「すべての女性と男性に、生産的でディーセントな完全雇用および同一価値労働同一賃金を達成すること」を求める。完全雇用の達成にも、ディーセントな雇用（働きがいのある人間らしい労働条件）の実現にも、そして同一価値労働同一賃金の達成にも、労働市場の規制が介在することになる（ディーセント・ワークや同一賃金の原則については第五章、終章）。再分配と分配のいずれでも、生活保障システムの機能が問われ、課題となるのである。

福祉国家は一様であるわけではない。狭義の公助の種類・構造・規模も、各種のサービスがニーズに応答する度合も、分配が規制される方法も度合も、国により、また時期によって異なる。国別だけでなく、国内の地域によっても一様ではない(連邦制ではとくに)。地域差は、たとえば「はじめに」でふれた高齢コロナ死者の人口比率が、県によって相当に異なることにも、如実に示されている。とはいえ、税・社会保障制度などの基本は、中央政府が設けている。税・社会保障の状況をつかむための統計も、OECD統計に見られるように、国レベルで収集されており、本書での対比も国別となる。なおOECDは、メンバー国がSDG1-2を達成した度合を測る指標として、相対的貧困率を採用している(OECD 2018)。相対的貧困率という指標には限界もあり、その点に第二章で言及しよう。その限界とは、岸田首相が〝日本にはなじまない〟と述べた(屁)理屈とは、当然に異なる。

災害などをどう捉えるか

生活保障にかかわる政策の展開では、政府が対応するニーズとして、暗黙のうちに、傷病、失業、高齢退職などによる所得喪失、そして子育ての金銭的費用など、主として男性に「平常」に生じる所得ニーズが、念頭に置かれてきた。そうしたニーズ把握が研究する側にも共有されており、私自身もその例に漏れなかった。それでも、「平常」の理解が男性中心であることに異議を申したて、「男性稼ぎ主」型が逆機能していることを指摘してきた。以下の第四章で述べるように、パートタイム労働者やシングルマザー、要介護、リカレント教育などのニーズは、「新しい社会的リスク」とも呼ばれ、社会政策の再構築が提唱されるようになったのは、二〇〇〇年代以降である(大沢二〇一三：一一八—一一九)。

しかし、二〇〇八年秋のリーマン・ショックに続いた金融経済危機、そして二〇一一年三月一一日の東日本大震災および東京電力福島第一原子力発電所の事故(三・一一)によって、私は従来の研究の限界を痛感することになった。

そこで災害研究に学び、また障害学から「障害の社会モデル」を学んで(大沢二〇一三：六七―六八)、二〇二〇年三月以来、コロナ禍およびコロナ対策禍の検討にも取り組んでいる。「コロナ対策禍」とは、行政学者の金井利之が提唱した概念であり、政府や自治体のコロナ対策がかえって被害を生み出しているという事態をさす(金井二〇二一)。健康と命を守るはずの保健および医療の体制の逆機能、といいかえられる。

災害は「自然」ではなく平等主義者でもない

国際的な災害研究から学んだことの一つは、災害被害(リスク)は、自然の脅威(ハザード)の強さにたいして、個人や集団の脆弱性／レジリエンスが、掛けあわさった合作の結果であり、「自然」ではない、という点だ。自然にたいする社会の側の脆弱性／レジリエンスの認識は、国連が二〇〇五年の第二回防災世界会議で採択した兵庫行動枠組二〇〇五―二〇一五に組みこまれていた(para. 3)。さらに、三・一一を踏まえて、二〇一五年の第三回防災世界会議が採択した仙台防災枠組二〇一五―二〇三〇では、貧困・不平等などの潜在的リスク発生要因に取り組むことも提唱された(para. 6)。

つまり、仙台防災枠組によれば、災厄の影響として貧困や格差が拡大するというだけでなく、貧困・格差を災厄の潜在的な発生要因と見るべきである。貧困・格差が大きく、政府によって放置される社会では、コロナ禍などの災害被害があらかじめ増幅されていた恐れがある。

そこにジェンダー関係はどうかかわるのか。エリック・ノイマイヤーとトマス・プリュンパーが二〇〇七年のアメリカ地理学会年報に発表した論文「自然災害のジェンダー化された性質」(Neumayer and Plümper 2007)は、ごく最近の国連文書でも援用されるスタンダードな分析である(たとえば世界銀行スタッフなどによるErman et al. 2021など)。一九八一年から二〇〇二年までに一四一カ国で起こった四六〇五件の災害について(阪神淡路大震災を含む)、災害の大きさ(死者数の人口比)をコントロールして、災害による男女の余命格差を析出している。その結果、災害では女性の死亡が多いこと、災害が大きいほどその傾向は強いこと、女性の経済的・社会的権利の保障が低い社会ほど、災害被害の男女格差も大きいことが、判明した。

ノイマイヤーたちが女性の経済的・社会的権利の指標としたのは、ビンガムトン大学のデヴィッド・チングラネッリがデヴィッド・リチャーズとともに構築した人権データベース（ＣＩＲＩ（Cingranelli-Richards）ＤＢ）の二〇〇四年版であり、さらにその元データはアメリカ国務省（およびアムネスティ・インターナショナル）の国別人権施行報告である。ＣＩＲＩＤＢの最後の改定は二〇一四年で、一九八一年から二〇一一年までをカバーしている（社会的権利は二〇〇五年まで）。最終のＣＩＲＩＤＢ二〇一四によれば、日本では女性の経済的・社会的権利の保障が弱く（http://www.humanrightsdata.com/p/data-documentation.html）、阪神淡路大震災による死者の五七・五％が女性だったことは、ノイマイヤーたちの分析にフィットする。女性の権利保障が低い国で、災害はより女性処罰的に作用するのだ。

社会関係資本と災害脆弱性

二〇一〇年代初めから指摘されてきたのは、個人や地域の「社会関係資本」が災害脆弱性／レジリエンスを左右する、という点である。政治学者のダニエル・Ｐ・オルドリッチは、被災地の人口回復の要因として、地域や個人の社会関係資本を析出した。その社会関係資本の指標は、地域のボランタリー組織の数（阪神淡路大震災後の神戸）、各種選挙の投票率（関東大震災後の東京、ハリケーン・カトリーナ後のニューオーリンズ）、政治集会やデモの頻度（関東大震災）、地域自治組織への参加や冠婚葬祭への参加（インド洋津波後のベンガル湾岸）である（Aldrich 2012）。オルドリッチと国際経済学者の澤田康幸の共著論文では、東日本大震災による津波被災地での死亡率と社会関係資本（住民人口一〇〇〇人当たりの犯罪率で把握）が相関していたことが浮上した（Aldrich and Sawada 2015）。

社会関係資本の研究のパイオニアといえば、アメリカの政治学者ロバート・Ｄ・パットナムである。彼が二〇〇〇年に刊行した大著『孤独なボウリング――米国コミュニティの崩壊と再生』では、アメリカについて一四の指標から社会関係資本の総合指数を作成した。総合指数との相関が最高であるのは「社会的信頼」である（パットナム2000＝二〇〇六：表4）。「社会的信頼」は、シカゴ大学総合社会調査（GSS）、国際社会調査プログラム（ISSP）、世界価値観調査、日本版総合社会調査（JGSS）などで定期的に調査されている。「他人と接する時、相手を信頼できるか、用心したほうがよいか」という設問に、「ほとんどいつも信頼できる」「たいてい信頼できる」と回答した者の比率の合計が、社会的信頼の度合として参照されることが多い。

本書の第八章で見るように、社会的信頼の度合にも国・州などによって相当の差があるなかで、日本のスコアはかなり低いほうである。国際通貨基金（IMF）の近年のワーキングペーパーによれば、所得不平等が拡大すること、とくに所得分布のボトムで拡大することが、社会的信頼を低下させる（Gould and Hijzen 2016）。所得不平等がボトムで拡大することは、貧困率（貧困基準に満たない貧困者の比率）や「貧困ギャップ」（貧困者の所得が貧困基準を下回る度合）などの貧困指標の悪化によって捉えられる（貧困指標について第二章）。

2　生活保障システムの型——政策サイクルにそくして整理すると

2－1　本書の捉え方と分類

政策サイクルとジェンダー

生活保障システムのなかでも政府が設ける制度や政策について、私は、いわゆるＰＤＣＡサイクル（plan-do-check-act cycle）からヒントを得て、サイクル（政策サイクル）として捉えている。そして政策サイクルの随所でジェンダーという要素が影響すると考えている。これにたいして企業の業務管理や政府の施策・事業の管理で使われるＰＤＣＡサイクルでは、ジェンダーという要素が考慮される場合は多くないと思われる。

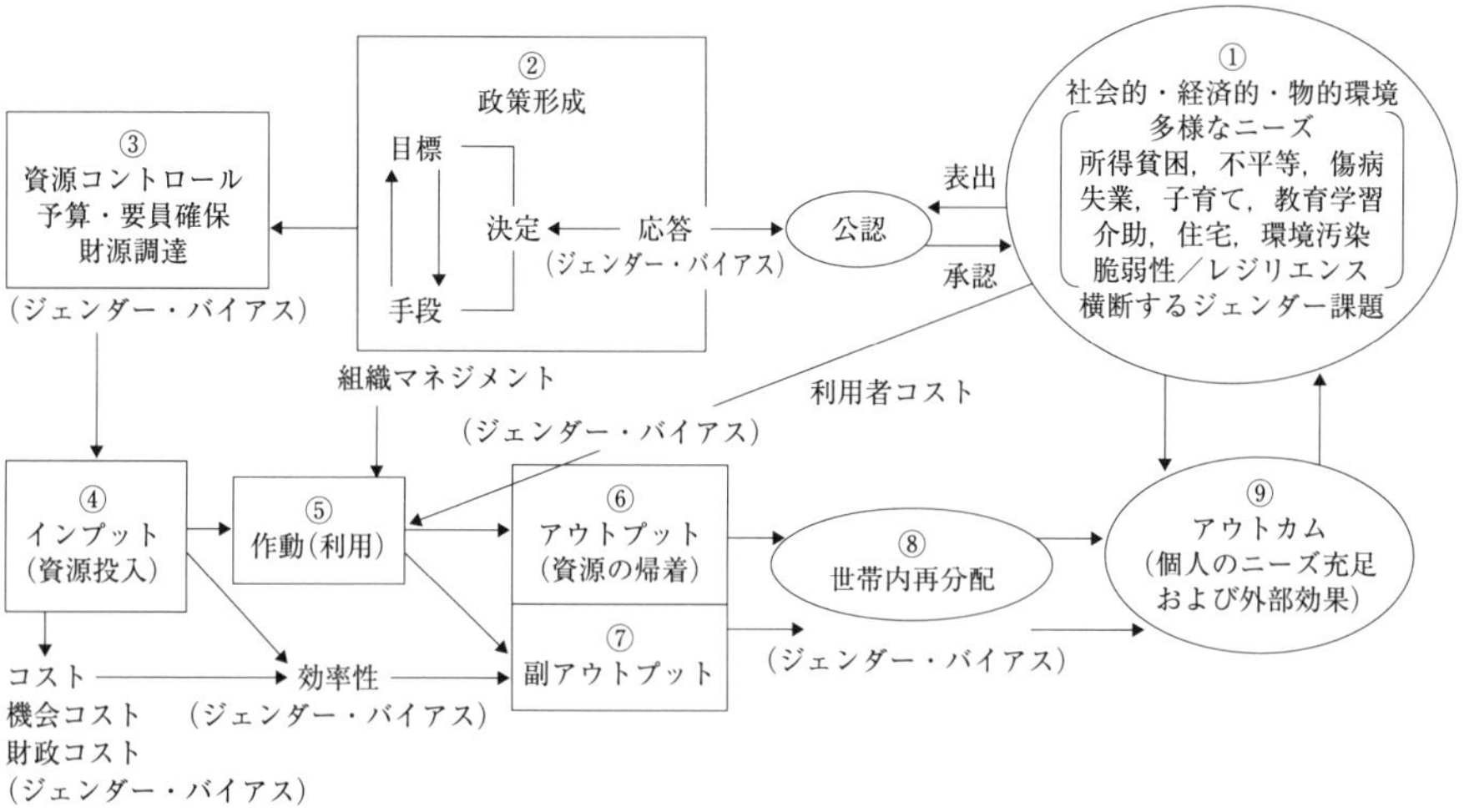

図序-1　政策サイクルのジェンダー化

注：四角のボックスは政策主体の行為であることを示す．楕円は，世帯を含む社会の状況を示す．
出所：大沢(1996: 42)を2013年に改訂(大沢2013: 70-75)，大沢(2022: 98)として再改訂，今回さらに改訂．

社会政策のサイクルについて私が学んだのは、デボラ・ミッチェルの一九九一年の著書『福祉国家一〇カ国における所得移転』で駆使された「福祉の生産」モデルである（Mitchell 1991: 10, Figure 1.1）。ただし、ミッチェルのモデルにはジェンダーの次元は含まれていない。図序－1は、ジェンダーの次元を組み込むなど、ミッチェルのモデルを改良した政策サイクルの概念を表す。また、災害研究の知見を踏まえて、ニーズの所在①に脆弱性／レジリエンスを組み込み、そこでもジェンダー課題が横断的に存在することを明示している。本書では①などの記号が随所に用いられ、それらはこの図序－1のサイクルの当該箇所に相当することを示す。

政策が順調に機能するとは、①のニーズが適時に表出され、それが社会的にも政策的にも鋭敏に承認されて公認のニーズとなること、ニーズにふさわしい政策目標と政策手段が、政策主体の側で決定されること②、要員と予算という政策資源が確保され③、投入されること④、政策手段がスムーズに作動し⑤、政策が対象とする相手に資源が帰着し⑥、マイナスの副アウトプットが抑えられ⑦、資源が世帯内で適切に再分配されて⑧、ニーズが充足されること⑨をさす。

機能不全とは、ニーズが表出されず、ないし承認されず、政策的に対応されないため、あるいはサイクルがいずれかの箇所で滞ったり、予算が不十分だったり、マイナスの副アウトプットが大きすぎたりするため、いずれにしてもニーズが充足されないことをさす。そして逆機能とは、当初のニーズが増幅されてしまうことをさす。なお、③の資源コントロールでは、予算と要員の確保だけでなく、予算を可能にする財源調達、すなわち課税・社会保険料徴収、そして公債発行なども視野に入れる必要がある。

所得貧困というニーズにそくしていえば、政策が応答する以前に存在していた（はずの）貧困（近似的に当初所得レベルの貧困率）が①、政策の機能（不全／逆機能）により、相応に削減（増幅）されて、可処分所得レベルの貧困率として現れる⑨。

本書が設定する型――「男性稼ぎ主」型

日本の生活保障システムで想定されているのは、次のようなニーズの所在／不在である。まず、男性が安定的に雇用され、その収入で日々の生計を維持できるだけでなく（所得貧困のニーズは例外的）、住宅や子どもの教育も賄うことができ、女性は妻として家事や育児・介護をこなす（保育や介護のニーズは不在）。日本の生活保障システムがこのような想定にもとづくことは、「はじめに」で言及し、第一章でも紹介するように、近年の政府の審議会や白書などでも指摘されてきた。

そのような「想定」が、暗黙のうちにも前提するのは、稼ぎ主である男性が、自分自身の健康やメンタルのケアも、妻の「内助」に依拠していることである。妻の「内助」を企業側でも織りこみ、従業員のワーク・ライフ・バランスをさほど配慮しない。司法の判断でも、時間外勤務や配置・昇進などは企業の専権として強固に認定されている。ジェンダー非関与のように唱えられる「自助・共助・公助」の総体が、「内助」というジェンダー関係を前提していることを、見逃してはならない。「想定外」のニーズは例外的・限定的とみなされて顧慮されず、住宅確保や子どもの

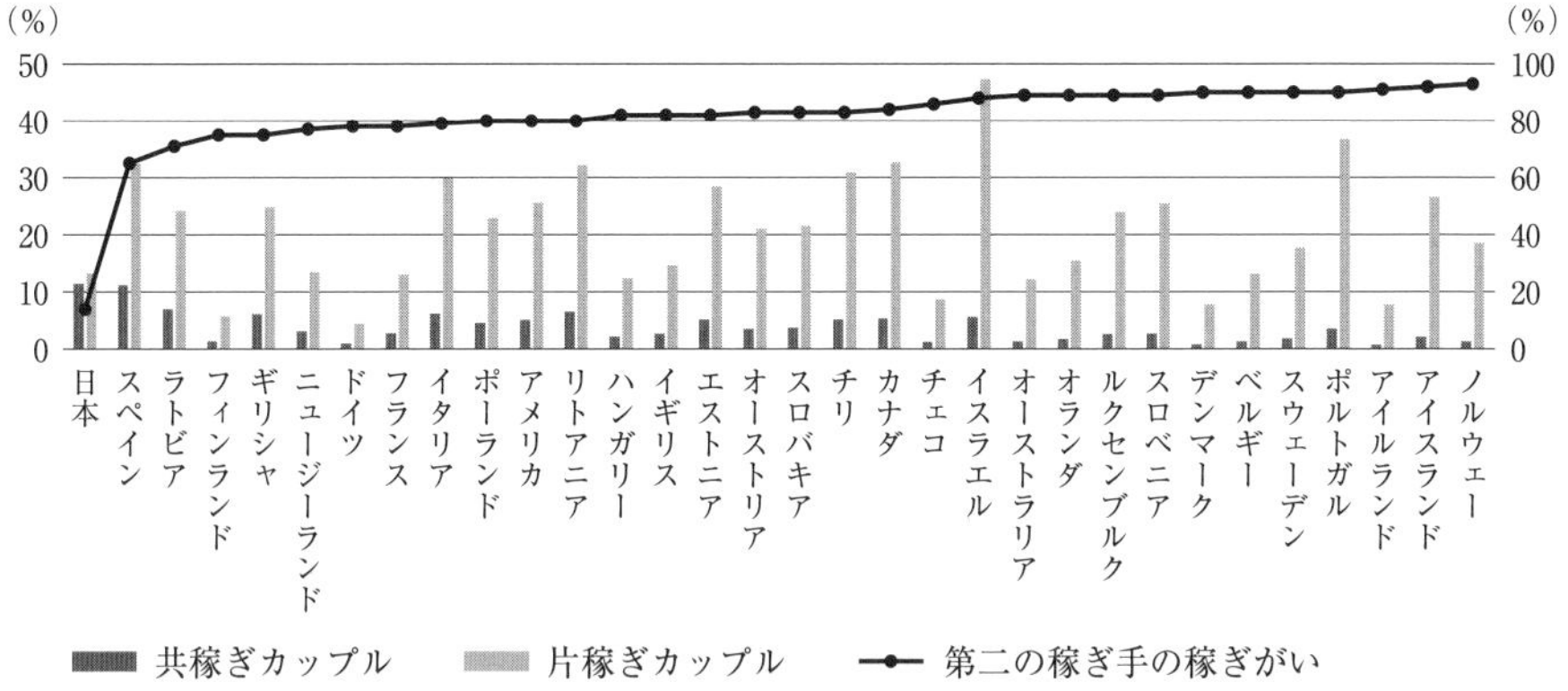

図序-2 2014年頃の有子カップル世帯の貧困率(左軸)，および第二の稼ぎ手の稼ぎがい(右軸)

注：第二の稼ぎ手の稼ぎがいは，片稼ぎカップルの貧困率aと共稼ぎカップルの貧困率bについて，(a−b)÷a×100%．諸国は第二の稼ぎ手の稼ぎがいが低い順に左から配列されている．
出所：Plavgo and Hemerijck 2020: Online Appendix, Table A2より作成．

高等教育も「自助」に委ねられる。

以上のようなニーズの所在／不在の想定は、政策サイクルでは②のレベルに位置する。このように本書は、さしあたり②に着目して型を設定しているが、それだけではない。「はじめに」で述べた「成果」のレベル⑨の状況の一面を、ここで図序-2として示そう。二〇一〇年代半ばの時点で、日本のひとり親と有子共稼ぎカップルの貧困率は、OECD諸国で最悪である。これにたいして有子片稼ぎカップルの貧困率は中位よりだいぶ低い。そして第二の稼ぎ手の「稼ぎがい」が一四%弱と、断然に低い。カップルの第二の稼ぎ手とは、いずれの国でも大多数が女性であろう。その稼ぎがいがいちじるしく低いとは、日本の「男性稼ぎ主」型が異次元の強固さをもつこと示唆するのである。

ドイツ・フランス・オランダなどの大陸西欧諸国も、一九八〇年代はじめには「内助」を前提する「男性稼ぎ主」型だった。図序-2ではドイツとフランスでも、第二の稼ぎ手の稼ぎがいは七八%程度とやや低い。そこに「男性稼ぎ主」型の痕跡が感じられる。しかし大陸西欧諸国では年金や医療などの「公助」は厚く、教育は高等教育まで無償であり、居住保障の公的責任も認められるなど、「自助」に頼むものではなかった。また労働組合運動やEUによる労働市場規制もあり、分配がさまざまに規制されている。結果として高齢者をはじめ子ども・現役層でも貧困率は相当に抑えられている。そしてオランダやドイツのシステムも、二一世紀に入って前記の北欧型に接近してきた（水島二〇一八、大沢二〇一八a）。

本書が設定する型――「両立支援」型と「市場志向」型

これにたいして、個人が性別にかかわりなく職業労働に従事すると想定するシステムでは、家事・育児・介護などの家庭内の無償労働、そして地域での活動を、職業労働とどうバランスさせるかが、男女双方について課題となる。北欧諸国に典型的に見られるのは、保育や介護が公的サービスとして提供され、有給休暇が保障され、公的な教育サービスも無償であるだけでなく奨学金で生計が保障されるといった、「両立支援」型のシステムである。労働市場は政府の制度および労働組合によって規制され、公助の守備範囲は大きい。前記のようにこれらの北欧諸国では、貧困率が低い。

いっぽうアメリカを典型とする「市場志向」型のシステムでは、個人が性別にかかわりなく職業労働で稼いだ収入で、家事・育児・介護などのサービスを商品として購入すると想定する。つまり「自助」が基本であって、「内助」は前提されない。政府による労働市場の規制は強くないが、雇用差別は裁判をつうじて禁止されている。アメリカでは医療の保障も低所得者と高齢者・障害者に限定されるなど（「オバマ・ケア」以前）、公助の守備範囲は小さい。アメリカを筆頭に、オーストラリア・ニュージーランド（およびイギリスの高齢層）でも、貧困率は高い。

なおこのように生活保障システムの型を設定しても、オランダやドイツを例にあげたように、いずれかの国のシステムが変化し、別の型に接近したり転換したりする場合を、排除していない。ただし日本の生活保障関連の制度慣行については、第一章で紹介するように二〇二二年の政府文書が、「昭和時代のまま」と述べており、前記の内容の「男性稼ぎ主」型がほぼ継続している。ほぼ、というのは、政府の財源調達＝国民の負担のありかたが、「平成」の三〇年のあいだに様変わりしたからである。そうした時系列的な変化を第二章以下で扱う。

2－2　研究の展開

政策サイクルにてらして整理する

前項で示唆されたのは、生活保障システムにおけるニーズの想定に照応して、公助の種類・規模も、分配が規制される領域や度合も異なり、ニーズが充足される度合も異なる（たとえば貧困率の差異）という関連である。実際にそれらはどのように分析されてきたのか。

以下では、従来の種々の比較研究が類型などを設定する際に、重視している特徴を、政策サイクルに当てはめることで、研究史を整理してみよう。その整理の結果を先どりして要約すると、まずは、主として政策サイクルのうちの政策形成②にてらして諸国をグループ分けする類型論が展開された。やや遅れて政策成果⑨を示す統計が整うにつれ、類型論とも共鳴しつつ、成果を視野に入れた比較研究が発達してきた。そして再度、政策サイクルのうちの政策形成②を顧みる議論が登場している。

図序－1の政策サイクルにおける起点と終点、すなわちニーズの所在と度合①、そしてニーズの充足の度合⑨を、国際比較するための統計は、左記のように比較的近年に整えられたものである。しかも、現在でも基本的にOECD諸国に限られている。これにたいして、制度政策の設計②については、類似性や差異が早くから知られ、投入された予算の規模④などの統計も整えられてきた。政策手段の設計には、どのようなニーズが公認されているかが反映し、そのニーズが重視される程度は、予算規模④に反映する。

図序－1が参照したミッチェルの一九九一年の著書は、税・社会保障制度をその「成果」⑨まで視野に入れて比較分析した先駆的な研究である。ミッチェルが利用したのは「ルクセンブルク所得研究プロジェクト（LIS）」[1]のデータセットである。ミッチェルが序文に記したように、LISデータは一九八六年以来収集され、彼女が分析した時点で、一六カ国の一九八〇年と八五年のデータが利用可能だった(日本を含まない)。ＬＩＳの研究者たちが、諸国の個別のミクロデータを比較できるように整理する以前には、税・社会保障による所得移転の成果の国際比較を、高い信頼性をもっておこなうことは不可能だったのである(Mitchell 1991: 1-2)。現在ではＯＥＣＤ統計のＨＰやデータベースに、生活保障システムの成果を示す多くの指標が掲載されている。

本書が設定する「男性稼ぎ主」「両立支援」「市場志向」という生活保障システムの「型」は、イエスタ・エスピン＝アンデルセンによる福祉国家ないし福祉レジームの三類型に学び、ジェンダーの次元を明確にしたものである。

本書の分類がエスピン＝アンデルセンに学んでいるとはいえ、彼の類型化は、制度政策の設計②に着目した分類であり、各類型の「成果」⑨の差などには言及しなかった。これにたいして、本書は貧困や格差の度合といった「成果」に注目する(大沢二〇一三)[2]。ただしエスピン＝アンデルセンが設定した諸指標は、成果にかんする後の比較研究でも検討・応用されており、ここで参照することにしたい。

エスピン＝アンデルセンの指標とその問い直し

広く知られているように、デンマーク出身の社会学者エスピン＝アンデルセンが一九九〇年の著書で発表した三類型は、大陸西欧諸国を典型とする「保守主義」、北欧諸国を典型とする「社会民主主義」、アングロサクソン諸国を典型とする「自由主義」であり、一九八〇年前後の実態にもとづいて、欧米諸国および日本の一八カ国について設定された(Esping-Andersen 1990＝二〇〇一)。類型の定義にはジェンダーの次元が含まれるが、分類の軸の要素には、ジェンダーが組み込まれていない。諸国を分類する軸の一つは、「脱商品化(de-commodification)」という概念である。脱商品化をはじめとするエスピン＝アンデルセンの諸指標、およびその後の研究による検証、そして本書の見地は、以下の表序-1にまとめている。

資本主義社会では、労働者の生存が自己の労働力を販売することにかかっているという意味で、人びとは商品化さ

表序-1　エスピン＝アンデルセンの諸指標とその検証

概念	要素	後続研究による検証	本書の見地
脱商品化：個人(と家族)が市場に依存することなく所得を確保し消費できる程度	1980年前後の以下の実態 a. 社会保険(年金，失業保険，疾病保険)の現金給付の所得代替率 b. 社会保険の受給資格をえるための加入年数要件 c. 年金財政のうち個人負担の割合 d. 失業保険・疾病保険のカバレッジ(労働力人口に占める加入者の比率)および65歳以上人口に占める公的年金受給者の比率	SA 2006：レジームを分類する要素として弱い	概念は有効．4要素は主として②．貧困削減率が⑨のレベルで代理指標となりうる
社会の階層化：福祉国家は階級と社会的秩序を構造化する．伝統的階層や市場による階層化と福祉国家がどうかかわるか	1980年前後の以下の実態 a. 保守主義：a-1.「コーポラティズム」(職域によって分立する公的年金制度の数)，a-2.“Etatism”(公務員への年金給付費の対GDP比) b. 自由主義：b-1. 資産／所得調査つきの扶助が公的社会支出に占める比率，b-2. 医療支出総額・年金支出総額に占める民間部門の比率 c. 社会主義：c-1.「普遍主義」(労働力人口のうち社会保険各給付の受給資格者の平均比率)，c-2.「平等性」(社会保険の各制度で法的に可能な給付最高額にたいする基準的給付額の比率の平均)	KP 1998：Eは普遍主義と平等主義を一貫して扱っていないと批判；HK 2003：3つのレジームでなく2つの次元を検出；SA 2008：分類できない国が多い；SP 2008：独自に構築した指標で2つの次元を検出；BB 2015：平等性の規定を精密にして「普遍主義」と命名	②で把握．自由主義の指標は，市場に依拠する「残余主義」に通ずる．普遍主義の指標は脱商品化の要素dと重なる
脱家族主義化：家族の福祉／ケア責任が，福祉国家ないしは市場によって緩和される度合，あるいは社会政策(または市場)が女性にたいして自律性を与える度合	1980年代から90年代初めの以下の実態 a. 福祉国家を通ずる： a-1. 家族向けサービス(医療を除く)への公的支出のGNP比 a-2. 家族手当と税控除の総合的価値 a-3. 3歳未満児童にたいする公的保育のカバレッジ a-4. 高齢者にたいするホームヘルプ・サービスのカバレッジ b. 市場を通ずる：不明確	HK 2003：左欄のうちa-2を重視する半面，a-4は組み込まず，a-1は保育サービスのみ．出産休業・家族休業の制度の手厚さ，および高齢退職政策の柔軟性などを追加	②と④で把握．脱家族主義化の指標は，家族に依拠する残余主義に通ずる

注：②などは政策サイクルの各段階．頭文字と年号は以下の通り．E＝Esping-Andersen；SA 2006＝Scruggs and Allan 2006；KP 1998＝Korpi and Palme 1998；HK 2003＝Hicks and Kenworthy 2003；SA 2008＝Scruggs and Allan 2008；SP 2008＝Scruggs and Pontusson 2008；BB 2015＝Brady and Bostic 2015.

れている。エスピン＝アンデルセンが設定した脱商品化指数の四つの要素は、制度の設計②を示すものである。高齢退職や失業・傷病のために労働力が一時的または恒久的に「売れない」場合でも、社会保険制度のカバレッジが広く、給付水準が高いおかげで、相当の所得が補償されうること、かつその費用が、本人の拠出よりも政府や雇用主によって負担されることを意味する。労働力が商品でなければならない状態から部分的にでも脱するのである。

エスピン＝アンデルセンはまた、福祉国家が階級と社会的秩序を構造化する主要な制度であると見て、福祉国家の組織的特徴と社会の「階層化」のあり方との関連も検討している。エスピン＝アンデルセンの類型論は、大きな影響力をもっただけに、さまざまな角度から批判されてきた。脱商品化指数の要素も詳細に問い直され、維持できなくなった。また、ケアが必要な子どもなどがいるために、働きに出ることがむずかしい（労働力を商品化しにくい）といった事情も、脱商品化指数には組み込まれておらず、フェミニストの社会政策研究者から批判された。そうした批判にたいして、エスピン＝アンデルセンは「脱家族主義化」の概念を導入することで応答した（くわしくは大沢二〇一三：第三章の2、一三二―一三三頁を参照）。

脱商品化の概念は依然として有効

制度が設計どおりに作動⑤すれば、「個人（と家族）が市場に依存することなく所得を確保し消費できる」という成果が期待できるだろう。エスピン＝アンデルセンの脱商品化指標は、諸批判にさらされて維持できなくなったが、概念そのものは、依然として有効であると、私は考えている。

当初所得レベルと可処分所得レベルの二つの貧困率の差（貧困削減率）は、脱商品化の度合を成果⑨のレベルで近似に表す指標となりうるだろう。脱商品化の度合が高いとは、政府の現金給付が頼りになるということであり、その場合に人びとは、労働市場で自らを投げ売りしてまで当初所得を稼ごうとはしなくなる。そのため当初所得レベルの貧困率（仮想）は相当に高くなる。そのような事象についてエスピン＝アンデルセンは、二〇〇七年のジョン・マイルズとの共著論文で、福祉国家が当初所得ゼロの人口を生み出す、と述べている（Esping-Andersen and Myles 2007：640）。現金給付で貧困基準以上の所得を確保できれば、可処分所得レベルの貧困率は相当に低くなり、高い貧困削減率が示される。

再分配のパラドクス――政策サイクルの後半部に着目する比較研究

税・社会保障制度の特徴（②で設計）と「成果」（⑨）の関連をテーマとする研究は、ウォルター・コルピとヨアヒム・パルメの一九九八年の論文「再分配のパラドクスと平等の戦略」（Korpi and Palme 1998）によって大いに促された。二〇二一年には、同論文以来の研究の展開を見渡すサーベイ論文が発表されている（Gugushvili and Laenen 2021）。コルピとパルメの論文の副題は「西洋諸国における福祉国家制度、不平等と貧困」であり、同論文が大きな影響を及ぼしたのは、社会政策の給付を低所得層に絞る（ターゲティング）国ほど、再分配をつうずる不平等の縮小効果が低いという分析結果による。

所得（や資産）によって給付を限定しない制度の評判は、日本では民主党政権が二〇一〇年に導入した「子ども手当」にたいして、自民党などが「ばらまき」や「くだらん選択」などと非難したことに象徴される。有限の政策資源をニードの高い人に集中するべきだという言説は、古今東西で根強い。コルピとパルメは、自分たちの分析結果が、そうした言説に反することから「パラドクス」と命名したのである。彼らは、制度の構造（②）を再分配の成果（⑨）へと媒介するプロセスとして、受給者を低所得層に絞ると再分配への（中間層の）支持が得られにくくなり、「再分配予算の規模」が抑制される（③）、という関連をあげた。分析対象は、一九八〇年代半ばにＬＩＳにデータを提供していた一一カ国であり、当時の日本はデータを提供していなかったため、そこに含まれない。

再分配予算の規模は、平均の等価総所得（社会保障現金給付を受け、税・社会保険料を徴収される以前の所得）にたいする現金給付の比率である。その比率が高いと、労働市場等での稼得が失われても消費を維持できる度合が高い。つまり、

⑥の帰着レベルでの脱商品化指標と見ることができる（コルピとパルメは脱商品化概念に言及していない）。低所得ターゲティングの度合は、等価総所得の分配において現金給付が低所得層に集中している係数で計測される。この集中度係数はマイナス1からプラス1のあいだの値をとり、マイナスの値が低所得層への集中を表す。帰着レベルの脱商品化が低所得層に厚いということである。また、不平等の縮小効果は、当初所得レベルのジニ係数から可処分所得レベルのジニ係数（⑨の一部）への削減率である（Korpi and Palme 1998）。政策サイクルの主として後半部に注目する研究と整理できるだろう。なお貧困削減効果は計測・比較されていない。

再分配のパラドクスを再確認

コルピとパルメの論文には、その主張の再確認や修正、そして否定などの研究が続き、今日まで継続されている（Gugushvili and Laenen 2021）。本書が注目したいのは、指標の修正ないし改訂である。たとえばデヴィッド・ブレイディとアミー・ボスティックが二〇一五年に発表した論文「社会政策のパラドクス――福祉移転、相対的貧困、再分配の選好」は、再分配のパラドクスの一部を再確認した（Brady and Bostic 2015）。彼らは、LISのより新しいデータセットなどにもとづき、日本を含む「豊かな民主主義国」二一カ国について、二〇〇〇年代半ばの状況を分析した。その結果は、第一に、「移転シェア」（等価可処分所得に占める現金給付の比率の平均）[3]が大きいほど、また給付が「普遍主義」的な国ほど、貧困率が低いという点である。「移転シェア」について、彼らはコルピとパルメの「再分配予算の規模」を微修正して命名し直したと述べており、かつ脱商品化概念と共通点が多いと注記している（ブレイディとボスティックの論文の注4）。つまり帰着⑥の段階における脱商品化の指標といえよう。第二に低所得ターゲティングの度合が強いほど、再分配への支持が低くなることが見出された。これらは、コルピとパルメの論点を再確認するものである。もっとも、コルピとパルメが問題にしたのは、不平等の縮小効果だったのにたいして、ブレイディとボスティックが確認したのは達成された貧困率との相関である。

ブレイディとボスティックは、移転シェア、低所得ターゲティング、普遍主義の三つの指標を、福祉給付の三つの次元と位置づける。また普遍主義についてコルピとパルメに続いた論者が、低所得ターゲティングの対極、つまり同じ軸上の逆の極のように扱ったことを批判する。彼ら自身は普遍主義の度合を、受けとられた現金給付の変動係数（給付額のバラツキを表す値）の逆として計測した。これはエスピン＝アンデルセンの「平等主義」（表序‐1）をより精密にした指標であり、給付の帰着⑥を捉えている。低所得ターゲティングの度合についてブレイディとボスティックは、等価当初所得の分配において現金給付が低所得層に集中している係数として計測する[4]。

ブレイディとボスティックは、「新しい類型論」を提起するためにはさらに研究が必要であると述べながら、前記の福祉給付の三次元のうち二つにより、事実上のグループ分けをおこなっている。すなわち、低所得ターゲティングの度合は「豊かな民主主義国」のあいだで大差はないとして、移転シェア（≒⑥の帰着レベルの脱商品化）と普遍主義の二つの次元における度合にてらして、双方とも高いデンマーク、スウェーデン、ポーランド、双方とも低いアメリカ、スペイン、イスラエル、規模は中程度で普遍主義が高いハンガリー、チェコ、規模は高いが普遍主義が中程度のオランダ、スイス、という四つのグループをあげた（Brady and Bostic 2015: 292）。やはり政策サイクルの後半部に注目するグループ分けといえる。

なお、日本はこれらの四つのグループのいずれにも含まれない。同論文が図示するところでは（ブレイディとボスティックの論文の図1）によれば、三つの次元における日本の位置は、すべてにおいて二一カ国中の最低であり、貧困率は高いほうである（移転シェアが低いほどには高くないが）[5]。

再分配のパラドクスを全面支持――政策サイクルの前半部を顧みて

コルピとパルメの主張をより強く支持するのは、オリヴィエ・ジャックとアラン・ノエルの二〇一八年と二〇二一年の論文であり、しかも政策サイクルの前半部を顧みる必要性を強調する（Jacques and Noël 2018 : Jacques and Noël

2021)。二〇一八年論文は、「福祉国家の普遍主義を擁護する――または再分配のパラドクスの永続する妥当性」と題している。彼らによれば、コルピとパルメの議論は理論的に健全であるが、概念を数量的な分析に乗せるための指数等の設定(操作化)が不十分だった。それは、制度政策の設計(政策サイクルの②)として把握されるべき普遍主義を、その所得効果(政策サイクルの後半部)によって測ってしまった点だという。もっとも、ブレイディとボスティックも指摘したように、コルピとパルメは、操作化が不十分という以前に、そもそも普遍主義を定義していない(6)。

ともあれ、ジャックとノエルが提案するのは、社会保障現金給付のうち資産/所得調査つきの給付の比率、および公私合計の社会支出のうち「私的社会支出」が占める比率という二つの指標によって(7)、普遍主義を測ることである。これらは支出段階で捉えられており、政策サイクルではインプット④にあたる。ジャックとノエルは双方の比率を、二〇一〇年の数値でとっている。二つの指標は因子分析をつうじて結合され普遍主義の統合指数とされる。

ジャックとノエルが重視する私的社会支出とは何だろうか。OECDは一九九〇年代の半ば以降、公的社会支出総額がそのまま福祉のための支出の総額であるかのような捉え方に留保を促してきた。社会保障現金給付にも課税が伴い、課税分は国庫に回収されて実質的には支出とならない。同時に社会支出には私的支出もあるとして、その規模を提示してきた(大沢二〇一三:二五一、二六二、三五六―三五七)。この場合の私的社会支出とは、雇用主からの傷病休業給付(現金給付)や、個人ないし職域の年金給付、および育児支援や民間医療保険の給付の合計である。なおそこには、医療サービスへの患者自己負担は含まない(Adema, Fron and Ladaique 2014: 7; OECD 2019a)。

ジャックとノエルの分析結果は、彼らの意味での普遍主義が、ジニ係数および貧困率の削減効果、そして公的社会支出総額の規模と、正の相関関係にあり、ジニ係数とはマイナスに相関する、というものである。つまり普遍主義的であると、公助が大きく、格差と貧困も大きく削減される。逆に普遍主義的でないと格差が大きいという関連である。こうして、二一世紀でも「再分配のパラドクス」が作用している、と結論された。

「残余主義」概念の導入

ジャックとノエルは二〇二一年に続編というべき論文「普遍主義のなかでのターゲティング」を発表した（Jacques and Noël 2021）。そこでは、上記の資産／所得調査つきの給付の比率、および私的社会支出の比率によって表される普遍主義の対極を、「残余主義（residualism）」と命名する。資産／所得調査つきの給付の比率は、②の制度設計（政策手段の選択）を反映するとともに、予算配分④および政策対象者が利用する度合を意味する作動⑤に、影響される。いっぽう政策成果の側面として、ＯＥＣＤが計測した二〇〇〇年代半ばの社会保障現金給付の集中度係数を使って（OECD 2008: 105）、その値が正であれば貧者厚遇（pro-poor）、値が負であれば富者厚遇（pro-rich）と呼ぶ。ただし、彼らは「成果」と位置づけるが、コルピとパルメおよびブレイディとボスティックの「低所得ターゲティング」と同じ係数であり、帰着⑥と見るべきである。

ジャックとノエルの二〇二一年論文の分析結果は、普遍主義／残余主義の軸の上で、普遍主義のスコアが、公的社会支出の規模（国内総生産ＧＤＰにたいする比率）、およびジニ係数・貧困率の削減率と正の相関をもち、達成されたジニ係数・貧困率と負の相関をもつというものだった。なお貧者と富者のいずれに給付が厚く帰着しているかという集中度係数の軸を pro-poor/pro-rich と表し、その係数には機能や成果の指標との相関が見られないという。帰着で厚遇されても、成果にはかならずしも結びつかない、ということである。ジャックとノエルは、普遍主義／残余主義の軸と富者／貧者厚遇の軸を掛け合わせて、四つのグループを見出している。すなわち、普遍主義的で貧者厚遇の北欧およびニュージーランド、普遍主義的で富者厚遇の大陸西欧・南欧諸国、残余主義的で貧者厚遇のアングロサクソン諸国およびオランダ、スイス、そして最後に残余主義的で富者厚遇の日本、である。

表序-2　「再分配のパラドクス」関連の研究の指標

著者とデータ	設計②	投入④	帰着⑥	成果⑨
KP（1980年から80年代半ば）	**（低所得ターゲティングは帰着と見るべき）**		再分配予算の規模（現金給付／等価総所得の平均）≒**帰着レベルの脱商品化**，低所得ターゲティング（等価総所得での現金給付の集中度係数）	ジニ係数削減率**（機能と見るべき）**
BB（2000年代半ば）	**（低所得ターゲティングは帰着と見るべき）**		移転シェア（現金給付／等価可処分所得の平均）≒**帰着レベルの脱商品化** 低所得ターゲティング（等価当初所得での現金給付の集中度係数） 普遍主義（現金給付の変動係数の逆）	貧困率
JN（2000年代半ばから2010年）	普遍主義／残余主義（資産／所得制限つき現金給付の比率と私的社会支出の比率とを，因子分析により統合）	公的社会支出の規模	pro-poor/pro-rich（BBの低所得ターゲティングに同じ）	ジニ係数・貧困率，その削減率**（削減率は機能，pro-poor/pro-richは帰着と見るべき）**

注：KP＝Korpi and Palme 1998；BB＝Brady and Bostic 2015；JN＝Jacques and Noël 2018, 2021．**太字およびゴシック体**は，大沢による注釈．

2-3　図表によるまとめと留意点

以上の「再分配のパラドクス」関連の研究の指標をまとめると、表序-2のとおりである。

私的社会支出の概念はかなり狭い

私的社会支出の把握は、上記のように医療サービスへの患者自己負担を含めない。これについて、純支出を計測する作業をリードしてきたヴィレム・アデマによれば、OECDの保健データ（Health Data）と整合性をもたせるためであり、それを含めないために私的医療支出の「社会的程度の「実相」（"true social extent"）」は過小評価されている、という（Adema 2001: 12）[8]。それだけでなく、家族が無償で看護・介護を担うことによる労苦と機会費用（逸失収入）という「負担」も、受診控え（による健康の低下）という「負担」も、私的社会支出にはもとより含まれない。

残余主義への留意点

いっぽう「残余主義」という言葉からは、イギリスの社会政策論のパイオニアであるリチャード・ティトマスがつとに唱えた社会政策の三類型が想起される。ただしジャックとノエルはティトマスに言及していない。ティトマスによれば、その三類型の一つである「残余的福祉」モデルが立脚する考え方では、個人のニーズが適切に充足される「自然な」回路は、私的市場と家族であって、市場と家族が破綻した場合にのみ、一時的に社会福祉制度が作動するべきである、ということになる(9)。

ティトマスは市場と家族を一括しており、ジャックとノエルの残余主義の指標は――エスピン＝アンデルセンの自由主義レジームのそれと同様――市場がニーズ充足を担う度合、つまり市場に依拠する残余主義を反映する。他方で家族がニーズ充足を担う度合が大きい、つまり家族に依拠する残余主義は、エスピン＝アンデルセンの意味での「家族主義」である。上記のようにジャックとノエルは、受診控えや家族による無償介護のような金銭外の負担を考慮しておらず、彼らの残余主義に家族主義は組み込まれていない（エスピン＝アンデルセンへの言及もない）。私は一九九三年の著書で、日本の社会保障の特徴を「大企業本位」「家族だのみ」「男性本位」としてつかみ出した（大沢一九九三＝二〇二〇）。それは、指標を立てた把握ではなく、外国との比較を踏まえたものではなかった。ではエスピン＝アンデルセンの意味での家族主義で残余主義を捉えると、日本はどのような位置にあるか、第四章で見よう。

資産／所得制限つき給付の比率をどう見るか

ジャックとノエルが、私的社会支出の比重が高いことを残余主義と特徴づける点には、説得力がある。日本を含めて分析対象となった諸国では、この比率は二〇一〇年に、最も低いニュージーランドの二・七％から最高のオランダの四二・三％のあいだに分布し、日本は一四・一％である（OECD Social Expenditure Database (SOCX) データより算出(10)）。

しかし、資産／所得調査つき給付の比率を残余主義の指標とすることには、疑問を感じる。その比率は、②の設計、つまりいかなる給付を資産／所得制限つきとするか、あるいはどのようなレベルの資産／所得に制限を設定するか、のみの結果ではないからだ。作動⑤、すなわち制限の範囲内の人びとが実際にどの程度制度を利用するか（利用率。生活保護制度では捕捉率という）によっても、その比率は異なってくる。利用率は、制度が科すスティグマや申請手続きの煩雑さなどの利用者コストとも関連する。資産／所得調査つきの給付の比率が、二〇一四年時点で把握された三五カ国のうち、最も低いのはチェコの二・一％であり、最高はオーストラリアの七四・七％であって、日本は低いほうから一二番目の五・三％である。[11]

ちなみにオーストラリアでのターゲティングについてコルピとパルメは、貧者のみに適用するというより、最高所得者を除外するようなものとなった、と述べている（Korpi and Palme 1998: 12）。制限する資産／所得のレベルが相当に高く、それがスティグマを弱くするなら、利用率とともに給付額は大きくなる。日本では児童手当制度がこれに近いが、生活保護では、所得による制限のレベル（保護基準）はさほど低くないものの、資産（家屋や自動車）の保有は厳しく問われ、親族扶養などの事実上のハードルも厄介である。スティグマが強く、利用率（捕捉率）は相当に低いと見られる。児童手当と生活保護を合計すると、資産／所得調査つきの給付の比率はさほど高くならないのである。

比較研究の概観

さらに、エスピン＝アンデルセン以下、本章で参照した諸研究の指標を図序－1に落とし込むと、図序－3のとおりである。

このように図示することで明らかになるのは、第一に、これまでの研究の指標に①のニーズが明示的に組み込まれていないことである。また第二に、エスピン＝アンデルセンの脱家族主義化の指標が税制上の措置を含んでいる点を別とすれば、②と④を媒介する資源コントロール③への関心は乏しい。コルピとパルメおよびブレイディとボスティックの「低所得ターゲティング」の指標、そしてジャックとノエルの pro-poor/pro-rich の指標は、集中度係数に

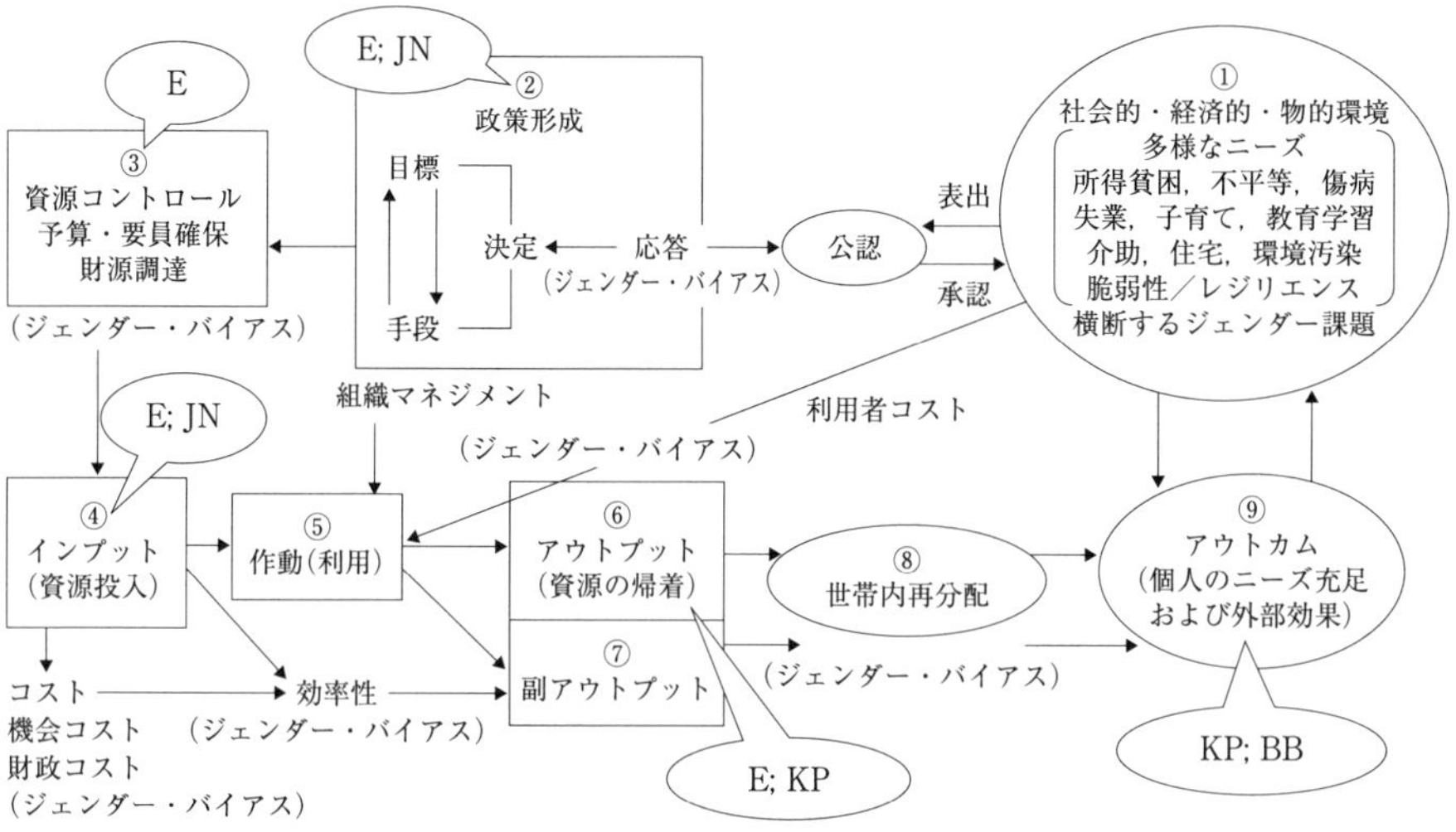

図序-3　比較研究の概観

注：図序-1に吹き出しを付した．吹き出し中の頭文字は以下の通り．E＝Esping-Andersen 1990；KP＝Korpi and Palme 1998；BB＝Brady and Bostic 2015；JN＝Jacques and Noël 2018, 2021.

ついて給付のみをとり上げている。

この点は象徴的である。ジャックとノエルはpro-poor/pro-rich の数値について、ＯＥＣＤの二〇〇八年報告書『不平等になっている』(OECD 2008) の Table 4.3 に依拠している (Jacques and Noël 2018：19)。じつは当該表は、左半分で現金給付の集中度係数を(給付は税引き後であると注記)、右半分では世帯にたいする課税・社会保障負担の集中度係数を、それぞれ示している。しかし、ジャックとノエルは左半分だけを使ったのである。同報告書の当該表の給付の集中度係数、および別の表による課税の累進度の代替的尺度を、第三章で図示しよう(図３-９)。そして図序-３から明らかになる第三の点は、いずれの研究でも⑧の世帯内再分配が無視されていることである。

諸研究による日本の位置

表序-２の諸研究の対象国には、日本が含まれている。それらの分析結果を要約しよう。ブレイディとボスティックは、二〇〇〇年代半ばの状況にもとづき、「移転シェア」＝帰着レベルの脱商品化、および集中度という二指標において、対象二一カ国のなかで日本が最低であると図示している。帰着レベルの脱商品化が大きく、また、帰着した現金給付の額のバラツキが小さいという意味で普遍主義が強いと、貧困率は低い、という関連が見出されている。

帰着レベルの脱商品化の度合から予想されるとおり、日本の貧困率は高いほうである。そしてジャックとノエルは、二〇〇〇年代半ばないし二〇一〇年前後のデータにもとづき、政策設計の段階における普遍主義／残余主義という軸を設けている。その軸のうえで普遍主義が強いと、所得再分配への投入(④)は大きく、ジニ係数と貧困の削減率は高く、成果(⑨)としてジニ係数も貧困率も低くなるという関連が見出された。日本はわずかに残余主義の側に位置づけられている。

3 小括

本書の「型」の設定と機能の検討は、第一にニーズを起点とする。先行研究でニーズが明示的に組み込まれないのは、ニーズは政策の設計に反映されると考えられており、設計についての主要な関心が、所得階層間の利害の共有、つまり熟練労働者および中間層に、低賃金労働者との利害対抗を起こさせないような設計にあったことによる。普遍主義は中間層をも受給者に含めるゆえに、給付とそれにともなう税・社会保険料にたいする中間層の抵抗をやわらげ、結局は貧困や不平等の削減につながるという脈絡である。このような階層間連携(階級政治)への関心はコルピとパルメにおいて顕著であり、ブレイディとボスティック、およびジャックとノエルも、その関心をひき継いでいる。

だが、存在する制度政策の設計を見るだけでは、従来は「承認」されなかったニーズ(シングルマザーや要介護のニーズ)が視野から落ちてしまう。そしてニーズが公認(承認・応答)されるかどうかは、女性と男性が職場や世帯で、権力関係をともなって従事する分業・協業、つまりジェンダー政治とかかわる。制度や政策の設計は、階級政治に引けをとらず、ジェンダー政治の産物でもあるのだ。

本書の型の設定と機能の検討では、第二に、資源コントロール(③)のうち課税と社会保障拠出(主として社会保険料負担)を通ずる財源調達、つまり国民にとっての負担のあり方が、⑨の成果に及ぼす影響にも注意する。サイクルの①から⑨にかけての機能は、近似的に貧困削減率に現れるが、阿部彩が分析したように日本では、二〇一八年時点で〇―四歳と二五―二九歳の女性は、貧困削減率がマイナスであるという「逆機能」をこうむっていた。逆機能という事態は、財源調達=負担の側面の検討を不可欠とするのである。その財源調達=負担の側面を第三章で検討する。

第三に、⑧の世帯内再分配の実相については、本書が用いるデータでは迫ることができない。それでも、世帯収入と世帯人員数のかぎりでは貧困でないとされる世帯のなかに、女性・子ども・高齢者などの貧困が埋もれている可能性を常に意識する必要がある。

まとめよう。日本の生活保障システムは、ニーズの公認、したがってまた政策目標の設定と政策手段の設計において「男性稼ぎ主」型であり、政策設計において残余主義的である。それはインプットである公的社会支出の規模が低いことと関連し、貧困と格差を削減する機能が低く、結果として高い貧困率とジニ係数を示す。かつ、「はじめに」で述べたように、シングルマザーの貧困率がOECD諸国で最悪であり、有子カップル世帯の第二の稼ぎ手(妻)の稼ぎがいが、格段に低い(図序-2)。生活保障システムが機能した「成果」(⑨)の局面でも、女性処罰的なのである。では、残余主義を家族主義の面でも捉えると、日本のシステムはどのような様相を示すのか、第四章で確認する。

第I部

多様性のなかの日本の位相

序章で検討した諸研究は、その冒頭に述べたように、一定時点ないし長くて一〇年間ほどの平均値を横断的に（国際比較的に）分析したものであり、時系列の変化を捉えていない。各国の予算規模、すなわち「投入」（図序－1の④）、ないし「帰着」⑥も、貧困・格差という「成果」⑨も、変化するのが常態である。それらは、生活保障システムにとっての環境①の変化に影響される。環境要因としては、人口変動、経済成長率、労働需給の変化などが考えられる。たとえば人口が高齢化すると、年金受給者が増えたり医療の受診が増えるなどして、制度が変更されなくても、公的社会支出は増える（「自然増」）。環境の変化がさほど大きくなくても、政権交代や連立相手の変化、政権党の政策刷新などにより、生活保障システムの目標や手段②が変更されたり、それらの重点が移動させられる場合がある。それを政策シフトと呼ぼう。政策シフトは、当然ながら投入・帰着・成果の変化を起こしうる。

第Ⅰ部では、そうした推移について見ていく。次の第一章では、日本の生活保障システムが、いかに成立したのかを見る。第二章では、貧困・格差⑨の推移をいくつかの国についてたどる。第三章では、生活保障にかかわる政府の財源調達＝国民の負担③と社会支出④および⑤の推移を、やはりいくつかの国についてたどる。第四章では「社会的投資」の強調という政策シフトをとりあげる。

第一章 「男性稼ぎ主」型の成立と脆弱性

近年の政府側の文書にも、「男性稼ぎ主」型のシステムの機能が、低下ないし限界に直面していることを認め、転換を提唱するものがある。「はじめに」でふれたのは、二〇一三年八月の『社会保障制度改革国民会議報告書』であり、より近くは二〇二二年六月の『令和四年版 男女共同参画白書』である。同白書の議論を第一節で確認するが、あらかじめ紹介するとその特徴は、日本の社会保障制度が、男性の長期安定的な雇用を前提としつつ、家族の機能に依存していると捉える点にある。本書の用語では、「男性稼ぎ主」型であり、しかも後述するように家族に依拠する残余主義であると、捉えていることになる。

「稼ぎ主」でありうる男性、すなわち妻子を扶養するだけでなく、子どもの教育費も賄えるのは、実際にはもっぱら大企業正社員である。二〇一三年の著書で私は、社会保険制度について、「段差がある縦割り」の構造であると特徴づけた。「段差」があるというのは、制度によって拠出や給付の条件が異なることをさし、「大企業の正規雇用者がより軽い負担でより厚い給付を受けられる」と説明している。

その際に、エスピン＝アンデルセンの「コーポラティズム」指標（本書の表序-1を参照）に言及した。しかし二〇一三年の私は、重要な点を見逃していた。大陸西欧諸国で複数の年金制度が分立しているのは、「職業」にもとづくのにたいして、日本の年金制度は勤務先によって分立している、という差異である（大沢二〇一三：一三九）。

以下の第一節で検討するように『令和四年版 男女共同参画白書』は、「会社都合」の側面については、語るところが少ない。ここで「会社都合」とは、主として大企業の都合によって税・社会保障制度が設計され、その機能が限定されてきたことをいう。すなわち、健康保険も年金制度も、大企業が従業員への福祉を企業封鎖的に提供できるしくみをとり、社会保障ならぬ「会社」保障である。

「会社」保障の淵源《えんげん》は一九二二年の健康保険法にあるため、第二節では同法の制定と実施の過程をたどる。すると健康保険組合という制度が、「会社都合」以上に「政府都合」によって半ば強制的に導入されたという事情が浮かび上がる。ただし、健康保険制度は第二次世界大戦末期までは「個人単位」であり、ジェンダー衡平に悖《もと》るものでもなかった。それを「男性稼ぎ主」型に変形させたのは、総力戦下の軍部の都合だった。第三節では、高度成長期に社会保障制度の「大企業本位」＝「男性本位」の特徴が確立したことを見よう。

1　政府側はどう見てきたか

『令和四年版　男女共同参画白書』――「昭和時代のまま」

二〇二二年六月に公表された『令和四年版　男女共同参画白書』は、日本の生活保障にモデル転換を求めている。その特集の冒頭で、就業や生活にたいするコロナ禍の影響が、女性で「特に……甚大である」と述べる。影響の現れとして、女性の非正規雇用者を中心に雇用情勢が急激に悪化したこと、女性の自殺者数が増大したこと、配偶者間暴力（DV）の相談件数が増加したこと、そして「女性の貧困」等の問題が「可視化」されたこと、などをあげる（内閣府二〇二二：三）。本書の用語でいえば、コロナ禍の影響は、女性処罰的だった、ということである。

そうした諸問題の背景にあると指摘されるのは、家族のあり方が変化したにもかかわらず、「男女間の賃金格差や働き方等の慣行、人々の意識、様々な政策や制度等が、依然として戦後の高度成長期、昭和時代のままとなっている」ことである（内閣府二〇二二：三）。

「昭和時代のまま」と形容された慣行や意識、政策や制度とは、本書が「男性稼ぎ主」型の生活保障システムと呼ぶものとほぼ重なる。白書が「男性稼ぎ主」型という語を使うわけではないが、「正規雇用・終身雇用の男性労働者と専業主婦と子供という核家族モデル」を背景として、税・社会保障制度等が作られたと述べている。同特集の「関連制度の変遷」という図が示すのは、税制の配偶者控除の導入(一九六一(昭和三六)年度)、国民年金(基礎年金)の第三号被保険者制度の導入(一九八五(昭和六〇)年度)、税制の配偶者特別控除の導入(一九八七(昭和六二)年度)である(内閣府二〇二二:二二一―二二三)。

「関連制度」と「中心」

これらの「関連制度」について最低限説明しておこう。まず税制である。配偶者(特別)控除とは、納税者(該当するのはほとんど「夫」)の法律上の配偶者(「妻」)の所得が一定額以下の場合に、「夫」の課税対象の所得(「課税ベース」という)を三八万円減額されるという「所得控除」の制度である。配偶者控除は一九六一年に扶養控除から分離して導入され、「妻」の年間所得の限度は三八万円(給与所得だけなら一〇三万円)である。「妻」はたんに納税者に「扶養」されているのではなく、その「夫」の稼得に貢献している(「内助の功」)として、扶養控除から分離されたのである。配偶者特別控除は、年間所得(合計所得金額)が一〇〇〇万円以下の納税者(「夫」)の配偶者(「妻」)が、年間所得が三八万円以上で七六万円未満(給与所得では一〇三万円以上一四一万円未満)である場合に、「夫」にたいして、最高三八万円の所得控除を認める制度である。「妻」の所得が三八万円を超えると「夫」が配偶者控除をえられなくなり、「妻」も納税を求められるため、家計の手取り所得がかえって減るという「逆転」現象に対応して、一九八七年に設けられた。

いっぽう国民年金の第三号被保険者制度は、一九八五年の年金改革により導入された。国民年金制度は従来、自営業者・無職者など非雇用者の年金制度だったが、一九八五年改革により、非雇用者は第一号被保険者、雇用者の年金制度(民間雇用者の厚生年金および公務員などの共済年金)の加入者が第二号被保険者、第二号被保険者に「扶養される」配偶者（「妻」）が第三号被保険者とされた。第一号被保険者は所得によらず定額の保険料を課される半面、第三号被保険者は保険料を課されることなく基礎年金を受給することができる。「扶養される」と認められる年収の上限は、一三〇万円である。

『令和四年版 男女共同参画白書』がこれらを「関連制度」というのは、一九六一年に成立した「国民皆保険・皆年金」制度が「中心」をなすという文脈である。そして、この「中心」的な制度の成立の経緯について、『平成二四年版 厚生労働白書』の参照を求めている。

所産は女性処罰的

『令和四年版 男女共同参画白書』でもう一つ重要と思われるのは、特集を締めくくる第三節に、家族こそが社会保障の機能を担っていた、という表現が見える点である。社会保障制度の機能を家族に肩代わりさせてきたシステム、と捉えていることになる。つまり同特集は、ティトマスが定義した残余主義の一つの面、つまり本書の用語では家族に依拠する残余主義（エスピン＝アンデルセンの意味での家族主義）を捉えて、その所産が「女性処罰的」（本書の用語）であると指摘していることになる。

ともあれ、白書が「優先的」な政策課題としてあげるなかには、制度政策の設計を、「世帯単位から個人単位での保障・保護へ」変えることが含まれる（内閣府二〇二二：九七）。ここで思い出すのは、橋本龍太郎首相に一九九六年七月に提出された男女共同参画審議会の答申『男女共同参画ビジョン――二一世紀の新たな価値の創造』である。同ビジョンは政策提言のトップに、「性別による偏りのない社会システムの構築」という、従来になかった施策群を置いた。その政策目的について、「様々な制度・慣行の中に残されている世帯単位の考え方を個人単位にあらため、個人がどのような生き方を選択しても、それにたいして中立的に働くような社会の枠組みを確立していくことが必要である」、と提示した（男女共同参画室（総理府）一九九七：一三四）(1)。それから四半世紀余、政府は何をしてきたというのか。

『令和四年版　男女共同参画白書』が示す図柄は、「家族の姿」が変わってしまえば、家族に依拠する生活保障の機能は低下せざるをえない、というものである。「家族の姿」とその変容は、モデルやシステムにとっての与件とされており、「家族の姿」が変わる以前には、制度政策が順当に機能していたと、検証なしで含意されている。

そうした制度の「中心」の成立について、『令和四年版　男女共同参画白書』が『平成二四年版　厚生労働白書』（厚生労働省二〇一二）の参照を求めていることは、さらに興味深い。これは民主党内閣時代のなかでも小宮山洋子厚生労働大臣のもとで、作成・公表された白書だからである。

職縁でなく社縁

その『平成二四年版　厚生労働白書』で注意を惹《ひ》かれるのは、社会保障の必要性の議論である。すなわち、同白書の第一部第一章「なぜ社会保障は重要か」はまず、近代の産業資本主義社会の形成を前提として、社会保障が必要とされるようになった、と述べている。前近代の人びとの暮らしは、農業などの「自給自足」の生業により、家族・親族の「血縁」、および近隣の人びととの「地縁」で支えあうなど、「生まれ育った土地を一生の生活基盤」としていた。そして「職縁」、つまり同業者のつながりは、統治の一環でもあったと捉えられている（厚生労働省二〇一二：五―七）。

こうした記述では、イギリスを先頭に早期に産業資本主義化した諸国が念頭に置かれており、日本の社会保障の形成と発展の流れも、「先進諸国とおおむね共通」とされている。ただし日本では、血縁・地縁の機能が低下してからも、「職縁」は「比較的強く残っていた」と述べる（厚生労働省二〇一二：一二、一六）。その「職縁」は、日本型雇用システムによる「長期安定的な雇用関係」に代表される、という。ここでは、長期的に雇用するのが一つの企業ないし企業グループであることが、前提されている。仮に企業間の移動に切れ目がないとしても、勤務先を再三変えることを安定的とはいわないからである。日本の「職縁」は「社縁」なのである。

これにたいして先進諸国での「職縁」は、前記のように「同業者のつながり」と捉えられ、企業横断的なものと前提されていた。エスピン＝アンデルセンのコーポラティズム概念も、職業集団にもとづく年金保険制度の分立を指標としており、それらの職業によるつながりは、当然に企業横断的である。つまり日本の「職縁」は、先進諸国と「おおむね共通」ではない。しかし、白書はそれを意識していないかのようである。

白書は、「地域の雇用維持のための諸施策（公共事業による雇用創出等）」にも目配りするものの、強調するのは、「日本型雇用システム」をつうじて企業が雇用を保障し福利厚生も手厚いことが「生活保障の中心」を支え、「子育てや介護の中核を担った」のは、「専業主婦を中心とした家族」だった、ということである。白書は、社会保障の役割はそれらを「補完する」ことだった、と述べる。国民皆保険・皆年金については、「全ての国民が公的医療保険や年金による保障を受けられるようにする制度」と定義し、雇用者に限られず国民全般を対象とする国民皆保険の「基礎」が、一九三八年制定の（旧）国民健康保険法によって作りあげられたと述べる（厚生労働省二〇一二：一三、三六）。それ以上の解説はない。

『平成二四年版 厚生労働白書』によれば、総じて日本の社会保障が抱える問題は、〝国民皆〟といいつつ、現役世代の生活リスクに対応できていないこと、貧困問題や格差拡大への対応などが不十分であること、社会保障費用の多くが赤字国債で賄われ、負担を将来世代へ先送りしていることである。そこで、「社会保障と税の一体改革」（第五章を参照）を「第一歩」として、「現役世代も含めた全ての人が、より受益を実感できるよう、社会保障の機能を強化する」必要がある、と述べた。

『平成二四年版 厚生労働白書』は、本書の序章が設定した「男性稼ぎ主」型の特徴をほぼ的確に捉えていたといえる。しかし、企業の雇用慣行や福利厚生の「都合」により、社会保障が「補完」的役割に置かれた、という関連は言及されていない。日本型雇用システムを変容させ、雇用を非正規化してきたのは、ほかならぬ企業である。社会保障が男性世帯主の稼ぎを「補完する」役割にとどまるなら、機能不全は不可避であろう。

2 「男性稼ぎ主」型システムの形成

「環境」は与件ではない

以上に見たように二〇一二年の『平成二四年版 厚生労働白書』は、「日本型雇用システム」こそが、専業主婦の「奮闘」とともに、従来の「生活保障の中心」を担ったと捉えていた。一〇年後の二〇二二年、『令和四年版 男女共同参画白書』は、「昭和時代」の生活保障では「正規雇用・終身雇用の男性労働者と専業主婦と子供という核家族モデル」を背景として税・社会保障制度等が作られ、家族こそが社会保障だったと喝破した。これらの白書は日本の生活保障システムの特徴を捉え、その機能不全を認めて転換を提唱した。第六章で紹介する社会保障制度改革国民会議の二〇一三年報告書も、同様である。

それらの白書や報告書が描く図柄は、家族や地域社会、そして企業に変化が起こり、つまり図序-1の環境①が変化したために、生活保障システムの機能が低下した、というものである。家族等の環境に変化が生じた点を、私は否認しない。しかし、「家族の姿」や地域社会が変化した、あるいは日本型雇用システムが変化した、とされる以前、つまり「一九七〇年代」や「昭和時代」に、生活保障システムがどのような構造をもち、変容し、機能していたのかは、政府文書からは不明である。

不明という以上に、「昭和時代」には、貧困問題が存在しなかったかのごとくである。不明のまま、順当に機能していたかのように含意されている。そこで次の第二章では、日本の生活保障システムの成果を、やや長期的にたどる。

私自身は、日本の税・社会保障制度がたんに機能の低下や不全に陥ったというより、逆機能している面を直視するべきだと考えてきた。逆機能とは、女性処罰的なシステムが、少子高齢化とともに人口減少を促迫し、共稼ぎ世帯やシングルマザーをサポートするどころか貧困をかえって深め、格差の拡大が経済成長の足を引っ張る、といったものである。つまり、少子高齢化や人口減少、そして低成長も、システムやモデルから独立に進行し、システムにとっては与件である、とは考えない。むしろシステムが招き生み出す（マイナスの）「成果」と捉えるべきである。

家族の機能とは

それにしても、従来の「生活保障の中心」を担ったとされる日本型雇用システムは、どのように成立したのか。また、専業主婦が子育てや介護の中核を担い社会保障を肩代わりするような家族の機能は、「自然に」存在したのか。これらが問われなければならない。

ここで想起したいのは、一九五〇年代に首相のお墨付もえて、大企業を中心に主婦のグループ活動として「新生活運動」が展開された点である。政治社会学者の武田宏子によれば運動の実践項目は、産児調節（「家族計画」）や育児・子の教育・家計管理、「家族の慰安」、健康や衛生面の配慮などである。武田が留意するように、この運動は主婦たちに「幸福な家族」を形成するための主要なアクターになることを促した（武田二〇一六：一八一）。

都市の生活構造を専門とする社会学者の中川清によれば、第二次世界大戦の直後から一九五〇年代にかけて、敗戦による混乱と全般的な貧困に直面して、家族は従来以上の機能と社会的役割を期待された。一九七〇年代以降、雇用者家計では世帯主収入が世帯の実支出をカバーするようになり、「男性稼ぎ主」が成立するが、これは出生児数の縮減がなければ可能でなかった。その「家族計画」には、一九五三年から六一年まで年間一〇〇万件を超えた人工妊娠中絶が含まれたのである。そして安定成長期に向けて、家族機能が低下するどころか、求められる教育や介護の水準が量的・質的に上昇し、「家族への負荷」が強まった（中川二〇〇五：三〇四、三〇六―三〇七）。

「男性稼ぎ主」型が成立するには、「右肩上がり」の経済成長や「終身雇用」といったノスタルジーを喚起する条件だけでなく、「計画」外に授かった次世代の命を女性の身体を侵襲しつつ絶つ、という手段が介在したのだ。政府側の文書が家族の機能の低下と称する事態は、質・量ともに肥大化した〝あるべき機能〟との対比における低下なのである。

日本的雇用慣行とはなにか

次に日本型雇用システムないし雇用慣行である。日本的雇用慣行については、まさに分厚い研究蓄積がある。そのなかで、小熊英二の二〇一九年の著書『日本社会のしくみ——雇用・教育・福祉の歴史社会学』は、『平成二四年版厚生労働白書』が「職縁」と表現するものが、欧米社会では企業横断的であるのにたいして、日本では企業別ないし企業内に封鎖されていることに注意を促した。これは大きな貢献である。(2)「社会のしくみ」とは雇用、教育、社会保障、政治、アイデンティティ、ライフスタイルまでを規定する「慣習の束」をさす。そうした日本社会のしくみの起源を、小熊は明治初年まで遡って探索した(小熊二〇一九)。小熊の「社会のしくみ」は、本書の生活保障システムとほぼ重なり、雇用と教育に置かれる重点が本書より大きい。

『日本社会のしくみ』は、端的に日本社会の「三つの生き方」を提示する。三つの生き方とは、「大企業型」(大企業・官公庁の正規雇用者とその家族)、「地元型」(自営業者が多いが、市町村職員も含む)、「残余型」(非正規雇用者など)であり、構成比としては二〇一〇年代半ばで、「大企業型」が二六%、「地元型」が三六%、「残余型」が三八%と推定する。(3)全体の構造を規定するのは、「大企業型」の雇用のあり方である。大企業の目安は従業員五〇〇人以上であり、その雇用の要素は、新卒一括採用、長期安定的な雇用(「終身雇用」)、年齢と勤続による年功的な処遇、定期昇給と人事異動、定年退職金、企業別の労働組合などである。「大企業型」は一九七〇年代半ばから人数も構成比も一定であり、九〇年代以降、自営業者が減少して「地元型」が減り、「残余型」が増えた。日本型雇用は企業にとって「重荷」でもあり、出向や、女性を中心とする非正規化などは、その当然の帰結である(小熊二〇一九：第一、八章)。

日本的雇用慣行が適用されているのは、「大企業型」であり、その構成比はせいぜい三割ということになる。また非正規化は日本型雇用こそが必要とし作り出す「外部」であり、本章の表現では「会社都合」による。社会学者の新《あらた》雅史《まさふみ》は二〇一二年の著書で、都市型自営業（商店街）が繁栄していたことが、戦後日本社会の「安定」を支えたと主張した（新二〇一二：一八―二〇）。私も旧著で述べたように、一九八〇年代にも一〇〇〇万人を超える人びとが非農林業の自営業で生計を立てており、そのほかに農家の世帯主と家族従業者が四〇〇万―五〇〇万人存在した。ただし八〇年代の農家のうち六五％強は農業収入が他の収入より少ない第二種兼業農家だった（大沢二〇一三：一三八―一三九）。公共事業に依拠していたのは、主としてこの層と見られる。

実際に「地元型」では、夫婦共稼ぎどころか一家総稼ぎで家業や生計が営まれ、「男性稼ぎ主」は規範ともなりえなかったと考えられる。労働社会学者の木本喜美子は、福井県の機業地域の実態調査にもとづきながら、香川県の農村の兼業化過程の研究も踏まえて、教育年数が長くない地方圏の女性において、「家庭を慰安の場として整える主婦役割」に関心が低かったと結論している（木本二〇一八：二七〇―二七一）。やはり東北と北陸の機業地を調査した社会学者の宮下さおりは、零細経営が業主家族の女性、とくに「嫁」の文字どおり不眠不休の無償労働によって支えられていた事情を描き出している。零細機業経営は、原糸や織機を大手メーカーから購入するバイヤーでもあった。金融機関から無理な融資を受けてでも、設備を更新するのは、「男のロマン」と謳《うた》われ、融資元は中小企業に有限責任を許さず、極端には生命保険金による返済で元をとるのである（宮下二〇二二）。

「段差がある縦割り」

では「段差がある縦割り」の社会保険とは、具体的にどのような構造をもつのか。

日本の社会保険は、雇用者にたいする制度（健康保険制度と厚生年金制度）と非雇用者（自営業者、無職者）にたいする制度（国民健康保険（国保）制度と国民年金＝基礎年金制度）に大別される。しかも健康保険制度は、雇用者にたいしても一元的ではない。五人以上の企業の雇用者は政府管掌健康保険（略称は政管健保、二〇〇八年一〇月より全国健康保険協会、略称協会けんぽ）を適用されるのにたいして、大企業（ないし同業種の企業グループ）では「健康保険組合」を結成して、独自の会計により健保事業を代行することができる（組合管掌健康保険、略称組合健保）。大企業であることの目安は、事業所の従業員が三〇〇人以上などであるが、行政指導などにより一〇〇〇人以上とされていた。なお公務員や学校教職員などは共済組合に加入する。

健康保険組合という制度は、日本に初めて社会保険制度を導入した一九二二年健康保険法の当初から存在した。国民皆保険・皆年金が成立したとされる一九六一年から遡ること四〇年であり、日本的雇用慣行もまだ確立していなかった。同法の制定と施行初期の経過を第三節で検討しよう。

中小企業にくらべて大企業では、賃金は高く、新卒一括採用もあって従業員の平均年齢は若いなどの事情から、健保組合の財政に余裕がある。その余裕におうじて健保組合は、保険料の雇用主負担割合を（折半よりも）高くすることができ、また医療機関の窓口で払う負担金（患者一部負担）を軽減したり、さらに独自の付加給付をおこなうこともできる。付加給付としては、出産手当金・出産育児一時金・傷病手当金・埋葬料・高額療養費等の支給額を上乗せしたり、支給期間を延長することなどが、組合ごとに定められている。

自営業者や無業者などが加入する国民健康保険制度では、一人ひとりが被保険者であり（世帯主のもとにまとめられる）、保険料は世帯の被保険者の人数を反映する（中途半端な個人単位）。これにたいして雇用者の健保制度では、被保険者に「扶養される」家族も、追加の保険料負担なしに療養費給付の対象となる（配偶者出産費・家族埋葬料も支給）。被扶養家族の認定は、従前は保険者（政府と健保組合）がおこなっていたものを、一九七七年に年収一三〇万円未満という「要領」が、厚生省（＝厚生労働省）保険局長から都道府県知事に通知された（七七年四月六日保発第九号・庁保発第九号、厚生労働省法令等データベースサービス）。

いっぽう厚生年金では、大企業や企業グループがそれぞれの「厚生年金基金」を結成すると、一般制度とは別の独自の会計をもつ。厚生年金基金制度は一九六五年の厚生年金法改正により導入され、二〇一四年以降は新規設立を認めないこととされている。厚生年金基金は、厚生年金の報酬比例部分を代行し、その代行部分のうえに各企業の実態におうじて「プラスアルファ」部分と称した企業年金を給付するものである。基金加入者＝従業員にとっては、手厚い企業年金を受けられ、プラスアルファ部分の掛金を雇用主が負担し、給付を一時金で受けとると所得税制上で有利になる、などの利点があった。雇用主にとっても、従業員の企業帰属意識を強めることができ、掛金の損金または必要経費算入が認められるなどの利点があった（大沢一九九三＝二〇二〇：四章二節）。

こうして健康保険も厚生年金も、「社会」保障でありながら、大企業が従業員への福祉を企業封鎖的に提供できるしくみ、いわば「会社」保障になっている。厚生年金基金制度が一九六五年に導入されたのは、「標準報酬」（保険料が算定される基礎）の上限と保険料率の引き上げにたいする経営側の反対を、なだめるためだった（大沢一九九三＝二〇二〇：一九九一二〇五）。標準報酬の上限の引き上げが「不都合」なのは、高賃金を支払う大企業であることは、いうまでもあるまい。保険料率と国庫負担の引き上げをつうじて実現されたのが、「一万円年金」（一九六五年）、「二万円年金」（一九六九年）である。こうして健保組合や厚生年金基金が、制度の設計（図序－1の②）において大企業本位だったとして、実際にどのように適用されたのかは⑤、第四節で確認する。

3 「男性稼ぎ主」型と大企業本位の淵源

健康保険組合制度の導入

健康保険組合は、一九二二年の健康保険法によって創設された。以下では同法の規定のなかでも、三点に焦点を絞って、経過をたどろう（よりくわしくは大沢二〇二四）。三点とは、健保組合制度の導入と既存の共済組合との関係、保険給付を制限する事由としての「不行跡」、および被扶養家族にたいする給付、である。

一九二二年三月一三日に衆議院に提出された健康保険法案は、修正されることなく三月二五日に貴族院で成立した。同法は、工場法と鉱業法の適用を受ける事業所の常用労働者と年収一二〇〇円以下の職員を、強制適用の対象として、業務上および業務外の災害・疾病および死亡・分娩に給付（サービスと現金）をおこなうものだった。保険給付で被保険者本人にたいするものは、傷病には医療サービスという現物の給付、分娩には現金給付が主であるが、保険者により現物サービスを給付できる、とした。保険料は労使折半（業務上の傷病は全額雇用主負担、業務外の傷病は労使二対一の負担）、運営は政府管掌を原則としつつ、常時三〇〇人以上を使用する「事業主」は健保組合を設置できることとした（日本法令索引 https://hourei.ndl.go.jp/#/detail?lawId=0000017560）。なお健康保険法の成立の翌一九二三年に関東大震災が起こるなどの事情から、同法の全面施行は一九二七年一月一日となった。

この健保組合について小熊は、ドイツの疾病保険が企業横断的に職種を単位としていたこと（「横割り」の社会保障）との違いを強調する。ドイツなどで「横割り」が形成されるうえでは、職種別労働組合や専門職団体の運動が役割を果たしたが、日本では職種別の「伝統」がなく、第二次世界大戦後の労働組合は工員と職員をともに組織する企業別組合となった、という。「伝統」の有無にかんする小熊の典拠は、二村《にむら》一夫と兵藤釗《ひょうどうつとむ》の労働・労使関係史の研究である（小熊二〇一九：一七六―一七七、三五六、四〇一―四〇二、五五二―五五三）。

床次《とこなみ》労政の系譜

小熊の指摘は先行研究にてらしてきわめて重要であるので、検討しておこう。日本に職種別の「伝統」はなかったのかもしれない。しかし、大正・昭和初期に労働組合運動の中心にあった「友愛会」は、一九一七年には全国の「各種同職団体の総連合」たることを掲げた。第一次世界大戦の講和条約（ベルサイユ条約）中の国際労働規約により、国際労働機関（ＩＬＯ）が発足した。ＩＬＯ憲章には結社の自由の原則の承認が含まれ、一九一九年一〇月にアメリカのワシントンＤ・Ｃで第一回国際労働会議が開催された。

労働組合を公認することが国際連盟への加盟の条件であるかのような情勢のもとで、日本で組合公認および治安警察法体制の廃止を求める運動が本格化した（岡田一九八二＝二〇一四：七三、八一―八二、兵藤一九九七：九―一〇）。原敬《はらたかし》政友会内閣にたいする野党だった憲政会は、一九二〇年から再三、労働組合法案・疾病保険法案などを帝国議会に提出し、提案理由において上記のＩＬＯワシントン会議に言及している。

労働組合の公認にかんして原内閣がとった対応は、縦断的な「工場委員会」の導入を図ると同時に、治警法第一七条の解釈を変更することだった。治警法第一七条は、ストライキをおこなうことを目的として他人を「誘惑若《もしく》は煽《せん》動《どう》」することを禁止しており、第一次世界大戦後に多発した労働争議にたいしても猛威を振るった。原内閣の内務大臣だった床次竹二郎は、治警法第一七条の廃止を拒否しながら、工場内・事業所内の労働者だけによるストライキには同条を適用せず調停で対処する、という解釈変更を、一九一九年におこなった。つまり横断的組合や外部者には適用されるのである。いわゆる床次労政である（上井一九七九、岡田一九八二＝二〇一四：第五章）。大企業は工場委員会を設置し、工場単位の組合ないし従業員組織を育成して、横断的組合の基盤を失わせた（兵藤一九九七：四三－四四）。

治警法第一七条は一九二六年に廃止され、同時に労働争議調停法が制定された（労働組合法案は成立せず）。この改正後も労働争議は多数にのぼったが、労働争議調停法は使われない法であり、主として警官による事実上の調停と暴力行為等処罰法による弾圧が用いられた。やがて警官の手により単位産業報国会が組織され、ファシズムが本格化した（上井一九七九：一五一）。

共済組合を「追認」したのか

では、一九二二年健康保険法において健康保険組合はどのように導入されたのか。同法で健保組合は、「事業主」とその事業に使用される被保険者の全員で組織すると規定された（第二七、三五条）（日本法令索引 https://hourei. ndl. go. jp/#/detail?lawId=0000017560）。「横割り」の共助は当初から排除されていたわけである。同法の健保組合はまた、保険料につき事業主の負担分を増加することができると規定されており（第七五条）、比較的大きな企業の被保険者（労働者と下級職員）に有利な福祉を提供するものである。なお、同法の起草過程では、健保組合がその規約により給付の範囲を拡張し、または被保険者の家族の傷病・死亡・分娩に、保険給付の一部を支給できるとの規定があったが、後述する労働保険調査会の審議により削除された(社会局保険部一九三五：一二一、一二八)。

政府管掌はもちろん組合管掌でも、健康保険は「個人単位」だったのである。ちなみに憲政会の議員が提案した疾病保険法案では、保険は政府管掌であって健保組合にあたる規定はない(日本法令索引 https://hourei.ndl.go.jp/#/detail?billId=004414049&searchDiv=2&current=2)。半面で、労働史研究者の榎一江《えのきかずえ》が紹介するように同法案の第一二条は、鉄道省共済組合や鐘淵《かねがふち》紡績会社共済組合等の被保険者を適用除外することを想定していた(榎二〇二三：九〇)。この点は労働保険調査会で論議の的となった。小熊は、鐘淵紡績会社や帝国鉄道庁を皮切りに共済組織が大正期に増え、「それを追認する形で」一九二二年法が公布されたと述べている(小熊二〇一九：四〇〇―四〇一)。

労働保険調査会と武藤山治《さんじ》委員

しかし同法の起草過程の記録や、施行を担当した官僚の回想からは、既存の共済組合を「追認する形」とは異なる「形」が見えてくる(4)。

一九二〇年に農商務省に労働課が新設されており、法案は同課が起草した。当時の農商務大臣の山本達雄は、床次に近い政治家だった。一九二一年一二月に新設の諮問機関である「労働保険調査会」に法案要綱が付議された。同調査会の会長は農商務省次官、委員には同省工務局長の四條隆英《たかふさ》が含まれ、労働課長の膳桂之助《ぜんけいのすけ》が幹事にあてられた。膳はのちに産業報国連盟理事を務め、戦後は初代の物価庁長官となった。付議された法案要綱に健康保険組合の規定が入っていた(規模は一〇〇〇人以上。三〇〇人以上と修正されたのは一九二二年一月九日の第一回特別委員会)。

労働保険調査会の第一回総会では、鐘淵紡績社長である武藤山治が委員からの第一声を発した。「慎重審議」を求めるものだったが、結局、一九二二年一月一六日の第六回総会で議了となる。一カ月間に六回開催という過密日程であり、しかもその間、一二月二六日に特別委員会が指名され、翌二二年一月一二日の第三回まで開催された。政府が審議を急いでいたことが明らかである。

武藤は年内の総会を欠席しながら、特別委員長あてに一九二二年一月七日付で九項目の意見書を提出した。その第一項目は、健保組合に自治を認めることを求め、それは「事業主に対する職工の感情を和らげ、労資協調の目的に叶《かな》う」(引用は新字新かなとし、適宜ルビをふる)だけでなく、「詐病、不正等を防ぐ」うえでも有効としている。また意見書の第二項目は、官設の共済組合が本法の適用除外となることにかんがみて、既存の民間共済組合も、本法案よりも優良な給付をおこなうものを、適用除外とするように求めた。さらに第九項目は、後述する「不行跡」の場合の給付の是非について、である(社会局保険部一九三五：九四、九六)。

労働保険調査会における共済組合の審議

意見書を受けた審議につき、共済組合の扱いから見よう。一九二二年一月一〇日の第二回特別委員会で、共済組合の実情について、膳幹事は次のように説明している。すなわち、一九一七年と二〇年の調査によれば、工場に六〇〇、鉱山に一七〇ほどの共済組合が存在するが、ほとんどは冠婚葬祭などの「社交的」のものである。疾病給付の条件が「最も優良」である「鐘紡の組合」を別とすれば、共済組合としての「内容は極めて貧弱」であり、共済組合として法人格をえるための法規もない、と(社会局保険部一九三五：一一八)。

一月一六日の労働保険調査会第六回総会で、既存の共済組合を本法の適用除外とするよう、武藤は粘り強く発言を重ねた。一〇時半に始まった会議が終了したのは一六時である。各委員に挙手を求めるという議事進行もあり、武藤の提案に賛同する委員も少なくとも数人はいたが、結局は原案が承認された。会議の終わり近く、膳幹事は法案の建付けについて、健保組合が支払い不能に陥った場合に政府が経過的に貸付けをおこない、再建不能となれば解散させて被保険者を政府が引き受ける(これを「後始末」とも表現)予定であることを踏まえ、「勝手に給付を拡張したるもの迄《まで》引受け難き」、と論じた(社会局保険部一九三五：一六一―一六八)。

そして、『医療保険半世紀の記録』への清水玄《げん》の寄稿「健康保険発足の頃」によれば、施行に向けて「組合数確保の必要があり、申出による強制設立という緊急異例の手段を用いた」とのことである（厚生省保険局・社会保険庁医療保険部一九七四：三一―三二、一三一、一三七）。「縦割り」が上から強制されたのである。こうした経緯にてらして、健保組合制度の導入は、共済組合を「追認」したというより、支払い不能に陥った組合の「後始末」を政府が引き受ける以上、是が非でも健保組合を監督したいという、いわば政府都合によるものだったと理解できる。

「不行跡」による妊娠・分娩

次に「不行跡」による妊娠・分娩の扱いを見よう。法案要綱には「不行跡その他重大なる過失」の場合には分娩関係の給付をしないとする規定があり、一二月二三日の第四回総会で議論されていた。委員の田子一民《たごいちみん》は「夫の不在中の妊娠」について給付の有無を質問した。当時の田子は内務省社会局の局長（心得）だった（一九二一年一一月に内務省外局になるまで）。膳幹事や四條委員は、「不義による分娩」や「無夫の女の分娩」に分娩費・出産手当金を支給しないと回答している。いっぽう「花柳病」の治療は「与うる積り」とされた（社会局保険部一九三五：六二―六七）[5]。

これにたいして一月七日付の武藤の意見書の第九項目は、分娩関係の給付につき、各国では婚姻の有無を問わないものが多いとして、不行跡の場合に給付しないとする規定を削除するように求めた。田子委員の意見書も第二として、「給付請求権の制限の原因中「不行跡」を削除すること」を求めた。不行跡の削除にかんする田子の理由には、子どもを保護するうえでは、妊娠の原因が不行跡にあるか否かで保護を異にするのは「適当でない」、また社会の事業を「道徳一遍で押し付けるのは無理」、さらに「不行跡と見らるべき行為に因って男子が花柳病に罹《かか》った場合にも療養の給付をすることと不権衡」、などの論点が含まれる（社会局保険部一九三五：九九、一〇〇）。「権衡」とは衡平（エクィティ）の意味であろう。

武藤や田子の意見をうけて、一九二二年一月一二日の第三回特別委員会では、「不行跡」の前に「著しき」を付した案が出されたが、削除に決した(社会局保険部一九三五：一三二―一三三)。削除意見の委員たちは、なにが「不行跡」にあたるかは曖昧であると指摘し、前記のように、それが男女間で「不権衡」であることを見逃さなかった。保険料納付にともなう給付請求権であるはずのものが、曖昧であり、かつジェンダー衡平に反するような制限に服することは、かくして回避された。個人単位の健康保険制度は、ジェンダー衡平にも適うことになったのである。

そして一九二二年三月二〇日の健康保険法案の貴族院特別委員会で、政府委員である四條議員(男爵)は提出理由を次のように述べている。すなわち、傷病の「治療回復を速《すみ》やかならしめ、また妊産婦の保護を致して母体及び乳児の健康を保障し、専ら労働力の減殺を低減する」と(社会局保険部一九三五：二一三)。労働保険調査会での「不行跡」をめぐる論議から、四條および政府側も学んだようである。

健康保険法の施行――男女半々から男性化

健康保険法の制度設計(図序-1の②)が個人単位でジェンダー衡平だったとして、それらはいかに適用された(同じく⑤と⑥)かが、次に問われる。適用初期の状況について、社会局保険部が一九三七年に発行した『健康保険事業沿革史』に掲載された数値をまとめると、表1-1のとおりである。被保険者の女性比率は、一九二六年度末の政府管掌では四九・七％、組合健保では四四・五％だった。被保険者一人当たりの年間の保険給付の回数は、政管では三回程度で男女同数、組合では四ないし五回で、男性では低下しているが、女性ではさほど低下せず、女性が〇・五回ほど多い状況となった。被保険者の男女比でも給付適用でも、健康保険は男女半々の制度だったといえる(業種による差は小さくなかっただろう)。

健康保険の被保険者の女性比率は一九三〇年ないし三一年から低下し、一九三四年には政管で四一％程度、組合で三九％程度となった。被保険者は「男性化」したのである。その背景には、満州事変(一九三一年)以降の軍需景気もかかわって、日本経済が急速に重化学工業化し、工場労働者に占める男性の比率が急上昇したという事情がある(榎

表 1-1　健康保険法の適用状況（1926-36 年）

	年度末	1926	1927	1928	1929	1930	1931	1932	1933	1934	1935	1936
政府管掌	被保険者数（百万人）	1.14	1.12	1.16	1.15	1.03	1.04	1.12	1.29	1.5	2.1	
	同男性	0.57	0.55	0.57	0.58	0.54	0.55	0.62	0.74	0.88		
	同女性	0.57	0.57	0.59	0.57	0.49	0.49	0.5	0.55	0.62		
	女性比率（%）	49.7	50.9	50.9	49.6	47.6	47.1	44.6	42.6	41.3		
	男性 1 人当たり給付（回）	0.7	3.2	3.0	3.0	3.3	3.0	3.1	3.1	3.1		
	女性 1 人当たり給付（回）	0.5	2.5	2.9	3.0	3.1	3.0	3.0	3.0	3.0		
	平均標準報酬（日額，円）	1.156	1.111	1.099	1.1	1.096	0.964	0.942	0.939	0.95	0.97	
	同男性	1.361	1.574	1.485	1.458	1.411	1.3	1.266	1.244	1.234		
	同女性	0.719	0.736	0.719	0.732	0.65	0.574	0.548	0.583	0.548		
	男女比（男性＝100）	52.8	46.8	48.4	50.2	46.1	44.2	43.3	46.9	44.4		
組合管掌	組合数	316	337	343	349	345	345	347	345	349	370	375
	被保険者数（百万人）	0.8	0.78	0.78	0.75	0.61	0.68	0.6	0.7	0.83	0.95	1.02
	同男性	0.44	0.45	0.46	0.45	0.38	0.34	0.35	0.43	0.51		
	同女性	0.36	0.33	0.32	0.3	0.23	0.34	0.25	0.27	0.32		
	女性比率（%）	44.5	42.3	41.0	40.0	37.7	50.0	41.7	38.6	38.6		
	男性 1 人当たり給付（回）	1.2	4.4	4.3	4.3	5.5	4.2	3.9	3.7	3.7		
	女性 1 人当たり給付（回）	1.1	4.6	4.6	4.7	4.5	4.6	4.3	4.4	4.2		
	平均標準報酬（日額，円）	1.338	1.365	1.403	1.426	1.397	1.259	1.234	1.314	1.32	1.36	
	同男性	1.728	1.738	1.793	1.815	1.79	1.687	1.697	1.782	1.728		
	同女性	0.852	0.858	0.842	0.842	0.753	0.646	0.592	0.579	0.576		
	男女比（男性＝100）	49.3	49.4	47.0	46.4	42.1	38.3	34.9	32.5	33.3		
男性標準報酬	組合と政管の比（政管＝100）	127.0	110.4	120.7	124.5	126.9	129.8	134.0	143.2	140.0		

注：1936 年度の数値は，9 月末のものである．
出所：社会局保険部 1937：136，164-166，183，203-204．

二〇一一：三三）。

なお一九二九年の健保法改正により、第六一条の傷病手当金の支給を制限する事由として、従来の「闘争若しくは泥酔」にくわえて、「著しき不行跡」が導入された。じつはこの文言は、現在の健保法にも存在する（第一一七条で「保険給付」の制限として）。一九二九年改正の委員会議録を見ると、この際の不行跡はもっぱら男性労働者の「花柳病」を想定しており、それとの対比で「出産手当金」は、出産が「正当の結婚」によるか否かにかかわらず、「一率」に給付していると、政府委員の長岡隆一郎（社会局長官）が答弁している（第五六回帝国議会衆議院、朝鮮簡易生命保険特別会計法案外三件委員会議録、第六回（昭和四年三月二日）：六）。

健康保険の手当金において、出産への「一率」給付にたいして男性の「花柳病」への給付を制限しようという意図は、ジェンダー衡平をとおり越したようにも思われる。

一九三六年九月末の健保組合数を事業の種類別に見ると、染織工業で一二九組合と断然トップで、機械器具工業が七六、石炭鉱業の五三と続く(社会局保険部一九三七:一四〇)。『医療保険半世紀の記録』によれば、染織工業のなかでも紡績業・製糸業が多かった(厚生省保険局・社会保険庁医療保険部一九七四:三一—三二)。紡績業・製糸業の女性雇用者といえば若年・未婚者をイメージしがちである。しかし、『健康保険事業沿革史』によれば、一九二七年度から三四年度までの分娩関係の給付は、女性の被保険者一〇〇〇人あたり政管で約五〇—八〇件、組合管掌でも約二〇—五〇件だった。分娩関係の給付は現金給付が主だったが、政府管掌でも一九三一年度以降は「助産の手当」(産婆または医師によるサービス給付)を原則とするようになった(社会局保険部一九三七:二四〇—二四一、一一三—一一四)。助産学・母性看護学を専門とする小暮かおりは、これらの分娩の数値が全国の出生率にたいして「極端に低くはなかった」と述べる(小暮二〇一六:四二)。

健康保険法の改正・統合——世帯主義化

一九二二年健康保険法は、工場鉱山等の職員には適用されたが、本社職員を対象としなかったこともあり、一九三九年には年俸一二〇〇円以下の職員を強制適用の対象とする職員健康保険法が創設され、それが一九四二年に健康保険法に統合された。『医療保険半世紀の記録』によれば、一九四二年に職員健康保険制度が健康保険制度に統合された「時代的背景」は、「戦争遂行のために、その原動力である国民の資質、体力の向上および人口の増加が基本的な国策とされ」、「軍部の強い発言による保険政策」というものだった(厚生省保険局・社会保険庁医療保険部一九七四:四〇—四一)。

また一九二二年法の保険事故は、分娩を含めて被保険者本人の事由であって、家族給付を規定しなかった。上記のように一九二二年法の当初の法案要綱では、健保組合の規約により家族の傷病・死亡・分娩にたいして一部給付ができるとしていたが、労働保険調査会の審議で削除されたのである。

それが一九三九年の健保法改正により、「被保険者により生計を維持する者」の傷病の療養につきに任意給付が導入された(6)。世帯員の範囲は、改正健保法にともなう一九四〇年改正健保法施行令で規定されている。家族療養費制度の創設過程を追跡した法学者の原田啓一郎が紹介するように、この世帯員の範囲は、被保険者による「生計を維持」に「専ら」を付加したいっぽうで、被保険者と同一戸籍であることは必須ではなく、また被保険者が世帯主であることも要しないというものであり、その点は職員健康保険法施行令でも同じだった(原田二〇二〇：八九、九二)。家族給付の件数や金額はきわめて少なかったとされる(横山・田多一九九一：五〇)。そして一九四二年改正法第一条は、被保険者により生計を維持される者を「被扶養者と称す」とし、家族給付を法定給付として、そこに被扶養者への分娩給付を加えた。同年改正施行令は、被扶養者の範囲を「配偶者及子」「並びに同一の世帯に属」する者としている(国立国会図書館デジタルコレクション https://dl.ndl.go.jp/pid/2961278/1/2)。

こうして一九三九年から四二年にかけて、健康保険制度が「男性世帯主」を想定する度合が高まったといえよう。なお、組合健保による付加給付が可能とされたのも、この一九四二年改正による(第六九条の3)(国立国会図書館デジタルコレクション https://dl.ndl.go.jp/pid/2961036/1/3)。

ふたたび『医療保険半世紀の記録』によれば、「被扶養者」への給付は、国家総動員法にもとづく国民徴用令(一九三九年)により強制的な職業転換が広範におこなわれることにともない、「銃後の守り、あるいは職場挺身者の家族の生活安定という目的」で、健康保険の加増給付として創設された(厚生省保険局・社会保険庁医療保険部一九七四：三五)。保険者によって被扶養家族を認定される被保険者とは、年収条件などがなかった当時、その大多数が男性であろう。戦争遂行および職場への「挺身」にたいする報いとして、彼らは健康保険の給付を被扶養家族に及ぼしうることになった。いっぽう社会学者の金野美奈子によれば、戦時を含めて戦前期の職場の処遇の論理は、職務上の貢献度にあり、家族の扶養という論理に抵抗していた(金野二〇〇五：二六二)。上級職員層を別とすれば、当時の男性被保険者の賃金が実際に妻子を扶養できる水準をクリアしていたとは考えにくい。

「男性稼ぎ主」のステータスは、企業の処遇をつうじてではなく、総力戦下の軍部の発言力をつうじた社会保険制度の改正によって、与えられ始めた。会社都合ならぬ「軍部都合」である。

4　大企業本位の設計はいかに適用されたか

健康保険組合

表1－2は、『社会保障統計年報』などにもとづき、被用者の健康保険のうち政府管掌と組合管掌について、それらの適用状況を、一九五一年から五五年以降五年おきに示す。

女性被保険者の比率は、政管にたいして組合管掌で一段と低いだけでなく、徐々に上昇しても、二〇二〇年でも協会けんぽで四一％程度、組合健保では三四％程度である。表1－1によれば一九二六年度末の健康保険被保険者の女性比率は、政管で四九・七％、組合管掌で四四・五％であり、一九三四年度末にもそれぞれ四一％程度と三九％程度である。つまり二〇二〇年の数値も、昭和一桁時代の数値を超えていないのだ。組合健保の被保険者女性比率が二〇一〇年まで三割に満たないことと合わせると、男性が被保険者で女性は被扶養者、というパターンになっている。

平均標準報酬において女性の数値が男性の数値に占める比率を見ると、政管では一九五〇年代の四七－四八％程度から出発して徐々に上昇したが、一九九〇年までは六〇％に満たず、二〇二〇年に七〇％程度である。組合管掌では五〇％前後から出発し、上下動を見せながら六〇％に達するのはようやく二〇〇五年である。

健保組合の数は一九九〇年代初年をピークとして減少したが、被保険者は徐々に増え、二〇二〇年では、男性で一〇九四万人、女性で五六〇万人、被扶養者が一二二六万人であり、医療保険適用者総数のそれぞれ八・七％、四・五％、九・八％を占める。二〇二〇年の男性被保険者の平均標準報酬月額と平均標準賞与を、協会けんぽと組合健保とで対比すると、組合の男性被保険者では月額で協会の一・二八倍、賞与ではなんと二・九倍に当たる。

つまり、主として大企業が組織する健保組合では、被扶養者をくわえた適用者が人口の二三％弱を占めるに過ぎな

表 1-2　医療保険の適用状況(1951-2020 年)

	年度末	1951	1955	1960	1965	1970	1975	1980	1985	1990	1995	2000	2005	2010	2015	2020
医療保険	適用者数(百万人)	56.5*	61.2	90.2	97	104	111.8	117	120.7	124.3	125.3	126.4	127.2	126.9	126.1	124.8
政府管掌	事業所数(千)	175	244	383	537	660	760	868	924	1278	1468	1542	1515	1623	1750	2366
	被保険者数(百万人)	4	5.2	8.9	11.7	13.2	13.3	14.6	15.3	18	19.7	19.5	19.2	19.6	20.9	24.9
	同男性	2.9	3.7	6	7.6	8.4	8.5	9.3	9.8	11.4	12.4	12.2	12	12.1	12.8	14.7
	同女性	1.1	1.5	2.9	4.1	4.8	4.8	5.2	5.5	6.6	7.3	7.2	7.1	7.5	8.1	10.2
	女性比率(%)	27.5	28.8	32.6	35.0	36.4	36.1	35.6	35.9	36.7	37.1	36.9	37.0	38.3	38.8	41.0
	被扶養者(百万人)	6.6	6.7	9.7	12	12.8	14.8	16.7	17.2	16.7	18.2	17.3	16.9	15.3	15.5	15.4
	被保険者当たり被扶養者数	1.64	1.28	1.09	1.03	0.97	1.12	1.15	1.12	1.04	0.92	0.89	0.88	0.78	0.74	0.62
	平均標準報酬(月額，千円)	8.7	11781	15	26	49	111	168	211	252	288	290	283	276	280	290
	同男性	10	14	18	31	60	131	199	250	296	337	335	324	314	317	330
	同女性	4.9	6.6	8.5	17	32	76	113	142	173	205	215	216	217	222	233
	男女比(男性＝100)	49	47.1	47.2	54.8	53.3	58.0	56.8	56.8	58.4	60.8	64.2	66.7	69.1	70.0	70.6
	平均標準賞与額(千円)													400	426	421
	同男性													434	474	474
	同女性													345	352	345
組合管掌	組合数	779	907	1091	1339	1481	1643	1670	1743	1822	1819	1756	1561	1458	1404	1389
	被保険者数(百万人)	3	3.3	5	7.3	9.7	11	11.4	12.7	14.7	15.4	15.2	15.1	15.6	15.8	16.4
	同男性	2.3	2.5	3.7	5.2	6.9	8.1	8.4	9.3	10.5	11.1	11.1	10.7	10.9	10.8	10.9
	同女性	0.7	0.8	1.3	2.1	2.8	2.9	3	3.4	4.1	4.3	4.1	4.4	4.8	5.1	5.6
	女性比率(%)	23.3	24.2	26.0	28.8	28.9	26.4	26.3	26.8	27.9	27.9	27.0	29.1	30.8	32.3	34.1
	被扶養者(百万人)	5.9	6.4	7.7	9.1	11.5	15.1	16.1	17	17.3	16.7	16.7	15.1	14	13.3	12.3
	被保険者当たり被扶養者数	1.98	1.93	1.52	1.25	1.19	1.37	1.41	1.33	1.18	1.09	1.09	1	0.9	0.84	0.75
	平均標準報酬(月額，千円)	13	18	22	33	62	137	211	269	315	355	373	371	363	369	375
	同男性	14	20	26	37	71	153	239	307	360	403	419	420	410	418	424
	同女性	7.5	10	12	21	39	92	133	166	202	231	246	252	256	266	278
	男女比(男性＝100)	53.6	50.0	46.2	56.8	54.9	60.1	55.6	54.1	56.1	57.3	58.7	60.0	62.4	63.6	65.6
	平均標準賞与額(千円)													1034	1120	1121
	同男性													1250	1368	1370
	同女性													556	608	647
後期高齢者医療制度	適用者数(百万人)													14.3	16.2	18.1
男性標準報酬月額	組合と政管の比(政管＝100)	140.0	142.9	144.4	119.4	118.3	116.8	120.1	122.8	121.6	119.6	125.1	129.6	130.6	131.9	128.5
標準報酬上限	(月額，千円)	36	36	52	52	104	200	380	710	710	980	980	980	1210	1210	1390

注：* は 1953 年の数値．保険料の計算対象は 2003 年度から総報酬制となったが，2005 年の標準賞与額は不明．政府管掌健康保険は 2008 年 10 月から全国健康保険協会(「協会けんぽ」)となった．後期高齢者医療制度は 2008 年度に導入された．
出所：国立社会保障・人口問題研究所 HP：社会保障統計年報ライブラリー https://www. ipss. go. jp/s-toukei/j/t_nenpo_back/libr_new. html. 表の 2020 年分は，厚労省 HP の医療保険データベースにおける健康保険・船員保険事業状況報告 年報 https://www.mhlw.go.jp/stf/seisakunitsuite/bunya/kenkou_iryou/iryouhoken/database/index.html).

い半面、被保険者の男性比率はより高く、賃金も高い（とくに賞与）ことが分かる。小熊が分類する「大企業型」の特徴と符合し、組合健保が「男性稼ぎ主」のコア層の社会保険であることが分かる。

しかも組合健保の保険料負担率は低かった。一九六五年の保険料率を見ると、政管健保では六・五％（労使折半）である（https://www.kyoukaikenpo.or.jp/g7/cat330/hokenryouritunohennsenn/）。これにたいして、組合健保の平均保険料率は六・三四三％であり、負担割合は被保険者が二・二六八％で事業主が四・〇七五％と、六四％超を事業主が負担していた（『昭和三四年度社会保障統計年報』第五五表）。社会保険の保険料が課される収入は、従来は月々の標準報酬だったが、二〇〇三年から賞与を含む総報酬制に移行し、料率としては一時期低下したものの、政管健保（二〇〇八年一〇月から協会けんぽ）の料率のほうが高く、組合健保で事業主側の負担割合のほうが高いという点は、そのままである。

厚生年金基金

表１－３は厚生年金と厚生年金基金の適用状況を、一九五一－五五年以降五年おきに示す。二〇一四年の厚生年金法改正により、厚生年金基金の新規設立は不可となったことから、二〇一五年までを表示している。

厚生年金基金の数は、一九九五年の約一八八〇をピークとして二〇〇〇年以降急低下し、二〇二〇年にはたったの五となった。基金数のピークの年次と数は健保組合と符合しているが、被保険者の増減の面では異なる。基金の解散の主因は、一九八〇年代後半のバブル景気が九〇年代初年に破綻したことを画期とする財政の悪化である。プラスアルファどころか厚生年金の報酬比例部分の代行も保有資産では賄えなくなる「代行割れ」が続出した。二〇〇二年四月に確定給付企業年金制度が創設され、同時に厚生年金基金の代行部分の返上が認められた。これを機に、主として大企業が設ける厚生年金基金の多くが確定給付企業年金へ移行した。そして二〇一四年の厚生年金法改正により、厚生年金基金の新規設立は不可となり、五年以内に解散する場合、特例解散として代行部分を国に返却する際の減額や返却期限の延長が可能とされた。

表 1-3　厚生年金の適用状況

	年度末	1951	1955	1960	1965	1970	1975	1980	1985	1990	1995	2000	2005	2010	2015
公的年金	適用者数(百万人)	11.1*	11.8	17.4	45.2	51.9	55.5	59	58.2	66	70	70	70	68	67
厚生年金	被保険者数(百万人)	6.6	8.2	13.2	19.4	22.1	23.6	25.1	26.9	30.8	33.1	32.1	33	34.4	36.8
	同男性	4.7	5.8	9	12.7	14.8	16.2	17.2	18.3	20.7	22.2	21.5	21.7	22.2	23.3
	同女性	1.7	2.2	4	6.7	7.3	7.4	7.9	8.6	10.1	10.9	10.6	11.3	12.2	13.5
	女性比率(%)	25.8	26.8	30.3	34.5	33.0	31.4	31.5	32.0	32.8	32.9	33.0	34.2	35.5	36.7
	平均標準報酬(月額, 千円)	6.8	11.9												
	同男性	7.2	13.4	19.7	34.7	64.8	141.3	220.4	270.4	318.7	356.9	365.9	358.1	347.1	350.0
	同女性	5.3	7.5	9.5	18.8	34.3	81.2	119.1	148.2	181.5	211.1	222.6	226.6	229.9	237.6
	男女比(男性＝100)	73.6	56.0	48.2	54.2	52.9	57.5	54.0	54.8	57.0	59.1	60.8	63.3	66.2	67.9
厚生年金基金	基金数				142**	713	930	991	1091	1,474	1,878	1,801	687	595	256
	設立事業所数(千)				2.9	43.5	6.7	75.5	87.6	136	195	177	130	113	52
	加入員数(百万人)				0.5	4	5.4	5.9	7	9.8	12.1	11.4	5.3	4.5	2.5
	同男性				0.3	2.7	3.9	4.3	5.1	7.1	8.7	8.3	3.8	3.1	1.7
	同女性				0.2	1.2	1.5	1.6	1.9	2.7	3.4	3.1	1.5	1.4	0.8
	女性比率(%)				40.0	30.8	27.8	27.1	27.1	27.6	28.1	27.2	28.3	31.1	32.0
	平均標準報酬(月額, 千円)														
	同男性				40.6	67.5	149.5	232.8	288.9	334.9	371.7	392.4	367.2	353.9	367.3
	同女性				22	36.4	88.3	121.4	152.3	183.9	216.2	233.7	241.7	244.2	259.1
	男女比(男性＝100)				54.2	53.9	59.1	52.1	52.7	54.9	58.2	59.6	65.8	69.0	70.5
男性標準報酬	基金と厚年の比(厚年＝100)				117.0	104.2	105.8	105.6	106.8	105.1	104.1	107.2	102.5	102.0	104.9
標準報酬上限	(月額, 千円)	8	18	36	60	100	200	410	470	530.0	590.0	620.0	620.0	620.0	620.0

注：* は 1953 年の数値, 1965 年の ** 以下は 66 年の数値である．現在, 1953 年以前の標準報酬は等級を問わず 1 万円とみなされている(日本年金機構 HP：厚生年金保険　標準報酬月額等級の変遷表 https://www. nenkin. go. jp/service/kounen/hokenryo/ryogaku/20140710. files/standard_insurance_2. pdf).
出所：国立社会保障・人口問題研究所 HP：社会保障統計年報ライブラリー(https://www. ipss. go. jp/s-toukei/j/t_nenpo_back/libr_new. html).

厚生年金基金制度の被保険者の男性比率は一九七〇年に六九・二%となって、厚生年金被保険者の男性比率を上回った。厚生年金基金被保険者が公的年金適用者に占める比率は、一九九五年にピークの一七・三%となり、その男性比率は七一・九%に達した。いっぽう厚生年金被保険者の男性比率は一九七〇年代後半には六八%台になったが、二〇〇〇年代には低下して二〇一五年に六三・三%である。

厚生年金と厚生年金基金の男性被保険者の平均標準報酬月額を対比すると、基金の数値は厚生年金の一・一倍程度を超えない。しかし、これは厚生年金基金の被保険者の賃金があまり高くなかった、ということを意味しない。厚生年金の標準報酬月額の上限は、健康保険にくらべて低く抑えられてきたからである。一九六五年から八〇年まではほぼ同額となるものの、八四年以降は差が広がり、二〇一六年以降では健保の一三九万円にたいして厚生年金は六二万円と、半額に満たない（厚生年金では、二〇二〇年九月に二〇年ぶりの改定で六五万円に）。

標準報酬上限額の引き上げについて、健保よりも厚生年金で、経営側の抵抗が強かったと推察される。経営側が問題にしたのは、定年退職金制度およびその事前積立方式である企業年金と公的年金とのかねあいである（大沢一九九三＝二〇二〇：一九九）。小熊によれば「停年」の規定は、明治期後半に軍および軍工廠《こうしょう》から官営工場や民間企業に波及し、大正・昭和期にかけて職工だけでなく職員にも広がった。従業員の退職手当を積み立てることは、「企業の社会的責任」と観念されたという（小熊二〇一九：三〇六―三〇八）。労働経済学者の佐口和郎も整理するように、年功賃金制度は日本的雇用慣行にとって中心的存在であって、定年制度と「不可分・一体」である。その定年制度が機能するために退職一時金は必要な付随的制度だった（佐口二〇一八：九五―九七、一五一―一五三）。退職一時金という「会社」保障が、「社会」保障である厚生年金の充実よりも優先されたのである。

5　小括

こうして大企業本位の「男性稼ぎ主」型は、社会保障のあり方としては大正末年に上からの強制で形成され始めた。戦後は大企業の男性社員にたいして、長期安定雇用と家族を扶養できる年功的生活給により、職場への「挺身」が報いられることとなる。社会保障制度はその機能を家族に肩代わりさせつつ、高度経済成長期から一九八〇年代半ばにかけて、精妙ともいうべき「段差がある縦割り」の構造を整えた。大企業が主として男性である正社員とその扶養家族への福祉を、企業封鎖的に提供できるしくみである。

では家族は、政府側が期待し想定したように、実際に社会保障の機能を肩代わりできたのだろうか。企業年金なしの「二万円年金」(一九六九年)を現役の賃金と見くらべよう。賃金構造基本統計調査によれば調査が始まった一九六八年の大卒初任給は月額三万六〇〇〇円だった。二万円年金では、持ち家・家庭菜園があっても、高齢退職者の生計費をカバーするのはむずかしかったと考えられる。老親も高齢になっても稼ぎ続け、現役世代は、子どもを減らしつつ老親と同居するか仕送りすることなどで、生活が維持された。生活できない場合も稀ではなかったのであり、「男性稼ぎ主」型の生活保障システムは、「昭和時代」にも脆弱性を抱えていたと見るべきである。

そして、日本の生活保障システムは、まるで「昭和時代のまま」で今日に至っているわけではない。税・社会保険料の調達の構造(図序-1の③)は、昭和から平成になってまさに様変わりした。その点を第三章で確認する。

横断的労働組合の運動にたいして権力が敵意をむき出しにし、犯罪として弾圧するのは、床次労政という一世紀前の昔話ではない。ジャーナリストの竹信三恵子が詳細にルポするように、二〇一八年の夏以来、生コンクリートを建設現場に運ぶ運転手などを組織する通称「連帯ユニオン(全日本建設運輸連帯労働組合)」という企業横断的な労働組合で、その「関西地区生コン支部(略称:関生《かんなま》)」のメンバーが、ストライキや団体交渉を理由に続々と逮捕・起訴された(竹信二〇二一=二〇二五)。そうした事態にまさに驚愕した労働法学者たちが、二〇一九年一二月九日に「組合活動に対する信じがたい刑事弾圧を見過ごすことはできない――関西生コン事件についての労働法学会有志声明」を発表したほどである(https://www.junposha.com/book/b49745.html)。

労働運動を恐喝や威力業務妨害として刑事事件化したのは、滋賀、大阪、京都、和歌山の四府県警察の組織犯罪対策課や警備部（公安）である。竹信のルポには、四府県警の絶妙な連携プレーが活写されており、県警本部よりも高いレベルの司令塔の存在を想像させる。うち大阪府警警備部は、本書の第六章でも重要なアクターとして登場する。

第二章　「男性稼ぎ主」型の成果とその推移

本章は、「男性稼ぎ主」型の生活保障システムの「成果」を、諸外国と対比しながらやや長期にわたってたどる。成果（アウトカム）は、図序-1では⑨（=①）にあたり、生活保障システムにとっての環境諸条件、とくに種々のニーズにたいして、システムが機能して充足した度合を示す。種々のニーズのなかでも、本書は所得の貧困と格差を重視する。

貧困や格差を諸外国と対比できるようなデータは、日本からは二〇〇五年以来、厚労省の国民生活基礎調査の三年ごとの大規模調査で収集されたものが、OECDに報告されている。また二〇〇九年以来、慶應義塾大学パネルデータ設計・解析センターが調査・作成している日本家計パネル調査（JHPS）が、LISに提供されている。OECD統計は報告されている年次も多く使いやすいことから、国民生活基礎調査の結果にもとづくOECD統計（https://data-explorer.oecd.org/）を、本書は利用している。

すると、次のような疑問を覚える読者もいるだろう。そもそも国民生活基礎調査は的確に実施されているのか、また所得・格差を緩和する機能をもつのは、社会保障給付だけなのか、さらに、貧困・格差とは所得だけの問題なのか、そして、所得が低くても生活は貧しくないという状況もあるのではないか。

そうした疑問点を第一節で検討する。とくに、世帯の所得・支出等を把握する日本政府の調査には、近年に興味深い変更がおこなわれたものがあり、その変更には国際機関の動向に呼応する面もある。その追跡と考察に1-1でやや大きな紙幅をあてる。第二節では、諸外国と対比しつつ所得の貧困と格差の推移をたどろう。前記の疑問にこだわらない読者は、第一節を読み飛ばしても、支障ない。

1　たかが所得、されど所得

1-1　調査は的確なのか

二つの調査がある

じつは国民生活基礎調査にかんしては、それが所得格差を過大評価しているという見解が、二〇〇七―〇八年頃に政府や他の機関から表明されたことがある（大沢二〇一三：三六―三九）。第二次安倍内閣のもとでの二〇一六年の通常国会では、日本の貧困率が高いこと、また上昇してきたことが再三取り上げられた。安倍晋三首相は「緩やかに上昇」と認めつつも、国民生活基礎調査による数値は高いけれど、総務省の全国消費実態調査による数値はOECD平均よりも低いなどと述べている（二〇一六年一月一八日の参議院予算委員会、同年一月二六日の衆議院本会議）。

ここで二つの調査の概要を見ておこう。国民生活基礎調査は、一九八五年に、厚生行政基礎調査（一九五三―八五年）、国民健康調査（一九五三―八五年）、国民生活実態調査（一九六二―八五年）、保健衛生基礎調査（一九六三―八五年）の四調査を統合し、世帯の状況を総合的に把握しつつ、所得・健康・貯蓄・介護などを地域別にも観察できるようにした調査である。一九八六年の初回調査以来、三年ごとに大規模な調査を実施し（健康・介護・貯蓄は大規模調査年のみ）、中間の各年には、世帯の基本的事項および所得の状況について小規模で簡易な調査を実施している。所得は前年の一年間についてであり、支出については五月中の家計支出総額、および前年一年間の税負担（所得税・住民税等）および社会保険料負担などを尋ねている。この調査は二〇〇八年まで、旧統計法（一九四七年制定）にもとづく「指定統計調査」であり、二〇〇七年制定の新たな統計法のもとで二〇〇九年から「基幹統計調査」として実施されてきた。

他方で全国消費実態調査は、所得、消費、資産の三つの側面から家計の構造を総合的に把握することを目的として、一九五九年以来五年ごとに実施されてきた。二〇〇七年統計法により「基幹統計調査」とされ、家計の収入・支出および貯蓄・負債、耐久消費財、住宅・宅地などの家計資産を調査している。収入は調査年の前年の一二月から調査年の一一月までの一年間であり、支出については調査年の九－一一月の三カ月分の家計簿の提出を求める。このように、二つの調査とも所得以外の事項についても統計を収集しているが、本書は主として所得面に注目する。

両調査の結果の差異——二〇一五年までの検証

ここであらためて確認しておきたいのは、二つの調査とも当初から相対的貧困率を計測していたわけではなく、計測しても利用しやすい形で公表はしなかった、という点だ。国民生活基礎調査の「結果の概要」で相対的貧困率の掲載が始まったのは、二〇一〇年調査結果（二〇〇九年の所得等を把握）についての二〇一一年七月一二日付「概況」であり、その際に一九八六年調査結果まで遡及して、九回分の調査結果による相対的貧困率を掲載した。他方で全国消費実態調査の調査結果は、調査年によってまとめ方や公表の形が異なり、相対的貧困率についてアクセスしやすい「各種係数、所得分布結果表」が掲載されたのは、二〇〇九年調査の結果によるものだった（二〇一一年一〇月三一日に公表）。現在、二〇一九年調査結果の「年間収入・資産分布等に関する結果」（総務省統計局二〇二一b）に、一九九九年調査から五回分を掲載している[1]。

国民生活基礎調査と全国消費実態調査の結果の差異などの問題は、二〇〇六年頃から複数の研究者によって相互に独立に検証されていた。その検証の結果、全国消費実態調査において低所得層の把握が低くなっている可能性が指摘されてきた（大沢二〇一三：二三六－二三九）。さらに経済学者の四《し》方理人《かたまさと》の二〇一五年の論文は、各調査の調査方法、サンプリングや補正の特徴などとともに、それらの調査を用いた多くの先行研究をレビューしている。その作業によれば、やはり全国消費実態調査において低所得者(および高所得者)の割合が低いことに留意すべきである(四方二〇一五:五二)。

二〇一五年三月二三日には、これら二つの調査について内閣府・総務省・厚労省の連絡会議が設置され、相対的貧困率等にかんする調査分析をおこなっており(「有識者」からのヒアリングを含む)[2]、その結果は二〇一五年一二月一八日付で報告されていた。三府省のこの調査分析も、「まとめ」として、全国消費実態調査において収入の低いサンプルが少ないと述べている(内閣府・総務省・厚生労働省二〇一五)。

回収率の差は決め手にならない

ところで二つの調査の回収率には相当の差がある。三府省の調査分析がまとめたところでは、二〇一三年の国民生活基礎調査(所得は二〇一二年の一年間を調査)では、調査客体(対象世帯)数は三万六〇〇〇、集計客体数は二万六三八七で、回収率は七二%だった。いっぽう二〇〇九年の全国消費実態調査では(所得は二〇〇八年一一月から〇九年一〇月までの一年間について調査)、調査客体数は五万七〇〇〇(うち単身世帯が四四〇〇)、集計客体数は五万五〇八九で、回収率は九七%だった(内閣府・総務省・厚生労働省二〇一五:五)。

回収率のこのような差から、調査の優劣は自明と思われるかもしれない。とはいえ、調査の回収率について、国民生活基礎調査は透明であるのにたいして、全国消費実態調査では系統的に示されていない。三府省の調査分析を俟《ま》つまでもなく、国民生活基礎調査では毎回の「調査の結果」の当該年の「結果の概要」冒頭の「調査の概要」に、「調査客体数」「回収客体数」「集計客体数」(集計不能のものを除いた数)が表示されており、回収率も有効回収率も容易に計算できる。二〇一三年調査では、調査客体数にたいして回収客体数は七四・四%、集計客体数は七二・五%だった。

二つの調査の回収率の差について、三府省の調査分析に「参考」として掲げられた「有識者の見方」によれば、全国消費実態調査では、調査が実施できなかった場合に同じ調査単位区から別の世帯を抽出して調査対象とする「代替」という手続きをとる。これにたいして国民生活基礎調査にはそうした代替がない。「全国消費実態調査では、標本の代替により、中間所得層が増加する可能性もある」、という有識者のコメントが紹介されている（内閣府・総務省・厚生労働省二〇一五：一三〔（参考6）有識者の見方〕）。代替により低所得のサンプルの比率が下がるということである。

実際、二〇一八年九月二八日に総務省の統計委員会にたいしておこなわれた諮問第一一七号によれば、全国消費実態調査の「当初抽出世帯」の回答率は、二〇〇九年から一四年までのあいだに、二人以上世帯で七五・五％から七〇・〇％へ、単身世帯で六八・六％から六四・四％へと、低下していた（総務省政策統括官二〇一八：五）。「代替」がなければ、全国消費実態調査の回収率は国民生活基礎調査よりも低い、ということになる。

そうじて「有識者の見方」は、二つの数値を調整することはむずかしく、「両調査で水準は異なるが、変化の方向が同じであることを踏まえ、両調査をもとに貧困率の傾向をみることでよい」、というものだった（内閣府・総務省・厚生労働省二〇一五：一二）。

「見直し」された調査、されなかった調査

さて、三府省の調査研究ののち、全国消費実態調査には大きな見直しがおこなわれ、二〇一九年に新たな名称の「全国家計構造調査」として実施された。内容面の見直しで注目されるのは、標本規模の拡大である（集計面での変更について後述）。すなわち、年収・貯蓄等調査票の調査世帯が従来の五万七〇〇〇弱から八万四〇〇〇に、「単身世帯」の標本規模が四七〇〇から一万四〇〇〇へと、それぞれ拡大された（総務省政策統括官（統計担当）二〇一八）。

いっぽう国民生活基礎調査についても、主として「単独世帯」の標本抽出にかんして二〇一〇年頃から統計委員会の諮問・答申等で課題が指摘されていた。課題の現状をデータも含めて詳述しているのは、二〇一六年の統計委員会の諮問第八二号への答申である。すなわち二〇一〇年の国勢調査の結果とくらべて同年の本調査結果（推計）では、世帯主の年齢階級別世帯数の分布において、とくに二〇代・三〇代の単独世帯数が少なく、また、政令指定都市等大都市が所在する都府県で単独世帯数が少ない、という点である。このように単独世帯からの回収が過少であるという課

題は、国民生活基礎調査において強く意識されていたと思われる。

しかし、そうした課題への対応を検討した厚労省の「結論」は、所得票・貯蓄票について標本規模を拡大することは「予算事情」などから「事実上困難」、というものだった。(3) これにたいして統計委員会は、「郵送回収の試行的な検証」や「オンライン調査」などを検討するように求めた（統計委員会二〇一六）。だがその後、二〇一八年の統計委員会の諮問第一一八号への答申でも、誤回答・未回答等の課題への厚労省の対応は、「十分な成果をあげておらず」と指摘されている。同第一一八号答申は戸建て住宅にくらべて共同住宅の捕捉率が低いことにも言及した（統計委員会二〇一八b）。

国民生活基礎調査の直近の大規模調査である二〇二二年調査では、有効回収率は六一・二％だった。二〇二一年の相対的貧困率は、全人口で一五・四％、子どもで一一・五％である（すべて「新基準」）。前回の大規模調査結果である二〇一八年の数値は、有効回収率が六八・五％、相対的貧困率は全人口で一五・四％（旧基準）および一五・七％（新基準）、子どもで一三・五％（旧基準）および一四・〇％（新基準）だった（厚生労働省二〇二三a：一四）。「新基準」とは、二〇一二年に改定されたＯＥＣＤの所得定義の新たな基準であり、従来の可処分所得からさらに「自動車税・軽自動車税・自動車重量税」「企業年金の掛金」および「仕送り額」を差し引いたものである。回収率が大きく低下しつつ、子どもの貧困率が相当に下がったのである。

他方で全国消費実態調査は、〝予算事情〟に恵まれたためか、上記のように「単身世帯」とともに全体の標本規模の拡大を果たし、名称も全国家計構造調査と改めて二〇一九年調査を実施した（ＯＥＣＤの所得定義の新基準も反映）。「当初抽出世帯」の回答率は不明である。二〇二一年八月三一日付の「年間収入・資産分布等に関する結果――結果の概要」によれば、相対的貧困率は全人口で一一・二％、子どもで一〇・三％となった。「従来の算出方法」（二〇一四年実施の最後の全国消費実態調査の集計と条件をそろえた集計）による数値はそれぞれ九・五％および八・三％だった。つまり、算出方法の変更により二％ポイント（近く）上昇したことになる。なお前回調査である二〇一四年調査の貧困率は、全人口で九・九％、子どもで七・九％だった（総務省統計局二〇二一b：七）。

資産や消費の貧困という新次元

全国家計構造調査の結果でもう一つ注目されるのは集計面である。すなわち相対的貧困率として、従来の「所得面からみた」数値だけでなく、「資産面からみた」数値が報告され、しかも「資産・所得の両面からみた」数値も掲載されている点である（二〇二一年八月三一日付「年間収入・資産分布等に関する結果――結果の概要」（総務省統計局二〇二一b））。これは、本章の冒頭に言及したいくつかの問いのうち、貧困・格差とは所得だけの問題なのかという点に、部分的に応答している。

資産の貧困等は、ＯＥＣＤの国際比較で使われる指標に準ずるとして、次のように定義されている。すなわち資産面からみた相対的貧困の指標は、「等価流動性金融資産が貧困線（等価可処分所得の中央値の半分の金額）の二五％未満の者の割合」、所得・資産の両面からみた相対的貧困の指標は、「等価可処分所得が貧困線未満かつ等価流動性金融資産が貧困線の二五％未満の者の割合」、である。流動性金融資産とは、各種貯蓄（社内預金を含む）および有価証券（株式・債券・投資信託・金銭信託等）の現在高から、生命保険・損害保険・簡易保険の掛金を除いた額である。預貯金なら引き出し、有価証券なら売却により、容易に現金化できる資産、といいかえられるだろう。資産面での貧困の意味は、容易に現金化できる資産の額（等価）が貧困線の二五％以上あれば、所得が絶たれてもそれら資産の現金化により、貧困線のレベルの消費を三カ月（四分の一年）のあいだ継続できるかどうか、というものである。二〇一九年の等価可処分所得の中央値の二五％は三四万円だった（総務省統計局二〇二一b：一、九、一九）。上述のように「等価」にするとは、所得や資産の額を世帯員数の平方根で割る操作であり、たとえば四人世帯なら二で割る。それを戻すと、四人世帯の預貯金（プラス有価証券）の残高が六八万円ということになる。

全国家計構造調査の「結果の概要」が「出典」として示すＯＥＣＤの Income（IDD）and Wealth（WDD）Distribution Databasesを参照すると、IDDがあげる数点の関連文献のなかに、二〇二三年一月付のワーキングペーパー『世帯所得・消費・富の結合分配をマイクロレベルで計測する』がある(Balestra and Oehler 2023)。

試験的で慎重な解釈が必要

カーロッタ・バレストラとフレデリーケ・オーラーによる同ワーキングペーパーは、ペーパーのタイトルにかんする国際的な専門家グループの作業を概観するものである。同専門家グループには、日本を含む二七カ国からの専門家、欧州中央銀行とLISの専門家が参加し、OECDと欧州統計局(Eurostat)が事務局を務める構成で、二〇一七年に発足した。日本の専門家は総務省統計局の職員二人である。その作業は、世帯所得・消費・富の「結合分配(joint distribution)」について、EUを越えた範囲で「比較可能な統計を試験的に開発する最初の試み」だという。ペーパーには、所得、消費、資産の各面での貧困率および結合貧困率の計測結果も示されている。ただし計測結果は「試験的」なものであって、「慎重に解釈されるべきである」と注意されている(Balestra and Oehler 2023: 12–13, 43, 53)[4]。もとよりワーキングペーパーという発表形態は、OECDの公式見解を示すものではない。

さて、WDDのKey Indicatorsで興味深いのは、世帯の負債の状況である。所得や資産に比して重い負債を負う世帯の比率が示されている。すなわち、所得の三倍以上、資産の七五%以上の負債を負う世帯である。日本の数値はそれぞれ三二%と三六%であり、両数値ともOECD諸国で有数に高い(OECD平均は各一九%と一八%)。過重な負債を抱えた世帯で所得がとだえた際に、貧困基準の可処分所得であっても、預貯金や有価証券の取り崩しで三カ月間持続できるものだろうか。だが、上記の二〇二三年のOECDワーキングペーパーは、負債についてほとんど検討していない。資産貧困にかんして、まさに慎重な解釈が必要だろう。

ちなみに国民生活基礎調査でも、貯蓄票をつうじて流動性金融資産の額が把握されているが、資産面の貧困率や所得・資産両面の貧困率は二〇二二年調査の結果でも計測されていない。支出面では、五月一カ月の家計支出総額と前年一年間の税・社会保険料負担の記入を求めるのみで、後述する「現物」などは把握していない。資産や消費などの面で貧困を計測したり国際比較することは、今後の課題というべきである。

まとめよう。そうじて国民生活基礎調査では、大都市の「単独世帯」／若年層／共同住宅居住者の回収が過少であるという課題を引きずったまま、全体の回収率が低下している。三府省の調査分析でも、単身世帯は全世帯と比較して貧困世帯に多く分布していると指摘されていた（内閣府・総務省・厚生労働省二〇一五：三）。とすれば、国民生活基礎調査での過少回収は、少なくとも格差や貧困率をより過大に評価する方向には作用していないと考えられるのである。

しかし、国民生活基礎調査の大規模調査が三年ごとであることは、諸外国に引けをとっている。ＯＥＣＤ統計に報告される所得調査の頻度は、二〇〇〇年代半ば以来、大多数の国で毎年になっている。三七カ国中で調査が毎年でない／中断がある国は、日本を含めて七カ国しかない。まして全国家計構造調査の五年ごとという頻度は論外である。以上の検討にもとづき、貧困率について本書は、基本として国民生活基礎調査の結果を使い、全国消費実態調査（二〇一九年調査から全国家計構造調査）の結果を参照することとする。

1-2 社会保障給付だけが貧困・格差を抑えるのか

機能的等価策をどう見るか

では、貧困・格差を緩和する機能をもつのは、社会保障給付だけなのだろうか。ここでは、所得再分配以外の政府の措置や、民間の制度・慣行が、稼得の機会を提供したり所得を維持したり、財・サービスそのものを提供したりして、生活保障の機能を果たしているのではないか、という点を考察する。

政府の措置から検討しよう。生活保障の機能を果たしうる施策として、家族支援的な税制上の優遇措置、保護貿易や農業の保護、価格補助、公共事業、競争抑制的な規制などがあげられてきた(5)。所得再分配に含まれない政府の施策は、社会保障制度にたいして「機能的等価策(functional equivalents)」とも呼ばれて着目され、とくに日本について強調されてきた(大沢二〇一三：九八―一〇〇)[6]。その機能が良好なら、公的社会支出は低くても貧困・格差は抑えられているだろう。

機能的等価策を強調する議論は、狭義の社会保障制度にとどまらずに生活保障システムを広く多角的に見渡すように促すものであり、重要である。ただ、もろもろの規制や保護策、公共事業などが公的社会支出の機能を代替するかどうかは、政策の「意図」、すなわち雇用機会や所得の格差の是正、自営業も含めた雇用の維持といった目的(図序-1の②)よりも、それらの「アウトプット(資源の帰着)」⑥とともに副次的効果⑦も含めた「成果(ニーズ充足)」⑨によって、判断されるべきである。

雇用や所得の面での効果については、一九九五年以降の実態分析によれば、医療・介護・福祉や教育・研究にくらべて、公共投資による雇用や所得の誘発効果はむしろ小さい(鶴田二〇〇三、医療経済研究機構二〇〇五)。そして、たとえ雇用や所得が誘発されて第一次的な分配が改善しても、政府の公的社会支出(再分配)をつうずる貧困の緩和などが不要になるとはかぎらない。所得貧困の推移をたどる第二節では、機能的等価策の効果についても判断する。

民間の雇用機会や現物・サービス

いっぽう民間の制度・慣行が「機能的等価策」として作動する例としては、以下のような事情が思い浮かぶ。すなわち、良好な雇用機会が豊富である、親族間の仕送りが厚い、米・野菜などを自給できる、隣近所の「おすそ分け」もあてにできる、非営利協同組織が現物やサービスでサポートしてくれる、などである。主として非営利協同組織によるサポートのうち近年登場したのが、こども食堂やフードバンクである。

もっとも、雇用による所得だけでなく、仕送りも、おすそ分けや自家菜園の利用も、従来は所得・支出調査で把握されてきた。家計調査および全国消費実態調査は、家計簿に「現物」の記入も求めてきたからである。「現物」には

「現物支給（たとえば勤務先からの定期券の支給）」「もらい物・もてなし」「自家産」「自分の店の商品」があげられ、「品名」と「金額（市価見積額）」を記入する。自家産と自分の店の商品については「家計用」と「贈答用」に分けられていた。全国消費実態調査にもとづく貧困率が低めだったことには、低所得層の把握が低い点とともに、これら「現物」の把握も関連していたかもしれない。

しかし、二〇一八年一二月一七日の統計委員会「諮問第一一七号の答申　全国消費実態調査及び家計調査の変更について」により、これらの現物につき、「現物支給」・「もらい物・もてなし」・「自家産」の欄を廃止し、「自分の店の商品」について「家計用」と「贈答用」に分けないようになった（統計委員会二〇一八a）。その結果、自給やおすそ分けによる生活保障は、自営業者の自家消費以外には、所得・支出調査で把握されないことになった。把握されないまま、所得が低くても消費による生活は貧しくないという状況は存在しうるわけである。

1-3　所得が低くても豊かな生活は可能か

所得貧困の限界

実際、所得貧困の指標には明らかに限界がある。栄養摂取・時間・居住・健康・文化などの貧富、現物（サービス）の利用なども加味した生活の内容、人間関係における貧富などは、所得・資産・消費の額では把握できない。また貧困について一定時点の分布（横断面）だけでなく、継続期間（縦断面）も捉える必要がある。

ただしサービスについては、たとえば保育や介護のサービスを利用することで、労働時間を増やしたり、正社員の職を維持したりできるなど、社会保障のサービス給付も含めて、その効果は当初所得にある程度反映されると考えられる。(7)

所得等の分布を把握するうえで、世帯の数値を「等価」にする（世帯員数の平方根で割る）手続きがとられている点にも注意が必要である。そこでは、世帯の誰が所得を稼ぎ、また消費をおこなったかにかかわらず、また世帯員の性別や年齢などにかかわらず、世帯員が成人も子どもも同等の所得・貯蓄・消費をもつとみなしている。夫が妻に生活費を渡さないなどの事情で世帯内に埋もれた貧困を析出しないのである（丸山二〇二〇）。

さらに、低所得層の所得が停滞したままで所得の中央値が上昇すると、その半額である貧困基準も上がる（所得を消費や資産に置き換えても同じ）。貧困基準が低所得のサンプルを置き去りにすると、貧困率は上昇する。このため社会学者のレーン・ケンウォーシーは、貧困事情の経時的な変化を検討しようとするなら、相対的貧困率という指標には問題があると指摘した（Kenworthy 2011 : 2）。

近年の例としては韓国で二〇一六年から、従来の「家計動向調査」に代えて「家計金融福祉調査」を基準資料とし、国税庁・保健福祉部の所得関連行政データと結合したことにより、所得の無回答や過少回答が補完されるようになった。その結果、所得中央値が上昇し貧困率も上昇した（とくに子ども。高齢者では逆に低下）（リュ・ジョンヒ二〇二一）。現在、韓国統計庁のＨＰでは所得分配指標の二〇一一年から二三年までの系列が掲載されており、二〇一一－一五年について遡及的に補完したと見られる(8)。

ところで岸田首相は、二〇二一年一二月八日の国会で、立憲民主党の西村智奈美幹事長の代表質問にたいして、相対的貧困率という指標が日本には「なじまない」と答弁していた。前記のように安倍首相は国会で、国民生活基礎調査による貧困率にたいして全国消費実態調査による貧困率が低めであることに言及したが、指標自体を拒絶してはいない。これにたいして岸田首相は、指標自体を拒絶した。しかも、相対的貧困率に代わる指標を提示するわけでもない。貧困概念に代表される人びとの経済的状況を把握することそのものが、拒否されていると理解せざるをえない。これでは、二〇〇九年一〇月、すなわち民主党政権の長妻厚労大臣が日本政府として初めて相対的貧困率を公表した時点の以前に、逆走するかのようである。

それにしても、日本に「なじまない」とは、どういう意味だろうか。答弁はその理由として、「相対的貧困率は、高齢化が進めば、年金暮らし等で相対的に所得の低い高齢者層が増えることで高まることにな」るから、と述べた。貧困率が上昇している背景には人口高齢化があるという答弁は、安倍首相もおこなっていた（二〇一六年一月一三日衆議院予算委員会、同年三月二九日参議院予算委員会など）。そうした認識は的確なのだろうか。

ＯＥＣＤのＩＤＤを見ると、一九九五年までにＥＵに加盟した諸国では、高齢層の貧困率が子どもや現役層よりも低い国が多く、それらの国では、高齢化の進行が全人口の貧困率を下げる方向に作用するだろう。逆に、日本を含めて、高齢層の数値が現役層や子どもより高い諸国では、岸田首相が述べるように、高齢化の進行が全人口の数値を高める方向にあるだろう。では、そうした事態は日本で実際に生じたのか。第二節で確認しよう。

非所得面の貧富

所得や消費の額だけではつかめない生活の内容を直接に把握しようとするのが、「相対的剝奪《はくだつ》（relative deprivation）」という概念である。イギリスの社会学者ピーター・タウンゼントは一九七九年の著書『イギリスにおける貧困――世帯の資源と生活水準の調査』で、「貧困は相対的剝奪の概念においてのみ、客観的に定義でき、一貫して適用できる」と断言した。その定義によれば、個人、家族、グループが、資源を欠くために、食事のタイプ、諸活動への参加、生活の水準と設備において、彼らが属する社会で慣習的であるか、少なくとも広く推奨され是認されているものやことがらを、享受していないこと、これが相対的剝奪としての「貧困」である（Townsend 1979: 31）。「資源を欠くために」、と限定されており、本人の選好によって享受していない場合は、剝奪ではないことになる。その指標の項目を列挙すると表２‐１のとおりである（Townsend 1979: 250）。

参加が望まれる諸活動について、タウンゼントの一九九三年の著書は、雇用、職業、教育、レクリエーション、社会活動や社会関係と、敷衍《ふえん》している（Townsend 1993: 94）。現在では、ＥＵが毎年実施しているEUSILC（EU Statistics on Income and Living Condition）により加盟諸国の剝奪状況が調査されている（大津・渡辺二〇一九）。

表 2-1　タウンゼントの相対的剥奪指標(1979 年)

1．過去 12 カ月間に 1 週間の休暇を家の外で過ごした.
2．(成人のみ)過去 4 週間に親類または友人を家に招き，食事もしくは軽食をとった.
3．(成人のみ)過去 4 週間に親類または友人の家を訪ね，食事もしくは軽食をとった.
4．(15 歳未満の子どものみ)過去 4 週間に友人を家に招いて遊んだりお茶を飲んだりした.
5．(15 歳未満の子どものみ)前回の誕生日にパーティーを開いた.
6．過去 2 週間に娯楽のために午後または晩に外出した.
7．1 週間に 4 日以上新鮮な肉(外食を含む，肉加工品を除く)を食べた.
8．過去 2 週間に，料理された食事を食べない日はなかった.
9．1 週間のうちほとんどの日に，料理された朝食(ベーコンエッグなどを含む)をとる.
10. 家に冷蔵庫がある.
11. 通常(4 回のうち 3 回以上)日曜日に，大きな肉片を食べる.
12. 家に次の 4 種の室内設備がある(共用設備を除く)：①水洗トイレ，②流しまたは洗面台，③水の出る蛇口／固定された風呂またはシャワー，④ガスまたは電子レンジ.

出所：Townsend 1979: 250; 大津・渡辺 2019：表 1.

表 2-2　欧州理事会の社会的排除の第一次指標(2001 年)

1．低所得率(等価可処分所得の中央値の 60% に満たない低所得者の比率)
2．所得分配(等価所得五分位の最低層と最高層の所得の比)
3．低所得の持続度(ある年とそれに先立つ 3 年間の少なくとも 2 年について，1 の低所得だった人の数
4．相対的な中位低所得ギャップ(1 の低所得者の所得中央値と低所得基準との差の低所得基準にたいする比率)
5．地域的な結束度(地域レベルの就業率の変動係数)
6．長期失業率(12 カ月以上の ILO 定義の失業者が労働力人口に占める比率)
7．就業者がいない世帯に暮らす 0-65 歳の人びと
8．現在教育も訓練も受けていない「早期離学者(early school leavers)」が 18-64 歳人口に占める比率
9．出生時の期待余命
10. 本人が定義する健康状態，所得レベル別

出所：Social Protection Committee 2001; 大沢 2013：76.

剝奪とはまさに生活の内容を問うものであり、「相対的」を強調するのは、その社会で「通常」や「一般」とされるものやことがらに焦点を合わせるからである（イギリスでは主食材は肉、調理された朝食の典型はベーコンエッグなど）。

さらに、必要な資源を欠いた生活の継続期間にも着目するのが、ＥＵが採用する「社会的排除（social exclusion）」概念である。加盟国首脳と理事会議長および欧州委員会委員長で構成する欧州理事会は、二〇〇一年一二月に社会的排除と貧困の共通指標一八項目を承認した。それは一〇項目の第一次指標と八項目の第二次指標からなり、第一次指標は表２－２のとおりである。指標は、所得貧困のほか、就業、教育、健康の計四つの次元に渡っており、３と６は貧困や失業の持続度を見ている。

されど所得

以上、貧困や格差を所得で捉えることの限界を省みるとともに、生活の内容を直接捉えようとする指標も見てきた。にもかかわらず重要なのは、相対的剝奪や社会的排除にかんする調査研究が、所得貧困の重要性をも浮き彫りにしてきたことである。

たとえば阿部彩は、タウンゼントの当初の指標に工夫をこらし、二〇〇三年に日本で初めて全国的な相対的剝奪の調査をおこなった。その結果、所得が一定以下では剝奪の度合が「急激に上昇すること」を見出した。その一定の所得とは世帯所得で四〇〇万から五〇〇万円未満だった（阿部二〇〇六：二七〇－二七二）。阿部はまた、二〇〇六年に東京近郊のX市を対象に社会的排除を調査概念とする調査をおこなった。そこで設定された社会的排除の基本的次元は、基本ニーズ（食料・衣類・医療）が充足されない、耐久財などの物質的剝奪、制度からの排除、社会的ネットワークの欠如、不適切な住居、不十分な社会参加、経済的ストレス、等価所得での貧困の八つであり、それぞれに関連する項目が合計約五〇設けられた(9)。調査結果の分析から、等価所得が低いと（第八の次元）、他の社会的排除の次元のうち、制度からの排除を除く六つの次元のすべてで、排除されている度合が高いという、重要な知見が得られた（Abe 2010）。

さらに、経済学者の大津唯と渡辺久里子は、国立社会保障・人口問題研究所の「生活と支え合いに関する調査」(二〇一七年)の個票データを用いて、等価所得がゼロに近づくにつれて剝奪の度合が「指数関数的に」上昇することを見出した(大津・渡辺二〇一九)。

これらの調査研究が実施される以前、つまり二〇〇〇年以前では、所得が低くても生活は貧しくないという状況が存在する程度は、それ以後よりも高かったかもしれない。それでも自家菜園やおすそ分けが、それほど頼りになったとも思われない。たかが所得であるが、されど所得が低いことは、さまざまな生活困難につながると考えられるのである。

2 所得貧困の推移

本節では、年次をなるべくさかのぼって、生活保障システムの成果⑨を比較してみよう。OECDメンバー国は、中東欧諸国やバルト諸国などの加盟により増えており、「OECD平均よりも低い」(安倍首相の国会答弁)ことの意味も薄れている。本書では、日本、アメリカ、フランス、ドイツ、オランダ、およびスウェーデンについて推移を見る(ドイツの数値は、一九九〇年までは旧西ドイツのものであり、東西ドイツが統合された一九九〇年以後はドイツ連邦共和国の数値である)。対比されるのは、所得貧困、所得格差である。それらの「成果」をもたらすシステムの機能については、次の第三章で、貧困削減率の推移をみよう。

所得貧困

OECD統計で、日本を含む数カ国以上の全人口について貧困率のデータが存在するのは一九八五年からであり、一九八五年とは日本の国民生活基礎調査の最初のデータが得られる年でもある。図2-1によれば、バブル景気といわれた一九八〇年代後半にも、日本1（国民生活基礎調査にもとづく。以下同様）の数値は表示される欧州諸国よりも相当に高い水準にあった。日本1の貧困率は、二〇一二年までは基本的に上昇し、その後は微減している。また日本2（全国消費実態調査にもとづく。以下同様）の数値も、一貫してドイツ・フランスよりも高い。二〇一〇年代にも日本の高齢化は着々と進んだが、既述のように日本1の貧困率はさほど高まらなかった（日本2の数値の上昇は上述の調査の「見直し」を反映する）。

いっぽうアメリカの貧困率は、データが存在する一九九三年以来、一七—一八%の高い水準にあったものの、二〇二〇年、二一年と急落し、日本1よりも低くなった。しかし、二〇二二年には一九年の水準に戻った。韓国では前記のように二〇一六年に基準資料の変更があり、二〇一一年まで遡及改訂したと見られるが、二〇一一—一六年の数値は参考に止めるほうがいいと思われる。二〇一六年以降は顕著な低下が見られ、なかでも二〇一九—二〇年の低下が大きい。図示していないがイギリスでも二〇二〇年から貧困率が顕著に低下した。アメリカでの変化について後述しよう。

欧州諸国の貧困率はゆるやかな上昇傾向にあるといえよう。ドイツではやや急な上下動が見られ、とくに二〇一二年から一七年にかけて継続的に上昇した（二%ポイント）。またスウェーデンで二〇〇〇年代後半に急上昇（一・三%ポイント）したことが目立つ。スウェーデンでは年齢階級別にもすべての階級で急上昇したが、以下の図2-4、2-5、図4-1に見るように、子どもでの上昇が高齢層や現役層よりも急である。比較福祉政策研究者の秋朝礼恵《あきともあやえ》や財政学者の古市将人《まさと》によれば、二〇〇六年からの中道右派政権（アリアンセン）が失業給付・疾病手当を削減し、給付条件を厳格化したことが、ジニ係数や貧困率の上昇に影響したと推定される（秋朝二〇一六、古市二〇二三、秋朝二〇二三）。政権交代にともなうこの政策変更は、第四章で扱う「社会的投資」の動向と関連していたとも考えられるが、現役層のなかでも有子世帯への影響が大きかった点は、検討課題である。

図2-1から、高齢化が進めば貧困率は（おのずと）高まる、という岸田首相の（屁）理屈への回答も得られる。日本

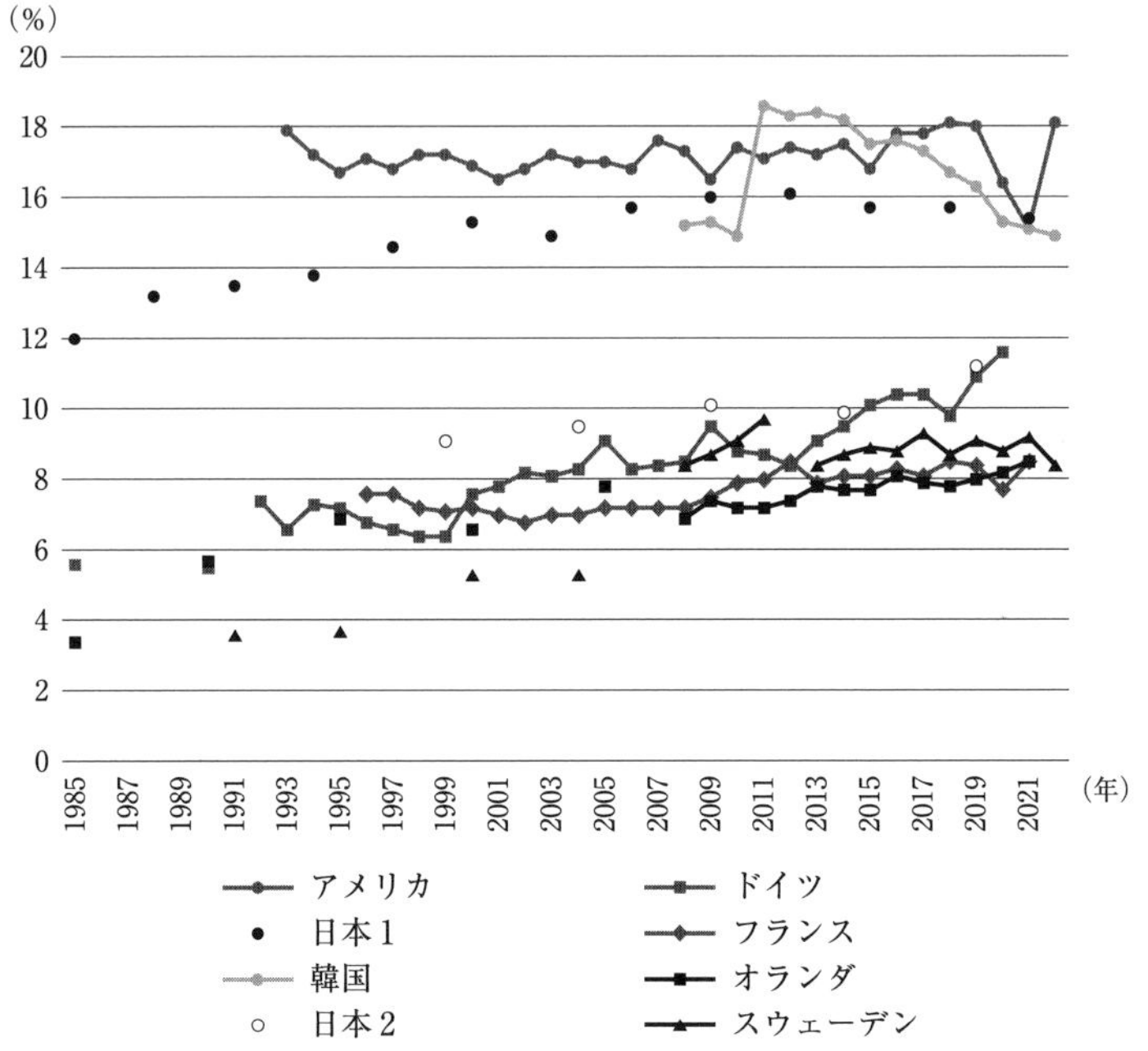

図2-1　全人口の貧困率の推移

注：OECDの所得定義は2012年に変更されており，日本での変更は2018年分からであるが，国によっては2011年以前に遡及して適用している．定義の変更点は，従来の可処分所得からさらに「自動車税・軽自動車税・自動車重量税」「企業年金の掛金」および「仕送り額」を差し引くというもの(新基準)．
出所：日本1は国民生活基礎調査，日本2は全国消費実態調査(2019年から全国家計構造調査)．他国はOECD統計のIncome Distribution Databaseより作成．

をはじめとして、図の表示諸国で高齢化は年々進んでいる。日本では、五年ごとの国勢調査にもとづく高齢化率（六五歳以上の者が人口に占める比率）は、二〇一〇年の二三・〇%から二〇二〇年の二八・六%へと五%ポイント以上高まった。貧困率は、日本1では二〇一二年の一六・一%が最高で、二〇二一年にかけてやや低下している（日本2の二〇一九年の数値はそれ以前とつながらない）。他の諸国でも、ドイツ以外では貧困率は顕著に高まってはいない。

　この間に日本の高齢層の貧困率は、二〇%前後である（後出の図2-4）。同時に現役層の貧困率は一・八%ポイント低下した（後出の図2-5）。主として現役層での動向が全人口の数値の低下に寄与したと見られる。だが、高齢人口の比率が数%近く増えても、その高齢層の貧困率がほぼ一定だったことも、全人口の数値の低下に寄与したと考えられる。仮にこの間に高齢層の貧困が削減されていれば、全人口の貧困率はより大きく低下しただろう。

高齢化が全人口の貧困率をおしあげるのは、「おのずと」ではなく、高齢層の高めの貧困率が低下しないという条件のもとである[10]。岸田首相の答弁は、高齢者の貧困を削減することに、とりくむつもりがないと宣言したに等しい。なお、貧困高齢者の過半は女性である。「高齢社会をよくする女性の会」理事長の樋口恵子[11]は、ＢＢまたはＢＢＡ（貧乏ばあさん）をなくすことを、かねて訴えている（たとえば https://jisin.jp/life/living/2057851/）。首相はその国会答弁をつうじて、ＢＢＢ（防止）どころかいわばＢＢＨ（放置）の姿勢を事実上露にしたのだ。

中間の所得水準と所得格差

さて、貧困率は国内での所得分布にかんする指標である。日本で貧困層に区分される人の所得も、他国の所得水準とくらべれば、裕福な部類かもしれない。そこで、各国の等価可処分所得の中央値を購買力平価でドル額に換算してみよう。この手法は、ケンウォーシーの二〇一五年の論文と一六年の論文に倣うものである。それらの論文は一九八〇年代から二〇〇〇年代末までについて、貧困基準（実質値）や所得分布の下位一〇％の所得を、購買力平価でドルに換算し、日本を含む二一カ国における推移を示した。その結果、中位所得については、日本以外の諸国では上昇し（二〇〇〇年代末に数カ国で低下）、下位一〇％の所得では、多くの国のカーブが上昇するなかで、日本のカーブは一九九〇年代半ば以来下降してきた（Kenworthy 2015: Figure 1; Kenworthy 2016: Figure 2）。

図２‐２は名目値を示す。等価可処分所得の中央値は中間所得層の所得水準であり、その五〇％未満が貧困基準である（ＥＵでは六〇％）。日本の中間層も貧困層も、Ｇ５および韓国のなかで最も所得が低く、しかも低下気味であることが分かる。

所得格差はどうなっているだろうか。図２‐３は P90/P10（トップ一〇％とボトム一〇％の所得比）により、貧富の格差

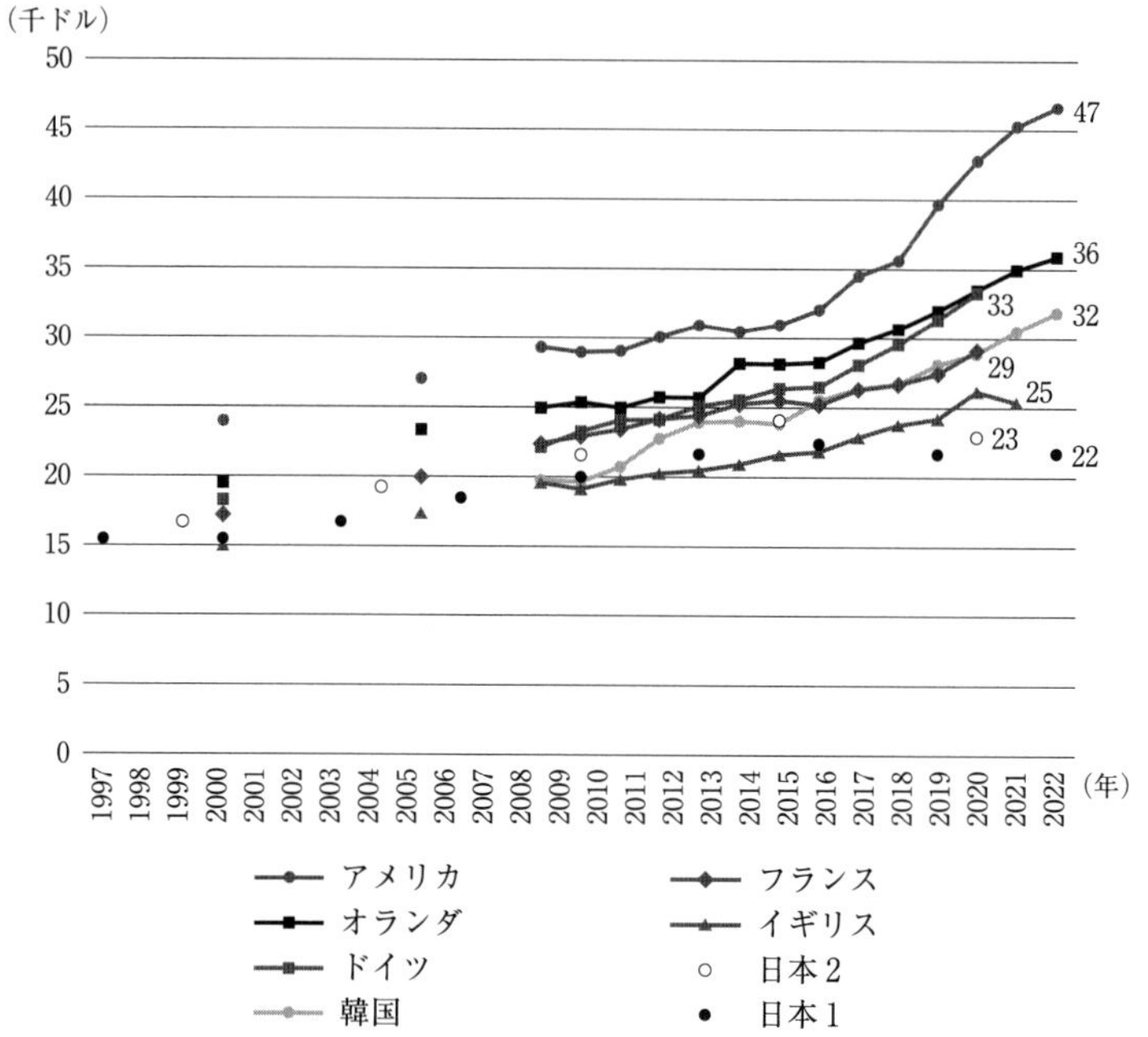

図 2-2 G5および韓国の等価可処分所得の中央値の推移，名目値の購買力平価ドル額

出所：名目等価可処分所得の中央値は，日本1，日本2は図2-1に同じ．他国はOECD統計のIncome Distribution and Poverty欄の数値．うち韓国は2011年まで遡及訂正された数値．OECD. StatのPurchasing Power Parities for Private Consumptionによりドルに換算．

の推移を示すものである。G5+スウェーデンのなかで、日本での格差はアメリカについで大きく、上昇気味なのは日本だけである。

なお、既述のように等価可処分所得の中央値およびその半額である貧困基準の上昇(低下)は、他の事情が等しければ、貧困率を引き上げる(引き下げる)方向に作用する。図示はしないが、諸国の自国通貨建ての等価可処分所得中央値の推移を見ると、日本を別としてほぼ一貫して上昇している。これにたいして日本1は、一九九七年をピークとして二〇一五年まで低下し、日本2は一九九九年がピークでその後二〇一四年まで低下している(その後の両数値は微増)。欧州諸国で貧困率がゆるやかに上昇したことは、貧困基準の上昇にも影響されていると考えられる。この間に、欧州諸国のP90/P10は横ばいなので(図2-3)、所得ボトム一〇%の所得は所得トップ一〇%の所得に引き離されてはいない。これらの考察は、後出の高齢層、現役層、および

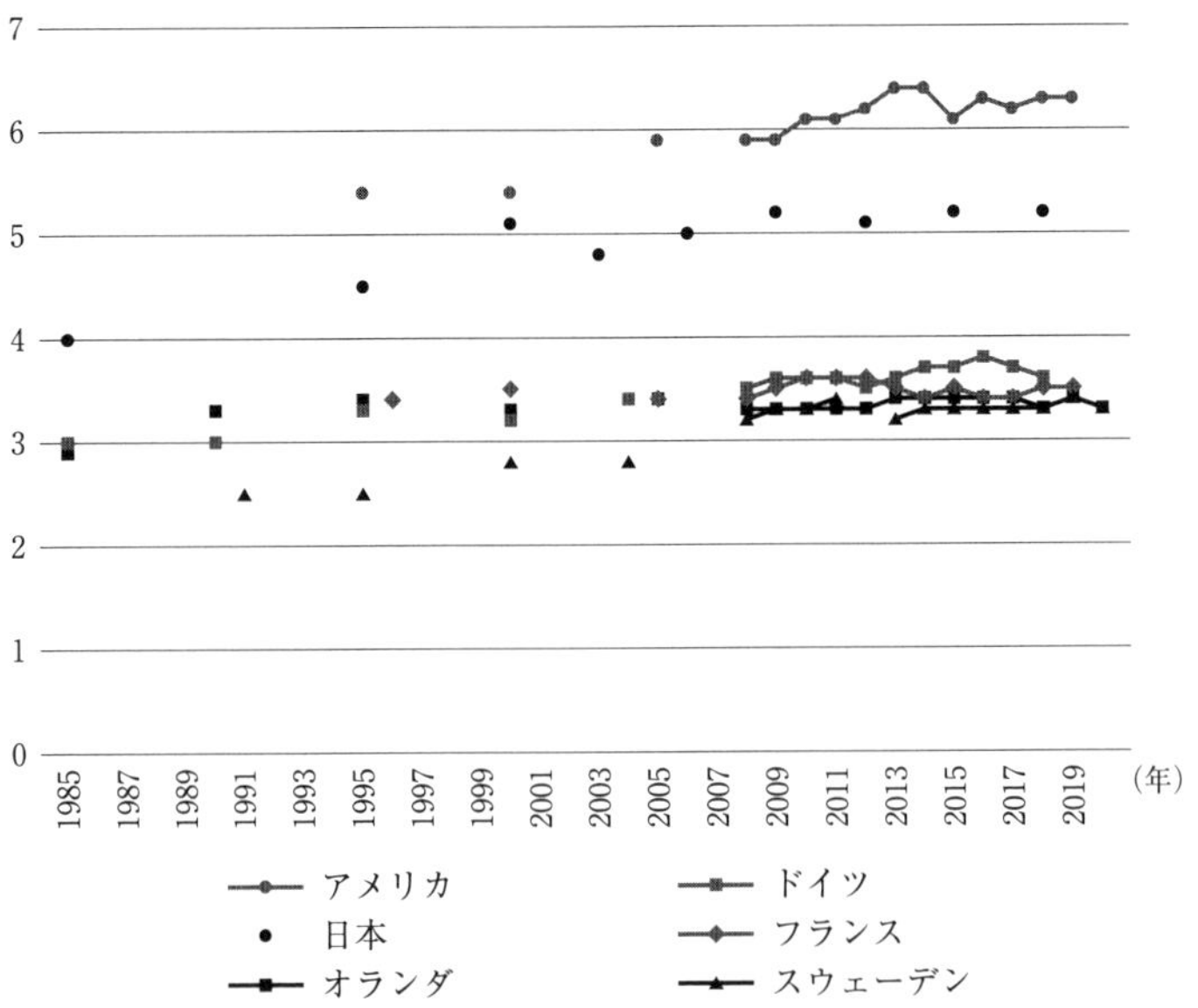

図2-3　所得階層のトップ10%とボトム10%の所得比の推移
出所：OECD統計より作成.

子どもの貧困率の推移にも当てはまる。

これにたいして日本1の貧困率は、二〇一二年まで貧困基準が低下するなかで上昇した。そしてP90/P10は上昇傾向にある（二〇〇三年がやや低い）。所得ボトム層が上層に引き離されつつ、低下する貧困基準のさらに下方に沈下したのである。

一九八四年以前の日本の低消費水準の状況

ところで日本について、一九八四年以前の低所得の状況が全く把握されていないわけではない。先にふれたようにそもそも厚生省が、国民生活基礎調査の前身の一つである厚生行政基礎調査を一九五三年から実施して、消費水準が低い世帯の把握をおこなっていた。すなわち、生活保護を受けていない世帯のなかで、消費額が被保護世帯の平均消費額以下である世帯（低消費世帯）の数を推計し、それらの低消費世帯が生活保護を受けていない世帯の総数に占める比率とともに、毎年の厚生行政基礎調査報告書に公表していた。同調査の調査票は簡略であり、その調査票を調査員が帯同して世帯を訪問し、面接のうえで事項を記入する。支出については、調査前月の一カ月間の現金支出額を尋ねており、消費支出は、被保護世帯についてもその他の世帯についても「推計」されたうえで、低消費世帯比率が算出されていた(12)。

しかし、低消費世帯数と比率は一九六五年厚生行政基礎調査報告書を最後に、掲載されなくなった。厚生行政基礎調査自体は一九八五年まで実施され、国民健康調査、国民生活実態調査および保健衛生基礎調査とともに一九八六年から国民生活基礎調査に統合された。国民生活基礎調査にもとづいて厚生労働省が初めて貧困率を計測・公表したのは、前記のように民主党政権下の二〇〇九年である(二〇一〇年版の「結果の概要」で一九八六年調査結果まで遡及計測)。一九六六年から二〇〇九年までのあいだは、研究者が推計していた(藤原二〇〇四：表1、橘木・浦川二〇〇六：表1－2)。

推計期間が最も長い研究は、団体職員の和田有美子と経済学者の木村光彦が一九九八年に発表した論文である(和田・木村一九九八)。同論文は厚生行政基礎調査(調査年は一九八四年まで)と国民生活基礎調査(調査年は一九八五年から)を用いて、世帯の消費額が被保護世帯の消費額以下である世帯(低消費世帯)について、実数と全世帯に占める比率を計測した。和田・木村の推計結果は、厚生省が一九五三年から六五年までを対象に計測した比率よりも、相当に高い。理由として和田・木村があげるのは、厚生省による計測が世帯規模別ではない、という点である。和田・木村推計の場合は、被保護世帯一世帯当たりの世帯人員別平均消費額をとっている(13)。被保護世帯の消費額は、基本的に生活扶助基準に規定されると考えられ、消費額がそれ以下となる世帯の比率も、生活扶助基準の影響を受けるだろう。

生活扶助を基本的な部分とする生活保護基準の算定方式は、時代により変化してきた。社会福祉学者の岩永理恵が二〇一一年に出版した著書『生活保護は最低生活をどう構想したか――保護基準と実施要領の歴史分析』は、一九四六年から二〇一〇年までの長期にわたる生活保護基準と実施要領の変化をたどった労作である。同書によれば、算定方式などが変化するなかで変わらなかったのは、最低生活概念の「内実の〝貧しさ〟」である。生活保護基準を「最低生活費」として算定した最初は、一九四八年八月の第八次改定であり、その根幹は子育てや労働に従事しない「軽労作」＝「日常生活の起居動作」の栄養基準にあった。しかも一九六〇年四月の第一六次改定までの基準は、その日常的起居動作に必要な熱量やたんぱく質すら満たさなかった。その後も、就業したり子育てしたりすると栄養不足に陥るような栄養基準が、生活保護基準の根幹である点に変わりはなかったのである(岩永二〇一一:二九〇—二九二)。被保護世帯の消費額は、このような〝貧しい〟基準のもとに置かれていたことに、十分に留意しなければならない。

他の事情が等しければ、生活扶助基準が低ければ和田・木村の低消費世帯率は低めになり、基準が上がれば低消費世帯率は高めになる。その低消費世帯率は、一九六〇年代半ばから七〇年代半ばまでは(生活扶助基準が相対的に低く低消費世帯率が低めになっていた期間)一〇%から一五%の範囲にあり、八〇年代前半からは(生活扶助基準が引き上げられ低消費世帯率が高めになった期間)、上昇気味で一五%から二〇%の範囲にある。

この間、被保護世帯の世帯員一人当たりの消費支出は、一般勤労世帯の額の五〇—六〇%というつましい水準である。とはいえそれは、現金支出総額から推計された額にすぎず、米や野菜などの自家生産や血縁・地縁をつうずる入手(現物の仕送りやおすそ分け)を含んでいない。第一章で見た小熊の三分類のうち「地元型」にとって、そうした「額」に現れない消費機会がとくに大きかったとすれば(小熊二〇一九:二二、八二)、「地元」の貧困は割り引いて理解されなければならない。

なお小熊は、社会学者の橋本健二の著書『「格差」の戦後史——階級社会 日本の履歴書』(橋本二〇〇九)に依拠して、地域間や階級間の所得格差は一九七五年頃が最小で、「全体の貧困率も低下していた」と述べている(小熊二〇一九:五一六)。しかし、橋本が使ったデータは「社会階層と社会移動全国調査(SSM調査)」であり、そのデータに「重要な欠点」があることに、橋本自身が注意を促している。すなわちまず、一九五五年に始まって一〇年おきに実施された同調査では、一九七五年調査まで男性のみが対象だった。しかも、調査サンプル数は小さく、回収率も高くない(橋本二〇〇九=二〇一三:三八—三九)。

その男性全体の貧困率は、一九五五年に二〇・八%、六五年に一一・一%、七五年に九・〇%、八五年に九・六%、九五年に九・四%、二〇〇五年に一三・七%であり、一九七五年が最も低く、八五年と九五年も五五年・六五年よりも低

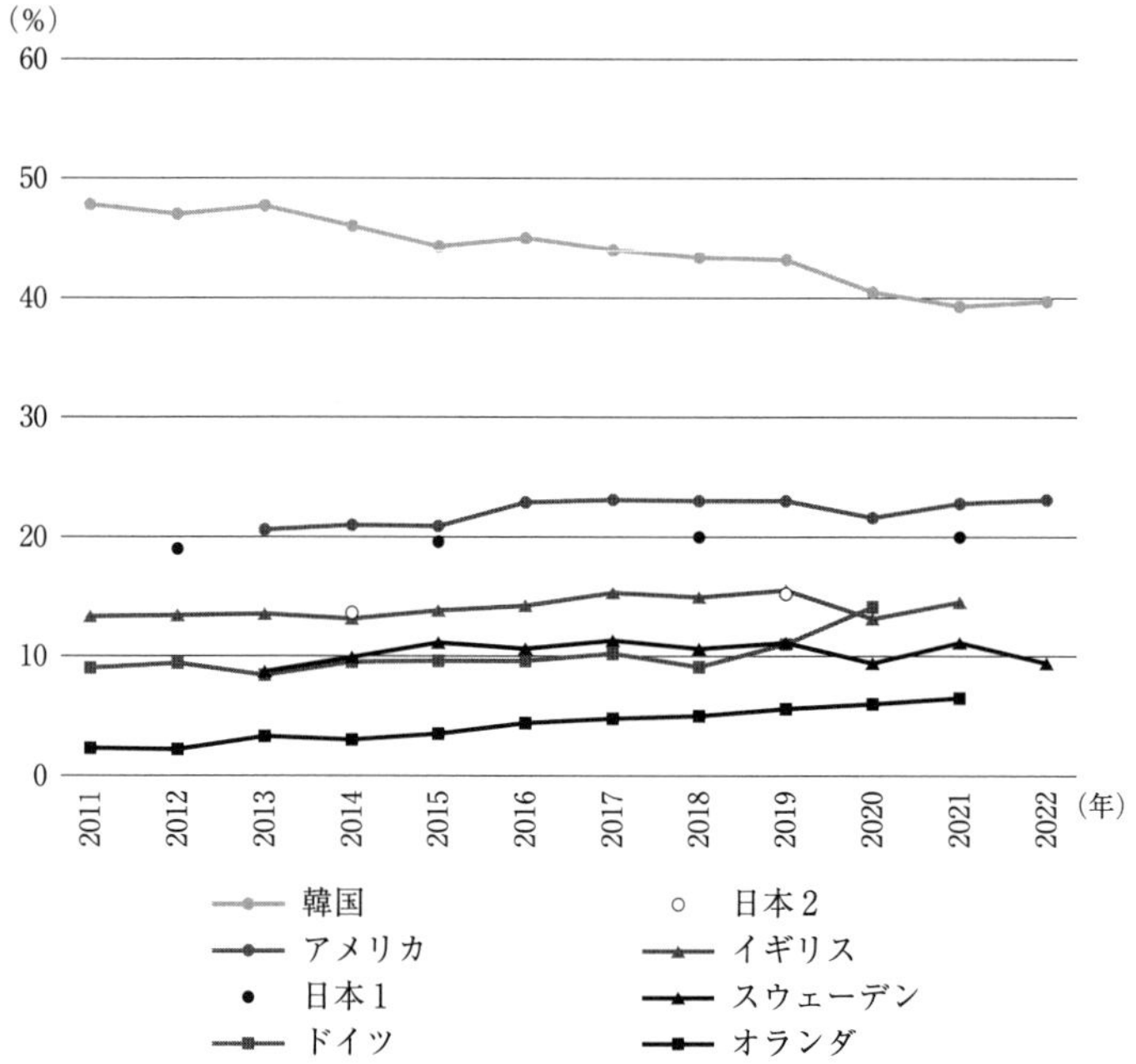

図2-4　高齢層の貧困率の推移

出所：OECD統計のIncome Distribution Databaseより作成．日本1，日本2は図2-1に同じ．

い。ところが一九八五年から女性も調査対象に含めると、女性全体の貧困率は、八五年に一一・三%、九五年に一三・九%と(二〇〇五年の数値は掲載されていない)、男性よりも一九八五年で一・七%ポイント、九五年で四・五%ポイント高い。サンプル数が小さく回収率が高くない調査の、しかも男性のみの数値で、「全体の貧困率も低下していた」と見ることには、賛同できない。

ともあれ、和田・木村が計測した低消費世帯数にたいして、被保護世帯数の比率は、生活保護制度の利用率(捕捉率)を近似的に示すと考えられる。その比率は最も高い一九六五年にも一四・八%で、一九八〇年代には一〇%を切り、九三年にかけてさらに低下した(和田・木村一九九八：表2)。

以上から、一九六〇年代半ばから七〇年代半ばの日本でも、貧困が抑えられていたと断言することはむずかしい。社会保障制度では典型的な貧困対処策である生活保護の利用率が低下し続け、半面で機能的等価策が効果をあげていたとも考えにくいのである。

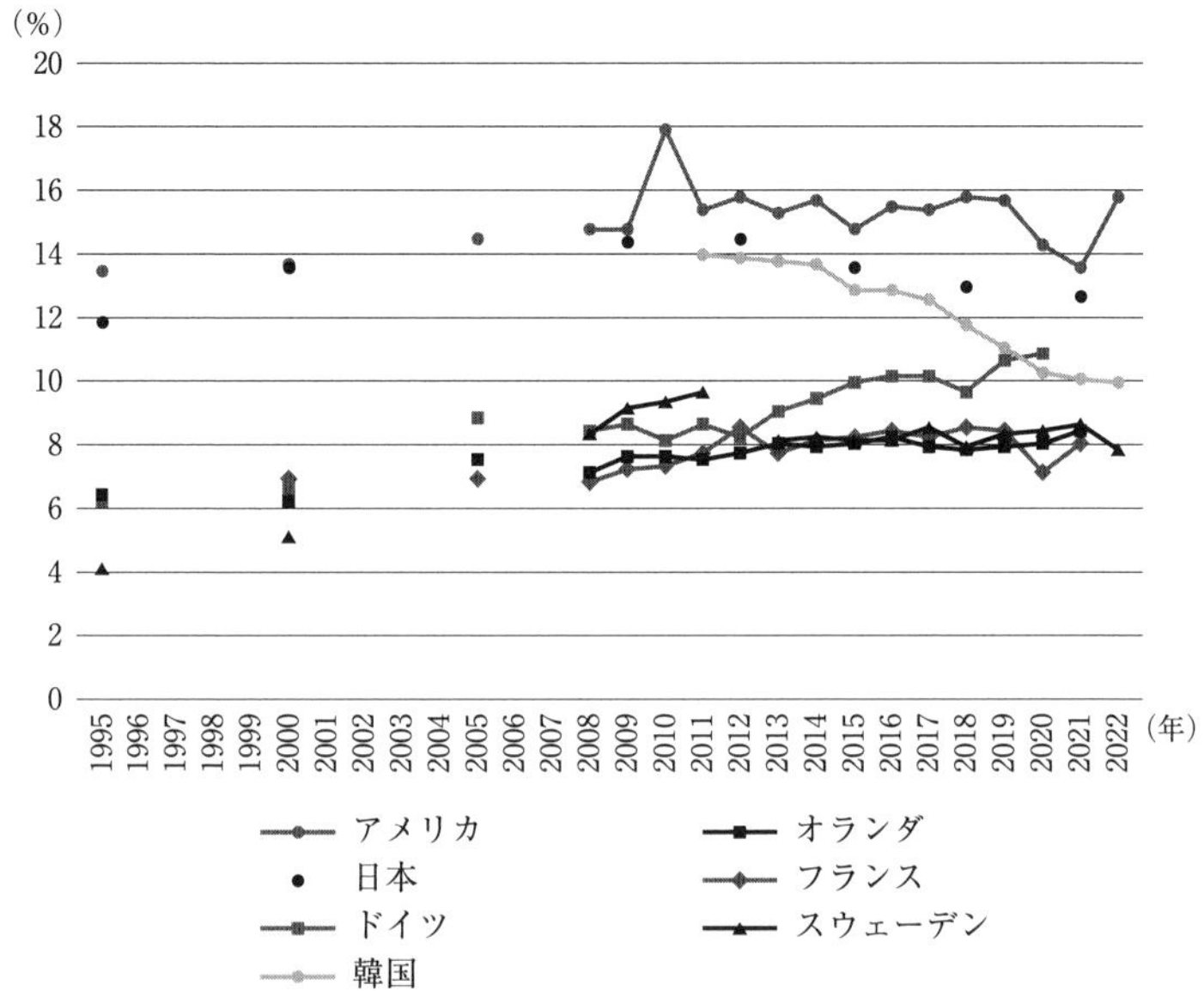

図2-5　現役層の貧困率の推移

出所：OECD 統計の Income Distribution Database より作成.

高齢層の貧困率

では、高齢層の貧困率はどうか。前頁の図2-4を見ると、韓国の数値が四〇%以上と高いこと、それが着実に低下していることが目立つ。アメリカでは段階的に数値が上昇し、二〇二〇年にやや低下したものの、二〇二二年にかけて上昇した。この動きは、図2-1が示す全人口の動きと異なるため、図2-5の現役層の動きとてらし合わせよう。いっぽう日本1の数値を二〇〇〇年代半ばから見ると、グラフは浅いU字型を描く（日本2も一九九九年から示すと浅いU字型になる）。大陸欧州諸国はアメリカおよび日本1よりも一〇%ポイント以上低い水準にあり、日本2よりも明らかに低い。なかではドイツで二〇一八年から相当に上昇していることが目立つ。オランダで高齢層の貧困率が低く抑えられているが、そのオランダでも、二〇一〇年代初めから見ると上昇してきた。

現役層の貧困率

現役層については、図2-5が示すように、アメリカではしだいに上昇し(二〇一〇年は特異値か)、二〇二〇・二一年には顕著に低下した。現役層でのこの急低下が、全人口での低下に反映されたのである。バイデン政権によるコロナ対策としての緊急支援(失業手当の上乗せ、現金給付、児童税額控除の拡充等。第四章も参照)がなければ、貧困率が低下することはなかったと推計されている(木下二〇二二、Center on Poverty & Social Policy at Columbia University, https://www.povertycenter.columbia.edu/forecasting-monthly-poverty-data)。拡充された児童税額控除は恒久化がめざされたが、二〇二四年大統領選挙を控えて、ゆくえは不透明だったようだ(西山二〇二三:一一四)。

日本では上下しつつ、二〇一二年以来は低下してきた。低下がより急なのは韓国の数値である。欧州諸国では一九九〇年代にくらべると二〇〇〇年代半ば以来の水準は高い。ドイツでは長期的に、スウェーデンでは一九九〇年代半ばから二〇一一年にかけて、上昇傾向が見られる。オランダ、フランスおよびスウェーデンでは二〇一〇年代の数値は横ばいである。欧州諸国での動きにもかかわらず、日米と欧州諸国のあいだにはなお相当の差がある。

3 小括

本章では、所得の貧困や格差に注目して、諸外国と対比しつつ、日本の生活保障システムの成果(図序-1の⑨)の推移をたどった。本書では日本の所得貧困の数値として、基本的に国民生活基礎調査を用いる。このため第一節の1-1では同調査の的確さを、全国消費実態調査(二〇一九年から全国家計構造調査)と対比した。判断としては、国民生活基礎調査は貧困・格差を過大評価しているとはいえない、というものである。ただし同調査については単独世帯からの回収が過少であるという課題が二〇一〇年頃から指摘されながら、「予算事情」から標本規模を拡大することができず、回収率も調査ごとに低下してきた。もとより、三年に一度という調査頻度は諸外国に見劣りする(五年ごとの全国消費実態調査は論外である)。

1-2では、所得再分配の機能的等価策、すなわち税・社会保障以外の政府の措置や、民間の制度・慣行が、とくに日本で貧困や格差を抑えていたのではないか、という論点を考察した。その視角は生活保障システム論の射程を広げるものであり、留意に値する。他方で、公共事業による雇用や所得の誘発効果はさほど大きくなかったという研究もある。しかも、第二節で見たように、一九六〇年代半ばから七〇年代半ばにも貧困が抑えられていたとはいえない。その後は二〇一二年まで貧困率が上昇し、以後、微減している。

1-3では、所得が低くても豊かな生活は可能かという点を検討した。そこで紹介した相対的剥奪や社会的排除の調査研究は、所得だけではつかめない生活の困難や充実ぶりを、直接把握しようとする。注目したいのは、それらの調査研究が所得貧困の重要性をも浮き彫りにしている点である。

第二節で、日本、アメリカ、フランス、ドイツ、オランダ、スウェーデンについて、所得貧困と所得格差などの推移を、一九八五年にさかのぼって追跡した。日本の貧困率は、全人口でも、また高齢層と現役層に分けてみても、アメリカについで高い。しかも、中間層および貧困層とされる人びとの所得水準(購買力平価でドル換算)は、日本では主要国で最低であって、しかも日本でのみ低下している。前記のように、さかのぼって一九六〇年代半ばから七〇年代半ばまでの日本でも、貧困が抑えられていたと断言することはむずかしい。この間に、社会保障制度では典型的な貧困対処策である生活保護の利用率は低下し続け、半面で機能的等価策が効果をあげていたとも考えにくい。以上のような成果は、生活保障システムのいかなる機能と関連しているのだろうか。

第三章　生活保障システムの機能
——税と社会保障の累進度に注目して

政府による所得再分配には、現金を給付する面だけでなく、税や社会保険料を徴収する面があり、それは国民にとっては負担である。他の事情が等しければ、現金給付は可処分所得を増加させ、負担は可処分所得を減少させる。しかし序章で留意したとおり、再分配のパラドクスをめぐる諸研究は、課税と社会保険料徴収という財源調達＝国民の負担面（図序－1の③）への関心が強くない。負担面を注視しないままに、それらの諸研究は次のような関連を見出していた。すなわち、④の所得再分配への投入（公的社会支出の対GDP比）や、⑥の社会保障現金給付の帰着（＝帰着レベルの脱商品化）が大きく、「普遍主義」的であると、⑨の成果として格差や貧困率が低い。格差や貧困を抑制する機能が高いと評価できるのである。なお普遍主義の定義や操作化は論者によって異なる。

では、負担の規模や構成は、格差・貧困に影響しないのか。平均的な負担が重い（規模が大きい）ことは、そのまま「苛政」を意味するのではない。負担の規模が低く財源が乏しければ、所得再分配もできない。誰にどのような負担を求めるかという負担の構成も、生活保障システムの機能に影響する。

税や社会保険料の負担が、高所得層にたいして相応に重く、逆に社会保障の給付が低所得層にたいして厚いことを、「累進的（progressive）」という。その逆の状況は「逆進的（regressive）」と呼ばれる。累進的なシステムでは所得再分配による貧困削減率が高く、逆進的なら貧困削減率は低いと予測される。場合によってはマイナスとなり、政府による所得再分配が貧困をかえって深める。課税の設計が累進的でも、調達するべき、あるいは調達可能な財源を、とりこぼす度合、すなわち政府の「課税努力」により、制度の機能は異なる。

第一章の末尾で予告したように、日本の生活保障システムはまるっきり「昭和時代のまま」で今日に至っているわけではない。日本のシステムでは、政府税収（＝国民の負担）の構成が「昭和」から「平成」に入ってまさに様変わりした。本章は第一節で、課税と社会保険料徴収という所得再分配の財源調達＝国民の負担面の推移を、諸外国と対比しつつ検討する。また第二節では給付面の推移を検討する。公的社会支出の規模（対ＧＤＰ比）とともに、給付と課税の構造を探り、国による貧困率の高低との関連を考察する。

1　政府税収の状況と推移

ＯＥＣＤ統計の政府税収と税率

ＯＥＣＤの税収統計（Revenue Statistics）により、Ｇ５とスウェーデン、オランダ、韓国などについて、政府部門の税収の構成や推移の特徴を検討しよう。税収統計での「政府」としては、中央（連邦）政府、地方政府、および社会保障基金などの合計をとり、国税・地方税の税収とともに社会保障基金の収入などの規模を、対ＧＤＰ比で見ていく。

さて、以下で注意していくように税の累進性は税種によって異なり、社会保険料負担は一般に逆進的である。財源調達については規模だけでなく、構造も見る必要がある。また、世帯の所得・支出の調査では、直接税と社会保険料の負担が把握されており、消費税などの間接税は把握されていないが、間接税の逆進性もしばしば話題になるため、消費課税も見ておこう。

財務省のデータによれば、Ｇ５では一九七〇年代末から個人所得税の最高税率が引き下げられてきたものの、二〇一〇年代にはもち直している。引き下げでは、イギリスのサッチャー保守党政権、およびアメリカのレーガン共和党政権が先行し、フランスではミッテラン社会党政権が着手して、ドイツではシュレーダー社会民主党政権（同盟九〇／

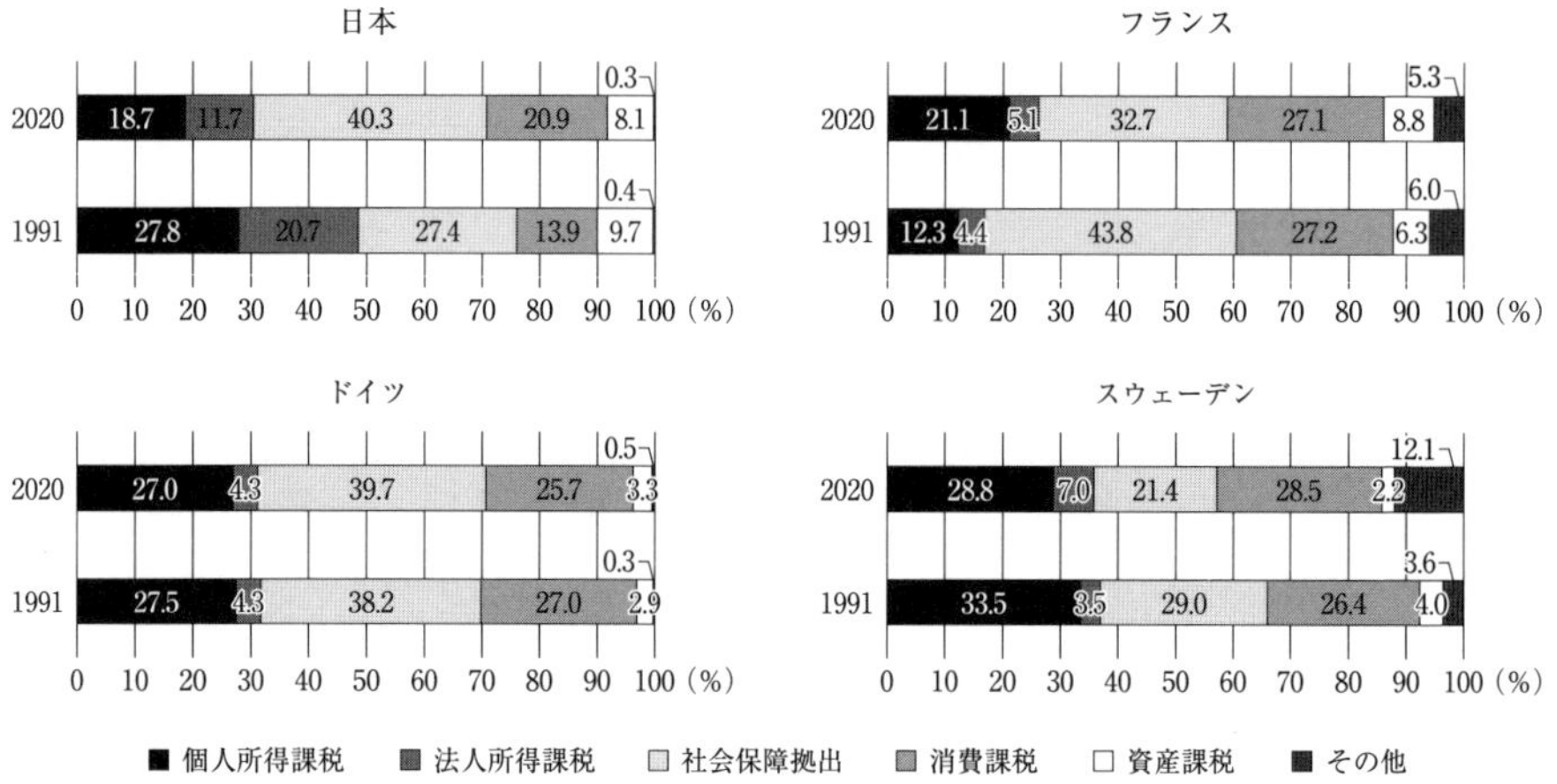

図 3-1　政府税収の構成比（%，1991 年と 2020 年）

注：フランスの個人所得課税には社会保障目的税（後述）を含む．スウェーデンの「その他」は主として賃金税（後述）．
出所：OECD 統計より作成．

緑の党と連立）による引き下げが大きく、日本では中曽根内閣下で一九八四年に始まっている（https://www.mof.go.jp/tax_policy/summary/income/b02.htm#a03）。また法人所得課税でも、各国で一九八〇年代から法人税の基本税率の引き下げが進んだ（内閣府法人課税ディスカッショングループ：第一回会合参考資料（財務省作成）https://www.cao.go.jp/zei-cho/content/20140312_25dis31kai13.pdf）。とはいえ税率の引き下げが税収の低下に直結するわけではないことは、以下に見る。

政府税収の構成比――一九九一年と二〇二〇年

そこで図３-１として、日本、ドイツ、フランス、スウェーデンについて、一九九一年と二〇二〇年の政府税収の構成比を見よう[1]。図３-１の起点を一九九一年にしているのは、九〇年に東西ドイツが統一したことによる。一見して構成比の変化がいちじるしいのは、日本である。すなわち個人と法人への所得課税の構成比が一九九一年の四八・五％から、二〇二〇年の三〇・四％と大きく低下し、社会保障拠出（主として社会保険料）が二七・四％から四〇・三％へと上昇した。フランス・ドイツでは上記のような税率の引き下げにもかかわらず、法人所得課税の構成比は変化せず、スウェーデンでは上昇した。フランスでは、所得税の最高税率の

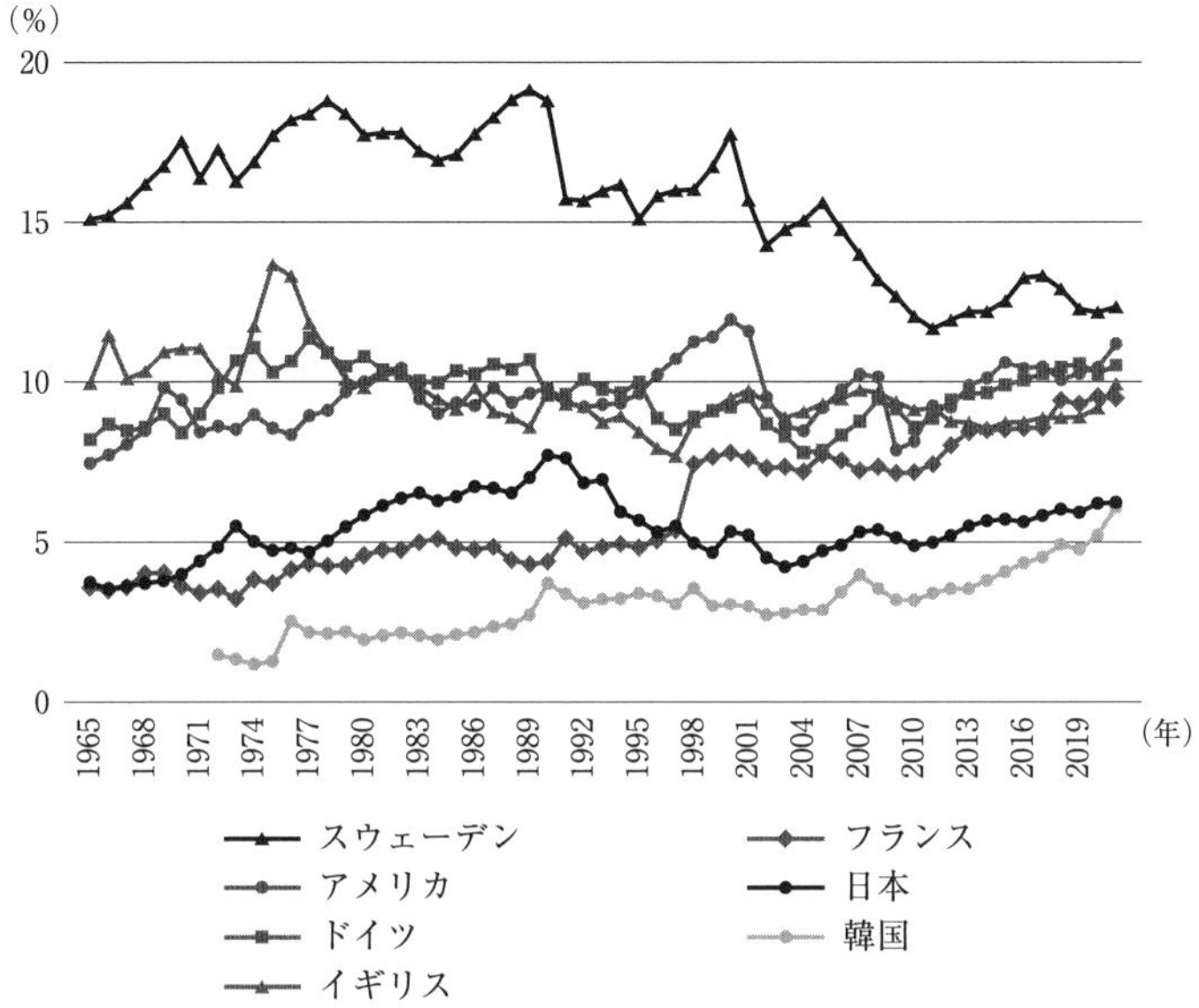

図3-2　個人所得課税の規模（対GDP比）の推移

出所：OECD統計より作成.

引き下げにもかかわらず、後述する社会保障目的税（個人所得課税）が一九九一年に導入されたこともあり、個人所得課税の構成比が伸び、社会保障拠出の構成比が低下した。ドイツの政府税収の構成には変化がない。スウェーデンでは個人所得課税と社会保障拠出の構成比が低下し、後述する賃金税を主とする「その他」の構成比が伸びた。以下、税種ごとに推移をたどろう。

個人所得課税

第一に個人所得課税の規模（対GDP比）の推移は図3－2のとおりである。日本では一九九〇年の七・七％が最高で、二〇〇三年に四・二％まで下がり、以後徐々に上昇して二〇二一年には六・二％である。二〇〇三年まで低下した要因は、高所得者への減税が繰り返されたことである。課税所得を横軸にとり、一定の幅の所得に適用される所得税率（限界税率）を縦軸にとって、階段状に図示するものが、「税率構造」である。財務省の用語では、ある税率が適用される所得の幅をその税率のブラケットと呼ぶが、ここでは「所得帯」と呼ぼう。所得税でも個人住民税でも、一九八四年、八七年、八九年、九九年に、最高税率とともに各所得帯の税率も引き下げ、所得帯の数も減らした。個人住民税は二〇一五年から一律一〇%となった（https://www.mof.go.jp/tax_policy/summary/income/b02.htm）。前記のように所得税の最高税率の引き下げは、日本以外の表示諸国でもおこなわれたが、税収規模が顕著に低下したのは、日本とスウェーデンである。なお、スウェーデンの個人所得課税の大部分は地方税である（伊藤二〇一五、古市二〇二三：一三六）。

日本の税収規模は二〇〇三年以来徐々に上昇しているものの、直近で、表示された諸国のなかで韓国を別として、日本が最も低い。スウェーデンを除く表示諸国で、二〇一〇年代に税収規模がかなり急に上昇したのにたいして、日本での上昇は緩やかであり、二〇二一年には韓国とほぼ並んだ。日本の現行の税のうち累進性をもつのは所得税（および贈与税・相続税）である。そこに高所得者減税がくり返されたこと、そして税収が上がらないこと自体も、政府税収全体としての累進度を低くする。

スウェーデンの個人所得課税では、一九九一年に最高税率が大幅に引き下げられ、二〇〇七年には中道右派政権によって就労促進を目的とする勤労所得税額控除が導入された。前者の減税は個人所得課税の累進度を弱めたと推測されるが、後者の二〇〇七年の税額控除では、控除額の所得にたいする比率が、所得が低いほど高く大きくなるように設計されている[2]（伊藤二〇一五）。これは累進度を増強する方向に作用したと思われる。

法人所得課税

第二に法人所得課税を見よう。日本での法人所得課税は法人所得税と法人事業税・法人住民税である。図3-3によれば、一九六〇年代末から九〇年代末までの日本の法人所得課税の規模は、表示諸国のなかで群を抜いて大きかった。法人税の基本税率は一九八〇年代前半には引き上げられ、八四年に四三・三%に達したのち、八七年から段階的に引き下げられ、二〇一八年からの現行税率は二三・二%である（https://www.mof.go.jp/tax_policy/summary/corporation/c01.htm）。税収規模のピークは一九八八年の七%であり、一九九八年からは他の諸国と並んだ。

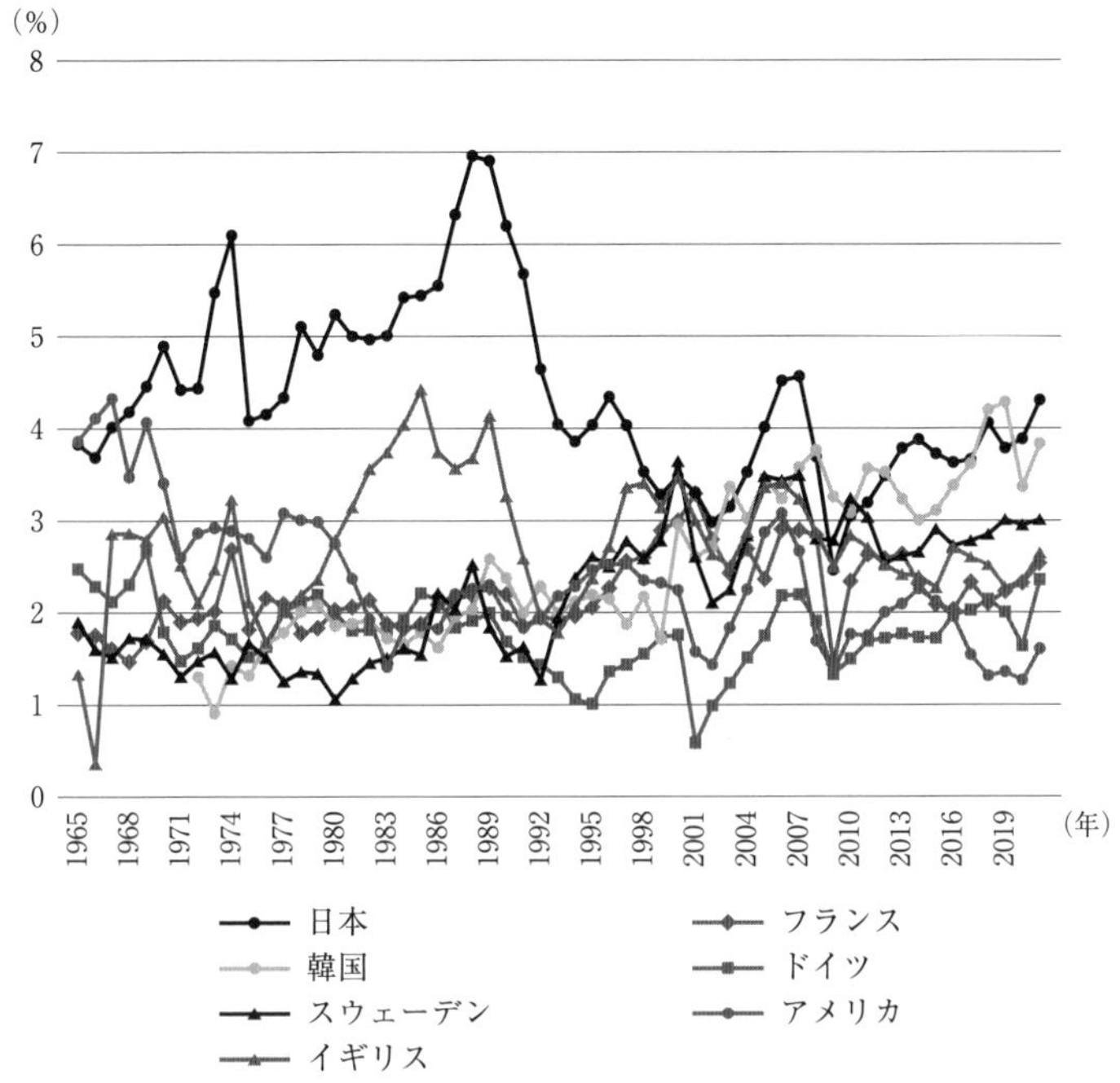

図 3-3　法人所得課税の規模(対 GDP 比)の推移

出所：OECD 統計より作成.

なお、ドイツの法人所得課税の規模が低いのは、法人税が「資本会社」（株式会社と有限責任会社、企業数の約一六％）にのみ課され、それ以外の「人的企業」（個人企業、合資会社・合名会社）には所得税が課されることによると思われる（加藤二〇〇七：二九四、福田二〇二一：七二）。他方で地方税である営業税は、企業の法的形態によらず課されるところ、二〇〇〇年の税制改革により人的企業は営業税の一定額を所得税額から控除できるようになった。そのため営業税は、企業総数の一割程度を占めるにすぎない大企業が負担する税となった（加藤二〇〇七：二九六、福田二〇二一：八八）。

日本で法人所得課税の規模が他の諸国並みになった頃、入れ替わるように後述の社会保障拠出の規模が伸びていった。法人所得課税は赤字企業には課されず（法人住民税の均等割部分は赤字企業にも課される）、赤字企業の割合が高いのは中小企業である。また中小企業では黒字であっても軽減税率が適用される。いっぽう社会保険

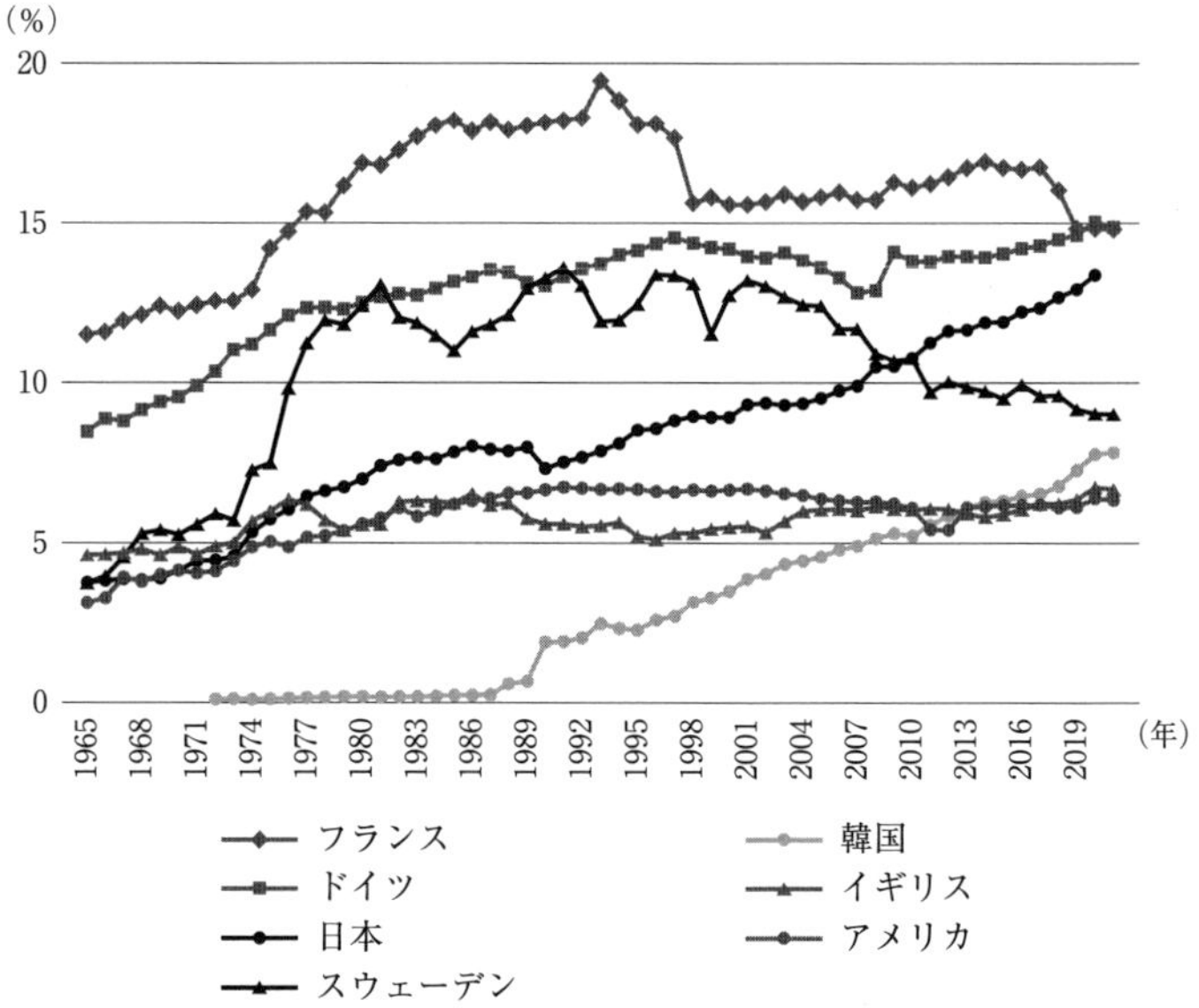

図3-4　社会保障拠出の規模(対GDP比)の推移

出所：OECD統計より作成.

料は黒字赤字を問わずフルタイム従業員の報酬に応じて同じ保険料率で徴収されるが、後述するように保険料が算定される基礎に上限がある。法人所得課税の規模が低下したことで減った負担は、大企業に偏っており、社会保障拠出が急増したことで増えた負担は、中小企業に偏っていると推測される。

社会保障拠出

第三に社会保障拠出の規模の推移を見よう。社会保障拠出の大部分は社会保険料であり(OECD 2021)、その拠出主体は雇用者、雇用主、そして自営業者を含む非雇用者である。社会保険料は、料率が一定であれば累進性も逆進性もないはずであるが、保険料が課される所得に上限がある場合が多く、また雇用者であれば副収入には課されず、自営業者や低収入層の扱いに国によって差異がある(適用外か、定額負担で適用か)、などの事情から、逆進性をもつことが多い。

図3-4が示すように、拠出の合計ではフランスとドイツの数値が高く、スウェーデンの数値は、以前はドイツと並ぶことがあったものの、二〇〇〇年以来相当に低

下した。フランスの数値は一九九三年をピークとして段階的に低下し、ドイツの数値は漸増である。(3) これにたいして日本と韓国では急上昇してきた。

日本では雇用者の社会保険において保険料が課される所得に上限が設定されている(「標準報酬の上限」という)。第一章で見たようにその上限は、雇用者の健康保険では相応に引き上げられてきたものの、厚生年金制度では低い。このため、雇用者の所得が高い部分で保険料負担は逆進的である。また、非雇用者の社会保険制度では、国民年金保険料は定額であり、国民健康保険料には定額の部分がある。そのため、所得の低い部分でも社会保険料負担は逆進的である(後出の図6-3)。

なおイギリスとアメリカの社会保障拠出の規模が低いのは、イギリスでは、医療が税で賄われる制度(National Health Service: NHS)であるためであり、アメリカの公的医療保険制度は高齢者および障害者のみに適用され(メディケア)、低所得者については税方式の医療扶助(メディケイド)となっているためである(国民皆保険ではない)。

OECD統計には拠出主体別の社会保障拠出の規模も掲示されており、国によって差があることが分かる。ドイツ・オランダ・日本・韓国では基本的に労使折半であり、イギリスとアメリカでは雇用主の負担がやや重いが、フランスとスウェーデンでは雇用主の拠出割合が雇用者の倍以上と高い。雇用者の直近の負担規模(対GDP比)は、フランスで三・六%、スウェーデンで二・五%であるのに対して(全額が所得税で税額控除される)、ドイツでは六・四%、オランダでは四・九%、日本では六・〇%である。

ところで社会保険料の労使の負担割合については、雇用主負担分は賃金の低下や雇用量の減少を通じて雇用者に転嫁される、あるいは社会保険が適用されないような短時間労働者の比率を増やすことで、労働供給側に転嫁される、という研究がある。一連の検証作業の結果は、部分的に賃金に転嫁される、つまり一〇〇%転嫁ではない、というところである(濱秋二〇一六、金明中二〇一六)。社会保険料負担の労使の割合を見ることに、意味があるのだ。

社会保障財源の租税化

フランス、ドイツ、スウェーデンでの社会保障拠出の規模の推移は、これらの諸国で社会保障財源の「租税化(fiscalisation)」と呼ばれる変化が起こったことを反映している。租税化が長期にわたり、かつ最も顕著だったのはフランスである。法学者の柴田洋二郎によればフランスは、一九九一年に「一般化社会拠出金」という名称の社会保障目的税(個人所得課税)を創設し、その税収を充当することで社会保険料負担を軽減してきた(4)。それ以前から、社会保険料負担には逆進性があることが批判されていた。逆進的となるのは、社会保険料の算定基礎が就業者の稼働所得(雇用者の賃金と自営業者の事業所得)のみであること、しかも算定基礎に上限額があって、所得が高くなるほど(上限額を上回る所得部分には保険料が課されないため)、総所得にたいする保険料負担率が低くなること、による。保険料率が引き上げられるにつれ、企業の人件費負担が重いことも問題視された。

そこで早くも一九六七年から算定基礎上限額の廃止が始まり、一九八九年には完了した(年金保険料を除く)。医療保険の保険料負担は所得比例的となり、高所得の部分での社会保険料負担の逆進性が解消されたと見られる。また、高賃金を払う雇用主の社会保険料負担がより重くなったはずである。その後に導入された社会保障目的税は、稼働所得、代替所得(社会保障給付)、資産所得、投資益、および、くじ・カジノでの獲得金に課され、資産所得・投資益・くじ等での獲得金は稼働所得よりも高率で課税される。また社会保障目的税の税額は所得税の課税所得から控除されない(のちに一部控除)。しかも、世帯でなく個人単位の課税であって、所得税が多人数の家族では軽くなることとは異なる。この社会保障目的税の創設に続き、最低賃金に近い低賃金層の雇用主保険料を減免する措置が導入された(減免分は一般財源から補塡される)(柴田二〇一二、小西二〇一三、柴田二〇一七、小西二〇二三)。

いっぽう法学者の松本勝明によれば、ドイツの社会保障財源は一九六〇年代半ば以降に税から保険料にシフトしたものの、一九九〇年代初めからは逆に保険料から税へのシフトが進んだ。このシフトの背景には、雇用主の社会保険料負担を軽減することでドイツ企業の国際競争力を維持するという意図があったとされる。ただし改革論では、連邦政府の「経済発展の評価にかんする専門家委員会」が二〇〇五年に公表したように、本来は税により賄われるべき「保険になじまない」支出が社会保険料によって賄われているという、「誤った財源調達」を問題視する考え方が、一つの軸になったようである。「保険になじまない」支出とされたのは、たとえば三歳未満児を養育した期間に対応する年金給付、家族被保険者（被保険者の配偶者と子で収入が一定以下の者）にたいする医療保険の給付などである。そこで年金保険では、付加価値税の引き上げによる増収（一九九八年から）、そして環境税の導入による増収（二〇〇〇年から）、医療保険ではたばこ税の引き上げによる増収などが、社会保険への連邦補助金に充てられた（松本二〇一二）。

税種別の政府税収の規模とまとめ

日本、ドイツ、フランス、スウェーデンについて、国ごとに税種別の政府税収の規模（対GDP比）の推移を示すと、図3－5のとおりである。

以上の説明を補充しつつ国別にまとめよう。第一にドイツでは、シュレーダー政権（一九九八－二〇〇五年）のもとで所得税の最高税率も法人税率も、引き下げられた。「人的企業」は法人税でなく所得税を課されるが、シュレーダー政権の税制改革はまた、人的企業が営業税（企業のみが負担する地方税）負担の一部を所得税において控除できることとした。後段で見る図3－9のデータはこの改革直後にあたり、課税の累進性はなお低くない。これらの改革は、個人所得課税と法人所得課税の税収規模を一時期低下させたものの、その後税収は回復した。法人所得課税で課税ベースが拡大されたことが、税収回復の一因だった（福田二〇一二：八二－八五）。また、付加価値税とたばこ税の引き上げ、および環境税の導入による税収を、「保険になじまない」社会保障給付に充当することで、社会保険料の増加を抑えている。

第二にフランスでは、所得税の最高税率がシラク政権期（一九九五－二〇〇七年）に相当に引き下げられた。しかし、その以前の一九九一年に前述の「一般化社会拠出金」と称する社会保障目的税が導入されており、個人所得課税合計としては、九〇年代末から段階的に規模を増やしている。社会保障目的税は所得税よりも累進的であると思われる。ただし、図３－９が示唆するように、二〇〇〇年代半ばの課税の累進度は日本並みである（実効累進度はさらに下がる）。その社会保障目的税を社会保障に充当することで、社会保険料負担の規模を大幅に低下させた。社会保険制度のなかでも、一九六七年から医療保険料の算定基礎上限額の廃止が始まり、一九八九年には完了した。社会保障拠出の逆進性は相当に解消されたと思われる。

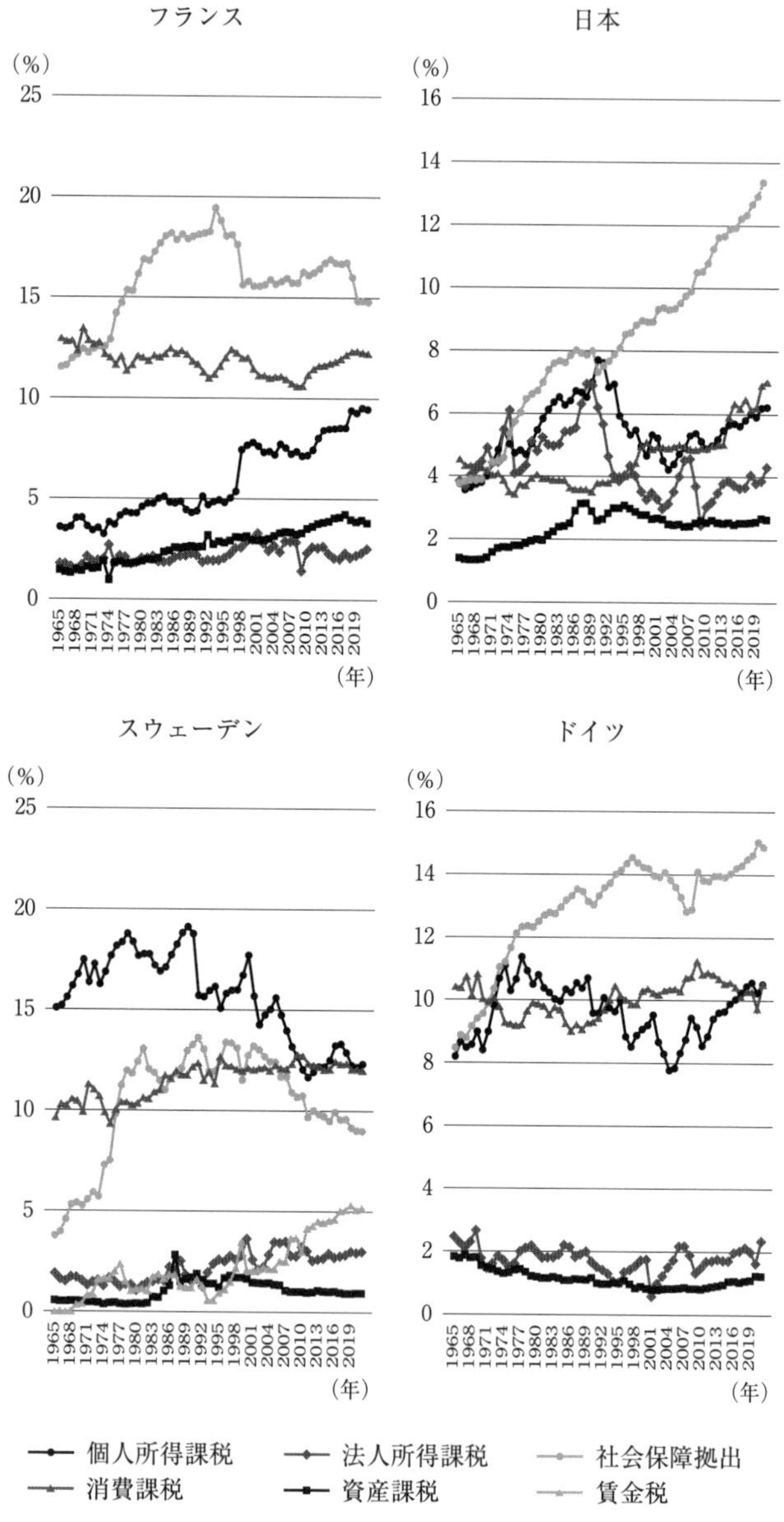

図 3-5　税種別の政府税収の規模と社会保障拠出（対 GDP 比），日本，ドイツ，フランス，スウェーデン

出所：OECD 統計より作成.

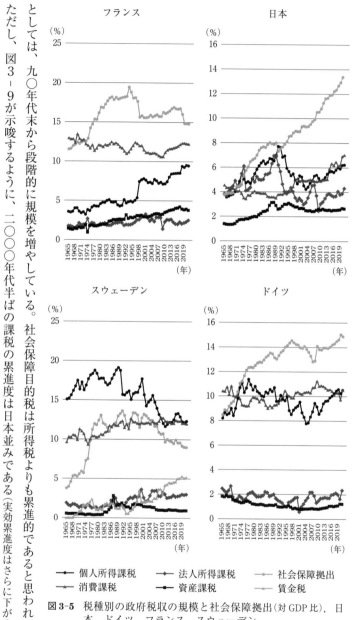

第三にスウェーデンでは、一九九一年に所得税（大部分が地方税）の最高税率を大幅に引き下げ、二〇〇七年に勤労所得税額控除を導入したことで、個人所得課税の規模が相当に下がった。前者の改革は所得税の累進度を低下させたと考えられるが、後者の税額控除は低所得層ほど減税の恩恵が大きくなるように設計された。ただし二〇〇〇年代半ばの課税の累進度は、日本よりも低い（図３－９）。いっぽうで社会保険料負担は雇用者にとっては実質ゼロである（年金保険料のみ負担するが、所得税制で全額を税額控除）。社会保障拠出の規模の低下と逆行するように、賃金税の規模が伸びてきた。賃金税は雇用主に課されるものであり、ＯＥＣＤ統計で社会保障拠出と区別されるのは、被保険者に給付への権利を付与しないことによる（OECD 2021）。一対一で給付に結びつく社会保障拠出の規模が低下し、給付に直接リンクしない賃金税の税収規模が上昇した。社会保障にたいする企業の負担としては一九八〇年代末以来ほぼ一定である。

そして第四に日本である。日本の政府税収のなかで伸びたのは、なによりも社会保障拠出であり、消費課税も消費税率の引き上げに見合って上昇してきた。日本の個人所得課税と法人所得課税の規模は一九九〇年代に低下し、その後上昇してはいるものの、伸びは鈍い。日本では所得税の累進性が弱められながら、税収規模も低下した。法人所得課税の規模が低下したことによる負担軽減は、大企業により大きかったと推測される。社会保障拠出は、逆進性を含んだまま規模を急増させてきた。この負担増加は、低所得層と中小企業により重かったと推測される。

欧州諸国が社会保障財源の租税化を指向したのは、企業にたいする重い社会保険料負担が国際競争力を損なうことのほか、社会保険料負担が逆進的になりがちなこと、また子育て負担の軽減のような普遍的な給付の財源を社会保険（職域の連帯）に求めるのは、「誤った財源調達」であること、などへの問題意識だった。そうした問題は、日本の政府税収が社会保険料への依存を強めるあいだに、どれほど意識されただろうか。検討どころか意識もしないままに、日本の政府税収の構造は、低所得層と中小企業を冷遇する度合を深めたのだろうか。図３－９に示すように、すでに二〇〇〇年代半ばにおいて、日本の課税の累進度（集中度係数）は表示国で低いほうから一〇位以内にあり、相対的に低所得層の負担が重かった。本節で確認した政府税収の構造の変化により、その後の二〇二〇年までのあいだにこの特徴は強まったと推測される。

課税努力も足らない

個人と法人にたいする所得課税の規模が、日本で一九九〇年代に大きく低下したのは、GDP成長率が低下したため、および上記のように高所得者と法人にたいする減税がくり返されたためである。では、二〇〇〇年代以来、法人所得課税の規模が上下動するのにたいして、個人所得課税の規模がゆるやかにしか伸びないのは、個人所得が低迷したためだろうか。たしかに等価可処分所得の中央値は一九九七年以来二〇一五年まで低下してきた。同時に注意したいのは、徴収できるはずの税金を実際に政府が徴収しているのか、という「課税努力」の問題である。

徴収できるはずの税金を、「課税ポテンシャル」と呼ぶ諸研究がある。ある国がある時点で合理的に調達できる税収の上限であり、それにたいする実際の税収の割合が「課税努力」である。課税努力は政策選択、すなわちどのような税率を設定するか、収入のどの部分に課税するかという「課税ベース」をいかに設定するか、非課税措置をどのように設けるかという政策選択に左右される。同時に徴税非効率や、納税者の側の納税回避なども反映する。

伝統的には課税努力は最小二乗法を用いて研究されてきたが、より近年では確率フロンティア分析(Stochastic Frontier Analysis)がおこなわれている。ここで参照したいのは、国際成長センター(IGC)の二〇一五年のワーキングペーパーである(Langford and Ohlenburg 2015)[5]。ベン・ラングフォードとティム・オーレンブルグによるこの研究は、政府税収のデータセットから、自然資源が豊富でない八五カ国の二七年分のパネルを、社会保障拠出を除いた総税収について分析した。八五カ国となると社会保障制度のばらつきが大きく、税収だけで推計することは妥当だろう。

分析結果は、日本の二〇一〇年の課税努力が〇・五二程度というものだった。平均値は低所得国から下位中所得国で〇・五九、上位中所得国から高所得国では〇・六八、アメリカは〇・六で、中国は〇・五七だった。中国の数値も日本の〇・五二を凌駕《りょうが》していたのである。

こうした研究からは、日本政府が調達できるはずの税収の半分程度を逃していることが示唆される。法人所得課税の規模は表示諸国のなかで高いほうであり、財務省が示す個人所得課税の税率構造でも諸国と大差ない（https://www.mof.go.jp/tax_policy/summary/income/b02.htm#a03）。問題は個人所得課税の課税ベースにあると考えられる。日本の所得税の課税ベースが諸外国に比して狭いことは、これまでも指摘されてきた。アメリカ・イギリス・ドイツ・オランダ・スウェーデンでは給与所得から控除できるのは基礎控除くらいしかないが、日本では配偶者控除、扶養（児童）控除（アメリカにもある）、社会保険料控除（ドイツにもある）、給与所得控除（ドイツにもあるが少額）がある。二〇〇〇年代半ばの平均給与を見ると、日本の控除額の合計が給与に占める比率は、片稼ぎカップルと子ども二人の世帯で七〇％を超え、単身者でも五〇％にのぼり、右記の諸国で最高である（田近・八塩二〇〇八、是枝二〇一〇）。

政府の借金

国民の負担（政府税収）以上に支出をしようとすると、政府は借金（国債・公債の発行）という手段におもむくことになる。日本の財務省の財政関係基礎データで中央政府の「一般会計」を見ると、その「歳入」は「税収」と「その他収入」、および「公債金収入」からなり、公債金収入が相当の比率を占める（https://www.mof.go.jp/policy/budget/fiscal_condition/basic_data/202404/index.html）。このデータの「税収」は国税収入であり、主要部分は所得税、法人税、および消費税であって、社会保険料収入は含まれていない。

政府は野放図に借金できるわけではない。とくに共通通貨ユーロを採用する諸国は、一九九三年のマーストリヒト条約と九七年の安定・成長協定により、GDPに対して単年度の財政赤字が三％以下、国債残高が六〇％以内という財政規律を課されている。またアメリカでは連邦政府の債務残高の金額上限が定められており、この上限内では政府が自由に債券を発行できるが、上限を超えるためには議会の承認が必要である（承認がえられなければ政府が債務不履行に陥る）。

日本の場合は財政法第四条が、国の歳出の財源を、「公債又は借入金以外の歳入」と規定し、公債発行に制限を課している。その規定にもかかわらず、一九九八年度から赤字国債が無制限に発行される体制となった。すでに一九七五年度には、財政法第四条の「特例」として国債発行を認める特例公債法が制定されていた。当初は、一年限りの法律で償還（返済）は現金によるという歯止めがあったが、以後は特例公債法が毎年制定され、現金償還の原則も一九八四年度の特例公債法から「努力義務」規定に変更された。現金償還から借換償還への転換には、大蔵省（＝財務省）の財政制度審議会のお墨付があった（八四年度の二度の報告書）。一九九四年度からの三年間には減税特例国債も発行された。一九九七年度には、税率構造の累進性緩和と課税最低限の引き上げにより単年度で二・四兆円の減税がおこなわれた。公債残高の急増にもかかわらず、金利の低下によって一九九八年度から利払い費が減少し始めたことで、赤字国債の発行にいかなる歯止めもなくなったのである（中島二〇一三）。

借金残高の推移

ＩＭＦの世界経済概観データベースにより、Ｇ７について一九八〇年から二〇二二年まで、一般政府総債務残高（国、地方、社会保障基金の債務の合計）の対ＧＤＰ比の推移を見ると、図３‐６のとおりである。日本以外の諸国の数値は、上下動はありながら基本的に横ばいである（うちユーロ圏はイタリア、フランス、ドイツ）。日本を含む表示国に共通して急上昇が見られるのは、二〇〇八年九月のリーマン・ショック後の世界不況期、コロナ禍の二〇二〇年である。ＧＤＰが落ち込むなかで財政出動を迫られた結果である。日本の数値は、一九八〇年代前半の上昇、そして後半の低下を別として、九二年から一本調子の上昇であり、九〇年代末には、主要国はもちろんギリシャやイタリアをも超えた。なおかつ多くの期間に、他国に比して急上昇してきた。第二次安倍内閣期には横ばいだったとはいえ、表示国の多くでリーマン・ショック後には横ばいであり、ドイツではコロナ禍にいたるまで低下していた。

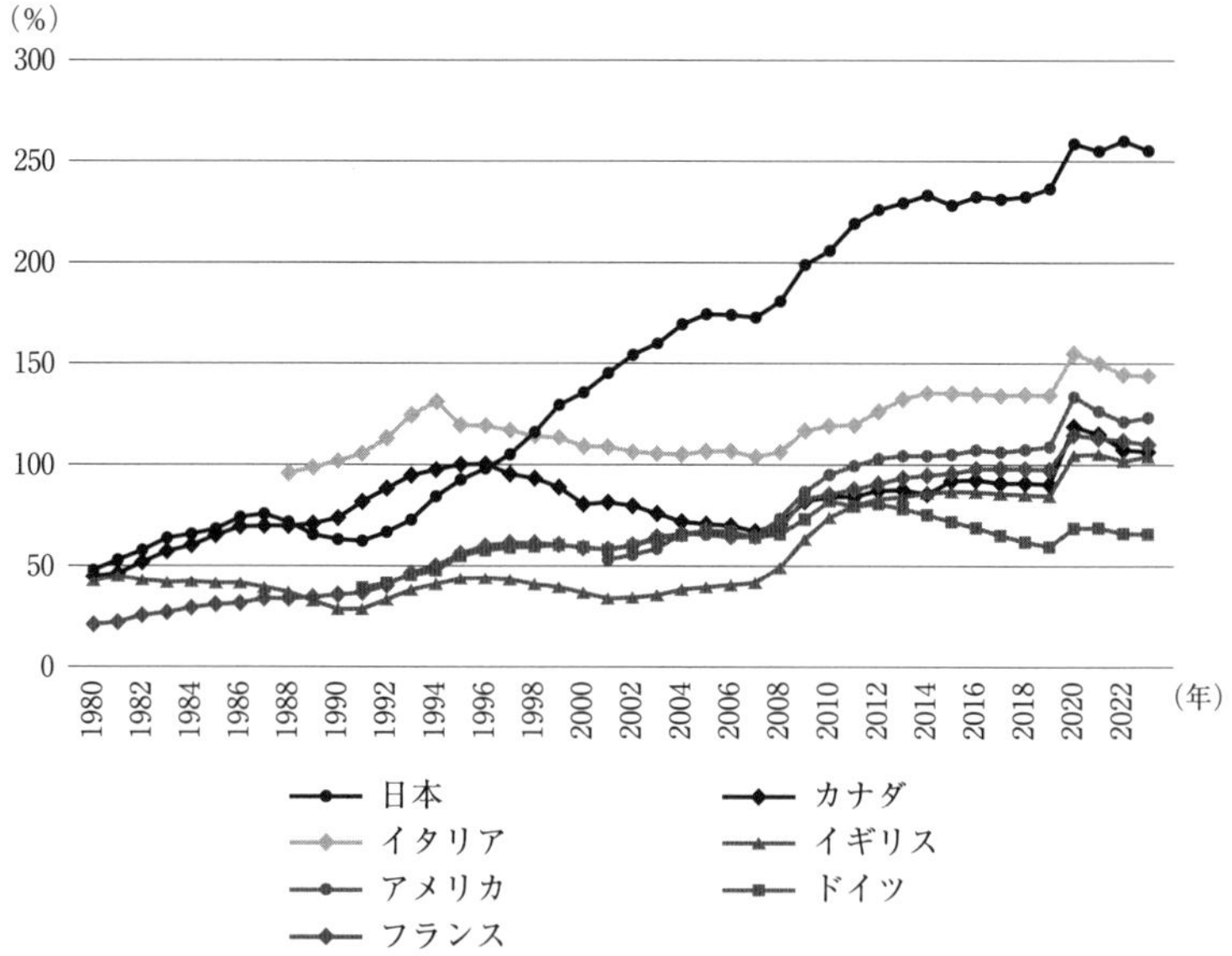

図 3-6　一般政府総債務残高，対 GDP 比の推移

出所：IMF，World Economic Outlook Database，October 2023 より作成.

日本政府がまともな課税努力をしないだけでなく、借金してまで高所得者や法人への減税を繰り返した結果が、このように異次元に大きな政府総債務残高なのである。前記のように大蔵省の財政制度審議会は、赤字国債の大量発行にはお墨付を与えたが、社会保障制度における国庫負担には厳しい目を向けていた。

2　社会支出の状況と推移

公的社会支出の規模の推移

本章の冒頭でもふれたように、諸研究が一致して示してきたのは、公的社会支出の投入の規模（対GDP比）や、そのうちの現金給付の帰着の規模（＝帰着レベルの脱商品化）等が、生活保障システムの機能に大きく影響し、成果として貧困や格差の高低をもたらすという点である。二〇一九年ないし二〇二〇年にOECDに公的社会支出のデータを提供した三八カ国を見ると、日本は高いほうから一四番目であるが、貧困率は高い。公的社会支出の規模が日本より低い諸国では、公的社会支出が増減したあいだも、貧困率に大きな増減はなく、アメリカを別と

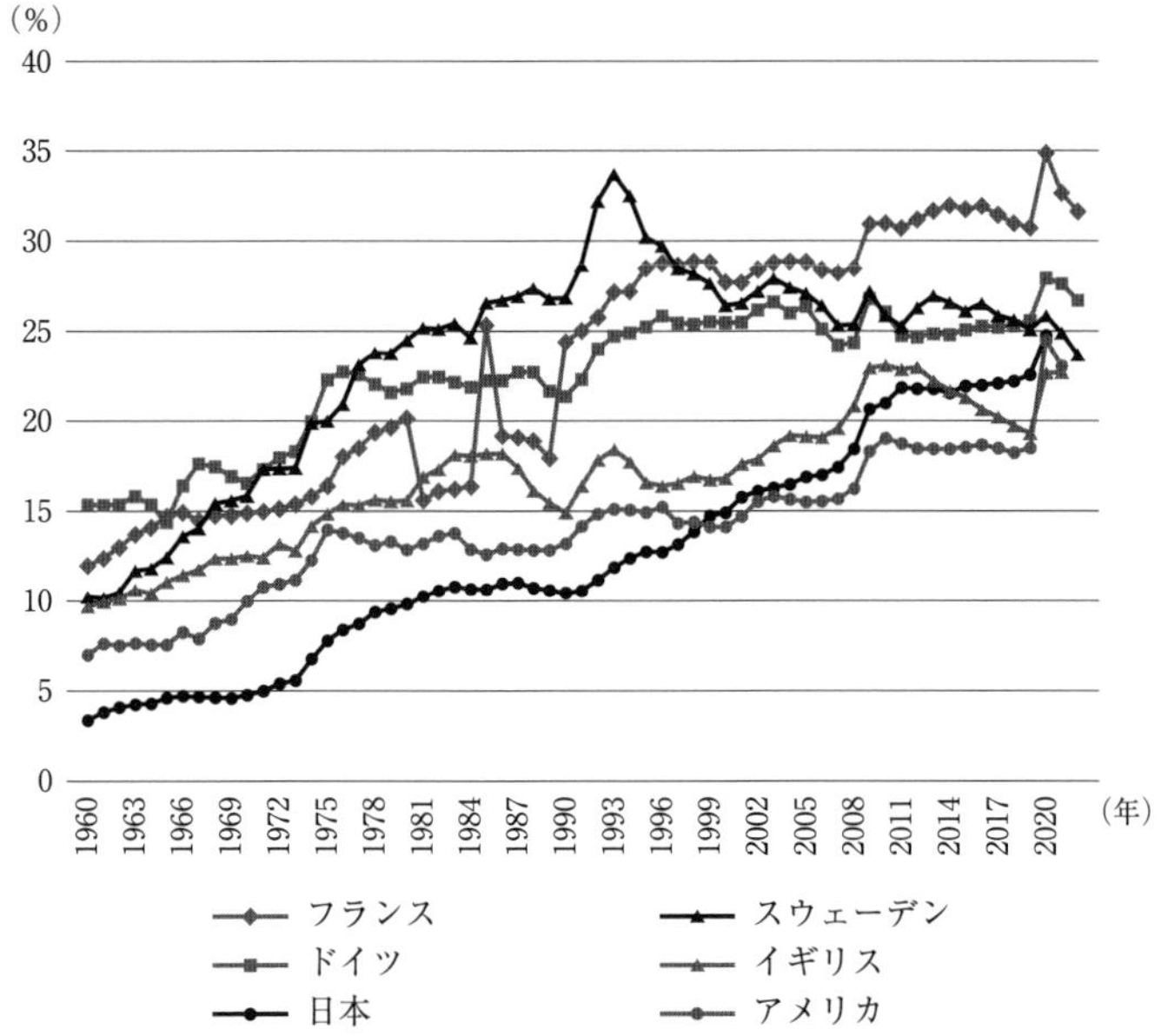

図3-7　公的社会支出の規模(対 GDP 比)の推移

出所：OECD 2023b の Figures & data のうち Historical-Trends より作成(https://web-archive. oecd. org//temp/2024-06-24/63248-expenditure. htm).

して、一貫して日本よりも低い。

図３－７は、Ｇ５およびスウェーデンについて、公的社会支出の規模（対ＧＤＰ比）の年々の推移を、一九六〇年から示す。図の特徴にかんして、第一に表示諸国に共通の急な変化は、図３－６と同様である。第二に、個々の国で急増や急減が見られるのは、スウェーデンである（フランスも）。一九九〇年代初めのスウェーデンでは保守政権のもとで急増が見られるが、この時期には同国でのバブル景気破綻によりＧＤＰが低下していた。

日本の数値は一九九九年にアメリカを上回り、二〇一五年にイギリスを上回った。アメリカではクリントン民主党政権（一九九三－二〇〇一年）のもとで数値が微減して停滞したのにたいして、日本ではかなりの勾配で伸びた。イギリスではキャメロン、メイなどを首相とする保守党政権（二〇一〇－二四年）のもとで、二〇一二年から二〇年まで数値が低下した。これにたいして第二次安倍内閣（二〇一二－二〇年）下の日本では、二〇一三－一九年のあいだ規模はほぼ一定だった（より詳細に検討すると二〇一七年まで微減したことを、第六章（図6－2など）で見る）。この間には景気回復が喧伝《けんでん》されながら、日本の成長率は表示諸国で最低だった。

公的社会支出の総額と純額

ここで、公的社会支出について総額の規模（対ＧＤＰ比）を見るだけでいいのか、という点を検討しよう。序章でもふれたようにＯＥＣＤは一九九〇年代の半ば以来、公的社会支出の総額がそのまま給付額であるかのような捉え方に留保を促してきた。すなわち、社会保障給付には直接税・社会保険料が課される場合があり、現金給付からおこなわれる消費支出には間接税が課され、私的社会支出の給付にも課税がある。これらは国庫に回収されるため、公的給付への課税を支出の総額から差し引き、逆に「社会的目的の税制優遇措置（TBSP：tax breaks for social purposes）」を加えることで、公的社会支出の純額を捉えるべきである、という（Adema 2001：21）。純額とはつまり、総額から給付への課税を差し引き、ＴＢＳＰを加えた額である。

税制上の措置にかんしては、リチャード・ティトマスが、早くも一九五五年に、社会福祉（social welfare）あるいは社会サービス、財政福祉（fiscal welfare）、そして職域福祉（occupational welfare）という「福祉の社会的分業」論を提起していた。税の所得控除や税額控除からなる財政福祉は、社会サービス支出とは扱われなくても、「じつは移転支払いである」として、その重要性を訴えたのである（Titmuss 1958：42, 44–45）。税制上の優遇措置は、「支出」であることを強調するべく「租税支出（tax expenditure）」とも呼ばれる。後述するように租税支出は、アメリカやドイツでは相当の規模にのぼり、アメリカについてつとに「隠れた福祉国家（hidden welfare state）」という特徴づけがなされたほどである（Howard 1997）。

なお、婚姻カップルにたいする支援は、すべてのＯＥＣＤ加盟国で「社会的」とは考えられておらず、ＴＢＳＰには計上されないという。「社会的目的には貢献しない」措置の例として、日本の配偶者控除やベルギー・フランス・ドイツの婚姻カップルにたいする税制優遇措置があげられている。そこで「適切な比喩」としてあげられているのは、扶養すべき子どもがいることは、社会的保護システムの現金給付の受給資格を賦与するが、婚姻契約はそうではない、という点である。また年金にかんする税制優遇措置の価値については、比較できるデータセットがないなどの理由で、覚書項目にとどめられている(OECD 2019a：34, 36)。

税の効果

図3‐8では、公的社会支出の総額と純額、および税の効果(純額から総額をさし引いた値)を、二〇〇五年と一五年について示す。特徴は第一に、北欧諸国のなかでもデンマーク、フィンランド、スウェーデンでは、支出総額も大きいが税の効果も大きいことである。オーストリア・イタリア・ルクセンブルクでも、総額とともに税の効果は大きい。第二に、アングロサクソン諸国では、総額は低めで税の効果も小さい。日本も同様であり、二〇一五年にかけて総額の増大が大きく、税の効果が小さいこともあって、純額はノルウェーを超えスウェーデンに迫っている。第三にアメリカでは、税の効果がプラスであり、これは給付にたいする課税の効果をＴＢＳＰの効果が上回るためである(韓国の二〇一五年でもわずかに)。アメリカの二〇一五年の純額はノルウェーに並んでいる。

なお、アメリカの例が示唆するように、公的社会支出の純額が大きいことと貧困率が低いこととの関連は、さほど(総額の場合より)大きくない。じっさい、財政学者の茂住《もずみ》政一郎による最近の分析によれば、アメリカの二〇一九年の全租税支出(年金退職貯蓄を含む)の各所得階層への帰着(構成比)では、所得税の租税支出のじつに五〇%が、そして賃金税(社会保険料)の租税支出でも三四%が、所得上位二〇%に帰着していた。茂住は、租税支出が「富裕層に対する逆再分配政策」として機能していると、まとめている(茂住二〇二三：八七)。

累進性・逆進性

第一節では政府税収(＝国民の負担)の規模と大くくりの構成を確認し(③の一端)、本節ではここまで公的社会支出の

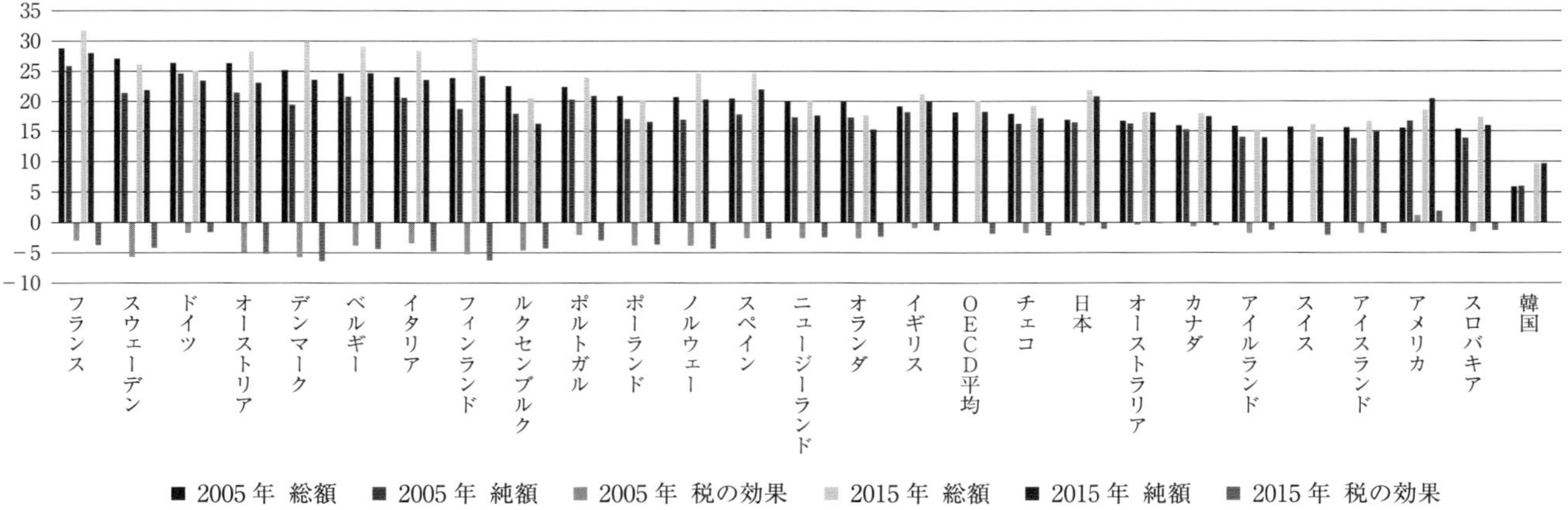

図 3-8 公的社会支出の総額・純額と税の効果(2005年と2015年)

注：諸国は2005年の総額が大きい順に左から配列．税の効果は純額から総額を差し引いた値．
出所：OECD Social Expenditure Database（SOCX）より作成．

規模（④）を見てきた。しかし、生活保障システムの機能を探るうえでは、個人の負担や政府の支出の規模だけでなく、その構造と帰着（⑥）を検討する必要がある。

序章で注意したのは、ジャックとノエルがpro-poor/pro-richを区分するうえで、ＯＥＣＤの二〇〇八年報告書『不平等になっている』（OECD 2008）の表（Table 4.3）に依拠しながら、同表のうち左半分の、現金給付の集中度係数のみに着目した、という点である（ジャックとノエルのpro-poor/pro-richの数値はブレイディとボスティックの低所得ターゲティングと同じ指標）。同表の現金給付は税引き後であり、これを現金給付の純額と呼ぼう。同表の右半分は、個人の社会保障拠出を含む税負担について集中度係数を示している。給付についても課税についても、現役層と高齢層、および全人口の数値が示されている。

以下では全人口についての現金給付純額と税・社会保障拠出の集中度係数（累進度）を検討しよう。二〇〇八年報告書は、その当該表（Table 4.3）の課税の集中度係数にたいする「代替的な尺度」として、課税の集中度係数を等価当初所得のジニ係数で除した値を、別の表（Table 4.5）で示している。課税対象となるのは当初所得であり、その分配が不平等な国ほど、同じ税率表でも実効累進度（effective progressivity）は大きくなるのであり、それを反映するため、という（OECD 2008：105）。そこで、ＯＥＣＤ二〇〇八年報告書のTable 4.3の給付の集中度係数とTable 4.5の課税の実効累進度により、対象諸国を図示すると、図３‐９のとおりである。横軸の現金給付の累進度（集中度係数）がプラスであると富者厚遇、マイナスが貧者厚遇である。

なおジャックとノエルは、給付の富者厚遇が高齢層厚遇（pro-old）と重なりあうと注意している。年金給付の規模が大きいと、現金給付の集中度係数がプラスになるという関連があり、所得比例制が強い年金制度のもとで給付規模が大きくなり、その年金給付の規模が現金給付総額の規模を規定するからである（Jacques and Noël 2021：21）。しかし、高齢層厚遇といいかえると、高齢層のなかにも富者と貧者がいることが見えにくくなるため、本書では富者／貧者と記述する。

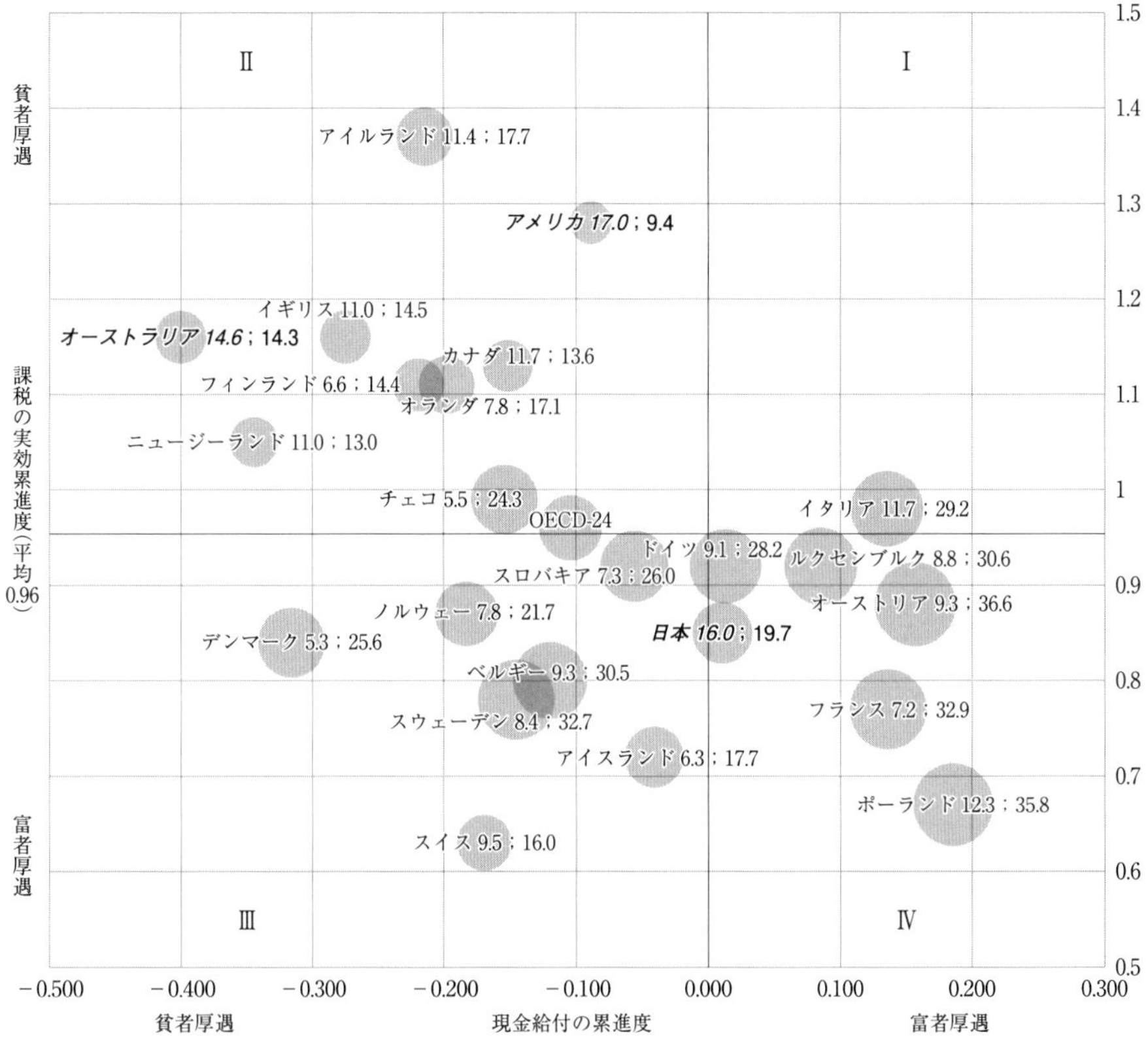

図 3-9　現金給付と課税の累進度(2000 年代半ば)

注：OECD は，等価所得の所得単位につき集中度係数を算定した．現金給付純額は税引き後の数値，課税は社会保障拠出を含み，集中度係数を各国の当初所得のジニ係数で除した値．バブルの大きさは公的現金給付が等価可処分所得に占める規模の平均を示す．帰着レベルでの脱商品化である．国名の右側の数値は，まず 2005 年の全人口の貧困率，そしてセミコロンの次の数値がバブルの大きさを示す．2005 年の全人口の貧困率にもとづき，貧困率が 13 % 以上の諸国(アメリカ，日本，オーストラリア)をゴシック斜体で示している．OECD-24 には韓国を含むが，韓国の 2000 年代半ばの貧困率が不明であるため，本図には掲載していない．

出所：横軸の現金給付純額の累進度(集中度係数)は，OECD 2008: Table 4.3 のデータにより，縦軸の課税の実効累進度(集中度係数 ÷ 等価当初所得のジニ係数)は，OECD 2008: Table 4.5 のデータによる．公的現金給付の平均規模は OECD 2008: Table 4.3 のデータより作成．貧困率は OECD 統計の 2005 年の数値．

三つのグループ＋1がある

図3‐9では、縦軸の課税の実効累進度が高いと富者の負担が相対的に重いことになり、表示国の平均値は〇・九六である。その平均値より高い場合を、あくまで相対的にではあるが貧者厚遇、低い場合を（相対的）富者厚遇と呼ぶことにしよう。現金給付の集中度係数がゼロの縦線、および課税の集中度係数の平均値にあたる横線で、四つのマスに区切り、散布の特徴を述べよう。

左上の第Ⅱ象限、すなわち現金給付純額が貧者厚遇で、かつ課税も貧者厚遇であるグループには、アングロサクソン諸国とフィンランド・オランダ・チェコが位置する。その対極の第Ⅳ象限、すなわち給付純額が富者厚遇で、かつ課税も富者厚遇であるグループには、日本・ドイツとともにいくつかの大陸欧州諸国が位置する。左下の第Ⅲ象限、すなわち給付純額が貧者厚遇で課税が富者厚遇であるグループには、スロバキアと北欧諸国が含まれ、やや離れてスイスとアイスランドが位置する。最後に右上の第Ⅰ象限、すなわち給付純額が富者厚遇で課税は貧者厚遇であるケースには、イタリアが位置する。ただし、縦軸の富者／貧者厚遇の区分は、あくまで相対的なもので、平均値に近いチェコとイタリアは境界上のケースと見るほうがいいかもしれない。つまり、三つのグループとイタリアがある、ということになる。

富者／貧者の厚遇と貧困率との関連

図3‐9が示すのは給付と負担の帰着⑥の特徴の一つであり、貧困・格差の度合などの成果⑨はその先になる。OECDの二〇〇八年報告書は、貧困率については給付・負担の合計による貧困削減率を示すのみである（OECD 2008: Figure 5.11）。そこで、図3‐9では、給付と負担の富者／貧者厚遇に、貧困率および給付の規模の情報を重ねている（国名右のセミコロン前後の数値）。まず国名のすぐ右側の貧困率を見ると、二重に貧者を厚遇する第Ⅱ象限グルー

プでは、貧困率が一五%を超えるのはアメリカだけである(オーストラリアはそれに近い)。グループ内のチェコ・フィンランド・オランダの貧困率はOECD諸国で有数に低い。これにたいして第Ⅳ象限グループの諸国は二重に富者を厚遇するが、日本の一六・〇%を別として貧困率は低い(ポーランドは高め)。そして第Ⅲ象限グループでは貧困率は低い。イタリアの貧困率は一一・七%と高めである(Ⅳのポーランドよりは低い)。

現金給付純額が貧者厚遇であることは、貧困率を低くするわけではないというのが、再分配のパラドクスのポイントの一つだった。とはいえ、現金給付純額が貧者を厚遇する第Ⅱ象限グループと第Ⅲ象限グループの一七カ国では、アメリカおよびオーストラリアを別として、貧困率は低かった。逆に第Ⅳ象限グループは、給付も課税も富者を厚遇するものの、日本以外の諸国では貧困率が低めである(ポーランドは高め)。

序章で見たように、再分配のパラドクスでは、貧困・格差などの成果が、主として制度の設計の普遍性や公的現金給付の規模で説明された。課税についても、累進度とともに、調達される財源の規模・構成が重要となるゆえんであり、前節で検討したところである。

富者/貧者の厚遇と給付の規模との関連

次に各国の現金給付純額の平均規模(等価可処分所得にたいする給付純額の割合)を見よう(バブルの大きさであり、国名・貧困率の右に記入)。現金給付純額の平均規模は、序章で検討したブレイディとボスティックが使った指標であり(データの年次は二〇〇〇年代半ば)、帰着レベルの脱商品化を表す。OECDの二〇〇八年報告書の図(Figure 4.2)のデータは、その二〇〇〇年代半ばについて各国の等価可処分所得にたいする現金給付純額の比率を示している。その数値は、最大のオーストリアで三六・六%、図示されたOECD二四カ国の平均で二一・八%、最小はアメリカの九・四%だった。

第Ⅱ象限グループで、貧困率が高いアメリカ・オーストラリアでは、たしかに公的現金給付純額の規模がOECD平均よりも低い。アメリカの特異性は、現金給付純額の帰着が小さく、逆に租税支出が大きくて(図3-8)、しかも租税支出が「富裕層に対する逆再分配」をもたらしている点である。

ただし第Ⅱ象限グループのうちアメリカ・オーストラリア以外の諸国では、現金給付の帰着の規模が比較的小さいが(チェコは平均よりわずかに大きい)、そのわりに貧困率が高くないと見える。オランダに至っては、貧困率が有数に低い。この点がこのグループのもう一つの特徴といえよう。そこに二重の貧者厚遇の影響が感じられる。また第Ⅳ象限グループのうち日本の現金給付純額の規模は、グループ内の他の諸国より一〇%ポイント以上小さい。日本以外の諸国では、公的現金給付の規模が平均より一段と高く、貧困率が低めであるものの、給付の規模のわりに十分に低くはなく、二重の富者厚遇の影響が感じられる。

第Ⅲ象限グループの諸国では、貧困率は低く、スウェーデン・ベルギーを別として、現金給付純額がほどほどの規模に収まっている(アイスランドとスイスでは低い)。課税が富者厚遇であることよりも、給付が貧者厚遇であることが影響しているかもしれない。最後に、第Ⅰ象限にかかっているイタリアでは、公的現金給付純額の規模が平均より高い。しかし、そのわりに貧困率は一二%近い。課税がやや貧者厚遇であっても、給付の富者厚遇の影響が、とくにイタリアで強いと感じられる。

課税の影響はとるに足らないか

これらの状況が示唆するのは、第一に、公的現金給付純額の帰着規模の大小が貧困率の高低と符合することであり、先行研究による知見を再確認できる。しかし第二に、給付純額の規模と達成された貧困率を見合わせると、給付・課税が富者／貧者のいずれを厚遇するかという要素、つまり累進度の影響が示唆される。しかも、給付と課税とでは、給付の影響のほうが大きいようである。

では、課税と社会保険料徴収という財源調達＝国民の負担面の影響はとるに足らず、目を配る必要はないのだろうか。そこで注目されるのは、福祉レジームや再分配のパラドクスの研究潮流にはないものの、貧困率に及ぼす効果を給付と課税に分けて捉える研究である。すなわち、ライデン大学の社会政策研究者コエン・カミナダたちは、最近の論文で所得課税と各種の公的給付が貧困の削減に及ぼす効果を、国際比較した(Caminada et al. 2020)。[6]

ここでは、カミナダたちが作成したLISにもとづく「ユーザーフレンドリー」なデータセットで、二〇〇八年(あるいは直近年)の粗収入のデータがある諸国について、等価可処分所得の中央値の五〇%の基準による相対的貧困率を参照しよう(元データが異なるので貧困率の数値はOECD統計とは当然に異なる)。[7] 数値は当初所得、総所得(現金給付後)、可処分所得(課税後)について算出されており、給付による貧困削減と課税による貧困増幅について、幅と率などが示されている。たとえば日本では、当初所得の貧困率が一九・九%であるのに対して、総所得(現金給付後で課税前)では八・七%、課税後の可処分所得では一〇・九%となる。課税(直接税と社会保険料負担)が貧困率を二・二%ポイント上昇させると、表示されているのである。様相が異なる例としてアイルランドを見ると、その貧困率は当初所得で三五・五%、総所得で一〇・三%、可処分所得で一〇・七%であり、課税が貧困率を上昇させる幅は〇・四%にとどまる。前掲の図3－9に表示する諸国において、課税が貧困率を上昇させる幅(%ポイント)は、オーストラリアの〇・二からスイスの六・五のあいだにある。二%ポイントを超えるのは、アメリカとフィンランドを別として、日本を含めてすべて課税の実効累進度が小さい諸国、つまり課税が相対的に富者厚遇である諸国である。

日本では社会保険料負担が問題だ

課税の影響のうち、租税と社会保険料を区別できないだろうか。慶應義塾大学の駒村康平たちは、JHPS2009を用いて(ライデン大学のデータセットと同一)、負担が貧困率に与える影響を、直接税と社会保険料に分けて析出している。すると、二〇－五九歳の就業者について、給付は貧困率を二%ポイント削減するが、直接税と社会保険料を差し引くと貧困率は三%ポイント高くなり、このように貧困を深める効果のほとんどは社会保険料負担に起因することが、明らかになった。結果として二〇－五九歳の就業者にたいする所得再分配による貧困削減率は、マイナスとなる（駒村ほか二〇一〇）。社会保険料負担のために所得再分配が逆機能していたのである。第一節で見たように、二〇〇八年以降も社会保険料負担は高まったのであり、阿部彩の分析によれば、二〇一八年において、特定年齢層の女性が逆機能を被っていた（阿部二〇二一：スライド22）。

もとより、当初所得における貧困率も総所得における貧困率も仮想の数値である。当初所得の貧困率が高く算出されるのは、頼りがいある社会保障給付を見越して稼得活動を控えるケースが少なくないためでもある。エスピン＝アンデルセンが評したように、福祉国家が作り出す市場所得ゼロの人口である。社会保険料負担を含む課税が、貧困率を上昇させる度合とは、課税のあり方の影響を類推させる指標にすぎない。それでも、政府による所得再分配が貧困を抑制する機能にたいして課税のあり方が影響すること、課税が富者厚遇であると給付の規模にてらして貧困率が高めになることは、否定できないと思われる。

3　小括に代えて――貧困削減率の推移

すでに述べてきたように、所得再分配が貧困を抑制する機能は、貧困削減率に反映され、エスピン＝アンデルセンの意味での脱商品化の成果レベルでの代理指標となる。以上のように二〇〇〇年代半ばにおいて日本は、現金給付純額が富者厚遇であり、かつ課税の実効累進度が小さく、課税が貧困率を上昇させる幅が大きい諸国に含まれていた。本章の第一節で見た政府税収＝国民の負担の構造の変化により、その後の日本で貧者が冷遇される程度は強まったと考えざるをえない。いっぽう第二節で見たように、日本の公的社会支出の総額の規模は、高齢化の急速な進行にもかかわらず、二〇一三－一九年のあいだ、つまり第二次安倍内閣期にほぼ一定だった（図３－７）。

では、貧困削減率はどのように推移したのか。まず図３－10により、高齢層について推移を見よう。フランス・ドイツ・スウェーデンの高齢者は（とくにフランス）、就業して稼ぐ必要性が低いが、日本・アメリカでは年金だけでは生

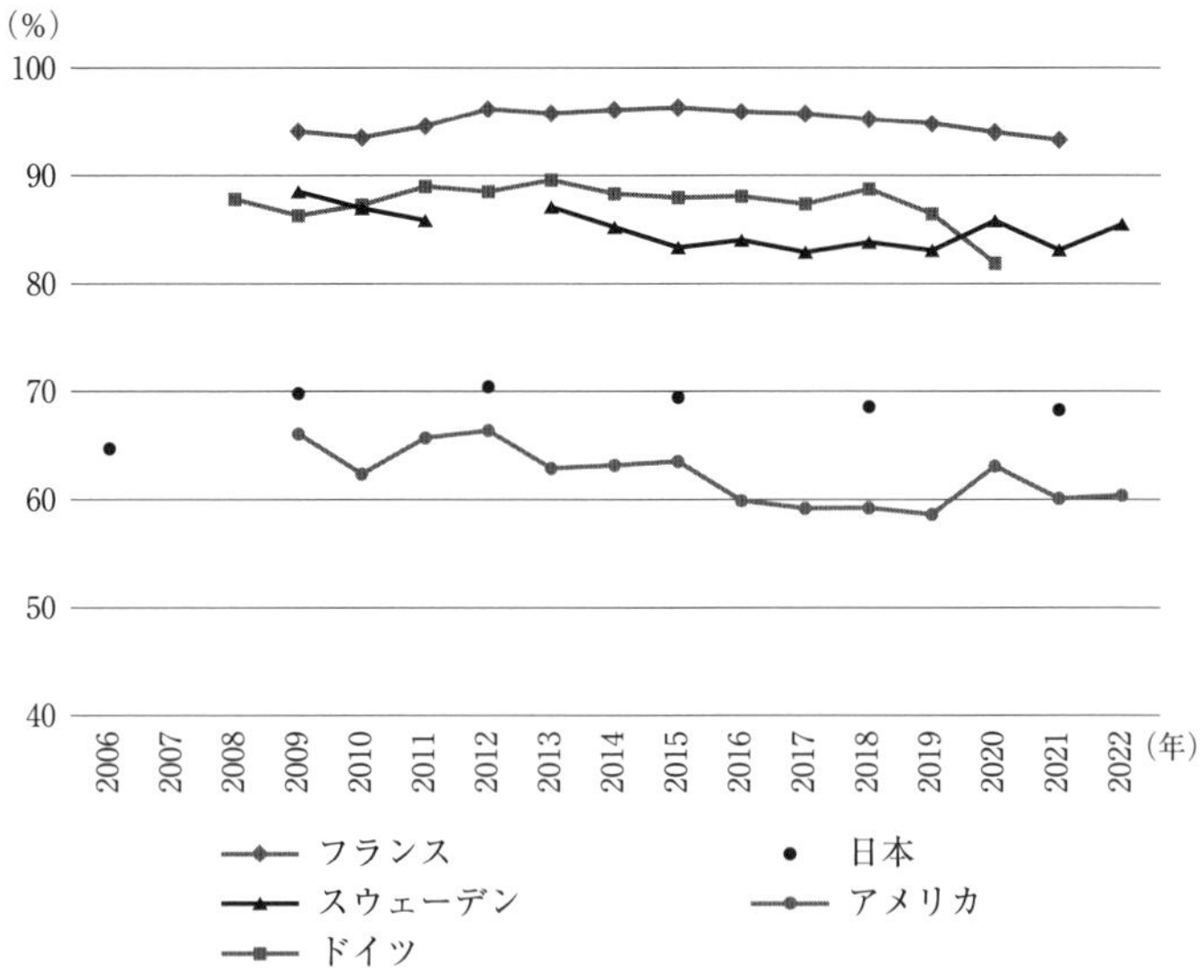

図 3-10　高齢層にとっての貧困削減率

注：貧困削減率(%)＝(当初所得レベルの値－可処分所得レベルの値)÷当初所得レベルの値×100
出所：OECD 統計の Income Distribution Database より作成.

計を維持できない度合が高いと見られる。

　現役層にとっての貧困削減率は、図３－11のように推移してきた。欧州諸国での数値は、二〇〇〇年代半ばにはそろって高水準にあったが、ドイツではそれ以前から低下が続いた。スウェーデンでは二〇〇〇年代後半に、中道右派政権のもとで急低下した（フランスはわずかに低下）。スウェーデンでは二〇〇〇年代後半に可処分所得の貧困率もかなり上昇したが、二〇一〇年代には低下した。この間の欧州三国で、高齢層にとっての貧困削減率が安定的に高かったことと考えあわせると、スウェーデンおよびドイツで、現役層の就労・稼得にかんして政策の変化があったことが伺われる。それでも日米と欧州諸国とのあいだには、明確な差があった。

　ところがアメリカで二〇一九年から二〇年にかけて急上昇し、スウェーデンとドイツに並んだものの、二一年から二二年にかけて急減した（上記のようにコロナ禍への救済策の影響と考えられ、持続するとは予期されなかった）。日本の現役層にとって一九八五年当時の貧困削減率は端的にマイナスだった。日本の貧困削減率は二〇一二年にかけて三〇％まで上昇したものの、以後は低下して二〇二

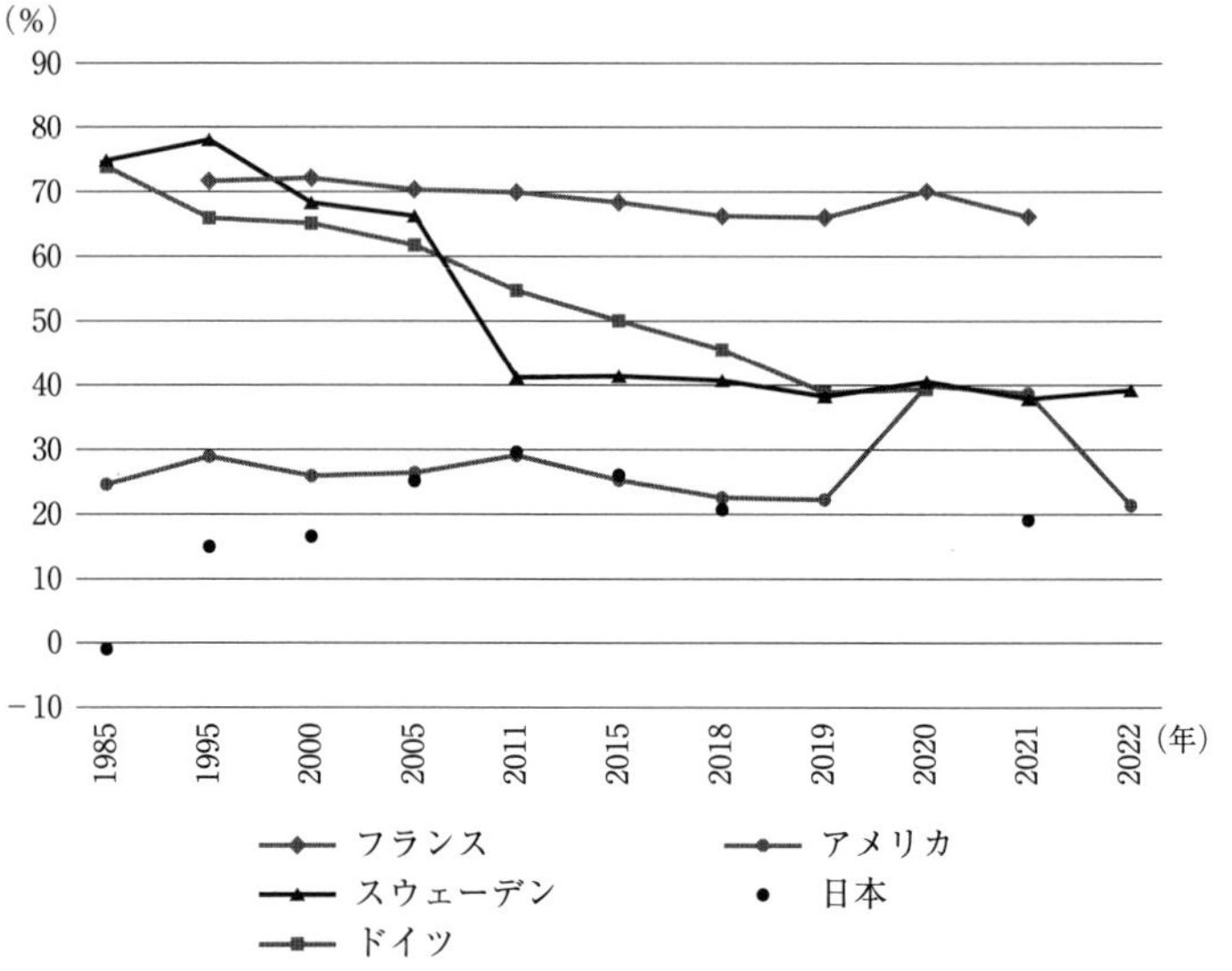

図 3-11　現役層にとっての貧困削減率

注：貧困削減率(%)＝(当初所得レベルの値－可処分所得レベルの値)÷当初所得レベルの値×100
出所：OECD 統計の Income Distribution Database より作成.

一年には一九・一%だった（貧困率は二〇一二年から若干低下）。現役層には失業者・無業者を含み、その全体にとって貧困削減率が一〇%ポイント低下したとは、逆機能を被っていた就業者や共稼ぎ層・ひとり親などの区分にとって、逆機能が亢進したことを示唆する。

こうして本章では、政策サイクルにおける財源調達＝歳入（図序－1の③）、投入＝社会支出（④）、貧困率等の成果（⑨）の変化をたどった。それらの変化には、生活保障システムの目標や手段の変更ないし重点の移動（②）を反映するものがあることが示唆される。そうした政策シフトについて、次の第四章で検討しよう。

第四章 投資する国と処罰する国
——子どもを産み育てること、就業すること

近年、福祉政策の政策シフト、すなわち政策目標や手段の変更や重点移動として、「社会的投資(social investment)」という動向が、研究者やEUをはじめとする政策策定者によって注目されてきた。本書は生活保障システムの機能のなかでも、貧困・格差の削減に注目している。では、社会的投資と貧困・格差の削減とは、どのように異なりまた重なるのか。

EU諸国では一九九〇年代以来、社会的投資の政策潮流が存在し、二〇一三年二月には欧州委員会が「社会的投資パッケージ」を発出した。二〇二二年には、EU外の多くの諸国をも対象として、社会的投資をめぐる政治と政策の展開について、フランクフルト大学のユリアン・ガリッツマンたちを編者とする大部の二巻本『世界の社会的投資の政治』が出版されている(Garritzmann, Häusermann and Palier 2022)。その第一巻第四章によれば、「社会的投資パッケージ」は、社会的投資アプローチの潮流の「頂点(apex)」をなす(Porte and Palier 2022: 132)。

一般に社会的投資というと、保護よりも投資、補償よりも備えに重点があると理解されがちである。実際、イギリスのブレア労働党政権のブレーンだった社会学者のアンソニー・ギデンスは、失業時の所得補償などは非生産的な支出だと論じていた(濵田・金成垣二〇一八)。これに関連して学界では、「マタイ効果」が指摘されてきた。マタイ効果とは、社会学者のロバート・マートンの造語であり、社会政策が中間以上の所得層を利する現象をさす。〝もてる者がより多く与えられ、もたない者はもっていたものまでとり上げられるだろう〟という、新約聖書の「マタイによる

福音書」の一節にちなんで命名されている(Bonoli, Cantillon and Van Lancker 2017: 67)。たとえば普遍主義的な育児支援や教育投資の利益は、低所得層よりも中間層のほうが大きく、格差の縮小にはつながらないと指摘される。以下で再確認するように、二〇〇〇年代の初頭以来、EUは社会的排除および貧困と闘うことを、主要目標の一つとしてきた。にもかかわらず、第二章で見たように、欧州諸国で貧困率の低下は見られない。そうした事情が批判の背景にあるだろう。とはいえ、図2-3で見たように、欧州諸国では一九八五年以来、所得階層のトップ一〇%とボトム一〇%の所得比が拡大していないことにも、留意したい(日米では拡大)。

本章では、社会的投資をめぐる論争に目を配りながら、諸国の種々の動向にてらして日本がどのような位置にあるのか、検討しよう。EUの社会的投資パッケージにおける社会的投資とはなにか。二〇一三年初めに社会的投資パッケージが発出された文脈のなかでも、「新しい社会的リスク」への注目から見ていこう。

1　社会的投資パッケージの展開

1-1　社会的投資パッケージの発出と『欧州二〇二〇』

新しい社会的リスクへの注目

社会的投資の動向は、「新しい社会的リスク」の議論と関連している。学界では二〇〇〇年代初めに、スイスのジュリアーノ・ボノリやイギリスのピーター・テイラー＝グッビーらが「新しい社会的リスク」を提起した。それは、仕事と家族生活が調和しないリスク、高齢や障害による要介護者を抱えるリスク、ひとり親になるリスク、スキルが足らないか時代遅れになるリスク、非典型的なキャリアパターンのために社会保障から部分的にも排除されるリスクなどである(Bonoli 2005: Taylor-Gooby 2004)。それらのリスクとの対比で、主として男性の失業・傷病・高齢退職などによる所得の中断／喪失は、「旧来の社会的リスク」とも呼ばれた。

新しいリスクとしてあげられたもののうち、先の二つはケアの担い手や時間が不足すること、いわゆる「ケアの赤字」であり、ひとり親は金銭とケアの「双子の赤字」を抱えることが多い。ポスト工業化および知識経済化にともない、男性にとって比較的安定した雇用・処遇を確保できる展望が狭まるにつれて、離婚のリスクも高まり、それ以前に法律婚の比率が低下する。女性が稼ぐ必要が高まるいっぽう、男女賃金格差が残るなかで有償の労働時間を増やすと、ケアの時間が圧迫され、にもかかわらず所得も充分でないという「双子の赤字」が生じがちである。現金給付だけではリスクをカバーできず、休暇や短時間勤務の制度化といった規制、保育や介護のサービス給付、社会保障制度のカバレッジなどの拡充が必要となる。また、知識基盤経済ではスキルの形成やアップデートが不断に必要とされ、教育・訓練への投資が肝要となる。

リスボン戦略から『欧州二〇二〇』へ

社会的投資パッケージは、欧州委員会による政策文書（コミュニケーション）『成長と結束のための社会的投資』（European Commission 2013a）と勧告『子どもに投資する――不利の循環を打ち破る』（European Commission 2013b）、および一連のスタッフ・ワーキング文書の総体をさす（European Commission 2013a: 2-3）。以下では、その政策文書を『社会的投資政策文書』、勧告を『子どもに投資する勧告』と呼ぼう。

『社会的投資政策文書』でまず目につくのは、その冒頭に『欧州二〇二〇』戦略の主要目標を引いていることである。すなわち、少なくとも二〇〇〇万人の欧州の人びとを貧困と社会的排除の状態から脱出させること、および二〇―六四歳の就業率を七五％まで引き上げること、という項目を強調している。『欧州二〇二〇』は、EUが二〇一〇年六月に策定したもので、「知的で持続可能で包摂的な成長への戦略」を副題とする（大沢二〇一二）。二〇一三年の社会的投資パッケージは、二〇一〇年前後からのグローバルな経済・社会情勢を踏まえて、『欧州二〇二〇』に代表されるEUの目標を推進する政策枠組みを、加盟国に提供する。

社会的投資パッケージが踏まえた情勢とは、二〇〇八年秋からの金融経済危機の所産、および人口高齢化である。金融経済危機は、二〇〇八年九月一五日にアメリカの大手投資銀行(証券会社)リーマン・ブラザーズが倒産申請したことをきっかけに(リーマン・ショック)、「一〇〇年に一度のツナミ」と呼ばれる規模で波及した。貿易は崩落し主要国のGDPは落ち込んだ。また危機に対応する財政出動や不況による税収低下などにより、各国の財政は逼迫した。とくにギリシャやポルトガル、アイルランド、イタリア、スペインなどの政府債務危機(国債価格の急落と国債利回りの急上昇)は、共通通貨ユーロの信認を揺るがすに至った。ユーロ危機やソブリン危機といわれる事態であり、二〇一〇年五月には欧州の金融安定化のためのしくみが急遽導入されている(持田二〇一四)。

『欧州二〇二〇』が策定されたのは、このようなタイミングだった。この戦略は、危機以前に見込まれた成長シナリオを超える成長を、「持続可能な」回復と呼んで目標に据える。そのカギが、より「知的(スマート)」になることと、「包摂的」になることであるとされる(濱口二〇一〇、大沢二〇一一)。

知的、持続可能、包摂的という三つのキーワードの意味は、欧州委員会が打ち出した次の五つの主要目標に示されている。すなわち、二〇二〇年までに、

- 二〇—六四歳人口の就業率を七五%以上とする(二〇一〇年は六九%)、
- EUのGDPの三%を研究開発に投資する(二〇一〇年は二%に満たない)、
- 「二〇/二〇/二〇」気候・エネルギー目標を達成する(温室効果ガスの排出を一九九〇年レベルにたいして二〇%以上削減し、再生可能エネルギーのシェアを二〇%にし、エネルギー効率を二〇%高める)、
- 「早期離学者」、すなわち一八—二四歳で前期中等教育のみを受け、直近の四週間に教育も訓練も受けなかった者の比率を、一〇%以下とし(二〇一〇年は一五%)、三〇—三四歳人口に占める高等教育修了者の比率を四〇%以上

にする(二〇一〇年は三一%)、

- 「国の貧困線」以下で生活する人びとの数を二五%以上削減し、二〇〇〇万人以上を貧困状態から脱出させる。

うち第五と第一の目標が、二〇一三年の『社会的投資政策文書』の冒頭で打ち出されたのである。『欧州二〇二〇』の三つのキーワードの一つである「包摂」は、もちろん「社会的排除」の対語である。第二章でふれたように(表2-2)、EUは二〇〇〇年代の初頭以来、共通の指標をもちいて社会的排除および貧困と闘うことを、主要目標の一つとしてきた。二〇〇〇年三月にはリスボンでの欧州理事会で「リスボン戦略」が策定された。そこでは、二〇一〇年までに欧州が、「世界で最も競争力のある知識基盤経済」となること、持続可能な経済成長とともに雇用の量と質を高め社会的結束を強めることが、目標とされていた。主要項目に含まれたのが、人間に投資し「積極的な福祉国家」を構築することである。そこに、貧困を除去し「社会的包摂」を推進するという課題が位置づけられていた(大沢二〇一一)。

なお上記の「国の貧困線」については、等価可処分所得の中央値の六〇%が加盟各国で定められており、「貧困の恐れがある(at risk of poverty)」人びとの比率とも呼ばれる(European Commission 2010)。

『社会的投資政策文書』と『子どもに投資する勧告』の強調点

リスボン戦略から『欧州二〇二〇』戦略へのこうした展開をうけて、二〇一三年の『社会的投資政策文書』は、今後とも「人的資本」に投資する必要があると述べる。人的資本とは、教育訓練や経験によって蓄積される能力のストックを、利潤を生む資本と捉える考え方である。そして福祉システムが果たすべき機能として、「社会的投資」「社会的保護」「経済の安定化」の三つがあるという。いわく、社会政策は、応急的な効果とともに、継続的な経済的・社会的「見返り(リターン)」、たとえば雇用される可能性や労働所得をもたらすものである。とくに社会的投資は、人びとがたんに生活上のリスクの結果について「補償(リペア)」されるだけでなく、リスクに「備える(プリペア)」ことに資する。社会政策に想定されるのは、上記の二つの機能の二つ以上を果たし、相互に強めあうことである。そこでたとえば社会的保護の政策手段も、後述の「出口戦略」を提供するべきであるという(European Commission 2013a: 3)。

『欧州二〇二〇』の主要な五つの目標にそくして解釈すると、マクロの研究開発投資における目標(第二目標)は、青少年および若い成人が教育を受ける年数を延ばすこと(第四目標)、つまりミクロの人的資本への投資と連動するべきである。また第一目標として引き上げをめざす就業率でも、より高スキルで高賃金の就業といった内実が軽視されてはならず、それが第五目標の貧困削減にも資する、といった相互補強の関連にある。『社会的投資政策文書』で着目したいのは、当面の貧困にたいして保護を提供する政策手段にも、耐乏生活を送るうちに人的資本が減耗することを防ぐ意味があり、適切な「出口戦略」を備えることで投資効果をあげる、という言及である。なお出口戦略は、支援施策が原則として「一時的」であるべきことといいかえられ、特定の適切な目標の達成(たとえば訓練への参加)を条件づけることは、その一部であるとされた(European Commission 2013a: 3)。

以上から明らかに『社会的投資政策文書』の政策指向は、保護か投資か、補償か備えかという二者択一ではない。とはいえ、カギは具体的にどのような政策が推進されるかにある。関連して『社会的投資政策文書』では、生涯を通じて人的資本に投資し、「充分な」生活を保障する必要、ジェンダーの次元を打ち出す必要などが、課題として掲げられた。ジェンダーの次元とは、労働力率に男女差があり、女性のパートタイム比率が高いことなどで就業時間に男女差があり、そして賃金率に男女差がある(平均で一六・二%)。これらがあいまって収入の男女格差をもたらし、女性の貧困率を高くすることである(European Commission 2013a: 4-8)。

社会的投資パッケージを構成する『子どもに投資する勧告』では、カギとなる柱が三つ提案されている。それは、a「充分な資源へのアクセス」、b「良質で賄いやすいサービスへのアクセス」、そしてc「子どもの参加権」、である。aの項目は、親の労働市場参加を支援する、給付を組み合わせて充分な生活水準を提供する、である。bにあげられたのは、幼児の教育とケアに投資することで年少期の不平等を削減する、機会均等にたいする教育システムのインパクトを改善する、不利な子どもたちのニーズに応答できるよう保健医療システムを改善する、などである。勧告の付録には、子どもの貧困および社会的排除と闘い子どもの福祉を増進するという総合目標のもとに、三二の指標が、政策モニタリングの枠組みとして表示された(European Commission 2013b)。

『子どもに投資する戦略』では、戦略の目標が貧困の解消と不平等の縮減にあることが、いっそう明確である。では、どのような政策で社会的投資を進めるのか。これにかんして手がかりとなるのは、『社会的投資政策文書』が、二〇〇八年の『積極的包摂』政策文書の実施を強く求める点である(European Commission 2013a: 10–11)。そこで二〇〇八年の政策文書も見ておこう。

『積極的包摂』の実施が肝心

二〇〇八年の政策文書では、「積極的包摂」の共通原則として、「充分な所得保障」「包摂的な労働市場」、そして「良質なサービスへのアクセス」が勧告された(European Union 2008)。最低所得保障の「充分性」として着目されたのは、社会扶助の給付が世帯の純所得を貧困線以上に引き上げるかどうかであり、同時に社会扶助等の捕捉率、すなわち制度が該当者によって実際にどの程度利用されているかも、問題にされた。二〇一三年の社会的投資パッケージがくりかえし求める「充分な所得保障」の意味は、社会的支援の面では、給付水準が貧困線をクリアするに足ること、および適切な捕捉率を確保することだろう。

また「包摂的な労働市場」の意味は、いっぽうでは、労働市場への参入をサポートする保育サービス(とくにひとり親にたいして)や健康・住居の保障である。同時に他方で、労働市場への参入を促し支援する積極的労働市場政策(ALMP)と税・社会保障制度との整合性も肝要だとされた。たとえば、働いて稼得を増した場合に、なんらかの社会保障給付を失い、かつ税・社会保障負担が不釣合いに重くなるなら、「働けば報われる」ことにならず、就業への誘因

（インセンティブ）は低迷するからである（European Commission 2008）。二〇一三年の『社会的投資政策文書』が強調する「出口戦略」は、労働市場への参入の保障とともに「働けば報われる」ための制度整備を含むわけである。この関連で、『社会的投資政策文書』が労働市場の分断と分極化に注目し、就業貧困の問題に言及した点は、重要である。すなわち就業貧困者（ワーキング・プア）は成人の労働年齢貧困者の三分の一を占めると指摘している（European Commission 2013a: 7）。フルタイムで就業しても貧困を免れないなら、就業インセンティブは高いはずもない。労働市場への参入を促すうえで就業貧困の解消は不可欠である。

1-2　社会的投資パッケージの進展をどう見るか

社会的投資パッケージの進展にかんする報告書

二〇一五年になると、欧州委員会と欧州社会政策ネットワーク（ＥＳＰＮ）の連名で、報告書『欧州における社会的投資――各国の政策の研究　二〇一五年』が発表された。欧州委員会の依頼で、ＥＳＰＮに加入する諸国（ＥＵ外を含む）の独立専門家によって国別報告書が三五本作成され、本報告書はその総括にあたる（以下『二〇一五年総括報告書』と略称）。

『二〇一五年総括報告書』によれば、社会的投資政策の内容は、人的資本の「ストック」と「フロー」を増大させ、かつ「バッファ」を提供することにある。ストック、フロー、バッファというキー概念の出所として、オランダ出身の社会政策研究者アントン・ヘメレイクの著作があげられている。ストックを増大させる政策手段は、幼児期の教育とケア（ＥＣＥＣ）、職業教育、教育と生涯学習であり、フローを増大させる政策手段は、女性およびひとり親の就業支援、積極的労働市場政策などの就業促進政策、そしてライフコースをつうじて労働市場へのアクセスを円滑にする諸政策などである。バッファは、リスクをともなう移行期に人びとを守るとともにマクロ経済を安定化させるもので、その政策手段は、失業については（最低生活を保障するうえで）「充分」でありながら、就業促進的でもある諸制度、そして最低所得保障の諸制度である（Bouget et al. 2015: 4）。『二〇一五年総括報告書』と国別報告書は、社会的投資への全般的アプローチの進展を総合評価して、諸国を三つのグループに分けた（Bouget et al. 2015: 6–7）。グループを区切る境界線は鋭利なものではないと断っているが、評価をともなうグループ分けは、どのような指標でおこなわれたのだろうか。

その指標はなにか

『二〇一五年総括報告書』の付録A3によれば、その指標は次の三つの群からなる（Bouget et al. 2015: A17）[1]。

A　幼児の発達の支援
B　親の労働市場参加の支援
C　社会的排除・労働市場排除にたいする政策手段

ところで、このうちB群の指標のなかには、介護のための公的支出の規模（対GDP比）があげられている。要介護者の比率に大差がないとすれば、公的支出の規模が低いことは、介護費用が私的に負担される割合が高いことと表裏となり、私的負担の相当部分が家族による無償介護になるとすれば、子をもつ人が、自分の親を介護するために労働市場に参加しにくいことになる（介護離職）。支出で捉えるのはやや迂遠《うえん》であるが、指標として妥当といえよう（ただし、単身者でも親などの介護のために就業が制限されがちである）。

序章で見たようにエスピン＝アンデルセンは、高齢者にたいするホームヘルプ・サービスのカバレッジを、福祉国家による「脱家族主義化」の四つの要素の一つとしていた（表序－1）。『二〇一五年総括報告書』の本文や付録A3がいったんは意識した介護のための公的支出の規模は、政策資源の投入(インプット、図序-1の④)であって、エスピン=アンデルセンが着目する資源の帰着(アウトプット、⑥)よりも、政策サイクルのうえで前段階にある。しかし介護にかんする指標は、以下に紹介する議論には登場しない。

政策言説か成果か

『二〇一五年総括報告書』が率直に述べるように、国別研究にもとづいて総括報告書を作成するうえで困難があり、それは、専門家たちが、政策言説に与えたウェイトと政策成果に与えたウェイトが、国によって異なるためだった(Bouget et al. 2015: 6)。成果がさほど上がっていなくても、政治家や官僚の言説(政策目標の表明など)が社会的投資を強調するために、高く評価された国があるということだろう。

ちなみに本章の冒頭に言及したガリッツマンたちの共同研究は、その主要課題を、社会的投資の「政治化(politicization)」、すなわち政策の論議や要求や提案において社会的投資改革が「争点となること(contentiousness)」、および改革という二つを解明することに置いた。とはいえ、プロジェクトの理論的枠組みを示す図を見るかぎり、二つのなかでも「政治化」の力学に重点がある(Garritzmann, Häusermann and Palier 2022: 62, Figure 2.1)。同書は、西欧と北米、中東欧、日本を含む北東アジア、そして中南米の諸国をとりあげており、「補償」に力点を置く施策が未熟なまま、「投資」が重視されるケースがあることに照明を当てる点で、重要である。しかし、改革の「成果」は定量的に分析されていない。

『二〇一五年総括報告書』に戻ると、たとえばドイツは、すでに社会的投資アプローチが確立された諸国に分類された。そのドイツの国別報告書を見ると、定量的な評価ではなく、二〇〇〇年代はじめからの諸改革が社会的投資を指向するものだったと特徴づけている。政策成果よりも言説を重く見たともいえる。若干の数値もあげられているものの、定性的な評価と見てよい(Hanesch, Bäcker and Trabert 2015)。ただし、最低賃金の導入や保育施設の拡充、育児休業補償の拡充といった家族政策の面で、ドイツのメルケル（大）連立政権は社会民主主義的であるという評価（野田二〇一六）、あるいは二〇一四年頃のドイツは、若者の教育や女性の雇用の面で社会民主主義のクラスターに属する、という分析結果もあり（Ferragina, Seeleib-Kaise and Spreckelsen 2015）、ドイツの報告書での特徴づけと整合的である。

2 社会的投資アプローチへの批判と反論

「マタイ効果」は実在するのか

『二〇一五年総括報告書』の付録Ａ５では、社会的投資戦略にたいする研究者からの批判も紹介されている。批判の内容は、「社会的保護の原理と社会的投資の原理とのあいだの緊張」を安易に否定するべきではない、というものだという。そのうえで、ＥＵの社会的投資アプローチは、学界での議論とおおむね整合性がある、と述べている。批判論は、〈保護から投資へ〉という転換が起こるのではないかと、警戒するコメントであろう（Bouget et al. 2015: A126）。上記のようにＥＵの二〇一三年の社会的投資パッケージは、就業貧困や男女の賃金率格差を強調したが、『二〇一五年総括報告書』の付録Ａ３にはそれらの指標は見出されない。社会的投資パッケージは〈保護から投資へ〉切り替えるものだという批判は、あながち的はずれとはいえないだろう。

いっぽう社会的投資アプローチの旗手の一人とされるヘメレイクが、二〇一三年に著書『変容する福祉国家』（Hemerijck 2013）を出版したところ、ただちに数編の批判論文が刊行された。そこでヘメレイクが呼びかけ、社会的投資アプローチを批判・疑問視する論者とともに賛同・検証する論者を集めて、二〇一五年一月にワークショップを開催した。このワークショップの成果として二〇一七年に、五〇人の著者による三五の章からなる『社会的投資の使い道』が刊行された（Hemerijck 2017）。

同書のなかで、ボノリとビー・カンティヨンおよびヴィム・ヴァン＝ランカーによる論文「社会的投資とマタイ効果」は、同効果を指摘する論拠として、次の二つの領域でヨーロッパ諸国を通観するデータを用いた。ボノリは二〇〇〇年代初めに「新しい社会的リスク」を指摘した論者の一人であり、カンティヨンたちは欧州委員会が「社会的投資パッケージ」を発出する以前から、社会的投資政策の再分配効果が「有害」ではないかと主張していた。二〇一七年論文は、a三歳未満児の公式の保育サービス（フルタイム換算）の利用における所得第1五分位（下位二〇％）にたいする第5五分位（上位二〇％）の利用の比、b二〇－三四歳の高等教育在学率について親の教育レベルによる差、である。aは二〇一一年の数値、bは二〇一二年の数値であり、分析結果として高所得／高学歴層のサービス利用度が高いことが図示されている（いずれも単年の状態）（Bondi, Cantillon and Van Lancker 2017: Figures 5. 2, 5. 3）。

本書の見地からいえば、サービスの利用は帰着であって（図序－1の⑥）、「見返り」としてはサービス利用による成果（同じく⑨）を見るべきである。ヘメレイク自身はボノリたちの指摘にたいして、『社会的投資の使い道』の最終章で、マタイ効果は「実在するにしても、緩和できる」と、やや受け身に結論した（Hemerijck 2017: 398）。

それが、二〇二〇年のイルゼ・プラヴゴとの共著論文「社会的投資のリトマス試験」では、正面から反論する。すなわち、マタイ効果を検出したとする諸研究は、もっぱら短期的な再分配の視角で社会的投資の見返りを測定したことで、同効果を見出したのだという。確かに上記のボノリたちの論文では、単年の教育サービスの利用率を対比していた。これにたいしてプラヴゴとヘメレイクは、社会的投資の成果が顕在化するには一定の時間がかかるとして、ストック、フロー、バッファという社会的投資の三機能について、タイムラグを組み込んだ分析をおこなっている（Plavgo and Hemerijck 2020）。

タイムラグを組み込んだ分析

うちバッファの捉え方についてヘメレイクたちは、二〇一三年の理論的な論文で、自分の説が他の論者よりも包括的であると特徴づけている。「受動的な」あるいは「補償的な」社会政策を社会的投資の分析から外すというアプローチがしばしば見られるが、ヘメレイク自身は、ストック、フロー、バッファという三機能が相互補完的であることを強く意識するゆえに、バッファの施策を広く視野に入れる、というのである。それより視野が狭い議論として、ガリッツマンたちの共同研究をあげている（Hemerijck et al. 2023: 485）。

ガリッツマンたちの共同研究にかんして、私にとって残念なのは、目標と機能を峻別《しゅんべつ》しない点、そして目標・機能を特定の政策領域に割り当てないことを方針として掲げている点である（Garritzmann, Häusermann and Palier 2022：84–85. 94）。つまり政策の機能を操作化しないのであり、「改革」の「成果」には関心が薄いと理解せざるをえない。このため、本章は彼らの研究を援用していない。

いっぽうプラヴゴとヘメレイクは、社会的投資政策を操作化する指標を、主としてOECDの家族データベース二〇二〇年版にもとづき、表4‐1のように設定している。

なお、フロー増大（Ⅱ）については、時系列のデータが入手できないためとして、直近の単年の値が使われる。また親休暇の政策は過去一〇年間にあまり変化しなかったという。表4‐1のうち日本の数値が含まれているのは、*を付しているように、ストック増大（Ⅰ）のすべて、フロー増大（Ⅱ）のb、バッファ（Ⅲ）のbとcである。Ⅰのうち三歳未満児の教育保育の在籍率（a）では、日本は表示国のなかで中位より低く、幼児教育への公的支出の規模（c）ではアメリカと並んで最も低い。Ⅱのうち有給の親休暇を取得できる期間（b）では、日本は中位より長めである。Ⅲのうち、家族給付への公的支出の規模（b）では、日本は中位よりだいぶ低く、親休暇給付の従前所得代替率（c）では長いほうから三番目である（Plavgo and Hemerijck 2020：7, Online Appendix, Table A. 1）。

いっぽう投資への「見返り」は政策成果であるとして、OECDの家族データベース二〇二〇年版にもとづき、有子世帯にとっての指標を、表4‐2のように雇用状況と貧困状況に大別している。うちⅡの貧困状況のすべての指標に、日本の数値が含まれている。その内容は、子ども全体の貧困率（a）では、日本では表示諸国のなかで中位よりやや高い。日本の有子共稼ぎカップルの貧困率（b‐2）とひとり親の貧困率（c）は、それぞれ一一・四％と五〇・八％と、

表 4-1　社会的投資政策の指標

Ⅰ　ストック増大	
a*	3 歳未満児の教育保育在籍率，2005-16 年の平均値
b*	3-5 歳児の教育保育および初等教育在籍率，2005-16 年の平均値
c*	幼児教育保育への公的支出(対 GDP 比)，2005-15 年の平均値
Ⅱ　フロー増大	
a	雇用者が自分の就業時間を調整できる余地，2015 年
b*	有給の親休暇を取得できる期間，2016 年
Ⅲ　バッファ	
a	居住および社会的排除にかんする社会的保護への公的支出(対 GDP 比)，2005-16 年の平均値
b*	家族給付(現金，サービス，税制上の措置)への公的支出(対 GDP 比)，2005-15 年の平均値
c*	親休暇給付の従前所得代替率(平均賃金で就業していた場合)，2016 年

注：* は日本の数値を含む項目．バッファの a は Eurostat にもとづく．
出所：Plavgo and Hemerijck 2020：Table 1.

表 4-2　有子世帯にとっての成果

Ⅰ　雇用状況	
a	14 歳以下の子どものうち片稼ぎのカップル世帯に属する比率，2018 年
b	パートナーがいて 14 歳以下の子をもつ女性の就業率，2014 年
c	14 歳以下の子どものうち無業のひとり親世帯に属する比率，2018 年
Ⅱ　貧困状況	
a*	18 歳未満の子どもの貧困率，2017 年
b-1*	2 人以上の成人がいる有子世帯の貧困率，片稼ぎの場合，2014 年
b-2*	2 人以上の成人がいる有子世帯の貧困率，共稼ぎの場合，2014 年
c*	ひとり親世帯の貧困率，2017 年

注：* は日本の数値を含む項目．貧困率は，18 歳未満の子どもがいる現役世帯で等価可処分所得が中央値の 50% 未満である人口の比率．Ⅱ-c で「ひとり親」と略示するのは，有子の単身の現役成人の世帯である(https://www. oecd. org/content/dam/oecd/en/data/datasets/family-database/co_2_2_child_poverty. pdf)．
出所：Plavgo and Hemerijck 2020：Table 2.

表示諸国のなかで最も高く、片稼ぎカップルの貧困率（b‐1）は中位よりだいぶ低い（Plavgo and Hemerijck 2020: Online Appendix, Table A. 2）。

成果が測定される時点から、さかのぼって一〇年間の各種の社会的投資施策の実績を見ることで、タイムラグを組み込んだ分析としている（二変量の相関分析）。主要な分析結果は、同論文の四つの図（Figures 2, 3, 4 and 5）で示される。

さて表4‐2の有子世帯にとっての成果で、雇用状況（Ⅰ）のうちaとbは、「男性稼ぎ主」型の強さを両面から表していると考えられる。表4‐1の各項目との相関分析の結果、三歳未満児の教育保育在籍率（表4‐1のⅠ‐a）にたいして、「男性稼ぎ主」型の度合は、雇用状況の前者（a）の指標がマイナスに相関し、後者（b）の指標はプラスに相関していた。[2] ようするに三歳未満児の教育保育の在籍率が過去一〇年間に高かった場合、直近において共稼ぎで子どもをもつ度合が高い、ということだろう。有子世帯の成人の就業率が高い、といいかえることができる。

表4‐2の有子世帯にとっての成果で、貧困状況（Ⅱ）については、表4‐1のうち幼児の教育保育への公的支出（表4‐1のⅠ‐c）、および雇用者が自分の就業時間を調整できる余地（同じくⅡ‐a）がともに、子どもの貧困率とマイナスに相関していた。そして表4‐1のバッファ（Ⅲ）の指標は三つとも、子どもの貧困率とマイナスの相関を示し、とくにⅢ‐bの相関が強い（Plavgo and Hemerijck 2020: Figures 4, 5）。ようするに幼児への教育保育支出が過去一〇年間に大きかった場合、また直近で雇用者が自分の就業時間を調整できる場合、そして家族給付の規模が過去一〇年間に大きかった場合に、子どもの貧困が抑えられる、ということである。[3]

プラヴゴとヘメレイクはこうした分析結果をもって、過去一〇年間というような中期的なサービス支出が子どもの貧困を削減する効果をもつことを示し、「マタイ効果」の指摘にたいする反論としている。

3 「男性稼ぎ主」型の強さと社会サービス

「男性稼ぎ主」型の強さと子どもの貧困

プラヴゴとヘメレイクの分析は、政策的インプリケーションに富む。社会的投資政策では、女性や高齢者の就業率を高めることが目標となるため、有子世帯の雇用状況（表4-2のⅠ）として、子どもをもつ女性の就業率が「成果」とみなされることは、理解できる。しかし、就業しても女性の労働条件が良好でないために金銭とケアの「双子の赤字」に苦しむなら、それは「成果」とはいいにくい。ただし、幼児が教育保育に在籍すること自体が、子どもの認知能力・非認知能力を改善し、子ども自身の社会関係資本を豊かにすることに着目して、「投入」というより「成果」と捉える見地もありうる。たとえば日本で保育園を利用した子ども七万人の能力の改善は、低所得・低学歴層ほど大きいと示唆する研究もある（Yamaguchi, Asai and Kambayashi 2018：山口二〇一九）。

いっぽう有子世帯の貧困状況（表4-2のⅡ）には、「男性稼ぎ主」型の強さを示唆するデータが含まれる。本書の序章で示したように、プラヴゴとヘメレイクが使ったOECD家族データベース二〇二〇年版から（Plavgo and Hemerijck 2020：Online Appendix）、二〇一四年頃の第二の稼ぎ手の稼ぎがいを代理する指標をえることができる。そこで判明するのは、日本の「男性稼ぎ主」型が異次元というべき強さをもつことだった（図序-2）。一二五―一二七頁で述べたように、日本の有子片稼ぎカップルの貧困率は、中位よりだいぶ低いのにたいして、有子共稼ぎカップルの貧困率（二〇一四年）とひとり親の貧困率（二〇一七年）は、それぞれ一一・四％、五〇・八％と、表示諸国のなかで最も高い。有子共稼ぎカップルでは、第二の稼ぎ手＝女性が稼ぐことが、貧困率の低下という意味で報われる度合が、低いということである。

ここで、本書の「はじめに」で留意した問いを検討しよう。すなわち、ひとり親（世帯の人口）の貧困率とひとり親の就業率との関連である。プラヴゴとヘメレイクが使ったOECD家族データベース二〇二〇年版に掲載されたひとり親の二〇一七年の貧困率では、日本の数値が五〇・八％で、OECD諸国で最悪である。[4] これをシングルマザーの就業率と見比べるとどうだろうか。OECD家族データベースの最新版にリンクされた資料には、多くの国について二〇〇六年から毎年、一四歳未満の子と同居する母親（一五―六四歳）の就業率を、配偶ステータス別に示す資料がある（その母の配偶者ではない成人が同居する世帯を含む。https://www.oecd.org/content/dam/oecd/en/data/datasets/family-database/lmf_1_3_maternal_employment_by_partnership_status.pdf）。すると、ひとり親の貧困率とシングルマザーの就業率には、いかなる関連もありそうにない。残念ながら後者の資料には日本の数値がないため、厚生労働省の「全国ひとり親世帯等調査」を見ると、二〇歳未満の子を養育する母子世帯の母の二〇一六年の就業率は、八一・八％だった。子どもの年齢上限の差から、日本の母子世帯の母の就業率は、OECD家族データベースのシングルマザーの数値より高めに出ていると考えられる。[5] いくぶん割り引くとしても、日本の母子世帯の母の就業率は高く、その相当のケースが就業貧困の状態にあると懸念される。就業を支援しても金銭とケアの「双子の赤字」を増幅しかねないのである。

子どもの貧困率とひとり親の貧困率の推移

有子世帯の貧困状況の観察を、ヘメレイクたちのように二〇一四年時点に限定する必然性はない。ここでその推移を見ておこう。子どもについては図4-1のとおりである。表示された欧州諸国では、イギリスを別として、二〇〇〇年代の末年以来、子どもの貧困率はそれ以前より高い。日本1の数値は二〇一二年まで上昇基調で、イギリス以外の欧州諸国よりも高い水準にあり、一二年以来は低下気味で、とくに一八年と二一年のあいだに低下した。日本2の数値は、二〇〇九年と一四年のあいだに低下したものの、一九年にかけて上昇した。第二章で述べたように、全人口について、国民生活基礎調査（日本1）では調査の見直しができないまま回収率も低下し、貧困率が低下気味であるが、調査を見直した全国消費実態調査（日本2）では、二〇一四年に低くなっていた数値が、全国家計構造調査となった一

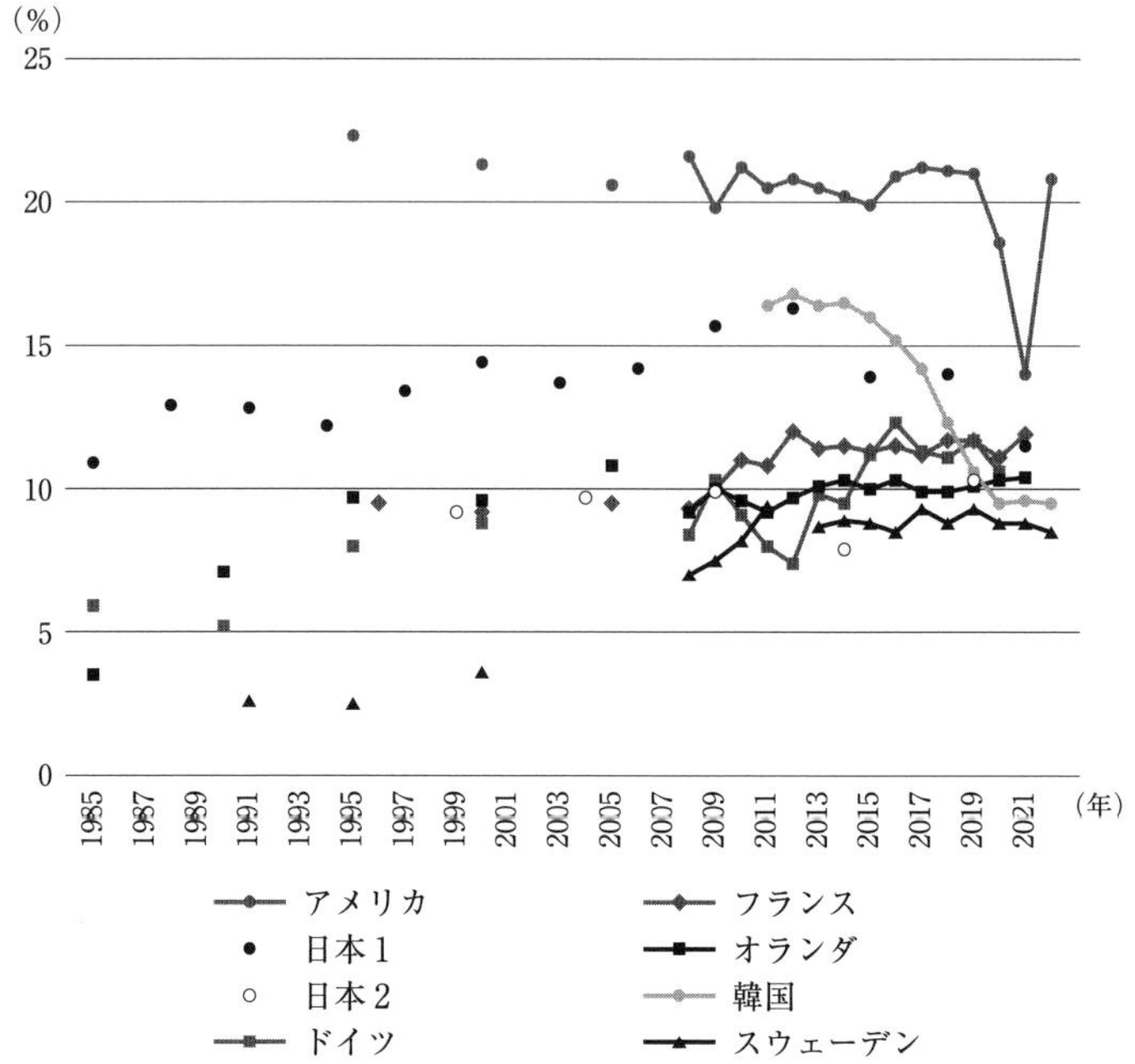

図 4-1　子どもの貧困率の推移

出所：日本1は国民生活基礎調査，日本2は全国消費実態調査(2019年から全国家計構造調査)．他国はOECD統計のIncome Distribution Databaseより作成．

九年に反転上昇した（図2－1）。そうした動向は、子どもにおいても現れたのである。

韓国の数値は子どもでも着実に低下し、二〇二〇年からは横ばいである。欧州諸国のうちイギリスでは（図示していない）、労働党政権が登場した一九九七年からほどなくして数値が下がり、二〇一〇年に保守党が政権復帰するとほどなく数値が上昇した（二〇二〇年に急低下）。オランダで、一九八〇年代半ばおよび九〇年代半ばに上昇が見られるが、九〇年代半ばからはほぼ横ばいである。スウェーデンでは一九九〇年代の低い水準から、二〇〇〇年代後半に上昇した。フランスでは二〇〇〇年代後半に上昇し、ドイツでは二〇一一年から一六年にかけて四・九％ポイント上昇し、その後はやや低下した。同期間にドイツの現役層全体では一・九％ポイントの上昇であり（図2－5）、子どもがいない現役層にくらべて子どもを育てる現役層の生計が相対的に悪化したことが分かる。

そしてアメリカでは二〇一九－二一年に急低

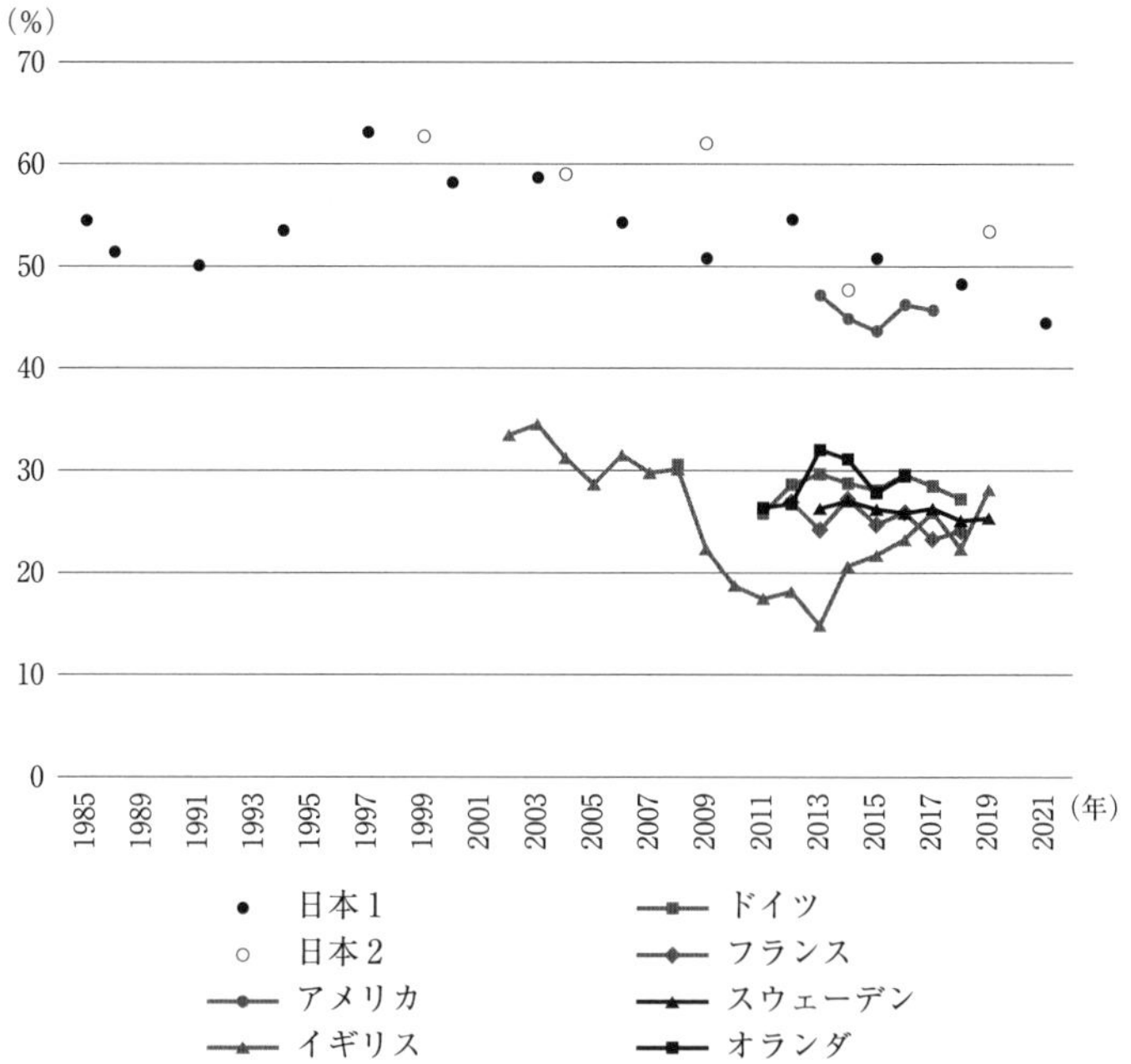

図 4-2　ひとり親の貧困率の推移

出所：日本1，日本2は図4-1に同じ．他国はOECD Family Database，4. Child Outcomes，CO 2. 2より作成．

下した。その低下幅は七・三％ポイントであり、現役層全体の低下幅である二％ポイントを大きく上回る。バイデン政権のコロナ対策としての緊急支援が、とくに有子世帯に有効だったと考えられる。しかし、その後は一年で七％ポイント上昇した。

ひとり親とその子どもについて図4－2を見ると、日本1の数値は、高い水準でかなり大きく上下動し、その日本1の数値を日本2が上回ることが多い。くり返し述べると、見直しができていない国民生活基礎調査による日本1の数値は低下気味であるのにたいして、全国消費実態調査を見直して全国家計構造調査となった日本2では、見直し以前に低くなっていた数値が、見直し後の二〇一九年に反転上昇した。日本以外の諸国の過去の状況は、イギリスを別として不明であるが、アメリカでは日本につぐ水準でより小さな上下動が見られる。二〇一八年の日本のひとり親の貧困率もOECD諸国で最も高い。他方で図2－5の現役層全体の貧困率は、日本では二〇〇九年から低下し、アメリカでは日本より高い水準で一九年まで横ばいであって、日米の一八年の差は大きかった（その後アメリカで急低下）。これを勘案すると、日本1のひとり親の貧困率が、低下しながらもアメリカを上回っている点は、日本の事態がより女性処罰的であることを示唆する。

三歳未満児の教育保育サービス利用の推移

いっぽう三歳未満児の教育保育（ＥＣＥＣ）の在籍率（表４－１のⅠ－ａ）について、プラヴゴとヘメレイクは二〇〇五年から一六年までの平均値をとったが、その数値はいかに推移しただろうか。いくつかの国の推移を見ると図４－３のとおりである。長期的に上昇してきたのはフランスであり、オランダ、韓国、スウェーデンでは二〇一六年頃からの上昇が目立つ。イギリスでは労働党政権期にフランスに伍する高さにあった数値が、保守党政権の登場後、一時期低下した。日本については、ガリッツマンたちの編著において、政治学者のマルガリータ・エステベス＝アベとマルガリータ・レオンによる第一巻第一四章「社会的投資への異なる道筋」が、日本の三歳未満児の教育保育在籍率について、二〇一四年総選挙ののちに「急激に上昇し始めた」と述べる。それを、安倍首相の「三本の矢」政策に起因する動向と位置づけている（Estévez-Abe and León 2022: 421）。つまり、第六章で検討する「アベノミクス」の効果と見るのである。

しかし、日本での「急上昇」の少なくとも一つの要因は、図に注記したように二〇一五年から調査対象の保育施設が拡大されたことにあると考えられる。二〇一五年以降に保育所等利用児童数（年齢区分なし）が伸びているのは、特定教育・保育施設と特定地域型保育事業（うち二号・三号認定）であって、従来の保育所の利用児童数は減少してきたのである。

さて、図４－３は在籍率を示すだけで、教育保育サービスの時間や質は不明である。ＯＥＣＤの家族データベース二〇二三年版には、一週間にサービスを受ける時間の平均も掲載されている。たとえばオランダでは二〇二〇年のＯ

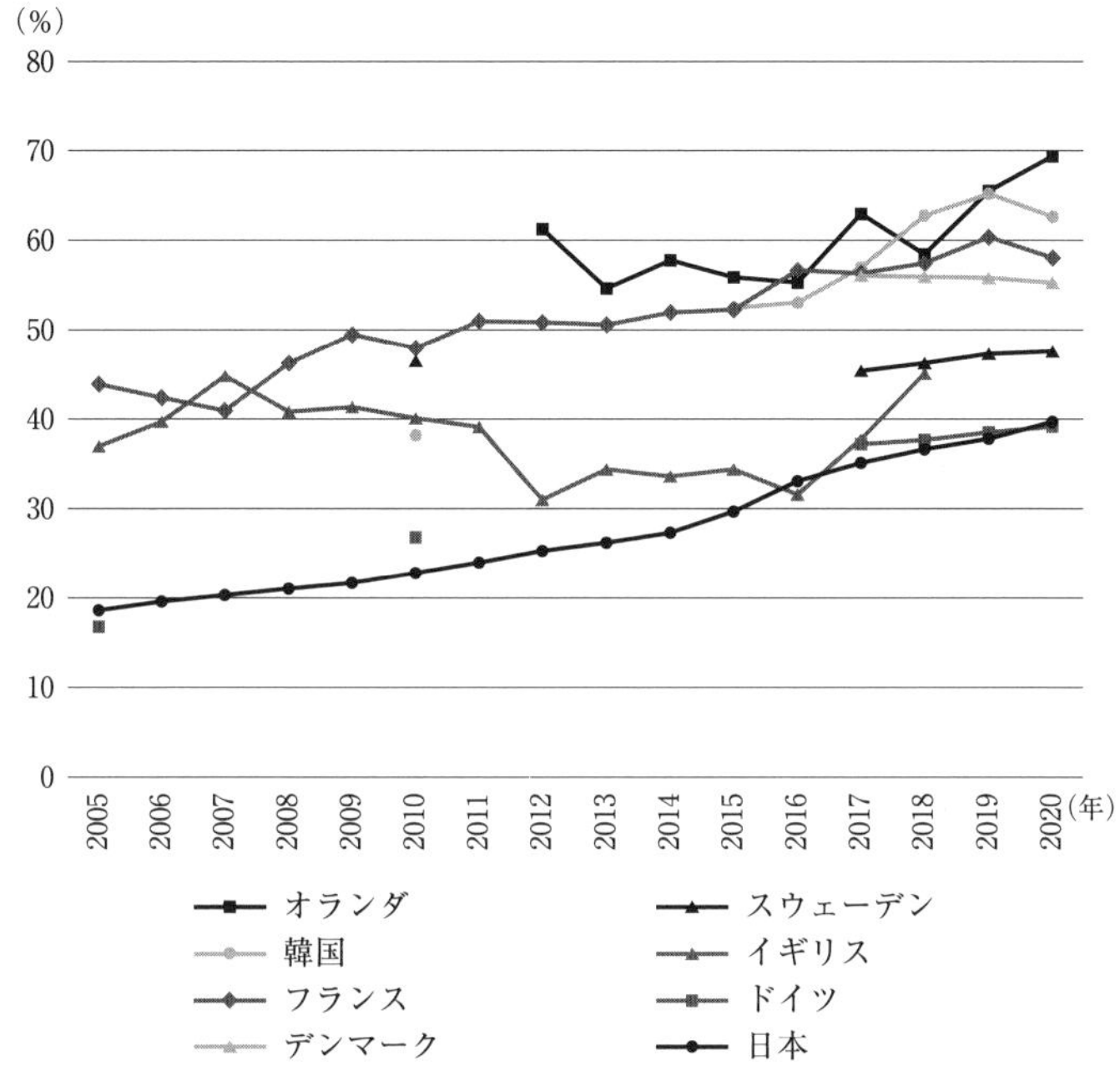

図 4-3　3 歳未満児の教育保育在籍率の推移

注：国際標準教育分類(ISCED)の「ゼロレベル」(後述)の教育保育施設または登録された教育保育施設への在籍率．日本では 2015 年調査から，従来の保育所に加え，2015 年 4 月に施行した子ども・子育て支援新制度に新たに位置づけられた幼保連携型認定こども園等の特定教育・保育施設と特定地域型保育事業(うち 2 号・3 号認定)の数値を含む．

出所：OECD 統計，Social Protection and Well-being，Child Well-being のデータより作成．日本について 2007 年からのグラフは，「保育所等関連状況取りまとめ」(2022 年まで厚生労働省所管 https://www.mhlw.go.jp/stf/houdou/0000176137_00009.html，23 年よりこども家庭庁所管 https://www.cfa.go.jp/policies/hoiku/torimatome/r5/)のデータより作成．

ＥＣＤ諸国など四一カ国中、在籍率は最高の六九・四％であるが、利用時間は週一八・五時間で、データがある二十数カ国のなかで最も短い。オランダを専門とする政治学者の水島治郎によれば、オランダではパートタイム就業がとくに女性で普及しており、保育所の利用も週三日程度が一般的だという（水島二〇一八：四一―四二）。利用時間が長いのは、リトアニア、ラトビアなどの四〇時間近くであり（ポルトガル、アイスランド、クロアチアでも長い）、この両国での在籍率は三〇％足らずである。ただし、在籍率と利用時間のあいだには相関は見られない。日本についてサービス利用時間は不明である。

教育保育サービスの質

いっぽうＯＥＣＤの毎年の『図表でみる教育』には、教育保育サービスの質にかかわるデータが含まれる。二〇二三年版の「指標Ｂ２　幼児教育制度は世界でどのように異なっているか」を見ると、冒頭の「最も重要な点」の第一が、国際標準教育分類（ＩＳＣＥＤ）「ゼロレベル」施設での三歳未満児の教育保育在籍率である。二〇二一年のＯＥＣＤ平均の在籍率が、二歳未満児で一八％、二歳児で四三％であると紹介したのち、「その他の施設」も重要な役割を果たしていると述べて、日本では二歳未満児の二六％と二歳児の五三％が「その他の施設」に在籍していると特筆している。その後段で、二〇一一年ＩＳＣＥＤ分類で「ゼロレベル」に認定されるための五つの要件が紹介されている。すなわち、サービスが充分に意図的な教育的特質をもつこと、制度化されていること、教育的活動が少なくとも一日あたり二時間の密度をもち、一年間に少なくとも一〇〇日間にわたること、該当する国家当局に承認された規制枠組みをもつこと、訓練された有資格のスタッフをもつこと、である（OECD 2023a: 169）。

在籍率を「ＩＳＣＥＤゼロレベルの施設」と「その他の施設」に分けて示しているのは、冒頭からだいぶ後段に掲げられた表である（OECD 2023a: Table B2-1）。データが存在しない（ａ）、ないし入手できない（ｍ）、という諸国が少なくないが、掲載されたデータから図４－４を作成した。ＩＳＣＥＤゼロレベルの認定が、各国でどのようにおこなわれているのかは、「指標Ｂ２」の記述から明らかでない。当面は「その他の施設」と認定されていても、実際には教育的なプログラムかもしれないという旨の記述もある（OECD 2023a: 169）。それにしても日本の二歳児が教育的なサービスを受ける比率は、表示国のなかで最低レベルと見なければなるまい。

『図表でみる教育二〇二三』の「指標Ｂ２」はまた、「その他の事実発見」として就学前教育（ISCED 02）の教員の年齢分布について、ＯＥＣＤ平均では一八％が三〇歳未満であること、ただし日本では三〇歳未満が四九％にのぼり、最高であると特筆している（OECD 2023a: Indicator B2, 167）。数値は二〇二一年のもので、日本に続くのは韓国の四六％、アイスランドの三六％だった。就学前教育の教員資格をえるための教育年数は、国によって異なると考えられる

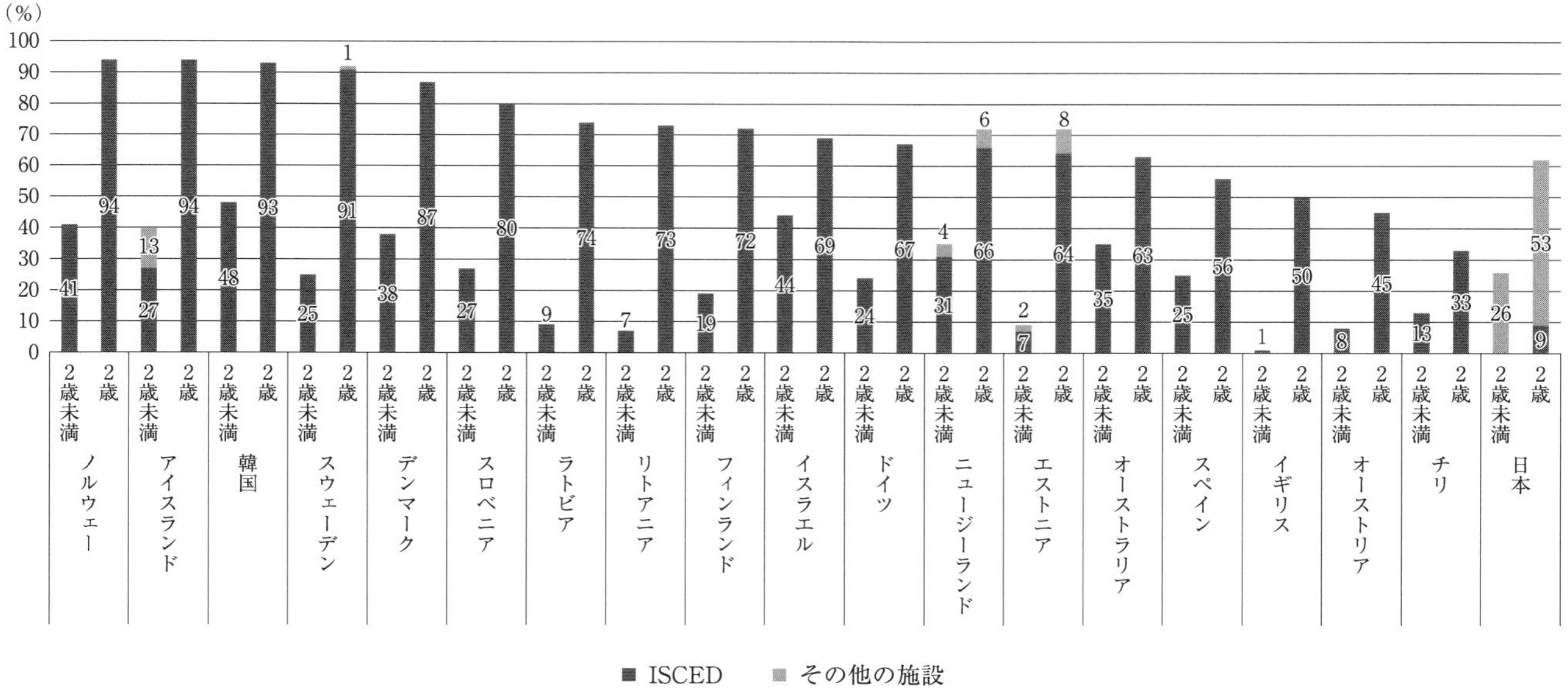

図 4-4 3 歳未満児の教育保育在籍率(2021 年), 公私の ISCED ゼロレベル施設とその他の施設

注：諸国は, 2 歳児の ISCED ゼロレベルの在籍率が高い順に, 左から配列.
出所：OECD 2023a: Indicator B2, Table B2-1 より作成.

が、日本と韓国では五〇歳以上の教員の比率がそれぞれ一一％と七％にすぎない（OECD 2023a: Table B2. 2）。周知のように日韓両国では合計特殊出生率が極端に低い状況が長年続いており、若年者の人口が少ないなかで、就学前教育の教員が若年に集中しているのである。それは、スキルの形成途中で離職する教員が少なくないためと推測される。

公的サービス支出の成果

本章の冒頭で見たように介護サービスの普及の度合は、社会的投資政策の普及やその成果をめぐる議論のなかで、いったんは着目されていた。とくに、ライデン大学のオラフ・ヴァン＝ヴリートとチェン・ワンが、『二〇一五年総括報告書』の公表に先立って発表した論文は、介護サービスも含めてマタイ効果の検証を試みた。すなわち一九九七年から二〇〇七年について、公的社会支出のプログラムを「新」・「旧」に分けて、その変化と貧困率およびジニ係数における「成果」を分析した。支出はプログラムが該当する人口の一人当たりでとられ、「新しい」プログラムとしては、教育保育サービスや親休暇および積極的労働市場政策（ALMP）などと並んで、高齢者介護が含まれる。いっぽうで医療や退職年金（高齢、早期退職、遺族を含む）への支出およびその他の現金給付は、「旧来の」プログラムと分類された。それらの支出の増減が、貧困率および所得不平等の増減といかに関連するかを検証したのである。

その結果、高齢者介護への支出の増大は、貧困率および所得不平等の低下と関連することが見出された。この結果も、サービス給付が貧困を削減する効果をもつことを示すものである。ヴァン＝ヴリートたちの分析によれば、サービス給付を中心とする新しい支出も、現金給付を中心としつつ医療を含む旧来の支出も、増加することは貧困率の低下と関連する。ただし、いっぽうで教育年数が短い人びとの就業率と貧困率との関連は、マイナスであるものの統計的に有意でなく、他方で高学歴層の就業率は、貧困率とプラスに相関していた。プログラム別では積極的労働市場政策への支出が貧困率とプラスに相関していた。これについては、低所得層の所得が低下したのでなく、中位所得があがることで貧困率が上昇するという、相対的貧困率の測定につきものの現象が示唆される、とのことである（van Vli-

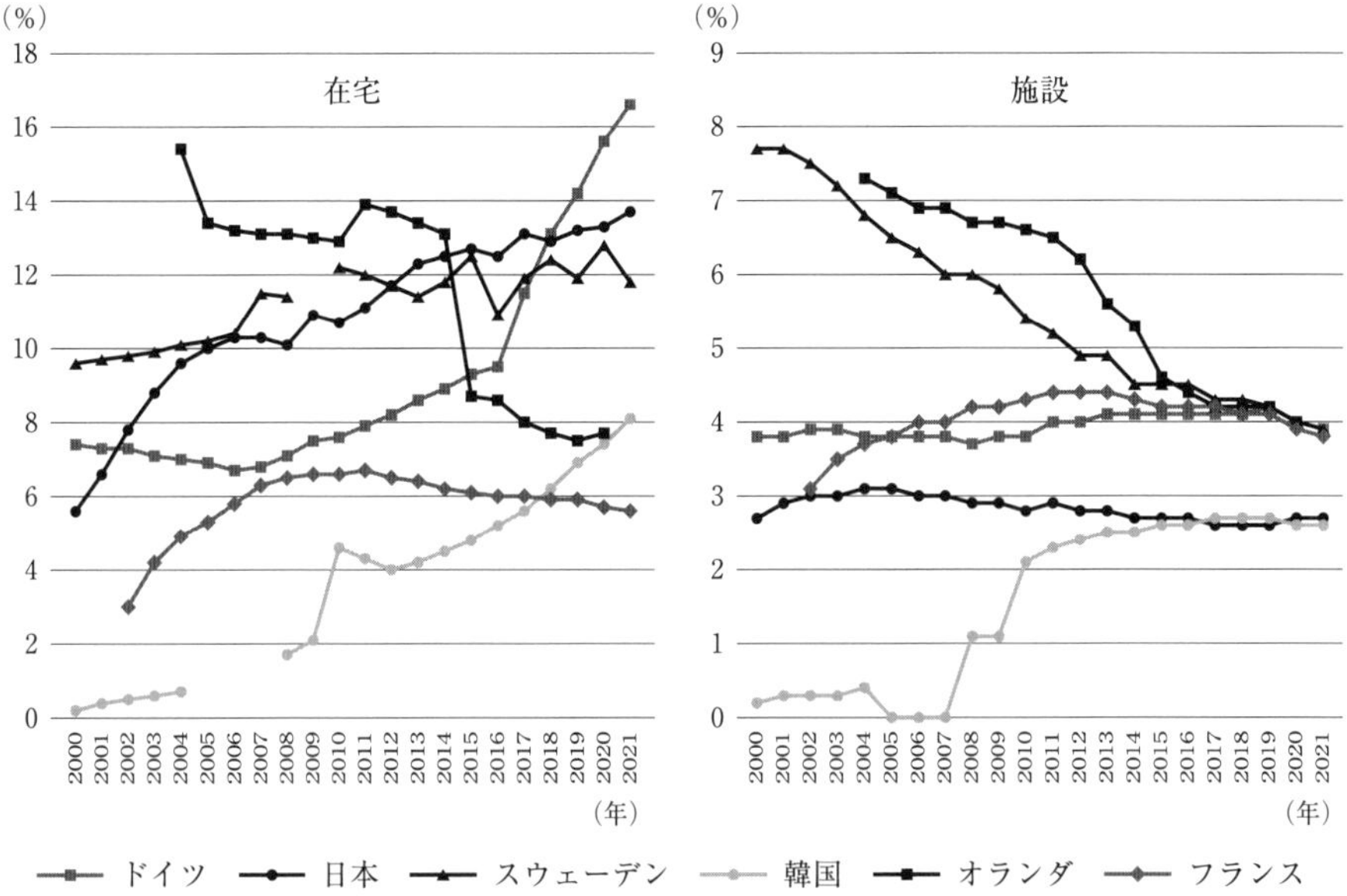

図４-５　高齢者介護サービスの利用率

注：アメリカのデータは断続的であるので省いた．在宅は日本について，2006年から地域密着型サービスの利用を含む．地域密着型は，定期巡回・随時対応型訪問介護看護や小規模多機能型居宅介護である．

出所：日本については厚労省『令和３年度 介護保険事業状況報告(年報)』および総務省統計局人口推計のデータより，他の諸国は，OECD統計，Health，Long-Term Care Resources and Utilisationのデータより作成．

et and Wang 2015)。

中位所得については、本書の図２－２について説明したように、図示される諸国のなかで、日本を別として、自国通貨建てでも購買力平価ドル換算でも、一九八五年以来ほぼ一貫して上昇している。これにたいして日本では、円建てでは一九九〇年代末をピークとして二〇一〇年代半ばまで低下した（その後は微増）。相対的貧困率という指標の上昇／低下にかんがみて、低所得層の増大やその所得水準を憂慮しなければならないのは、もっぱら日本なのである。

介護サービスの利用

さて、六五歳以上の高齢者人口に占める介護サービスの利用者の比率について、いくつかの国での推移をたどると、図４－５のとおりである。この数値は、要介護状態の出現度（高齢者のうち八〇代・九〇代の比率と連動）や要介護高齢者のサービスの利用意向などに影響され、またサービスの頻度や一回当たりの時間などにかかわらない。とはいえ、家族の介護負担が軽減されている度合、つまり脱家族主義化をある程度反映するかもしれない。図4‐5では、まず在宅介護の利用率において、ドイツと韓国での急な伸び、オランダでの二〇一五年からの急減が目立つ。他方で施設介護の利用率では、スウェーデンとオランダで高い水準から低下したことが目立つ。

諸国の介護保障のしくみ

利用率の水準とその推移は、当然ながら制度の設計や変更、資源投入の変化などに影響される。表示諸国では、被保険者に年齢による制限をつけているのは日本のみであり、日本では受給者は原則六五歳以上とされているが、フランスでは介護認定を受けた者で六〇歳以上の者が受給できるのにたいして、他の諸国に年齢による受給の制限はない（健康保険組合連合会二〇二〇）。

ドイツの介護保険では介護手当という現金給付を選ぶことができ、介護受給者の判断で、介護する家族等に支払うことも、専門のケアワーカーへの支払いにあてることもできる。手当金額はサービス給付限度額の半額に満たないが、給付種類別の受給者数の半数近くが介護手当を利用しており、しかも二〇一三年から一八年にかけて手当受給者が急増した（森二〇二〇）。二〇一七年に介護強化法Ⅱが制定され、従来は介護保険の給付対象ではなかった者（身体介助の必要がない認知症患者、および日常生活を送るうえでわずかな障害がある者）も、認定されることとなった（健康保険組合連合会二〇二〇）。こうした給付対象の拡大が、ドイツで在宅介護の利用率が主として現金給付で急伸した要因と見ていいだろう。(6)

諸国が要介護者のうち六五歳以上の者を、いかに把握してOECDに報告しているかは不明であり、たとえばオランダで、高齢者の利用率が在宅でも施設でも相当に低下したように見える点には、注意が必要である。オランダの高齢者ケアの変容にかんする水島治郎の事例紹介によれば（水島二〇一八）、「再家族主義化」したとは考えにくい。

ドイツの制度のように、少額の現金給付からさらに少額の支払いが家族や友人におこなわれても、家族の介護負担はさほど軽減されるとは思われない[7]。ちなみに現役層の貧困率は(本書の図2-5)、日本では二〇一二年から低下気味で一八年に一三%程度であり、フランス、オランダ、スウェーデンでは八%程度で横ばい、ドイツでは上昇して一九年には一一%近くなった。しかし、現役層の貧困率の変化が高齢者の介護利用率の推移と関連があるようには思われない。

日本では二〇〇六年から地域密着型サービスが導入され、その利用率が伸びている半面、従来の在宅サービス利用の比率は一一%程度にとどまる。一一%程度だとしても、表示国のなかでドイツ・スウェーデンにつぐ利用率である。いっぽう施設サービスの利用率では、オランダ、スウェーデン・フランス・ドイツよりも一%ポイント低い水準にある。ともあれ日本の高齢者で介護サービスを利用する者の比率は、諸外国に比して低いとはいえない。サービスの頻度や一回当たりの時間とあいまって、家族の介護負担がどの程度軽減されているかは、別途の検討を要する。日本の施設介護サービスの「質」を示唆するのは、高齢者福祉施設で新型コロナウイルス感染症のクラスター(小規模な集団感染)発生が多かったことである。その国際比較は今後の研究課題となる[8]。

4 小括

上記のように日本の幼児の教育保育サービス利用は、量・質ともにOECD諸国のなかで見劣りするといわざるをえない。日本の幼児教育への公的支出の規模はアメリカと並んで最も低く、家族給付への公的支出の規模でも中位よりだいぶ低い。高齢者の在宅介護サービスの利用率は、二〇〇六年の地域密着型サービスの導入により伸びているが、ドイツや韓国での急伸と対比すると、控えめだと感じられる。なお現役層や子どもの貧困率は、日本では二〇一二年から低下しており、ドイツでは一〇年頃から上昇してきた(図2-5、図4-1)。

本書の序章で紹介したジャックとノエルは、福祉を市場に依拠するという意味で普遍主義/残余主義の軸を設定し、日本がわずかに残余主義の側に位置するという分析結果をえていた。残余主義をエスピン＝アンデルセンの意味の家族主義として捉える場合に、日本がいかなる位置を占めるかは、本章への宿題としてきた。いまやその位相は明らかである。エスピン＝アンデルセンが着目した脱家族主義化は、日本では確たる進展を見せておらず、「子どもに投資する」面での社会的投資政策はかなり見劣りする状況にある。日本のシングルマザーの就業率はＯＥＣＤきっての高さと推測されるが、その貧困率はＯＥＣＤ以外の国を含めても最悪の状態にある。ひとり親の就業を促進しても、貧困削減の面で「成果」⑨がえられるとは期待しにくい。そして有子共稼ぎカップルの貧困率もＯＥＣＤで最悪であって、第二の稼ぎ手＝妻の稼ぎがいは、まさに異次元というべき低さにある。日本はつくづく、女性が働き子どもを育てることを処罰する国なのである。

第II部

アベノミクスを検証する

第Ⅱ部では、第二次安倍晋三内閣以来の政府の経済社会政策の経過を追い、その「成果」(図序－1の⑨)を検証する。二〇一二年末に発足した第二次安倍内閣の経済政策は、通常「アベノミクス」と呼ばれ、デフレ脱却をはじめ日本経済の「再生」をめざして、大胆な金融政策、機動的な財政政策、および民間投資を喚起する成長戦略という「三本の矢」を展開したとされる。

本書が以下で経過を追うのは、これら「三本の矢」自体の形成や機能ではない。第六章で見るように、第二次安倍内閣の最初の骨太の方針(「経済財政運営と改革の基本方針」)は、「持続可能な財政と社会保障」の構築を、経済再生にとって「必要不可欠」と位置づけた。その「持続可能な財政と社会保障」の構築の内容、およびそれが生活保障システムにもたらすアウトプット⑥や成果が、本書の検討対象である。

本書の第三章では、社会保障の現金給付と財源調達＝国民の負担のそれぞれの累進度により座標系を構成し、各象限に諸国を位置づけた(図3－9)。そこで示唆されたのは、日本を含めて累進度が低い諸国では、社会保障現金給付の規模にてらして貧困率が高めであること、いいかえると所得再分配が貧困を抑えるうえでの効率性が低いこと、である。給付の累進性だけでなく、負担の累進性も影響を及ぼすのである。この第Ⅱ部でも、社会保障にかんする会議体のビジョンとともに、財源調達について、首相の諮問機関である税制調査会(税調)などのビジョンも追跡していく。

第五章　生活保障をめぐるビジョンの布置

そもそも、デフレや経済成長の低迷を別として、日本の生活保障システムが直面する課題を、第二次安倍内閣はどのように認識したのか。本書で必要におうじてふれてきたように、アベノミクスに先立つ二〇〇〇年代後半に、自民党の首相が任命した累次の会議体は、日本の社会保障制度、ひいては生活保障システムが、機能不全の状況にあることを指摘し、転換を提言していた。二〇〇九年八月三〇日の総選挙で、民主党を中心とする内閣へと政権交代が起こり、短い政権担当期間にも税制改革を含めて生活保障システムの改革が着手された。首相が任命するレベルの有識者の会議体や、主要政党による生活保障システムのビジョンは、二〇一〇年前後の時期に、どのように位置していただろうか。それに先立って自民党は社会保障制度をいかに位置づけていただろうか。

1　福祉国家の実現から自助自立へ

立党五〇年で自民党綱領は反転

二〇〇五年一一月、自民党は新たに立党宣言と綱領を決定している。二〇〇一年四月に首相となった小泉純一郎が、〇五年八月に郵政事業の民営化を争点として解散総選挙をおこない、与党が大勝してからまもない時点である。現在の自民党のＨＰには、一九五五年に民主党と自由党が合同して自由民主党となった際の立党宣言・綱領とともに、この二〇〇五年の立党宣言・綱領、そして一〇年の立党宣言・綱領が掲載されている(https://www.jimin.jp/aboutus/declaration/)。それらの宣言・綱領を読みあわせると、福祉国家ないし社会保障の位置づけが反転し、憲法改正の優先度がひき上げられたと、読むことができる。

まず一九五五年の宣言・綱領を見よう。そこでは、「綱領」として党が「完成を期する」三つの項目を、「文化的民主国家」、国際関係での「自主独立」、そして「福祉国家」であるとしている。つづく六項目の「党の性格」の六番目に、「福祉国家の実現をはかる政党」と自己を規定し、「社会主義経済を否定するとともに、独占資本主義をも排し……社会保障政策を強力に実施し、完全雇用と福祉国家の実現をはかる」と宣言した。ソビエト連邦の社会主義計画経済に対抗する必要性が意識されていたのである。さらに続く六項目の「党の政綱」の第六項目のなかに、「現行憲法の自主的改正」として、ようやく憲法への言及が登場している。つまり文末である。

政治学者の三浦まりは、その際の「福祉国家」の内容を問う。三浦によれば、福祉国家を実現しようという自民党の姿勢には、岸信介(一九五七―六〇年に首相、安倍晋三の祖父)の影響が強かった。しかも岸の福祉国家の概念は、「国家社会主義(ナチズム)」に触発されたものであり、国民の統合と動員を推進する手段であったという。手段とはいえ、「国民皆保険・皆年金」の実現(一九六一年)にとって、岸のイニシアティブは不可欠だった(Miura 2012: 40, 49-50)。三浦によれば、自由主義での自助が、国家による侵入から私的領域を守る砦《とりで》であるのにたいして、日本の国家主義では、個人や家族が国家の〝お荷物〟にならないように、自助することを、支配側のエリートが求める(Miura 2012: 60)。

憲法学者の樋口陽一は一九八四年の論文で、一九五〇年代から六〇年代前半にかけての憲法改正論議で、「福祉」ないし「福祉国家」という観念がもっていた意義を指摘した。当時の積極的改憲論に共通の基本的性格は、まず九条改正による正式の再軍備、そして天皇の元首化、さらに国民の権利保障の制限可能性の明記、とくに二四条(家庭生活における個人の尊厳と両性の平等)の改正、だった。天皇制度と家族制度の再構築をはかるものであるが、戦前回帰ではないと弁明するうえで、「結節点ともいうべきシンボルとして多用されているのが、「福祉」あるいは「福祉国家」なのであった」。すなわち、日本国憲法は、権力からの個人の自由という「十八世紀・十九世紀的な自由国家の原理」に立脚しているのにたいして、「二十世紀的な現代福祉国家の原理」は「社会連帯の観念に基づく」。日本国憲法は、現代にそぐわない「時代遅れ」の憲法だ、という論法である（樋口一九八四：六三―六六）。

自民党の一九五五年の立党宣言・綱領で、筆頭に高く掲げられた「福祉国家」の「完成」とは、宣言・綱領の文末に置かれた憲法改正の別表現、いわば隠れ蓑《みの》だったと理解することができよう。それでも、政権党の綱領に「福祉国家の実現」が謳われたこともあり、労働法学者の田端博邦が確認したように、高度成長期の政府は社会経済政策の目標として、北欧・西欧をモデルとする「福祉国家」に追いつくことを掲げていた（田端一九八八：九一―一二）。もちろん実際の「昭和時代」の生活保障システムは、「男性稼ぎ主」と「家族だのみ」、ないし「家族に依拠する残余主義」により、公的社会支出を抑えていた（本書の第一章）。

「持続可能な」社会保障で「小さな政府を」

では、立党から五〇年、二〇〇五年の自民党の宣言・綱領はいかなるものだったか。「新綱領」として一〇項目があげられ、その筆頭は「新しい憲法の制定を」、である。三番目に「小さな政府を」、四番目に「持続可能な社会保障制度の確立を」が掲げられている。「新理念」の三番目に「貧困・疾病・環境」という言葉も見えるが、そこに続くのは「地球規模の共生をめざす」、である。つまり日本国内の課題ではないかのごとくである(1)。

この新綱領四番目の「持続可能な社会保障制度」とは、小泉内閣により二〇〇〇年代初め以来おこなわれた医療・年金・介護の「社会保障構造改革」のキーワードである。小泉内閣は「聖域なき構造改革」を掲げ、内閣府に設置された経済財政諮問会議の答申にもとづき、二〇〇一年六月に「今後の経済財政運営及び経済社会の構造改革に関する基本方針」を策定した。いわゆる「骨太の方針」である（二〇〇二―〇六年は毎年六月に「経済財政運営と構造改革に関する基本方針」）。内閣発足からまもなく作成された「骨太の方針二〇〇一」の冒頭では、「知恵を出し、努力をした者が報われる社会を作る」と宣言する。そして「持続可能な」という文言を、ほぼ社会保障に限定して使った。それは、「自助と自律」の精神を基本として」「痛みを分かち合って」「制度を支える」ことと表現されている(閣議決定二〇〇一：一七)。

その社会保障構造改革の眼目は、医療・年金分野を中心として「効率化・適正化」することにあった(大沢二〇一三：七章一節)。実際に、医療、年金、介護等給付費の「自然増」にたいして、二〇〇二年度から〇六年度にかけての五年間で、国の一般会計予算ベースで約一・一兆円(国・地方合わせて約一・六兆円に相当)の伸びが抑制された(渡邉二〇〇八)。「自然増」する給付の典型は年金で、年々に支給開始年齢に到達する者が発生する。医療・介護でも、高齢者が受給することが多い(介護給付は原則六五歳以上に限定)ため、人口高齢化にともなって増える。

しかし、「自然増」するわけではない社会保障給付も削減の対象になった。児童扶養手当の給付を制限する方向での法改正(二〇〇二年)や、生活保護制度の「加算」を廃止する措置である。生活保護は、「生活扶助基準」に現下の収入が満たない者からの申請にたいして、他の法律や制度による支援や扶養義務者からの仕送り、および資産状況などを勘案して、支給が決定される[2]。生活扶助基準は基本的に居住地と世帯規模で規定されるが、それ以外の受給者状況により老齢加算・母子加算などの各種の加算が含まれる。その扶助基準に収入等が満たない部分が支給される。児童扶養手当は主として低所得母子世帯を対象とする現金給付である[3]。生活保護制度では、老齢加算が二〇〇四年度から段階的に廃止されて、〇六年度に全廃となり、また母子加算が〇五年度から段階的に廃止され、〇九年三月に全廃された(岩永二〇一一：二九四―二九六)。

「持続可能な社会保障制度」にかんして、二〇〇〇年代半ば日本の位相を、本書の図3‐9でてらしあわせてみよう。負担面でも給付面でも日本で厚遇されているのは富者であり(累進度が低い)、所得再分配が貧困を削減する効率性が高くないと推測される。実際には日本の現金給付の規模(＝帰着レベルの脱商品化)は、図示されたOECD諸国の平均よりやや低く、「小さな政府」(自民党新綱領の三番目)の部類ではあるが、最も小さくはない。しかし貧困率は図示諸国のなかでアメリカについで高い。「痛み」は分かち合われず、貧者にしわ寄せされているのではないか。もちろんそうした疑問は、おおかたの自民党員には浮かばなかっただろう。

こうして立党から五〇年をへて自民党は、福祉国家を完成させ社会保障政策を強力に実施すると唱える政党から、政府を小さくし、社会保障を効率化・適正化することを謳う政党に転換していたのである。もとより、一九五五年綱領で掲げられた「福祉国家」は憲法改正の隠れ蓑だった。その福祉国家の内容は、〝おかみ〟のお荷物にならないという意味の「自助」に深く根ざすものであって、それこそがいわば「底流」だった。五〇年後の自民党にとっては、憲法改正を唱えるうえで福祉国家という隠れ蓑は不要になり、社会保障は正面から効率化・適正化の対象となった。元が隠れ蓑だったとしても、基本姿勢を党の内外に宣明する綱領において、福祉国家や社会保障にかんする文言が転換されたことは、重要である。その後の二〇一〇年綱領は、自民党が野党だった時期に谷垣禎一《さだかず》総裁のもとで策定された。その内容については後述する。

表現の転回は一九七九年だった

綱領の文言が改定されないあいだにも、福祉国家にかんして自民党が表明する姿勢が変わらなかったのではない。自民党の福祉国家や社会保障にかんする政策の「底流」だったものを表面に押しだし、「本流」としたのが、「日本型福祉社会」の路線であると、私は考えている。その理念を最もあからさまに打ちだしたのは、大平正芳内閣（一九七八—八〇年）のもとで作成された一九七九年の自民党『研修叢書8　日本型福祉社会』である。

自民党二〇〇五年綱領と対比するべく、同書の特徴的な主張をあげておこう。その第四章に列挙されているのは、「ナショナル・ミニマム」や「シヴィル・ミニマム」などの概念は有害無用である、国家による「救済」はハンディキャップをもつ場合に限る、リスクはまず個人（家族や親戚の援助を含む）が負い、国家は最後のリスク負担者となる、所得再分配により「結果の平等」をめざすのは、「愚を犯」すことである、必要なものでも「タダで」供給すると、

「堕落の構造」が発生する、企業と競争的市場に任せるほうが効率的な分野が大きい（たとえば住宅供給）、などである（自由民主党一九七九：六六―九〇）。

ようするに国家はできるかぎり生活保障の役割から退くべきである、とされている。めざすべきは、日本ならではの「安定した家庭と企業」が「個人」の生活を支えることを前提に、補完的に各種の福祉を市場から購入し、国家は最終的な保障のみを提供する、という社会と国家のあり方である。さらに強調したいのは、同研修叢書が論じる「個人」は男性でしかないという点である。女性はその妻として安定した家庭を営む「家庭長」と位置づけられている。同書の至言というべきは、「妻子のいる家庭を必要とし、人生の支えにして生きているのはむしろ男性の方なのである」というくだりである（自由民主党一九七九：一八〇、大沢一九九三＝二〇二〇：二一三―二一八）。

『日本型福祉社会』が推奨してやまない「自助」は、「個人」を男性に限定したうえで、深く「内助」に依存するものだった。「福祉国家」の出番を不要とするまでの役割が、企業と家庭＝女性に期待されているのである。二〇二〇年一〇月には菅義偉《すがよしひで》首相が、就任に際して「自助・共助・公助」を強調して話題となったが、リスク対処の優先順位を不等式で表せば「自助＞共助＞公助」となる。その原型は『日本型福祉社会』にあり、不等式の大前提は「内助」だったのだ。同時に、二〇二〇年の時点では「共助」と「公助」の意味も転換されていたことに、注意が必要だ。それを第六章で述べる。

さかのぼればすでに一九六〇年代の半ばに、大蔵省の財政制度審議会で「財政の規模」や「健全財政」が課題となり、社会保険制度にたいする国庫負担などがやりだまにあげられていた（佐藤・古市二〇一四：二章二節）。「国民負担率」という概念を提示して、それを国民所得の五〇％以下に抑制することを目標としたのは、第二次臨時行政調査会（第二臨調。一九八一―八三年）である。経済団体連合会（経団連）の会長である土光《どこう》敏夫が同臨調の会長を務めたことから、土光臨調とも呼ばれた。「国民負担」とは社会保険料負担と租税負担の合計であり、それが国民所得に占める比率が「国民負担率」である。

実際に「昭和時代」の末年である一九八〇年代に導入された諸政策によって、政府ではなく家族、とりわけ女性が福祉の担い手であるべきことが強調され、従来から大企業の労使にとって有利だったしくみも維持強化された。半面で女性が、家事・育児、夫の世話や老親の介護などを引き受け、稼ぐ面ではパート就労程度で家計を補助するにとどめる場合には、税制の「配偶者控除」や年金の「第三号被保険者」制度などをつうじて、福祉が供給された(大沢一九九三＝二〇二〇：四章三節、大沢二〇〇二：二章四節)。本書の序章で、日本の「男性稼ぎ主」型では妻の内助が深く前提されていると規定したのは、こうした経緯を踏まえるものでもある。

小泉首相の社会保障構造改革と石税調《いし》

国民負担率を五〇％以下に抑えるという右記の目標は、橋本龍太郎首相が一九九六年に提起した財政構造改革により、国民負担に財政赤字を含めることでさらに強化された。そして小渕恵三、森喜朗による短命内閣の後、「自民党をぶっ壊す」と叫んで二〇〇一年四月に自民党総裁・首相となったのが、小泉である。その最初の骨太の方針に明記されたように、財政改革は巨額の財政赤字を改善するなどの内容をもち、構造改革のための七つのプログラムの「締め」の位置にある。社会保障構造改革では、上記のように「「自助と自律」の精神を基本として」「痛みを分かち合って」(福祉を分かち合う、のではない)、「制度を支える」(生活を支える、のではない)ことが、「持続可能な」社会保障の要諦であり、それが自民党の二〇〇五年綱領にも反映された。

小泉首相は在任中には消費税率を引き上げないことを公約しており、財政健全化の政策手段は歳出削減に限られていた。厳しい歳出削減にもかかわらず、小泉内閣期にも政府総債務残高の規模は毎年五％から一〇％ポイントも急上昇し、鈍化したのは小泉の在任末期の二〇〇五年から〇七年にかけてである(本書の図3-6)。

もっともこの間に、増税が必要という問題意識が政府内に皆無だったわけではない。注目されるのは、内閣府の審議会である税制調査会(税調)が二〇〇五年六月にまとめた「個人所得課税に関する論点整理」である。それは、「累次の減税により」所得税の「財源調達機能」が低下してきたという見地から、給与所得控除や配偶者控除の見直しが必要であるとした。また、政策的な子育て支援の政策手段として「税額控除」(傍点は大沢による)を採用することも考えられると述べている(税額控除について後述)。一カ所、「所得税においては所得再分配機能を適切に発揮できるよう」という文言も見られる(税制調査会二〇〇五:一二)。なお、この「論点整理」から二〇一三年の税調答申に至る諸報告について、第八章の付表2としてまとめている。

当時の税調では二〇〇〇年から石弘光《ひろみつ》・一橋大学長が会長を務めていた。この論点整理に関連して自民党の「政権公約二〇〇五」は、「所得が捕捉しやすい「サラリーマン増税」を行うとの政府税調の考え方をとらない」と強調した。第一次安倍内閣になってからも、同趣旨で「政府税調」を名指す国会答弁が複数あった(二〇〇七年七月に衆議院で提出されたサラリーマン増税に関する質問主意書 https://www.shugiin.go.jp/internet/itdb_shitsumon.nsf/html/shitsumon/a166456.htm)。石税調は、自民党および安倍内閣によってやりだまにあげられたといえよう。

二〇〇五年九月の郵政選挙で自民党は大勝し、一〇月三一日に組閣された小泉第三次内閣(改造)では、安倍晋三が最年少閣僚として官房長官で初入閣した。一一月には自民党の綱領が上記のように改定されたのである。

2　政権危機・経済危機下で「安心」の優先

第一次安倍内閣から福田内閣へ

小泉の自民党総裁任期満了・首相辞任にともない、二〇〇六年九月に安倍晋三が自民党総裁・首相に就任した。この第一次安倍内閣では、「年金記録問題」をはじめ閣僚などの不祥事も次々と露呈した。年金記録問題とは、年金保険料の納付記録に大量の不明や不存在があり、さらには改竄までが疑われたという事案である。二〇〇七年七月におこなわれた参議院選挙で自民党は大敗を喫した。連立する公明党の議席と合わせても参議院の過半数を下回る、いわゆる「ねじれ国会」である。安倍は体調の悪化を理由に、九月一二日に退陣を表明した。

これをうけた二〇〇七年九月の自民党総裁選挙では、小泉内閣で長く官房長官を務めた福田康夫が、「安心」を約束して勝利した。二〇〇八年八月初めに福田首相が内閣を改造した際には、「安心実現内閣」と命名するなど、「安心」の政治的な優先度は高まっていく。

香西《こうさい》税調の二〇〇七年答申

政府税調では二〇〇六年一二月から香西泰《ゆたか》（日本経済研究センター特別研究顧問）が会長に充てられ、財政学者の神野直彦が会長代理となった。その香西税調により二〇〇七年一一月に、「抜本的な税制改革に向けた基本的考え方」が福田首相に答申された（本書第八章の付表2）。同答申の問題意識は、少子高齢化とグローバル化が急速に進むなかで、「抜本的な税制改革」が「焦眉《しょうび》の政策課題」である、というものだ。政府総債務残高がGDPの一四八％に及ぶいっぽうで、「格差と呼ばれる問題が指摘されるようにな」り、「その固定化への懸念も生じており」、そうした「国民の懸念に真摯に対応することが大きな課題である」、という。

社会保障制度の安定的な財源を確保するうえで、消費税が重要な役割を果たすべきであると述べており、明言しないながら消費税率をひき上げる必要性を指摘した。同時に、所得税等の問題にも注視している。個人間の再分配について、主要な役割は社会保障にあるとしても、税制も「それ自体として再分配機能を適切に発揮していくべきである」。とくに個人所得課税が、「累次の累進緩和」によって、財源調達機能と所得再分配機能を低下させた、と指摘する（税制調査会二〇〇七：二―三、六、一〇）。石税調の二〇〇五年「個人所得課税に関する論点整理」では、「所得再分配機能」はいわば傍論の位置にあったが、ここでは財源調達機能と並び立っている。

そうした文脈で、同答申は税額控除および給付つき税額控除をとり上げた。「税額控除」とは、税額から一定額をさし引く方法での減税である。日本の（個人）所得税制では、納税者の家族構成などの事情により所得から一定額をさし引く「所得控除」による減税策が種々設けられている。[4] いっぽうで、個人に身近な税額控除は「住宅借入金等特別控除」くらいである。[5] 「給付つき税額控除」とは、課税最低限以下の低所得者にたいして、そもそも「税額」がないために、そこから控除できない分を現金で給付するしくみである。答申では個人所得課税にかんする論点として、「所得控除と税額控除」（論点の（6））、および「いわゆる「給付つき税額控除」（税制を活用した給付措置）の議論」（論点の（7））をあげる。前者の論点では「所得控除は、高所得者ほど税負担軽減額が大きい一方で、税額控除は、基本的に所得水準にかかわらず税負担軽減額を一定とすることができる」と両制度の特徴を述べている。後者については、そうした措置を主張する論者の観点として、若年層を中心とした低所得者支援、子育て支援、就労支援、消費税の逆進性対応、そして社会保険料負担の軽減などが、紹介されている。そのうえで検討を深める必要があるとされた（税制調査会二〇〇七：一四—一六）。

社会保障国民会議

福田内閣の支持率は当初は高かったもののすぐに低下し、支持回復の材料にという期待を込めて二〇〇八年一月に「社会保障国民会議」が設置された。経済学者の吉川洋・東京大学教授を座長とするメンバーは、福田首相がみずから選んだとされる。社会保障国民会議は二〇〇八年六月一九日に中間報告を提出した。本書では、この社会保障国民会議の中間報告から二〇一二年一二月の全世代型社会保障構築会議報告書に至る諸報告について、第八章の付表1としてまとめている。

社会保障国民会議の中間報告のポイントは、日本の社会保障制度ではセーフティネット機能が低下していると課題を認識したこと、かつその機能強化が必要であると提言したことである（社会保障国民会議二〇〇八a：六、社会保障国民会議二〇〇八b）。自民党の社会保障政策では「底流」として内助を前提する自助が優先され、「日本型福祉社会」で底流から本流にせり上がり、「社会保障構造改革」に連なってきた。そのような〝流れ〟にてらせば、首相が任命するレベルの政府の会議体として画期的といえる提言である。機能強化への課題意識は、二〇一二年一二月の総選挙で自民党が大勝し、安倍が首相として復権したのちも、ともかくも二〇一三年八月の『社会保障制度改革国民会議報告書』までひき継がれた。その流れを始めたのが、社会保障国民会議だったのだ。

社会保障国民会議の現状認識が比較的率直に示されたのは、六月の中間報告である。そこでは現在の日本が直面する課題の一つに、「セイフティネット機能」の低下をあげた。しかも、非正規労働者への社会保険適用拡大など、必要な社会保障改革がおこなわれなかったために、労働市場の二極化や非正規労働者の増大が「増幅」された、という「批判もある」と紹介している（社会保障国民会議二〇〇八a：五）。

中間報告はそうした「批判」に反論もしていないので、事実上、批判が妥当すると認めていることになる。前記のような「増幅」は、雇用者向けの社会保険制度から脱落する雇用者を増やすのであり、必要な改革がおこなわれないままの社会保険制度、いいかえると「昭和時代のまま」の制度が、〝逆機能〟（本書の用語）した、という旨の指摘に相当するだろう。とはいえ社会保障国民会議の報告は、社会保障と「経済財政政策との整合性」を基本とする制度の「持続可能性」を、引き続き確保していくとも述べていた（社会保障国民会議二〇〇八a：六）。

筋肉質どころか骨粗鬆症だった

さて衆議院では、議員任期が満了する二〇〇九年一〇月までに、次の総選挙をおこなう必要があった。「ねじれ国会」という地層のうえに、連立相手の公明党が福田首相のもとで解散総選挙をすることに忌避の態度を強めていた（「福田おろし」）。福田は社会保障国民会議の最終報告を待たずに二〇〇八年九月一日に退陣を表明し、九月二四日から麻生太郎が後継の首相となった。あたかも同年九月一五日にリーマン・ショックが起こり、「一〇〇年に一度のツナミ」と呼ばれる規模で金融経済危機が波及した。貿易は崩落し主要国のＧＤＰが低下するなかでも、日本の株価や輸出、ＧＤＰの落ち込みが最大であることが、やがて判明した。麻生内閣のもとで二〇〇九年七月に発表された『平

成二一年度 年次経済財政報告』は、それを「衝撃的」と表現したものである（内閣府二〇〇九：九九）。

ふり返ると小泉内閣の最後の骨太の方針二〇〇六（「経済財政運営と構造改革に関する基本方針二〇〇六」）は、小泉改革が日本経済を「筋肉質」の構造に変貌させたと誇っていた（大沢二〇一三：三、二九七）。同方針はまた、二〇〇七年度以降の五年間にも社会保障費の伸びを一・一兆円（毎年度二二〇〇億円）抑制するとしており、この方針は安倍内閣以降にもひき継がれ（渡邉二〇〇八）、たとえば二〇〇七年一〇月には、「生活扶助基準に関する検討会」が設けられている（岩永二〇一一：三〇〇）。生活保護の「加算」制度から進んで、扶助基準そのものが俎上《そじょう》に上げられたのである。

「筋肉質」にかんして、各種の政府統計や報告書が告げるのは、次のような実態である。すなわち、女性や若年男性の雇用が非正規化し、企業の収益は伸びても雇用者の所得が伸びず、消費が低迷し、自動車やＩＴ関連の少数の品目の輸出に成長を依存するような構造である（大沢二〇一三：七章二節）。派遣労働者をはじめとして非正規労働者が雇止めになり、派遣元や派遣先から提供されていた住居とともに職を失うケースが続出した。日比谷公園に「年越し派遣村」が設けられたのは、二〇〇八―〇九年の年末年始である。このようにリーマン・ショック後の貿易の崩落にたいして、日本経済はことのほか脆弱だった。「筋肉質」どころか、「骨粗鬆症《こつそしょうしょう》」が進行していたというべきだろう。

麻生内閣の「中期プログラム」

麻生内閣は一〇月一六日に第一次補正予算を成立させ、社会保障国民会議が一一月四日に提出した最終報告を、「持続可能な社会保障構築とその安定財源確保に向けた「中期プログラム」」の一環として位置づけた（二〇〇八年一二月二四日閣議決定）。同中期プログラムには「社会保障の機能強化の工程表」が付されており、その表側《ひょうそく》は「社会保障国民会議最終報告に基づく機能強化の課題」である。軸とされているのは、基礎年金の最低保障機能強化、急性期医療の機能強化、介護従事者の確保と処遇改善、子育て支援サービスを一元的に提供する新たな制度体系の構築などである。

中期プログラム本文ではまた、税制について、「消費税を含む税制抜本改革を二〇一一年度より実施できる」ための法制上の措置を講じるとしている。各論では、個人所得課税の各種控除や税率構造を見直し、最高税率や給与所得控除の上限を調整すること等により、高所得者の税負担を引き上げること、それとともに「給付付き税額控除」の検討も含めて中低所得者世帯の負担の軽減を検討すること、また法人課税では課税ベースを拡大しつつ税率引き下げを検討することが、書かれている(第八章の付表2)。

社会保障国民会議報告では、基礎年金の最低保障につき、「額の設定」を検討することが提案されていた(社会保障国民会議二〇〇八b:四)。これにたいして中期プログラムでは、「機能強化」となっている(閣議決定二〇〇八:二)。また社会保障国民会議報告は税制にはふれていないが、中期プログラムは当然ながら税制に多くの字数をあてている。なかでも注目されるのは、右記のように高所得者の税負担を引き上げつつ中低所得者世帯の負担軽減を検討する、という方針を示したことである。その負担軽減の方法として「給付付き税額控除」があげられた。二〇〇七年税調答申が反映されたと考えられる。

安心社会実現会議

麻生内閣はさらに、二〇〇九年の年明けに第二次補正予算、〇八年度末に〇九年度予算、新年度に〇九年度第一次補正予算と、「生活者への支援」を含む経済対策を打った。GDPの急減とともに多額の財政出動により、政府総債務残高の規模も対GDP比で二〇〇七年の約一七三%から〇八年の一八一%、そして〇九年の一九九%と、G7で最も激しく上昇した(図3-6)。四月一三日には有識者による「安心社会実現会議」の第一回会合が開催された。「安心」の政治的な優先度がさらに高まったことを示す。同会議の座長は電通最高顧問の成田豊であり、吉川洋が座長代理を務め、政治学者の宮本太郎・北海道大学教授もメンバーだった。同会議は六月一五日に『安心と活力の日本へ』と題する報告書を提出した。

この報告は、前文につづく本文の冒頭で、多くの国民が将来の生活に強い不安を抱いていると述べ、「年金や医療など、制度の機能不全がこうした不安を増幅している。格差の拡大や固定化、貧困問題が、社会の活力を弱め、また保護のためのコストも増大している」と明言した（安心社会実現会議二〇〇九：二）。制度の機能不全が逆機能に及んでいること、格差や貧困が実在することを、明確に認めているのである。「母子家庭における子どもの貧困率が六割を超えていることは看過できない」とも断言している（安心社会実現会議二〇〇九：五）。

同報告では、従来の「日本型福祉社会」政策をへて社会保障構造改革に連なる流れや、自民党二〇〇五年綱領にかんして――それとして言及していないが――、事実上反論する事実認識が示されている。すなわち、公的支出が大きくても（大きな政府）、かならずしも成長が阻害されたり財政が赤字になるわけではないこと、日本の国民負担率がOECD二八カ国（当時）中二三位と最も低い水準のグループに属すること、などである（安心社会実現会議二〇〇九：七、八）。そのうえで、これまでの生活の安心が、現役世代では雇用と家族（＝女性と読むべき）が担い、社会保障支出は「人生後半」に集中していたこと、これにたいして、今後は「人生を通じた切れ目のない安心保障」が必要であることを、強調する。

提案された具体策には、給付つき（勤労者）税額控除の導入（子育ての経済負担軽減や母子家庭の子どもの貧困解消）が含まれる。社会保障国民会議の提案や、麻生内閣の中期プログラムと対比すると、基礎年金の最低保障機能の強化が含まれていないが、給付つき税額控除については踏み込んでいる（第八章の付表1）。

安心社会実現会議はこうして、石会長から香西会長にひきつがれた税調の問題意識とともに、社会保障国民会議が始めた流れをさらに推し進めたと考えられる。しかし麻生内閣は、年初から二〇％を切るような低支持率にあえいでおり、自民党内に「麻生おろし」の動きを抱えて、中期プログラムはもちろん、安心社会実現会議の提言を実施する体力も、残されていなかった（実施する意図があったとしても）。麻生首相は七月一三日に、二一日衆議院解散および八月三〇日の総選挙を予告した。

3　民主党内閣の政策と自民党二〇一〇年綱領

民主党内閣の政策

その総選挙では、鳩山由紀夫を代表とする民主党が地滑り的な勝利をおさめ、九月一六日に鳩山内閣が発足した（社会民主党、国民新党と連立）。約一カ月後の一〇月二〇日に、長妻昭厚生労働大臣が閣議後記者会見で、相対的貧困率の計測結果を日本政府として初めて公表したのである。また、〇九年九月二九日の閣議決定「税制調査会の設置について」で、財務大臣を会長、政務三役（大臣・副大臣・政務官）の政治家をメンバーとする税制調査会が設置され、内閣府の審議会としての従来の税制調査会は廃止された。

新税調は、学識経験者から専門的事項について意見を求めることができるとされ、実際に専門家委員会として初めて参集したのは、二〇一〇年二月二四日である。専門家委員会の委員長には、菅直人《かんなおと》財務大臣（＝税調会長）によって神野直彦が指名された(6)（https://www.cao.go.jp/zei-cho/history/2009-2012/gijiroku/senmon/2010/index.html）。

やや戻って臨時国会が召集された二〇〇九年一〇月二六日には、鳩山が首相として初の所信表明演説をおこない、「人のいのちを大切にし、国民の生活を守る政治」や、一人ひとりに「居場所と出番」がある社会の構築を訴えた。誰にとっても「居場所と出番」がある社会とは、ＥＵが二〇〇〇年代初頭から主要目標としてきた「社会的包摂」（本書の第四章）を、かみ砕いたものだろう。総選挙のマニフェストにもとづき、二〇〇九年中に、一五歳以下の児童を対象として親の所得による制限なしに支給される「子ども手当」、および高校授業料の実質無償化の導入が準備された（二〇一〇年度に実施）。また上記のように生活保護制度の母子加算は、小泉内閣以来の方針で、二〇〇九年三月に全廃されていたが、同年一二月に復活した。マニフェストの他方の目玉は、年金制度の一元化、すなわち社会保険方式の所得比例年金と税方式の最低保障年金の創設だった。これは、実施するために検討するべき事項が多い改革であり、先送りされていく。

二〇〇九年一二月下旬には「平成二二年度 税制改正大綱」が策定された。大綱は、個人所得税において所得再分配機能・累進性が失われ、財源調達機能も低下していると指摘して、こう述べている。「特に、中間層が低所得層へと落ちていく下への格差拡大を食い止めることは喫緊の課題です」(閣議決定二〇〇九a:一四。https://www.kantei.go.jp/jp/kakugikettei/2009/1222zeiseitaikou.pdf)。個人所得税の所得再分配機能や財源調達機能の低下について、政府税調の二〇〇七年答申の問題意識を引き継いでおり、格差については、「と呼ばれる」や「いわゆる」などの間接的な表現から脱していることが留意される(第八章の付表2)。

一二月三〇日には「新成長戦略(基本方針)――輝きのある日本へ」が閣議決定された。それは、公共事業・財政だのみの「第一の道」でもなく、いきすぎた市場原理主義の「第二の道」でもない、「第三の道」を進むと宣言した。第一の道とは旧来の自民党政権の土建政治をさし、第二の道とは二〇〇一年以来の小泉路線をさす。これにたいして民主党政権の第三の道は、二〇二〇年までに環境・エネルギー、健康(医療・介護)、観光・地域活性化の三つの分野で、一〇〇兆円超の新たな需要を創造して雇用を生むという(閣議決定二〇〇九b)。ここには、二〇〇八年一一月のアメリカ大統領選挙でバラク・オバマ候補が、医療保険制度改革(「オバマ・ケア」の導入)、地球温暖化対策の推進(「ニュー・エナジー・フォー・アメリカ」)などを掲げて当選したことの影響も見てとれる。

成長を支えるプラットフォーム

民主党内閣の成長戦略で「成長を支えるプラットフォーム」とされたのが、科学・技術と雇用・人材である。科学・技術立国戦略では、公私の研究開発投資の合計を対GDP比四%以上とすることなどが、目標とされた。本書の第四章で紹介したように、EUが二〇一〇年に策定した社会経済戦略『欧州二〇二〇』は、この目標値を三%としており、民主党内閣の目標はEUを上回る。また、雇用・人材戦略の目標は、「若者フリーター」を半減し「ニート」

を減少させること[7]、女性の年齢別労働力率のM字カーブを解消すること、最低賃金引き上げ、「ディーセント・ワーク（人間らしい働きがいのある仕事）」の実現に向けた「同一価値労働同一賃金」（傍点は大沢による）のための均等・均衡待遇の推進、給付つき税額控除の検討、有給休暇の取得促進、労働時間短縮などである。さらに、北欧諸国の積極的労働市場政策の視点を踏まえて、失業時の第二のセーフティネットを整備し（求職者支援制度の創設等）、雇用保険制度の機能を強化するという。

　この成長戦略のなかで、目新しいのは「ディーセント・ワーク」や「同一価値労働同一賃金」だろう。だが後者は新しい理念ではなく、一九一九年のＩＬＯ憲章の前文ですでに、「同一価値の労働に対する同一報酬の原則」が承認されることが、ＩＬＯの設立目的の一つとされていた。一九五一年には「同一価値の労働についての男女労働者に対する同一報酬に関する条約」（第一〇〇号条約）が採択された。ＩＬＯ基本条約（中核的労働基準）の一つである。

　他方、前者のディーセント・ワークは、一九九九年六月のＩＬＯ第八七回総会で事務局長のファン・ソマビアが報告「ディーセント・ワーク」で提唱し、ＩＬＯの二一世紀の主要目標となっている。ＩＬＯによる日本語訳では「働きがいのある人間らしい仕事」である。二〇〇八年の第九七回総会で採択された「公正なグローバル化のための社会正義に関するＩＬＯ宣言」では、ディーセント・ワーク実現のための四つの戦略目標が掲げられた。ジェンダー平等は、この四つの目標に横断的にかかわるとされる（https://www.ilo.org/tokyo/about-ilo/decent-work/lang--ja/index.htm）。同一価値労働同一賃金の原則は、ディーセント・ワークの一環でもある（この点はＳＤＧ８－５で明示された）。「同一労働」ではなく、同一の「価値」の労働であり、労働を構成する「職務」の「価値」を客観的に評価することが、第一〇〇号条約の実施に役立つとされている（条約第三条）。なお日本は一九六七年にこの条約を批准していた（https://www.ilo.org/tokyo/standards/list-of-conventions/WCMS_239079/lang--ja/index.htm）。

自民党の二〇一〇年綱領

いっぽう自民党では、麻生首相・総裁の退陣にともない、二〇〇九年九月末に選出された谷垣総裁のもとで、伊吹文明衆議院議員を座長とする「政権構想会議」が、党の理念や政治姿勢、基本的政策などを議論しており、一〇年一月二四日付で新しい党綱領が策定された。

その「政策の基本的考え」の第一項目は「新憲法」の制定である。また第三項目では、「自助自立する個人を尊重し、その条件を整えるとともに、共助・公助する仕組を充実する」と述べる。そして「目指す」「日本像」の第一項目は、「家族、地域社会、国への帰属意識を持ち、自立し、共助する国民」、第四項目は「努力するものが報われ、努力する機会と能力に恵まれぬものを皆で支える社会。その条件整備に力を注ぐ政府」、である。小泉内閣の最初の「骨太の方針二〇〇一」が、「知恵を出し、努力をした者が報われる社会を作る」と宣言していたことが想起される。二〇一〇年綱領で自助自立が優先されていることは明らかであり、努力できないものを支えるのも「社会」とされる。政府による「条件づくり」に「社会保障等のセーフティネット」はあげられているものの、あくまで条件整備である(https://www.jimin.jp/aboutus/declaration/)。綱領では財政再建も強調されており、自民党二〇〇五年綱領が明示した「効率化・適正化」に重心があると読むことが自然だろう。

福田内閣や麻生内閣のもとで、トップレベルの会議体が、社会保障の機能強化が必要であると提言したこと、社会保障制度だけでなく税制も、所得再分配機能を発揮するべきであると答申したこと、それらが麻生内閣の中期プログラムに組み込まれたことなどは、かき消えたごとくである(第八章の付表1および2)。

生活保護給付水準の一割引き下げ、安倍の返り咲き

そして自民党は、二〇一二年四月一六日付の『The Jimin News』一六〇号で、「シリーズ「自民党の政策③」(生活保護)」を公表した。民主党内閣のもとで三年間に生活保護費が二五%以上膨らんだと指摘し、生活保護給付水準を

一〇％引き下げること、医療費扶助を大幅に抑制すること、給付を現金から現物へ転換すること、などを提案している(https://www2.jimin.jp/policy/policy_topics/recapture/pdf/062.pdf)。[8]フリーランス・ライターのみわよしこが丹念に追跡したところでは、自民党の「生活保護に関するプロジェクトチーム」は、遅くとも三月には活動していた(『DIAMOND ONLINE』二〇一三年一〇月一八日付 https://diamond.jp/articles/-/43173 会員限定、無料会員制あり)。また岩永理恵によれば、二〇一二年三月から四月初旬の参議院予算委員会や両院協議会で、複数の自民党議員から、生活保護費を抑制せよとの質問や、「生活保護の運用は相当たがが緩んでおります」との発言があった(岩永二〇一二)。[9]

右記プロジェクトチームの座長は参議院議員の世耕弘成《せこうひろしげ》だった。世耕は二〇一二年七月一二日付でアップされた『東洋経済ONLINE』に、被保護者の「権利の制限は仕方ない」という記事を寄稿している。制約されて「仕方ない」権利として、生活保護を受給しながら「パチンコをやったり、お酒を頻繁に飲みに行く」ような個人の自由があげられている。「税金で全額生活を見てもらっている以上」、一定の権利の制限は仕方ない、という(https://toyokeizai.net/articles/-/9611/)。生活保護基準の「全額」が支給されるのは、稼働能力がない場合のみであることは、無視されている。[10]

二〇一二年八月八日の民自公三党の党首会談で、「近いうちに国民の信を問う」と解散総選挙が合意されたもとで、九月の自民党総裁選挙では、現職の谷垣が出馬を断念し、決選投票の結果、安倍が石破茂(前政調会長)を下して当選した。決選投票で逆転当選は、自民党の立党以来、一九五六年の一度だけという激戦だった。世耕は安倍の推薦人に名を連ねており、党役員人事で一〇月五日に参議院自民党政策審議会長および自民党政務調査会長代理に就任した(石破は幹事長)。

ふたたび「ねじれ国会」

さて二〇一〇年に戻って、民主党内閣でも短期間で首相が交代することになった。二〇一〇年七月に参議院選挙を控えて民主党内に「鳩山おろし」の動きが高まり、鳩山は六月二日に辞意を表明した。菅直人が後継首相となったが、七月に予定されていた参議院選挙のマニフェスト(政権公約)を発表する六月一七日の記者会見で、菅首相は消費税率の引き上げに言及した。「自民党が提案している一〇%を一つの参考に」という発言までとびだした。民主党は二〇〇九年総選挙のマニフェストで消費税にふれておらず、鳩山首相は四年間は消費税を上げないと言明していたため、菅首相の発言は民主党内の反発も招いた(『日本経済新聞』二〇一〇年六月一七日付 https://www.nikkei.com/article/DGXNASFS1702Q_X10C10A6MM8000/)。

菅直人首相の記者会見から四日後の六月二一日、税調専門家委員会の第六回会合では、神野委員長の責任による「議論の中間的な整理」の位置づけや概要が説明された。この「整理」は、翌二二日に税調に報告されたのち、公表されている(第八章の付表2)。「整理」は前記の「平成二二年度税制改正大綱」の問題意識をうけ、所得税が累進性を回復し役割を担うことが、消費税率の引き上げと「車の両輪」であるべきと指摘する。税制抜本改革では、所得税について所得控除から税額控除等への見直し、税率構造の見直しと課税ベースの見直し、法人税について課税ベースの拡大とあわせた税率の見直し、消費税を重視する方向での見直しなどが必要であるとしており、消費税率の引き上げにゴーサインを示すものだった。給付つき税額控除を活用すべきという意見も紹介し、配偶者控除・扶養控除・給与所得控除などをあげつつ、課税ベースの拡大、所得再分配機能の回復などを、見直しの観点とした(神野二〇一〇：一四)。

このような専門家委員会の「整理」を待たずに、菅直人首相は「参考」とする税率まで含めて、消費税引き上げの姿勢を公表したのである。七月の参議院選挙では与党が多数を獲得できずに「ねじれ国会」となり、民主党内閣が政策を実現する能力はマヒ状態に陥った。

社会保障・税一体改革成案へ

それでも菅直人首相は、二〇一〇年一〇月二八日に政府・与党社会保障改革検討本部を設置し、同年一一月五日には「社会保障改革に関する有識者検討会」を内閣官房に設置した。座長は宮本太郎、副座長は駒村康平・慶應義塾大学教授であり、私は「臨時構成員」を務めた(https://www.cas.go.jp/jp/seisaku/syakaihosyou/index.html#kentoukai)。一二月八日にまとめられた報告『安心と活力への社会保障ビジョン』では、参加保障、普遍主義、安心に基づく活力という三つの理念、および全世代対象、未来への投資、縦割りでない包括的支援などの五つの原則が掲げられ、五つの節からなる報告書の第四節を税制にあてている。「貧困の拡がりが無視できない事実」であると明言し、社会保障の機能不全にとどまらず、「子育て世帯などでは、税および社会保障の負担と給付をとおしてむしろ貧困率が高まるという事態も生じている」と述べている(社会保障改革に関する有識者検討会二〇一〇：二)。逆機能という言葉は使わないながら、その現象を指摘したのである。

改革の各論には、急性期病院を中心に人員配置の思い切った拡充や給付つき税額控除が含まれる(第八章の付表1)。なお年金について、基礎年金の最低保障機能の強化とは述べたが、年金の一元化には言及しなかった。

二〇一一年一月一四日の内閣改造により、与《よ》謝《さ》野馨《のかおる》が社会保障・税の一体改革を担当する経済財政担当大臣に任命された。与謝野は自民党で政務調査会長などの要職を歴任し、閣僚経験が豊富というにとどまらず、第一次安倍内閣改造内閣では官房長官、麻生内閣では財務大臣などを務めた。しかし、自民党執行部を批判する雑誌記事により二〇一〇年四月に自民党を除名されていたのである。政府・与党社会保障改革検討本部では、与謝野の位置づけが強められながら、二〇一一年六月に「社会保障・税一体改革成案」が策定された(https://www.cas.go.jp/jp/seisaku/syakaihosyou/index.html#seihu_yotou)。

「成案」では、「社会保障の機能強化」と「財政健全化」の「同時達成」が掲げられた。つまり機能強化は重点化・効率化と抱き合わせになっている。とはいえ、改革の基本的方向性の筆頭には「全世代対応型・未来への投資」が掲げられ、次の四つの優先事項が提示された。すなわち、「①子ども・子育て支援、若者雇用対策」「②医療・介護等のサービス改革」「③年金改革」「④制度横断的課題としての「貧困・格差対策（重層的セーフティネット）」「低所得者対策」」、である。

年金については、「国民的な合意に向けた議論や環境整備を進め、「新しい年金制度の創設」実現に取り組む」とされ、所得比例年金（社会保険方式）、最低保障年金（税方式）が列挙された（政府・与党社会保障改革検討本部二〇一一：三―四、六）。成案ではまた、個人所得税で所得再分配機能を「回復」すること、資産課税で資産再分配機能を「回復」すること、法人課税で課税ベースを拡大すること（そのうえでの税率引き下げ）も、課題とされていた。そして、五％だった消費税率を二〇一五年四月までに一〇％へと引き上げることが明記された（政府・与党社会保障改革検討本部二〇一一：一二―一三、別紙3）。五％分の引き上げによる税収のうち、社会保障の機能強化、高齢化にともなう医療介護の自然増、基礎年金国庫負担二分の一に各一％分ずつ、そして財政赤字削減と国の消費税負担に各一％分ずつがあてられる（日本医師会医療政策会議二〇一八：一二）。

上記のように小泉首相は消費税率の引き上げという手段は封印しており、続く三人の自民党の首相も増税をいい出せる環境にはなかった。ところが野に下った自民党は、二〇一〇年七月の参議院選挙にあたって消費税率の「当面一〇％への引き上げ」を掲げた。就任後まもない菅直人首相はこれを「参考に」と発言し、「ねじれ国会」を招いた。

この成案を実現するための一体改革関連法は、野田佳彦首相のもとで二〇一二年八月一〇日に成立している。前記のように直前の八月八日に、野田首相は民自公三党の党首会談で「近いうち」の衆議院解散を約束していた。自民党、公明党、民主党の「三党合意」（二〇一二年六月）にもとづいて三党が共同提案した社会保障制度改革推進法も、同日に成立した。なお同法の附則では、生活保護法の見直しのうち、不正受給者等への厳格な対処、「生活扶助、医療扶助等の給付水準の適正化」、被保護世帯に属する者の就労の促進等につき、「必要な見直しを早急に行うこと」とされていた。また、社会保障法学者の伊藤周平によれば、税方式の最低保障年金の導入については、自民党・公明党は撤回を迫ったが、同推進法が設置を予定する社会保障制度改革国民会議に検討が委ねられることになった（伊藤二〇一二）。

消費税率の大幅な引き上げによる純増税が財政健全化の政策手段とされたのは、消費税制度が導入された一九八九年以来初めてだった。

4　小括に代えて——財政健全化への責任感と生活保護バッシング

一体改革が構想された二〇一〇年代初年の財政収支を見ると、国の歳入の半分近くが公債金収入（税収は約四〇％のみ）、地方の歳入の一三、四％が地方債収入だった。本書の第三章で紹介した課税努力の諸研究によれば、二〇一〇年とは日本政府の課税努力が〇・五二ないし〇・六と推計された年次でもある。国の一般会計歳出面では社会保障関係費約二八兆円が最大項目（約三〇％）である。社会保障給付費約一一〇兆円にたいして社会保険料収入は六〇兆円程度であり、その差である五〇兆円（社会保障給付費の四五％近く）が国と地方の公費（三対二）で賄われている。つまり社会保障給付費の一五％以上が借金で賄われていることになり、持続可能性への危惧は杞憂ではない。

欧州でのソブリン危機を契機に、主要国の首脳会議や財務相・中央銀行総裁会議では、財政健全化がテーマとなった。菅直人は財務相、そして首相としてそれらの場に臨んでいた。選挙直前に消費税率の引き上げに言及したことは、政治的には失言だったが、背後に財政健全化への責任感が強くあったことは否定できないだろう。そして二〇一一年三月一一日に東日本大震災・津波、東京電力福島第一原子力発電所の事故、という未曽有の災害が襲い、救援・復旧から復興へと膨大な財政需要が生じた。二〇一二年夏には「死に体」の野田内閣が、消費税率引き上げの決定に漕《こ》ぎつけた。これは、日本の消費税の歴史にてらして、「非常に意外なこと」とまでいわれる（ノーブル二〇一六）。政権から去ろうとする政党が増税への非難を引き受けてくれるという、自民党・公明党にとってまことに好都合な展開だった。

八月八日の三党党首会談での野田首相の約束どおり、一一月一六日に衆議院が解散され一二月一六日に総選挙が予定された。一二月一五日付の自民党『政策特報』には自民党「重点政策二〇一二」が掲載されており、そこでは「社会保障」政策の三点のポイントのうち三番目が、「生活保護法を抜本改正して不公正なバラマキを阻止し、公平な制度をつくります」、である。記事後半の「自民党政策BANK」ではいっそう具体的に、生活保護の見直しにより八〇〇〇億円、および公務員総人件費の抑制により、少なくとも二・八兆円の歳出削減を図ると述べている（自由民主党政務調査会二〇一二：一五、二三）。

じつは、二〇一二年七月には大阪市長の橋下徹（二〇一一―一五年。二〇〇八年二月から一一年一〇月まで大阪府知事）が、「生活保護制度の抜本的改革にかかる提案」を厚労省に提出していた。その内容は、被保護率がとくに高い区を「特区」として医療扶助の利用を制限する、「扶養照会」（本章の注2を参照）を徹底する、不正受給対策を強化する、などである（『日本経済新聞』二〇一二年七月二一日付 https://www.nikkei.com/article/DGXNASHC2048_Q2A720C1AC8000/、尾藤二〇一二：八一、小林二〇一二：一三六―一三七）[11]。橋下が代表を務める地域政党「大阪維新の会」は次期総選挙に進出することを表明していた。総選挙での維新の躍進を見込んで、安倍晋三が橋下や松井一郎・大阪府知事との距離の近さをアピールしたのは、同年二月である（小野甲太郎「安倍元首相、久々に注目　維新と関係密、総裁選影響も」『朝日新聞』二〇一二年八月二一日付）。

このようにアベノミクスでは、金融政策、財政政策および成長戦略だけでなく、生活保護の見直し策に代表される社会保障政策が、あらかじめ基軸の位置にあった。一二月一六日の総選挙後の組閣で、世耕は内閣官房副長官に任命された。二〇〇三年に総務政務官に任命されて以来、約一〇年ぶりに就任した政務三役ポストが官邸のカナメのポジションだった。世耕の出世階段において生活保護バッシングが重要な一段だったことは、まちがいないだろう。

第六章　アベノミクスはなにをしたのか　パートⅠ
——社会保障の重点化・効率化

二〇一三年二月一四日、「淀川生活と健康を守る会（淀川生健会）」にたいして大阪府警察による家宅捜索がおこなわれた。理由は同会の会員による生活保護法違反容疑である。当該会員は飲食店経営による収入があることを隠して生活保護を申請したとして、逮捕された。その申請の際に淀川生健会の事務局長が同行していたのである。

これは、第五章で言及したフリーランス・ライターのみわよしこが九月二七日付の『DIAMOND ONLINE』で言及した事件である。なお『民主法律時報』二〇一四年二月二五日付記事によれば、家宅捜索にきたのは府警本部の刑事部ではなく警備部（公安）の警察官だった（https://www.minpokyo.org/incident/2014/02/3007/）。九月二七日付記事の付記に掲載された「全大阪生活と健康を守る会連合会（大生連）」会長へのインタビューによれば、申請時の同行は同会の通常の活動であり、それが事件にされるのは「今年になってから」という。不正受給には従来は全額返還で済んでおり、「よほど悪質でないと、福祉事務所も刑事告発をしませんでした」。「ちなみに、二月の家宅捜索のとき、警察と一緒に、マスコミがいっぱい来てたんです。警察がリークしたんでしょうね」(https://diamond.jp/articles/-/42223)。

当時の橋下大阪市長は二〇一二年四月から、警察官ＯＢや元ケースワーカーからなる生活保護の「不正受給調査専任チーム」を市内の二四区すべてに配置し、張り込みや聞き込みをおこなわせていた（『週刊ポスト』二〇一二年五月一八日号 https://www.news-postseven.com/archives/20120508_106582.html?DETAIL）。大阪府警警備部といえば、第一章の小括で述べたように、連帯ユニオン関西地区生コン支部（関生《かんなま》）の組合員がストライキを呼びかけた活動を、「威力業務妨害」として、二〇一八年秋に二八人を逮捕した部署である（竹信二〇二一＝二〇二五：五〇―五一）。労働運動を「犯罪」にした（竹信の表現）大阪府警警備部は、その五年前に福祉支援運動を「犯罪」にしていたことになる。

二月の家宅捜索に先立つこと二週間、一月二一日に厚生労働省は社会保障審議会において、生活扶助基準を向こう三年間で最大一〇％引き下げる方針を明らかにしていた。内閣発足から一カ月余のあいだに生活扶助基準の引き下げが着手され、不正受給にかんして異例の逮捕・家宅捜索がおこなわれたことは、第二次安倍内閣の社会保障にかんする姿勢をあまりにも露に示すものだった。

本章では第二次安倍内閣の政策を追跡する。第一節では二〇一三年八月初めまでの政策動向を見よう。それは、社会保障制度改革国民会議が安倍首相に報告書を提出するまでの期間に当たる。第二節ではまず、二〇一四年から二〇年までの安倍内閣の骨太の方針の内容を、社会保障に焦点を当ててたどる。ついで、骨太の方針が打ち出した姿勢のもとで、社会保障と税制にどのような制度改正がおこなわれたか、すなわち採用された政策手段を整理する（図序－1の②）。なお保健医療サービスについては次の第七章で扱う。安倍内閣はアベノミクスによって賃金や雇用（①の環境）が改善したと喧伝してきた。そこで第三節では環境のうち賃金の変化を確認し、また公的社会支出の規模（④）、そして負担のなかでも社会保険料負担の帰着（⑥）の変化を捉える。

1　生活扶助基準引き下げと子どもの貧困対策法、社会保障制度改革国民会議報告書

生活扶助基準の引き下げへ

二〇一二年一二月二六日に発足した第二次安倍内閣では、衆議院議員の田村憲久が厚労相に任命されていた（初入閣）。それから一カ月後の一三年一月末の社会保障審議会に、生活扶助基準引き下げの方針が明示された（資料4－4

https://www.mhlw.go.jp/stf/shingi/2r98520000002udvb.html)。引き下げは「ゆがみ調整分」と「デフレ調整分」からなり、前者の「ゆがみ調整分」は、社会保障審議会生活保護基準部会の検証結果を踏まえているとされた。

同部会の設置は、二〇一一年二月の社会保障審議会で、生活保護基準につき、「五年に一度実施される全国消費実態調査の特別集計データ等を用いて、専門的かつ客観的に評価・検証を実施する必要がある」として、了承された。同年四月一九日開催の第一回会合で、駒村康平が部会長、日本女子大学教授の岩田正美が部会長代理に選任された。他の委員を含めて、この作業を担当するうえで第一人者が任命されたといってよい[1](同部会の会議経過・資料・議事録はhttps://www.mhlw.go.jp/stf/shingi/shingi-hosho_126702.html)。

同部会の報告書が公表されたのは二〇一三年一月一八日であるが、その報告書の案を審議した一月一六日の部会を受けて、厚労省が生活保護基準の引き下げの検討に入ることが、早々と『日本経済新聞』などで報道されていた。アベノミクスの第一の矢と呼ばれることになる金融政策にかんして、政府と日本銀行が政策連携の「共同声明」を発表したのは一月二二日である[2]。こうした日付自体が、生活保護基準の引き下げが内閣にとって優先的な課題だったことを物語る。

厚労省が「ゆがみ」と称したものは、部会が、生活扶助基準額と「一般低所得世帯」の消費「実態」とを——年齢階級、世帯人員数、居住地域(生活保護の「級地」)ごとに——比較したところ、「乖離《かいり》」があった部分をさすと考えられる。「一般低所得世帯」の消費として、部会は、全国消費実態調査の調査結果から年間収入階級「第1・十分位」層の消費を参照した(社会保障審議会生活保護基準部会二〇一三:三、六)。

生活保護基準部会の報告書は

生活保護基準部会報告書は、検証結果を提示した部分の末尾で、考慮すべき事項を入念に記していた。すなわち、厚労省が生活扶助基準の見直しを検討する際には、部会報告書の「評価・検証の結果を考慮し、その上で他に合理的説明が可能な経済指標などを総合的に勘案する場合は、それらの根拠についても明確に示されたい。なお、その際には現在生活保護を受給している世帯及び一般低所得世帯への見直しが及ぼす影響についても慎重に配慮されたい」。そのうえで、「検証結果に関する留意事項」として、同部会が採用した検証手法が、「唯一の手法ということでもない」し、「一定の限界がある」と明記した。また、「現実には第1・十分位の階層には生活保護基準以下の所得水準で生活している者も含まれることが想定される点についても留意が必要である」、という(社会保障審議会生活保護基準部会二〇一三：八―九)。

部会作業により「乖離」が析出された部分についても、「一般低所得世帯」の「消費実態」よりも生活扶助基準のほうが高いと、単純に受けとらないよう、クギを刺したものだろう。また、「他に合理的説明が可能な経済指標など」には、物価水準が含まれていたと考えられるが、部会報告自体は物価水準に言及していない。部会報告はこのようにきわめて慎重であり、「生活扶助基準の見直し」になんらかの提案をするものではなかった。しかし、一月末の社会保障審議会には、生活扶助基準引き下げの方針が示され、二〇一三年度予算に盛り込まれて八月一日から実施されることとなる。

引き下げ処分取消訴訟の全国展開

しかし、こうした強引ともいえる引き下げを、保護受給当事者や支援者は座視はしなかった。引き下げ措置を不服とする「審査請求」が、九月一七日に二二の都道府県知事にたいして、いっせいに提出された。大阪府警警備部は、二月の逮捕・家宅捜索のあと九月一二日にも、大生連事務局などの六カ所に家宅捜索をおこなっていた。審査請求を牽制する動きとも感じられる。さらに一〇月一〇日にも、淀川生健会の会員を逮捕し、淀川生健会および大生連だけでなく東京の「全国生活と健康を守る会(全生連)」にも、家宅捜索をおこなった(https://www.minpokyo.org/incident/2014/02/3007/)。

審査請求が知事によって棄却されると厚労相への再審査請求に進み、これも棄却されたことで、二〇一四年二月の佐賀県を皮切りに、扶助基準の引き下げ処分を違法・違憲として取り消しを求める訴訟が、一四年中に一八道府県で提起された。二〇一五年以降も、一八年五月までに一二都県で提訴がおこなわれた。地裁の判決が出たのは二〇二〇年六月からであり、二五年一月三〇日時点の把握で、一八の地裁で原告勝訴（一一地裁で原告敗訴）、名古屋高裁と福岡高裁で原告勝訴となっている（名古屋について国側が最高裁に上告）（いのちのとりで裁判全国アクション https://inochinotoride.org/）。名古屋高裁の判決を報道した『朝日新聞』二〇二三年一一月三〇日付の記事は、一般に行政訴訟では原告側が勝訴する割合が約一割に止まることにたいして、「異例の展開」と評している。なお竹信が続報するように、関生事件でも、起訴された六六人のうち三四人が無罪を争い、二〇二五年二月までに一九人が無罪となっている（人数はのべ）（竹信二〇二一＝二〇二五：二六八、『東京新聞』二〇二五年二月二八日付）。

上記の生活保護基準部会で部会長代理を務めた岩田正美は、一連の訴訟のうち名古屋地裁で二〇一九年一〇月一〇日に原告側の証人として立ち、基準部会はデフレ調整による大幅削減を容認していたかを問われて、「議論もしていないわけだから、容認などはしていない」と断言した（『朝日新聞』二〇一九年一〇月一四日付）。

じつは大阪府警警備部は二〇二〇年二月四日にも、大阪の大正生健会の会員二名を逮捕し、大正生健会の家宅捜索をおこなった[3]。会員二名への容疑は、生活保護の不正受給ではなく、携帯電話の貸借を「詐欺被疑事実」としたもので、二月二八日には不起訴となった。この間、生活扶助基準の引き下げ処分の取り消しを求める訴訟は、大阪では二〇一四年一二月一九日に提訴されており、地裁で原告勝訴の判決が出たのは二一年二月二二日、国側の控訴により高裁で原告敗訴となったのは、二三年四月一四日であり、原告側は最高裁に上告している（いのちのとりで裁判全国アクション https://inochinotoride.org/）。

「持続可能性」と財政健全化の文脈——骨太の方針二〇一三

骨太の方針二〇一三「経済財政運営と改革の基本方針——脱デフレ・経済再生」は、六月一四日に閣議決定された。その第一章の2に、大胆な金融政策、機動的な財政政策、および民間投資を喚起する成長戦略という「三本の矢」が掲げられた。五番目の項目は、「経済再生と財政健全化の好循環」であり、日本経済の「再生」にとって「持続可能な財政と社会保障を構築していくことが必要不可欠である」と位置づけている(閣議決定二〇一三:五)。社会保障はもっぱら「持続可能性」と「財政健全化」という文脈で取り上げられ、それはアベノミクスの「必要不可欠」の一環をなしていたのである。

本書でくり返し留意するように、「持続可能性」とは社会保障給付を抑制する方向性を意味するキーワードである。この骨太の方針で社会保障がまとめて記述されているのは、第三章の3「主な歳出分野における重点化・効率化の考え方」のうち、「(1)持続可能な社会保障の実現に向けて」という項目である。その「基本的考え方」の筆頭にあげられたのが、「健康長寿、生涯現役、頑張る者が報われる社会の構築」であり、「社会保障に過度に依存をしなくて済む社会を構築する」であった(閣議決定二〇一三:二七)。

生活保護や生活困窮者支援にかんしては、生活保護の給付水準や加算制度の見直しにより「不適正・非効率な給付を是正」、就労インセンティブを強化、生活困窮者への早期支援と「貧困の連鎖の防止対策」を強化する、という(閣議決定二〇一三:二九)。それが、骨太の方針二〇一三に「貧困」という語が登場する唯一の箇所である。

以後の骨太の方針では、「貧困」は子ども関連でのみ、登場するようになる。また、就労インセンティブの強化や就業支援は、こののちひとり親関連でも頻出することになる。本書の「はじめに」で留意したように、日本の貧困が〝働いても共稼ぎでも貧困〟という特徴をもつことについて、認識を及ぼそうとする気配もないというべきか。まして税・社会保障による所得再分配が、貧困をかえって深めるほどに貧困削減効果が低いことなどは、想像の埒外《らちがい》にあるのだろう。

本書の第五章で見たとおり、自民党の二〇一〇年綱領では「目指す」「日本像」の第四項目が、「努力するものが報われ、努力する機会と能力に恵まれぬものを皆で支える社会。その条件整備に力を注ぐ政府」だった。それと対比すると、骨太の方針二〇一三では、「努力する機会と能力に恵まれぬもの」に言及していないこと、また政府の役割についても言及がないこと、さらに社会保障への「依存」を忌避させようと明言することが、際立っている。

子どもの貧困対策法——貧困の解消をめざさず、対象は将来だけ

この間に国会では、「子どもの貧困対策の推進に関する法律」案が超党派の議員立法で審議され、二〇一三年六月一九日に成立していた(施行は二〇一四年一月一七日)。立法のイニシアティブをとったのは民主党である。すなわち二月一三日の衆議院予算委員会で民主党の山井《やまのい》和則議員は、生活扶助基準の引き下げが住民税非課税世帯の認定や、最低賃金、就学援助等の制度に連動し、被保護世帯はもちろん低所得世帯の子どもに大きな影響を及ぼすことなどを質問した(https://kokkai.ndl.go.jp/#/detail?minId=118305261X00520130213&current=37)。民主党はじめ野党六党が五月に法案を提出し、与党も対応して法案が一本化されたのである。

日本国家は、子どもの貧困対策法を制定することにより、少なくとも子どもについて、貧困が存在すると認めたことになる。ところで同法は、二〇一九年六月にやはり超党派の議員立法で改正されており、一三年の法律(旧法)と一九年の改正法を対比すると、旧法の含意が明確になる。なお法改正にかかわったのは「子どもの貧困対策推進議員連盟」である。同議連は二〇一六年二月に自民党の田村憲久衆議院議員(一二年末から一四年九月三日まで厚労相)を会長、長島昭久衆議院議員を幹事長として、発足していた。

内閣府HPの共生社会政策(政策統括官)の欄に掲載された旧法と新法の対照表によれば、改正法によって初めて、第一条(目的)に、「子どもの貧困の解消にむけて」という文言が入った(https://warp.da.ndl.go.jp/info:ndljp/pid/11303453/www8.cao.go.jp/kodomonohinkon/pdf/kaisei_shinkyu.pdf)。ひるがえって旧法は子どもの貧困の「解消」を目的

に掲げていなかった。また、第一条の冒頭も、旧法は「この法律は、子どもの将来がその生まれ育った環境によって左右されることがないよう」と規定していた。これにたいして改正法の当該部分は「子どもの現在及び将来」であり、「現在」がくわえられた。

しかし、二〇一四年八月に閣議決定された「子供の貧困対策に関する大綱」には、貧困削減の数値目標がない。「将来」にのみ焦点を当て、貧困の解消はめざさない法律に照応して、大綱も貧困削減の目標を掲げなかったと、いえるかもしれない。ただし大綱の「子供の貧困に関する指標」のなかには、国民生活基礎調査にもとづく子どもの貧困率とひとり親の子どもの貧困率が含まれていた。

「学者は国の奴雁なり」

第五章でふれた民自公三党共同提案の社会保障制度改革推進法にもとづいて、社会保障制度改革国民会議が二〇一二年一一月末に発足した。会長は慶應義塾長の清家篤が務め、駒村康平、神野直彦、宮本太郎などもメンバーだった。生活扶助基準引き下げの方針が年明け早々に明示されたこと、六月の骨太の方針二〇一三に社会保障への「依存」を忌避させようとする文言が掲げられたことは、審議に影響しなかったはずはない。

二〇一三年八月に安倍首相に提出された報告書の副題は「確かな社会保障を将来世代に伝えるための道筋」である。清家会長による冒頭の「国民へのメッセージ」は、改革の必要性として、社会保障制度の「持続可能性」を高め、「その機能が更に高度に発揮されるように」することを、あげている。「持続可能性」を先に出しながらも、機能のより高度な発揮も位置づけた。同報告書によれば「持続可能性にとってとりわけ重要」なのは、子育て中などの比較的若い層が、日々の暮らしの安心感および将来への夢と希望をもてることであるという。ただし、受益と負担が見合わない社会保障はいずれ機能しなくなる、という表現もある(社会保障制度改革国民会議二〇一三：六)。

そして清家会長は、冒頭メッセージの結びの段落にこう述べている。

福沢諭吉は「学者は国の奴雁《どがん》なり」と書いています。奴雁とは雁《かり》の群れが一心に餌《えさ》を啄《つい》ばんでいるとき一羽首を高く揚げて遠くを見渡し難にそなえる雁のことで、学者もまた「今世の有様に注意して（現状を冷静に分析し）、以って後日の得失を論ずる（将来にとって何が良いかを考える）」役割を担う、という意味です。私たちもまた、社会保障の専門家として、社会保障制度の将来のために何が良いかを、論理的、実証的に論議してまいりました。

同報告は冒頭近くで、二〇〇八年の社会保障国民会議以来の改革議論や提案をふり返り、「二回の政権交代を超えて共有できる一連の流れがある」と述べる（社会保障制度改革国民会議二〇一三：二）。そして改革の方向性として、「「一九七〇年代モデル」から「二一世紀（二〇二五年）日本モデル」へ」を掲げた。

「一九七〇年代モデル」から「二一世紀（二〇二五年）日本モデル」へ

本書の「はじめに」でもふれたように、「一九七〇年代モデル」とは、「正規雇用・終身雇用の男性労働者の夫と専業主婦の妻と子ども」という家族を前提に、「現役世代は雇用、高齢者世代は社会保障」という「生活保障モデル」だったという。これにたいして「二一世紀日本モデル」は、「切れ目なく」全世代を給付の対象とし、「女性、若者、高齢者、障害者などすべての人々が働き続け」ることを前提として、負担も年齢別でなく「負担能力別」に切り替えるという（社会保障制度改革国民会議二〇一三：七、九）。

では、「一九七〇年代モデル」から「二一世紀日本モデル」への切り替えは、なぜ必要だと捉えられただろうか。一九七〇年代モデルは、ようするに「男性稼ぎ主」（本書の用語）を擁する現役世代が、安定的な雇用を通じて生活を保障されるとともに、高齢者世代の社会保障を費用面（税・社会保険料負担）でもサービス面（家族介護）でも支える、というしくみだった。報告書によれば、社会経済状況の次のような変化により、一九七〇年代モデルの機能は低下したという。すなわち、人口構成の超高齢化、夫婦共稼ぎの増加、都市化や人口減少、そして経済グローバル化や低成長のもとで企業による生活保障機能も低下していること(社会保障制度改革国民会議二〇一三：七―八)、である。くり返しになるが、そうした状況変化と機能低下が起こったことを、私は否認しない。そのうえで、当の「一九七〇年代」に、システムがどれほど順当に機能していたかは、検証される必要があると考え、本書の第二章で検討した。その結果は、一九六〇年代半ばから七〇年代半ばの日本でも、貧困が抑えられていたと判断することはむずかしい、というものだった。

私がこの間に意識してきたのは、日本の税・社会保障制度がたんに機能の低下や不全に陥ったというより、逆機能している面を直視しなければならない、という点である。社会保障制度改革国民会議が着目した諸変化も、システムやモデルから独立に、外側から影響する条件(与件)というより、システムが招き生み出す(マイナスの)「成果」である。第五章で見たように、二〇〇八年の社会保障国民会議や〇九年の安心社会実現会議の報告書には、逆機能への意識がうかがえる。民主党内閣が設けた社会保障改革に関する有識者検討会の報告では、逆機能の言葉こそ使わないものの、その現象が明確に指摘された(私が臨時構成員として一度ならず発言したため、当然ではある)。しかし、社会保障制度改革国民会議の報告書には、逆機能に相当する課題への言及は見出されない。

もう一点、同報告書が違和感を覚えさせる箇所を指摘しておきたい。それは報告書の冒頭近くに置かれた「共助」と「公助」の定義である。そこでは「共助」が「社会保険方式を基本とする」「自助の共同化」であり、「公助」は「公的扶助や社会福祉など」である、としている(社会保障制度改革国民会議二〇一三：二)。

こうした定義・用語は、まぎれもなく国が設ける制度である社会保険を「公助」から外す点で、本書の定義とともに政府や自民党の従来の用語とも異なる。一九七九年の、かの自民党『研修叢書8　日本型福祉社会』も、社会保険・公的扶助だけでなく公衆衛生も含めて、「国が用意する社会保障制度」と位置づけていた(自由民主党一九七九：九四、一六九)。社会保障制度改革国民会議の右のような用語が、二〇〇八年の『平成二〇年版　厚生労働白書』に見られること、しかし二〇一二年の『平成二四年版 厚生労働白書』には見られないことなどにつき、社会福祉学者の里見賢治が早々に指摘して新用語を批判しており、岩田正美も最近著で注意を促している(里見二〇一三、岩田二〇二四：三一七)。社会保障制度改革国民会議報告書は右のくだりを、社会保障制度改革推進法の第二条(「(基本的な考え方)」)を紹介するものとしているが、同推進法には「自助、共助及び公助」という言葉はあっても、それらの定義はない。社会保障制度改革国民会議の用語は常識にそぐわない無理なものといえよう。

2 一連の骨太の方針と制度改正

2-1 骨太の方針二〇一四以降の社会保障の位置づけ

一貫して持続可能性と財政健全化の文脈で

社会保障にかんする骨太の方針二〇一三の姿勢は前記のとおりだった。ではそのような姿勢は、第二次安倍内閣の八年間に変化したのだろうか。まず骨太の方針二〇一四は、前年夏に提出された社会保障制度改革国民会議の報告書に言及しないまま、「医療・介護を中心に社会保障給付について、いわゆる「自然増」も含め聖域なく見直し、徹底的に効率化・適正化していく」ことを眼目とする(閣議決定二〇一四：二三)。八回の骨太の方針をとおして、社会保障はつねに財政健全化とつなげられ、「持続可能な」という形容詞とともに登場している。「持続可能性」の意味は、二〇一三年一二月に成立した社会保障改革プログラム法(持続可能な社会保障制度の確立を図るための改革の推進に関する法律)総則では、「受益と負担の均衡」と定義された。前記のように社会保障制度改革国民会議は、社会保障の持続可能性にとって、若い世代の暮らしの安心感と夢や希望が「とりわけ重要」と位置づけたが、その点には言及がない。

では「財政健全化」は、骨太の方針でどのように位置づけられているだろうか。その「財政健全化」では、つねに歳出の「重点化・効率化」が前面に出ている（閣議決定二〇一四・一二二）。歳入増では、（根本的な税制改正なしに）経済成長を通ずる税収増（に期待すること）が優先され、増税は三党合意の消費税率引き上げのみである。その第一弾として二〇一四年四月一日に従来の五％から八％となった（第二弾が二度にわたって先送りされ、二〇一九年一〇月一日から一〇％に）。他方で「成長志向の」の法人税改革に言及する。成長志向の法人税改革とは純減税と読み解くべきである。社会保障は、主要な歳出分野の筆頭として、重点化・効率化の文脈でのみ論じられている。

社会保障と税の一体改革でなく、経済財政再生計画へ

民主党内閣および三党合意では、税と社会保障を扱う大枠として「社会保障と税の一体改革」という言葉が使われた。第二次安倍内閣の骨太の方針では、その言葉は影が薄い。そして二〇一五年度以降は「経済・財政再生計画」が大枠となり、社会保障はその筆頭分野とされた。「経済・財政再生計画」では、歳出改革の柱は、「①公的サービスの産業化」（医療・介護、子育てなどの社会保障サービスを含むと明記）、「②インセンティブ改革」（公共サービスの無駄を「排除」し、質を上げ量を抑制する）、「③公共サービスのイノベーション」（見える化、業務の簡素化・標準化）である（閣議決定二〇一五・一二二）。これらのうち第一の医療・介護の「産業化」とは、医療機関や医療従事者が健康増進ビジネスで〝儲ける〟業務に携わることと理解できる。(4)

二〇一五年九月後半に「新・三本の矢」が打ち上げられ、骨太の方針では一六年版から登場した。そこには、「安心につながる社会保障」という言葉があるが、内容は介護離職ゼロに限られる（閣議決定二〇一六）。二〇一七年九月二五日の記者会見で安倍首相は、少子高齢化の深刻化と北朝鮮の核・ミサイル開発の脅威を「国難」と称し、それらを「突破」するために衆議院を解散すると表明した。だが、北朝鮮の核・ミサイルの脅威はともかく、少子高齢化は最近に深刻化したものではない。国立社会保障・人口問題研究所の人口統計が示すように、日本の合計特殊出生率が一・五を割り込み、超少子化社会となったのは、一九九〇年代半ばである。超高齢化も人口減少も当時から予見され

ていた(http://www.ipss.go.jp/syoushika/tohkei/suikei07/suikei.html#chapt11-1 出生中位・死亡中位の推計)。首相が解散総選挙の必要性であるかのようにもち出した「国難」の内実は、一〇年以上以前から想定されていたものだった。

全世代型の社会保障とは

さて骨太の方針二〇一八は、それまでの方針とはやや趣が異なるという印象を与える。「お年寄りも若者も安心できる「全世代型」」の社会保障制度が打ち出され、[5] その具体的施策は、幼児教育の無償化、待機児童問題の解消(二〇二〇年度末までに三二万人分の受け皿)、低所得家庭の子に限定した高等教育の無償化、介護職員の処遇改善による人材確保などである。二〇一九年一〇月から消費税率を二%引き上げて一〇%にすることで見込まれる五兆円強の税収から、約二兆円をそれらに充当するという(閣議決定二〇一八:八―九、四九)[6]。そして、「社会保障制度の基盤強化」という項目も見える(閣議決定二〇一八:四、五一など)。

しかし、社会保障制度の基盤強化の内容は、その費用の「自然増の抑制」、医療・介護のサービス供給体制の「適正化・効率化」、生産性向上や「給付と負担の適正化」であり、基盤固めの目標は経済成長と財政を持続可能にすることに置かれている(閣議決定二〇一八:五二)。「基盤強化」は、「機能強化」とは逆方向にあると見るべきである。〝世代間公平の確保〟や〝給付と負担の適正化〟で含意されているのは、高齢者の負担の引き上げであろう。

そして骨太の方針二〇一九にいたって、「全世代型社会保障への改革」という見出しのもとに提唱されているのは、「①七〇歳までの就業機会確保」「②中途採用・経験者採用の促進」「③疾病・介護の予防」である(閣議決定二〇一九:一三―一六)。〝社会保障に頼らせない〟ことが、安倍内閣の「全世代型社会保障」なのであり、それは骨太の方針二〇一三から一貫している。第五章で見たように麻生内閣から民主党内閣にかけては、全世代(対応)型の社会保障とは、子どもや現役世代への給付を強めることを意味していた。それが安倍内閣では高齢者への給付の抑制と負担の引き上げへと反転されたのである。

二〇一九年九月には、安倍首相を議長として主要閣僚が構成する「全世代型社会保障検討会議」が設置され、二〇年六月までに二度の中間報告を策定した。うち二〇一九年一二月の中間報告は、「効果的・効率的、健全で持続可能性の高い介護提供体制の構築を進める」としている。

なお骨太の方針二〇二〇は、一八年版と一九年版の「内容に沿って、社会保障制度の基盤強化を着実に進め」るとのことである（閣議決定二〇二〇：三〇―三一）。コロナ禍にもかかわらず、基本的方向性は変えないのである。ただしさすがに、「検査体制の強化、保健所の体制強化」等に取り組むことにはなっている（閣議決定二〇二〇：三〇）。

2-2 制度改正――社会保障（保健医療サービスを除く）

法改正しても改善目標なし――子どもの貧困

以上のような骨太の方針のもとで、いかなる制度改正がおこなわれてきたのか。生活保護制度に起こった強引ともいうべき「改正」、すなわち生活扶助基準の引き下げ、そして「不正受給」および申請支援を「犯罪」とする動きは、本章の冒頭で見たとおりである。一連の社会保障関連の法改正等は、表6-1のようにまとめられる。

方針どおりに、重点化・効率化が目立ち、機能の強化や充実にかんする項目は、主として二〇一二年六月の三党合意に由来する。制度改正で大きなものは、すでに紹介した二〇一三年中の生活保護制度の改正（一七年にも見直し）、および一四年の医療介護総合確保推進法の制定である。後者は、「地域包括ケアシステム」の構築をめざすとして介護保険給付を絞り込んだ。表中の「補足給付」とは、施設入居者の食費・居住費（水光熱費相当）にかんする負担軽減制度である（医療面の改正については第七章で扱う）。骨太の方針が掲げる社会保障の重点化・効率化は、生活保護と介護という困窮者・高齢者を対象とする分野から着手されたのである。

また、これも上述のように、二〇一三年に子どもの貧困対策法が制定され、一九年に改正された（いずれも超党派の

表 6-1　第二次安倍内閣の社会保障制度改正

成立年／月	法律名など	おもな規定	備考
2013/6	子どもの貧困対策法(議員立法)	目的は子どもの「将来」が生育環境によって左右されないこと．教育・生活・就労・経済的等の支援施策を推進	わずかに機能強化．子供の貧困対策大綱(14 年 8 月)には貧困率削減の数値目標なし
2013/8	2013 年度予算	生活扶助基準の減額を開始	15 年までに 6.5%，670 億円
2013/12	生活保護法一部改正	就労による自立促進／不正受給対策の強化／医療扶助の「適正化」／生活扶助基準の減額	重点化・効率化
2013/12	生活困窮者自立支援法	自立相談支援事業，住宅確保給付金(家賃相当，有期)支給	機能強化(2012 年設置の社会保障審議会特別部会報告にもとづく)
2013/12	社会保障改革プログラム法	持続可能性を「受益と負担の均衡」と定義	3 党合意したはずの年金制度や高齢者医療制度の抜本改革を含まない
2014/4	次世代育成支援対策推進法の一部改正	期限延長(2025 年 3 月末まで)	機能を維持
2014/6	医療介護総合確保推進法	医療：都道府県に「地域医療構想」の策定義務(2016 年度中に)．介護：介護予防を地域支援事業に移行／特別養護老人ホームの新規入所者を原則要介護 3 以上に重点化／高所得の第 1 号被保険者の自己負担を 2 割に引き上げ／「補足給付」の要件に預貯金を追加	安倍内閣の骨太の方針では過剰労働への問題意識が希薄．介護では重点化・効率化
2015/4	介護報酬改定	平均 2.27% の引き下げ	
2015/5	国保法等一部改正	都道府県が責任主体(18 年度より)／後期高齢者支援金の全面総報酬制の導入／負担の公平化／「患者申出療養」制度の導入	重点化・効率化．患者申出療養は，医師会・健保連・患者団体の反対で，「選択療養制度」から修正．混合診療の解禁には至らず
2015/8	女性活躍推進法	常用労働者 301 人以上の企業に行動計画策定義務	
2016/3	雇用保険法一部改正	介護離職の防止に向けて	機能強化
2016/11	2012 年の年金機能強化法の一部改正	3 党合意にもとづき年金受給資格期間を 25 年から 10 年に短縮する件について，2017 年度中から実施できるよう改正	機能強化．年金生活者支援給付金や介護保険料の低所得者軽減の施行は未定
2016/12	年金制度改革法	マクロ経済スライドによる調整ルールの見直し(景気回復局面でキャリーオーバー分を早期に調整)．物価と賃金で下落幅がより大きいほうに合わせて年金も減額	重点化・効率化．民進党の試算(2014 年データ)では，年金の年間減額は国民年金で約 4 万円，厚生年金で約 14.2 万円
2017/3	雇用保険法一部改正	失業等(教育訓練および育児休業)給付の拡充，移転費	機能強化
2017/5	介護保険法改正	地域包括ケアシステムの強化／高所得の第 1 号被保険者の負担割合を 3 割に	重点化・効率化
2017/12	生活保護制度見直し	生活扶助基準および母子加算等の減額	重点化・効率化
2018/6	生活困窮者自立支援法改正	生活保護世帯の子どもの大学等への進学支援，児童扶養手当の支払回数の見直し，医療扶助における後発医薬品の原則化等	機能強化および効率化

2018/7	働き方改革推進法	時間外労働の上限を初めて規制(臨時的な特別事情では単月100時間，複数月80時間)．パート労働法・労働契約法・労働者派遣法で正規との不合理な待遇差を禁止	80時間は過労死ライン．非正規の不合理な待遇差の禁止は，2020年4月から施行(中小企業では21年4月から)
2018/8	児童扶養手当の見直し	全額支給されるための所得の限度額を引き上げ	1人扶養で収入130万円を160万円に．機能強化
2019/5・6	女性活躍推進法・労働施策総合推進法の改正	行動計画策定義務を常用労働者301人以上から101人以上に拡大．パワーハラスメント防止のための事業主の措置義務を創設	
2019/6	子どもの貧困対策法の改正(議員立法)	「将来」のみならず「現在」も．目的規定に「子どもの貧困の解消に向けて」が入る	11月に大綱．貧困率削減の数値目標なし．貧困率の数値を2つ並列
2019/9	地域医療構想	急性期の機能選択の見直しが求められる424の公立・公的医療機関のリストを公表	病院機能として分析されたのは「五大疾病」(がん，脳卒中，急性心筋梗塞，糖尿病，精神疾患)のみ
2019/10	2012年の年金生活者支援金給付法を施行	一定額以下の所得の年金受給者に給付金等を支給する．3党合意により，消費税率引き上げ第2段階の施行に合わせて施行とされていたもの	機能強化．給付金は最大月額5000円
2020/3	新型インフル等対策特別措置法の改正	新型コロナウイルス感染症を，暫定的に新型インフルエンザ等とみなす改正(附則1条の2)	
2020/4	特別定額給付金を一律10万円と発表	住民全員が対象だが，受給権者は「世帯主」	コロナ禍の緊急事態宣言にともない
2020/6	年金法等の改正	厚生年金の適用拡大：短時間労働者に適用すべき事業所の規模を段階的に引き下げ	現行500人超→100人超→50人超などの機能強化．公務員共済の短期給付も短時間労働者に拡大
2020/6	コロナ対応の雇用保険法の臨時特例法	事業主が休業させたが休業手当を受けられない労働者に新たな給付制度．失業手当の給付日数の延長	機能強化
2021/6(菅内閣)	育児・介護休業法の改正 健康保険法等の改正	出産直後の柔軟な育休(「産後パパ育休」の創設など)，取得しやすい環境整備 後期高齢者医療の窓口負担の見直し(一定所得以上の場合2割に)	機能強化 全世代対応型の社会保障制度を構築するためとして．約370万人が1割から2割に

注：2021年6月の健康保険法等の改正により，後期高齢者医療で窓口負担が2割となる被保険者の比率を，厚労省は20%と推計(https://www.mhlw.go.jp/stf/seisakunitsuite/bunya/kenkou_iryou/iryouhoken/newpage_21060.html)．それが370万人に当たるという推計は，政府広報オンライン(https://www.gov-online.go.jp/useful/article/202209/1.html)．
出所：『厚生労働白書』にもとづき作成．

議員立法）。子どもが貧困であるとは、子どもと世帯を営む成人が貧困であることを意味するのであり、一九年改正により子どもおよび子どもを育てる成人について、日本国家は貧困解消という目標を掲げたことになる。その意義は小さくない。

ただし、『東京新聞』の記事によれば、子どもの貧困対策推進議員連盟で議論されていた原案では、子どもの貧困率などについて「子供の貧困対策に関する大綱」で改善目標を明示することを盛り込んでいたという。それが二〇一九年四月二五日の議連の会合で、貧困率は「可処分所得だけを基に算出することから、数値目標としてふさわしいのかという疑問が出され」、「一転して削除」されたとのことである（『東京新聞』二〇一九年四月二六日付）。そして二〇一九年一一月に閣議決定された大綱では、国民生活基礎調査にもとづく貧困率と並べて全国消費実態調査にもとづく数値が掲げられた。

本書の第二章で言及したように二〇一六年の通常国会では、日本の貧困率の高さが再三取り上げられた。安倍首相は、国民生活基礎調査による数値は高いけれど、全国消費実態調査による数値はＯＥＣＤ平均よりも低いという旨を答弁している。国民生活基礎調査は、単独世帯からの回収が過少であるという課題を指摘されつつも、「予算事情」などから標本規模を拡大できていない。直近の二〇二二年調査（二一年の所得等を調査）では、回収率が大きく低下しつつ、子どもの貧困率が相当に下がった。他方で全国消費実態調査では、〝予算事情〟に恵まれたためか、「単身世帯」とともに全体の標本規模の拡大を果たし、名称も全国家計構造調査と改めて二〇一九年に調査を実施した。貧困率の算出方法も変更され、その変更の効果は貧困率の二％ポイント（近く）の上昇だった（図2-1、図4-2）。

子どもの貧困対策推進議員連盟で指摘された可処分所得「だけ」というのは、一面では、サービス給付や資産保有、食糧の自給やおすそ分けのような生活を豊かにする要素が、勘案されていないことをさすのかもしれない。他面では、消費税負担のような消費を狭める要素、およびその負担のひき上げも、可処分所得には反映されない。可処分所得「だけ」では〝ふさわしくない〟と考えるのであれば、第二章で紹介した相対的剝奪や社会的排除を捉える調査を促すべきであるが、議連でそのような議論があったかは、うかがいしれない。SDG1-2によれば、貧困を定義して削減目標を立てることが各国に要請されるのであり、この国際合意にてらして日本政府の姿勢が問われなければならない。

子どもの貧困対策法の改正を織り込んだと見られる骨太の方針二〇一九では、「世代を超えた貧困の連鎖を断ち切るため」という例年の目標提示のもと、ひとり親家庭への「総合的な支援」では、「養育費の確保支援」「子供の学習支援」「教育相談の充実」「地域ネットワークの形成」が列挙され、「子供の貧困の解消に向けて社会全体で取り組む」とされている（閣議決定二〇一九：二二）。また、骨太の方針二〇二〇で子どもの貧困は、従来のような少子化対策や子ども・子育て支援の項目ではなく、「社会的連帯や支え合いの醸成」の見出しのもとに置かれた（閣議決定二〇二〇：三三）。

いま・ここで、子どもとともに親が苦しむ貧困を、政府の責任で解消しようとは、述べないのである。第五章で見たように、麻生首相が任命した安心社会実現会議の二〇〇九年の報告書が、「母子家庭における子どもの貧困の解消」の取り組みとして、母子家庭の就労支援とともに、「給付つき税額控除」をあげていたことと、対比される（第八章の付表1）。

2-3 制度改正——税制

第二次安倍内閣の税制改正は表6-2のようにまとめられる。二〇一二年度を含めているのは、個人所得課税の所得再分配機能を強める改正、すなわち給与所得控除の上限設定（一四年度と一七年度に上限引き下げ）が、民主党政権下の一二年度に始まったことを示すためである。二〇一三年度におこなわれた所得税の最高税率の引き上げと相続税の増税も、所得と資産の再分配機能を強める改正であり、民主党政権下の税制調査会で一二年一一月に審議されていた

表 6-2　第二次安倍内閣の税制改正

年度	個人所得課税・資産課税等				法人税・消費税等	
	増税（累進度＋）	税収増	減税（累進度－）	税収減		税収増減
2012	給与所得控除に上限設定（給与 1500 万円超で 245 万円止まり） 国際財産調書制度の導入	842 億円 –			地球温暖化対策税を導入 消費税率 5% 引き上げを予定	2623 億円 13 兆円見込
2013	課税所得 4000 万円超につき税率を 40% から 45% へ 相続税の基礎控除引き下げ・税率引き上げ	590 億円 2780 億円	NISA の導入 住宅ローン減税の延長 子や孫への贈与に減税	60 億円 570 億円 120 億円	給与増加・雇用増加につき法人税に新たな税額控除	－1080 億円
2014	給与所得控除の上限を引き下げを決定（給与 1200 万円超で 230 万円止まり）．17 年度に再引き下げ	2016 年度に 380 億円			消費税率を 3% 引き上げ 所得拡大促進税制の拡充・延長 復興特別法人税を 1 年前倒し終了 地方法人課税の改正	5 兆円 －1060 億円 －6453 億円 －6486 億円
2015			NISA の改正 住宅ローン控除の適用期限延長 贈与税の非課税措置拡大	200 億円 ? ?	法人税率の引き下げ 法人税課税ベースの拡大 所得拡大促進税制の要件緩和	－6690 億円 3970 億円 －340 億円
2016					法人税率をさらに引き下げ 法人税課税ベースの拡大 消費税の軽減税率制度を導入	－3340 億円 2980 億円 －1 兆円
2017	配偶者控除の見直し 給与所得控除の上限を引き下げ（給与 1000 万円超で 220 万円止まり）	390 億円 810 億円	積立 NISA の創設	240 億円		
2018	給与所得控除額を一律 10 万円引き下げ，控除の上限を引き下げ（給与 850 万円超で 195 万円止まり） 公的年金等控除を 10 万円引き下げ	730 億円 70 億円	事業承継税制・農地の納税猶予	730 億円	所得拡大促進税制の振替等 国際観光旅客税創設 たばこ税引き上げ	－10 億円 430 億円 1280 億円
2019			住宅ローン減税の拡充	1000 億円（初年度はゼロ）	法人課税各種措置の見直し 10 月 1 日より消費税率を 2% 引き上げて 10% に．飲食料品と新聞は 8% のまま	－30 億円 3.3 兆円
2020			企業年金・個人年金制度の見直し	10 億円	オープンイノベーション促進・5G 導入促進 国内設備投資促進税制の見直し 交際費等の扱いの見直し	－280 億円 90 億円 140 億円
2021（菅内閣）	退職所得課税の適正化	30 億円	住宅ローン控除の特例の延長 企業年金・個人年金制度の見直し	90 億円 20 億円	DX 投資促進税制の創設 研究開発税制の見直し 繰越欠損金の控除上限の特例 賃上げ・投資促進の税制見直し （法人税の増減合計）	－110 億円 －240 億円 －390 億円 740 億円 －130 億円

出所：財務省『税制改正』毎年度版より作成.

(http://www.cao.go.jp/zei-cho/history/2009-2012/gijiroku/zeicho/2012/__icsFiles/afieldfile/2012/12/21/24zen5kai2_1.pdf)。安倍内閣はこれを実施して高収入層・資産家層にたいして若干の増税としたものの、それを埋め合わせるように各種の減税を導入している。そして法人にたいしては、じつに多様な手法で大幅な減税がおこなわれた(法人所得課税で課税ベースを相応に拡大)。

表6-2が略記するように、二〇一七年度税制改正で配偶者控除が見直された。その内容は、配偶者控除が適用される納税者の年収に制限を設け、一一二〇万円以上で控除を逓減・消失させるというものである(財務省『平成二九年度 税制改正』)。年収一一二〇万円とはいかなる収入のレベルなのか。国税庁の民間給与実態統計調査の調査結果報告で、二〇一六年の給与階級別給与所得者の構成比を参照しよう。一〇〇〇万円超の構成比を見ると、男女合計で四・二%にすぎず、男性のみでも六・六%である(https://www.nta.go.jp/publication/statistics/kokuzeicho/minkan2019/pdf/001.pdf)。配偶者控除が逓減・消失することになったのは、文字どおり一握りの高収入者だけである。

麻生内閣の中期プログラムや、民主党政権の社会保障・税一体改革成案は、格差の是正や所得・資産の再分配機能の回復をたしかに意図していた。その間の税制調査会等では、税制が再分配機能を発揮するうえでの手段として「税額控除」が何度も言及された(第八章の付表2)。しかし、安倍内閣の制度改正や税調答申に、格差の是正や再分配機能の回復という方向性は読みとれない[7]。この点には第八章で立ち戻ろう。

3 分配と再分配

下がりつづけた実質賃金

安倍内閣はアベノミクスによって賃金や雇用が改善したと喧伝してきた。ここでは賃金に絞って分配の状況を簡単に見ておきたい。毎月勤労統計調査により、きまって支給する給与について実質賃金指数の推移を見ると、図6-1

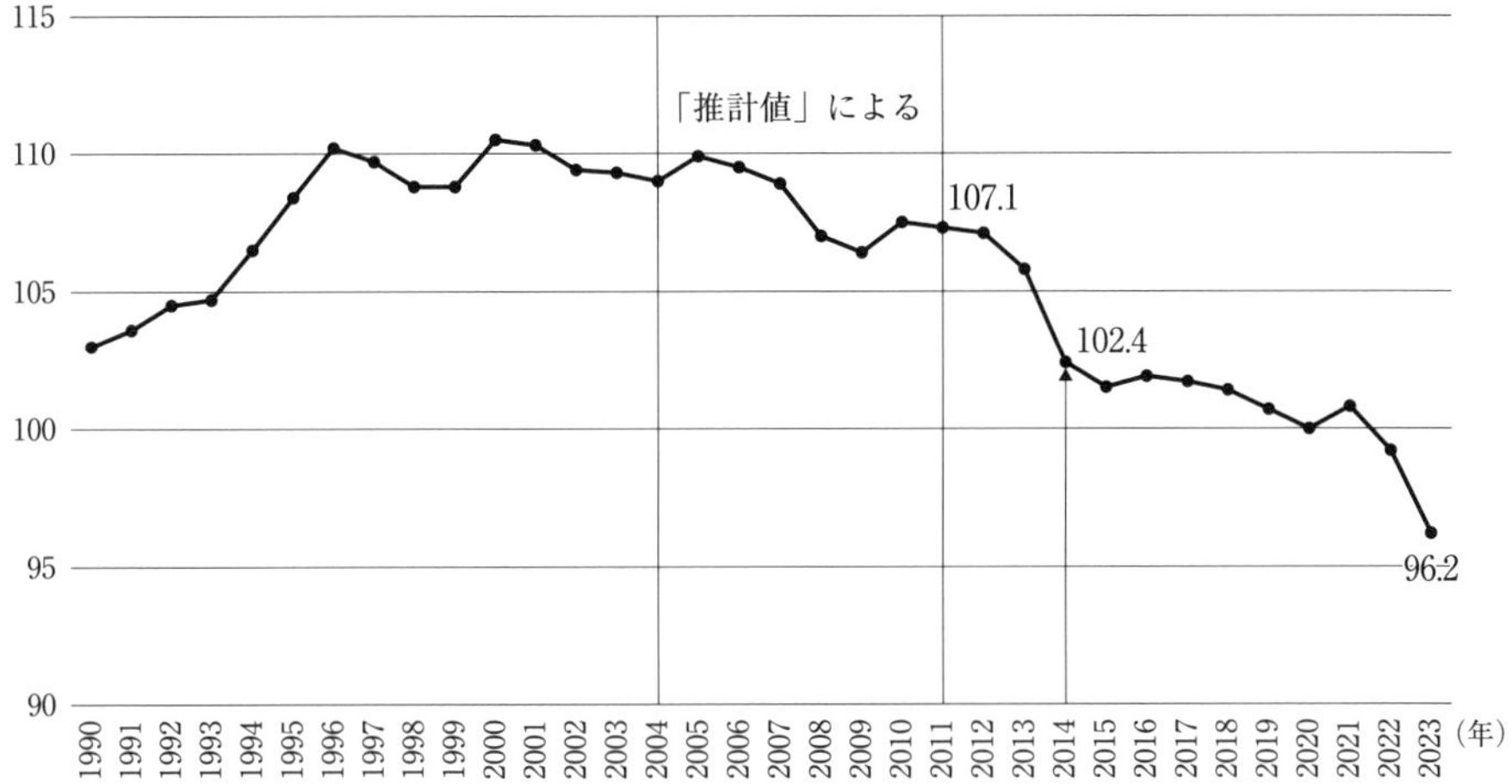

図 6-1　実質賃金指数の推移

注：2020 年＝100．5 人以上事業所・全産業の平均．きまって支給する給与(超勤手当を含みボーナスを含まない)，1 カ月以上雇用の非正規を含む．
出所：毎月勤労統計調査より作成．

のとおりである。きまって支給する給与には超過勤務手当を含むが、ボーナスは含まない。二〇一二年の年平均は、表示のように一〇七・一であり、二〇一四年の年平均は一〇二・四に落ちた。月別の数値を見ると安倍内閣の登場後半年くらいで急速な低下が始まり、岸田内閣の登場にともないインフレのもとでさらに急低下した。

賃金統計に介入したのか

ところで二〇一八年一二月一三日には、毎月勤労統計調査に「不正」ないし「不適切な取扱い」があったことが公的に明らかとなった。ようするに同調査では二〇〇四年から一七年まで、東京都の五〇〇人以上の事業所について、全数調査と称しつつ抽出調査をおこない、復元処理もしていなかったため、「きまって支給する給与」等の数値が実態よりも低めに出ていた。低めとは、月額では平均〇・六％に当たるという(厚労省が確認した事実は、二〇一九年一月一一日に報道発表された。https://www.mhlw.go.jp/content/10700000/000467631.pdf)。

それを二〇一八年一月から明示しないままに訂正したために、一七年にたいする一八年の賃金の上昇率は高めに出ることになった。『西日本新聞』二〇一八年九月二九日付、および一九年六月五日付の報道などは、一七年から一八年にかけての賃金上昇率は「上振れ」しており、それは「統計の作成手法」の変更などによること、そうした作成手法は「首相秘書官や麻生太郎副総理兼財務相の問題意識を受けて導入された」、と指摘した。麻生が「問題意識」を表明したのは、二〇一五年一〇月一六日の経済財政諮問会議だという。

問題の発覚と指摘を受けて遡及訂正がおこなわれたが、二〇〇四年から一一年一二月までは原データが廃棄ないし紛失しており、再集計ができないため、「推計値」として作成されている。図6-1に「推計値」によると記入しているのは、その意味である。「推計値」が公表されたのは二〇二〇年八月から二一年八月のあいだである(https://www.mhlw.go.jp/toukei/list/30-1h.html)。

毎年の春闘の時期に政府が賃上げを要請してきたにもかかわらず、図6-1が示すように実質賃金には回復が見られない。のみならず二〇二一年以降は、円安の進行による物価上昇もあいまってさらに急降下した。

この間、諸外国の状況はどうだったか。G5+韓国の平均実質年間賃金を、購買力平価でドル換算して推移を見ると、本書の図2-2(名目の等価可処分所得の中央値の推移)と同様のパターンである(実質賃金ではイギリスがフランス・韓国よりも上位にあるが)。各国で賃金の上昇が見られるなか、日本の平均実質賃金は終始四万二〇〇〇ドルと四万ドルのあいだに停滞しており、二〇一二年から一五年にかけて、つまり第二次安倍内閣の登場にともない、四万一〇〇ドルへと低下している。日本の数値が二〇一三年に韓国に追いつかれ、以後抜き去られたことも確認したい。労使関係研究者の禹宗杬《ウージョンウォン》によれば、二〇二〇年の為替レートでは、労働者全体の現金給与総額で韓国が日本より高くなった(禹宗杬二〇二一)。

雇用・所得環境が改善したので、平均賃金が低下?

注記したように図6-1がもとづく数値には、一カ月以上雇用の非正規労働者の賃金を含む。そのため、正規・非正規の賃金率の格差が縮小しないかぎり、非正規労働者の比率が上昇すると平均賃金は下がる。安倍首相はその点にたびたび言及した。直近では二〇一九年一〇月九日参議院本会議で、大塚耕平議員の代表質問にたいして、「アベノミクスによる雇用拡大で女性や高齢者などが新たに雇用された場合は平均賃金の伸びも抑制され」と述べ、続けて「国民みんなの稼ぎである総雇用者所得は名目でも実質でも増加が続くなど、雇用・所得環境は着実に改善しています」と答弁した。

「総雇用者所得」は、内閣府が月例経済報告のなかで使用する指標の一つであり、毎月勤労統計調査の一人当たり名目賃金に、労働力調査の非農林業雇用者数を乗じて算出される。GDP統計では「雇用者報酬」と呼ばれ、税・社会保険料込みの賃金・俸給のほか、「雇主の社会負担」（主として雇用主の社会保険料負担）を含む。社会保険料負担が上昇しつづけるなかでは、「所得環境」について可処分所得を見たいところである。

本書の第二章で言及したように、三年ごとの国民生活基礎調査による等価可処分所得の中央値は、一九九七年をピークとして二〇一五年まで低下し続けた。また五年ごとの全国消費実態調査（二〇一九年から全国家計構造調査）による等価可処分所得の中央値は、一九九九年をピークとして二〇一四年まで低下し続けた。その後若干の上昇が見られるとはいえ、両調査の直近の値もそれぞれのピークにかなり及ばない。アベノミクスで所得環境が改善したと判断することはむずかしい。

GDP統計で、「パイ」の総額に占める賃金・俸給の比率を参照しよう。ところでGDP統計の基準は、二〇一六年第4四半期の速報から改定されている。二〇〇五年基準から一一年基準に転換し、あわせて2008 SNA（国際基準二〇〇八年版）への対応をおこない、一九九四年の数値まで遡及して改定した[8]（https://www.esri.cao.go.jp/jp/sna/seibi/kouhou/pdf/2015kijun/20201118announce.pdf）。二〇一五年基準改定の結果、たとえば一五年度のGDPは約三〇兆円上方に改定されることとなった（高山ほか二〇一七、斎藤二〇一七）。

この改定により賃金・俸給には、役員賞与（以前は財産所得の配当に計上）とともに役職員へのストックオプションの価値をも含めることとなった。あわせて労働力調査でベンチマーク人口の切り替えがあり、雇用者数も上方改定されたことから、二〇一四年度については、旧基準にくらべて新基準では賃金・俸給が九・六兆円上方改定された。上方改定分は四%を超えており、小さくない。これらを踏まえながら、雇用者報酬、企業所得、および財産所得(非企業)の合計(要素費用表示国民所得)に占める賃金・俸給の比率を見ると、一九九〇年代半ば以来低下気味であり、安倍内閣になって、賃金・俸給の一〇兆円近い上方改定にもかかわらず、さらに低下した。なお二〇一八年度からは上昇気味である。半面で法人企業所得の比率は二〇一七年度まで上昇した(大沢二〇一八b:一五)。

再分配――給付

では社会保障の給付面はどうなっただろうか。本書第三章の図3-7に示したように、日本の公的社会支出の規模(対GDP比)は、二〇一三—一九年のあいだほぼ一定だった。この間には景気回復が喧伝されながら、日本の成長率は同図の表示諸国で最低だったので、社会支出の規模の停滞は、GDPが相対的に大きく上昇したためではない。だがこれらの数値の推移は概略であり、ここでよりくわしく見ていこう。

給付面については、国立社会保障・人口問題研究所が毎年、社会保障費用統計を公表している。その統計では二〇一八年度の前半に時系列表の改定がおこなわれた。改定の金額が大きいのは地方単独事業にかかる修正で、一五年度まで遡及された。修正により二〇一五年度、一六年度、一七年度ベースの金額は、それぞれ二・五兆円、二・六兆円、二・七兆円増加した(https://www.ipss.go.jp/ss-cost/j/sankou/sankou_2017.pdf)。つまり二〇一五年度から公的社会支出の規模は、修正前に比して高くなっている。各年度の修正後の対GDP比は、それぞれ二二・三四%、二二・四四%、二二・三五%であるが、単純に修正により増えた金額をさし引いて対GDP比を出すと、いずれの年度も二一・九%となる。GDPが遡及改定された一九九四年からの公的社会支出と社会保障拠出の規模の推移は、図6-2のとおりである。

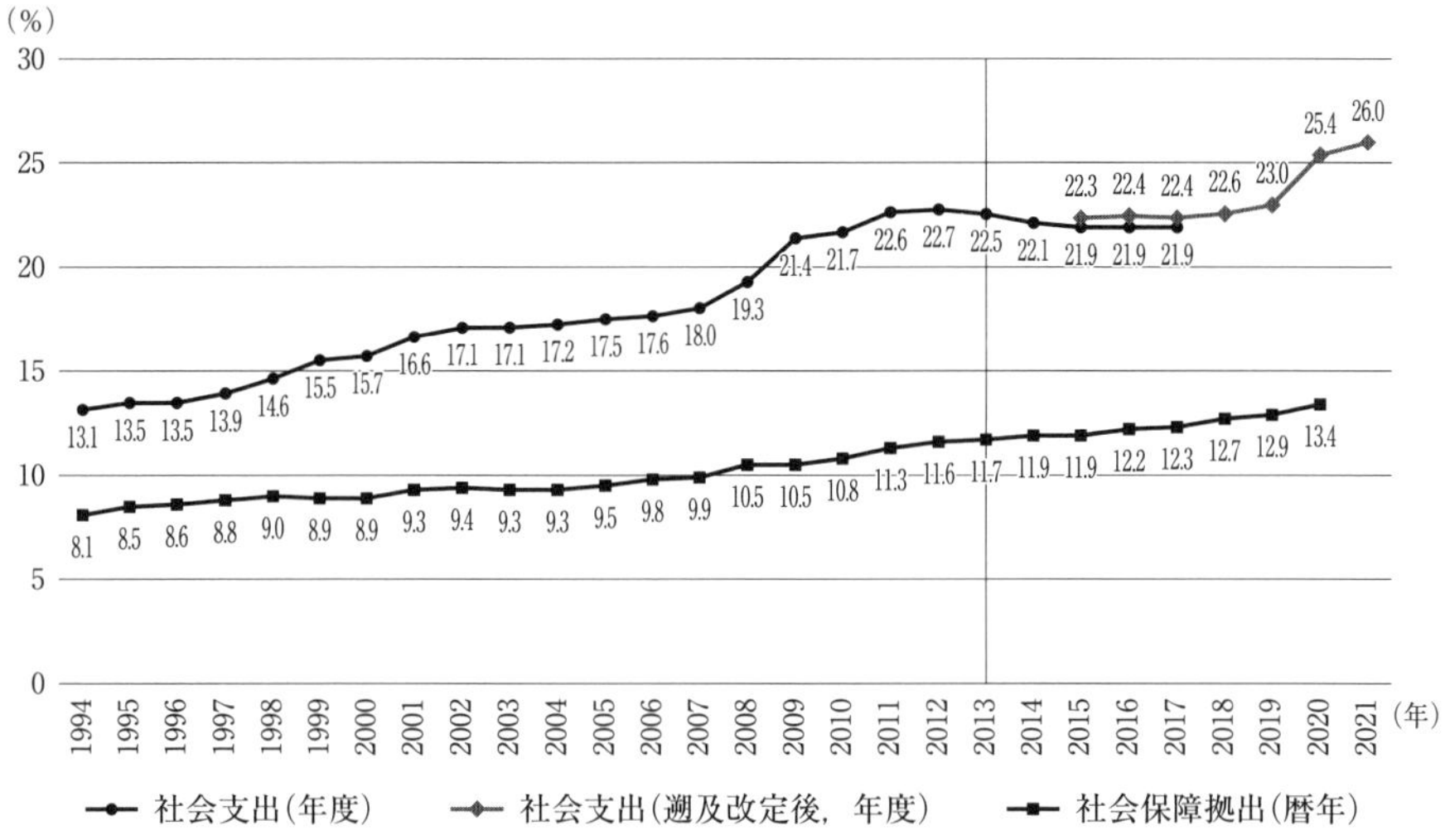

図 6-2　公的社会支出と社会保障拠出の規模(対 GDP 比)の推移

注：社会支出(年度)系列の 2015-17 年度の数値は，令和 3(2021)年度社会保障費用統計の数値にたいして，「地方単独事業に係る修正」により増えた金額をさし引いて，対 GDP 比を算出．

出所：国立社会保障・人口問題研究所が毎年，社会保障費用統計．社会支出(年度)系列の 2014 年度までの数値は，平成 29(2017)年度社会保障費用統計の第 2 表より作成．2015 年から始まる社会支出(遡及改定後)の系列は，令和 3(2021)年度社会保障費用統計の第 2 表より作成．社会保障拠出は OECD 統計より作成．

図６－２で、二〇〇八年度から〇九年度にかけて社会支出の対ＧＤＰ比が急増したのは、リーマン・ショックを引き金としてＧＤＰが落ち込んだためである。また二〇一〇年度から一一年度への上昇には、社会支出の増加とともに東日本大震災の影響によるＧＤＰの低下が反映されている。二〇二〇年度の急増は、コロナ禍のもとでＧＤＰが落ち込みながら、社会支出は増大したということを反映する。他方で社会保障拠出の規模には、ＧＤＰの浮き沈みの影響がほとんど見いだされず、二〇一〇年代初めから上昇の勾配を高めている。そしてなにより明らかなのは、安倍内閣で社会支出の対ＧＤＰ比が実際に低下したことである。

社会支出の実額は増えたが、そこには物価の上昇と消費税率の引き上げが影響しているため、給付の動向と政策志向を見るうえで対ＧＤＰ比が適切である。給付の動向には「自然増」の圧力が含まれるため、対ＧＤＰ比を低下させるうえで、社会保障の「重点化・効率化」という政策志向が相当に作用したと見るべきだろう。社会支出の「重点化」には、生活扶助基準の減額（二〇一三－一五年で六・五％、六七〇億円、二〇一八－二〇年で一・八％）、介護報酬のマイナス二・二七％改定などが含まれる。後者は二〇〇六年度のマイナス〇・五％以来九年ぶりの減額であり、その幅もまさに桁違いに大きかった。

なお、歳出（決算）の構成比の推移を見ると、安倍内閣が意図して増加させたと思われるのは、公共事業関係費と防衛関係費である（昭和四二年度以降主要経費別分類による一般会計歳出予算現額及び決算額 http://www.mof.go.jp/budget/reference/statistics/data.htm）。

再分配――負担

いっぽう公債金を除く政府の収入、すなわち国民の税・社会保障の負担を、税種別に見ると、図3－5の日本の部分が示すように、二〇一二年末からの安倍内閣のもとで、社会保障拠出（社会保険料負担）の規模は上昇の勾配を強め、個人と法人の所得課税の規模は伸び悩んでいる。消費課税の規模は、二度の消費税率引き上げを反映して、段階的に高まり、個人所得課税の規模を引き離しつつある。

では、社会保険料は所得階層によりどのように負担されているだろうか。「国民皆保険・皆年金」の日本では、無収入でも社会保険料が課される。厚生労働省がおこなう『所得再分配調査』で、等価当初所得の五〇万円未満から階級別に再分配状況を見ることができる。(9) 第三章で紹介したように、駒村ほか（二〇一〇）の分析により、日本の所得再分配の貧困削減効果が薄いことは、社会保障拠出と関連していることがうかがえる。

図6－3は、『所得再分配調査』の二〇〇一年、一三年、二〇年の数値から、等価当初所得にたいする社会保険料拠出の割合を、所得階級別に示している。(10) 見られるようにグラフには右下がりの部分がある。すなわち等価当初所得が二〇〇万円未満の所得階級では、等価当初所得にたいする社会保険料拠出の割合が、それ以上の階級よりも明らかに高くなる。また七五〇万円以上の階級では、その割合が明らかに低くなる。

グラフにおける高所得層での右下がり状況は、厚生年金保険料や健康保険料における標準報酬の上限の影響と考え

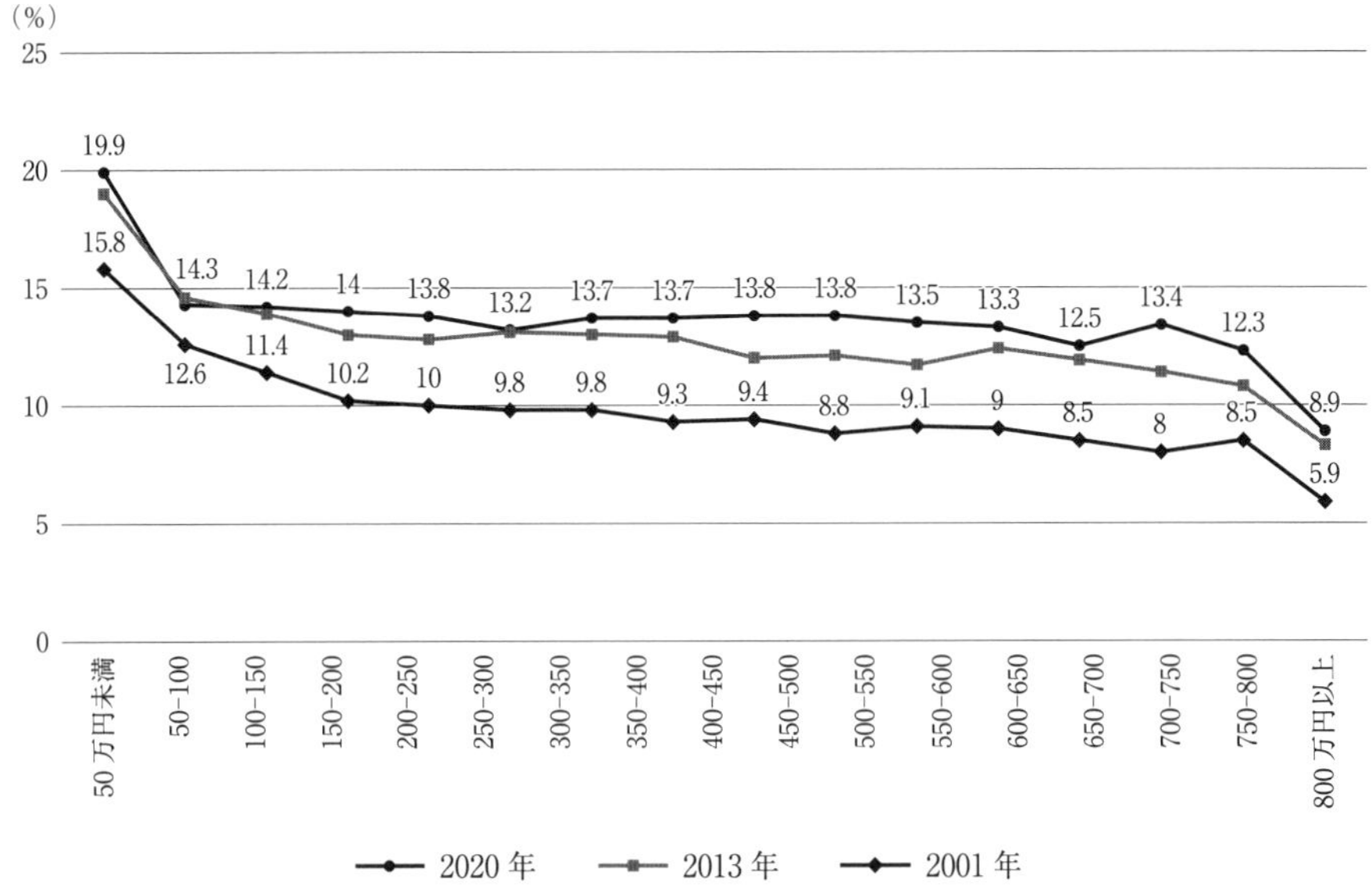

図6-3 等価当初所得にたいする社会保険料拠出額の比率（等価当初所得階級別）

注：各階級の等価当初所得にたいする社会保険料拠出額の比率．3年ごとの調査で前年の数値を把握．世帯員単位の集計（等価所得の分析）は2001年分から．50万円未満の階級で表示各年の比率は，110.4%，135.1%，84.5%．

出所：厚労省『所得再分配調査』2002，2014，2021年の当初所得階級別所得再分配状況（等価所得）を示す表より作成．

られる。また低所得層での右下がり（左上がり）状況は、雇用者の社会保険（厚生年金・健康保険）を適用されず、基礎年金第一号被保険者や国民健康保険が適用されることの影響と考えられる。基礎年金第一号の保険料は所得によらない定額負担であり、国民健康保険料にも定額負担の部分があって、これらの保険料には低所得者にとって負担がより重いという逆進性がある。つまり社会保険料負担は全体として逆進的なのである。二〇一三年のグラフと二〇年のグラフを対比すると、アベノミクスがそうした逆進性を少なくとも緩和しなかったことが分かる。

4 小括

こうして第二次安倍内閣のもとでは、社会保障について「重点化・効率化」という方針が強く打ち出され（図序-1の②）、実際にも公的社会支出の対GDP比④が低下した（図6-2）。重点化・効率化のなかには生活扶助基準の二度にわたる引き下げや母子加算の減額、介護報酬のマイナス二・二七％改定などが含まれる(表6－1)。社会保障への「依存」を忌避させようとする安倍内閣の方針は、大阪で維新政治によって共鳴・増幅され、生活保護の利用を支援する運動を「犯罪」扱いしてまで、貫かれようとした。

分配面では(⑨＝①)、実質賃金指数が低下を続けている(図6－1)。賃金の統計手法にたいして、賃金が上昇したと見えるように主要閣僚が介入したことも疑われた。しかもなお賃金が低下したのだ。GDP統計では、基準改定により賃金・俸給の額が約一〇兆円も膨らんだにもかかわらず、国民所得に占める賃金・俸給の比率は低下した。

税制改正においては、法人にたいして多様な手法で大幅な減税をおこなった点が目立つ(表6－2)(②および③)。実際にも負担面で(③)、社会保障拠出(社会保険料負担)の規模が上昇の勾配を強め、個人と法人への所得課税の規模は伸び悩んでいる(図3－5)。歳入全体として「昭和時代のまま」ではなく、低所得者を冷遇する構造を強めたのである。社会保障拠出(社会保険料負担)は、全体として逆進的であり、アベノミクスがそうした逆進性を少なくとも緩和しなかったことが明らかだ(図6－3)。

社会保障制度改革国民会議は、生活保障の「一九七〇年代モデル」が、少子高齢化等のもとで機能不全に陥っていると指摘し、「二一世紀(二〇二五年)日本モデル」への転換を提言した。くり返し述べるように本書は、このモデルが機能不全のみならず逆機能していると捉えている。社会保障制度改革国民会議の提言は安倍内閣によって顧慮されることなく、「昭和時代のまま」の「男性稼ぎ主」型のシステムが、逆機能するままに維持されている。

では貧困率はどうなったのか。安倍内閣のもとでの貧困率は、全国家計構造調査(旧全国消費実態調査)の二〇一九年の数値では、一四年に対して全人口で一・三%ポイント、子どもでは二・四%ポイント高まった(図4－1)。全国消費実態調査は、安倍首相がさかんに参照した調査であり、〝予算事情〟に恵まれて標本規模を拡大していた。いっぽう国民生活基礎調査の結果では、二〇一八年から二一年にかけて貧困率が低下し、低下幅は全人口では〇・七%ポイント、子どもでは四・八%ポイントだった(図2－1、図4－1)。同調査は単独世帯からの回収が過少であるという課題を指摘されながら、〝予算事情〟に恵まれず、また二〇一三年調査から二二年調査の間に回収率を一〇%ポイント以上落としたことに注意しなければならない。

さて、この間の出生数の実績を将来推計と対比すると、少子化の加速は二〇一八年に始まったことが分かる（日本学術会議 人口縮小社会における問題解決のための検討委員会二〇二三：二）。上記のように骨太の方針二〇一八には、幼児教育の無償化や待機児童問題の解消、高等教育の無償化などがあげられたが、この年に妊娠数が将来推計より明らかに少なくなり、以後は将来推計にたいする実績の乖離が広がった。「国難突破」という安倍首相の大見得は、人びとの妊娠・出生意欲をむしろ阻喪させたかのようである。巨大な逆機能というべきだろうか。

第七章 アベノミクスはなにをしたのか　パートⅡ
――コロナ禍よりもコロナ対策禍

二〇二〇年二月三日に横浜港に着岸した大型クルーズ船「ダイヤモンド・プリンセス号」では、香港で下船した乗客がコロナに感染していたことが前日に判明し、二月五日から乗客乗員が船内に留め置かれることになった。最終下船は三月一日であり、この間に、乗客乗員三七一一人のうち七一二人が感染し、乗客一三人が死亡した。検査が進まず、下船・治療などの対処は呆《あき》れるほどに遅く、多数の感染と死亡が起こったことは、まさしく災難だった(二〇二〇年八月四日付の『東洋経済 ONLINE』が『NYタイムズ』記事を紹介。https://toyokeizai.net/articles/-/366956：『朝日新聞』二〇二三年二月三日付)。

この災難は、異質の空間で生じた例外ではなかった。コロナ禍の市中への拡がりが懸念されるようになると、防疫・治療等のためのあらゆる物的・人的資源が不足していることが露呈した。一般の人びとにとってのマスクや除菌剤等の払底に始まり、保健所等の相談センターへの相談は、三七・五度以上の発熱が四日以上続いてから(二〇二〇年二月一七日に厚労相が発表した受診目安)、などとされた。医療従事者にとっても専用のマスクや防護服などが極端に不足し、検査しようにも装置や試薬なども不足していることが問題になった。感染症病床の増設は容易でなく、感染の波ごとに「病床逼迫」が起こった。保健医療従事者は、エッセンシャル・ワーカーともちあげられながらも、悪条件のもとで超長時間労働を強いられ、そのうえに給与や賞与をカットされるケースも生じた。

目を覆うばかりの惨状は、政府の対策がかえって被害を生み出すというコロナ対策禍ではなかったか。コロナ対策禍の責めを負ったわけではあるまいが、安倍首相はまたしても健康状態を理由に二〇二〇年八月末に辞意を表明し、九月の自民党総裁選挙で菅義偉官房長官が選出された。菅首相は九月一六日の就任会見で、「自助・共助・公助、そして絆」という内閣の方針を表明する。これは自民党の綱領と第二次安倍内閣の姿勢を引き継ぐものではあるが、コロナ禍・コロナ対策禍のなかでの発言としては、政治的センスが大いに疑われる。

以下の第一節で見るように、医療提供体制や地域保健の体制は一九九〇年代末から大きな変化を被り、もとより「昭和時代のまま」ではなくなっていた。そうした変化の流れに、安倍内閣はどのような姿勢を取ったのか。そのうえで、日本の生活保障システムは、コロナ禍に際していかに「機能」し、政府はどのように対処しようとしたのか。

1　コロナ禍が露にした脆弱性

1-1　医療提供体制

薄くなっていた感染症への備え

病床逼迫の背景としてなにが起こっていたのか。図7-1は病院の病床総数と伝染病病床数ないし感染症病床数の推移を示す（社会保障統計年報の平成一二・一三年版で区分を「伝染病」から「感染症」に変更、数値は連続している）。

感染症病床は一九九八年には九二二〇床だったが、翌九九年にいっきに三三二一床に減少した。以後も二〇〇四年まで年々減少したあと、微増・微減をくり返して二〇年には一八八六床と、一九九八年から約八〇%減少していた（以後は微増）。この間に病院病床数の合計も減少しているが、二〇〇一-一八年までのあいだでは六・六%程度の緩やかな低下であり、そこから二一年にかけての減少がやや急である。減少の加速のはじまりは、後述する「地域医療構想」のもとで、厚労省が公立・公的医療機関等の医療機能の見直しなどを求めた時期と重なる。ちなみに精神病床数は、病

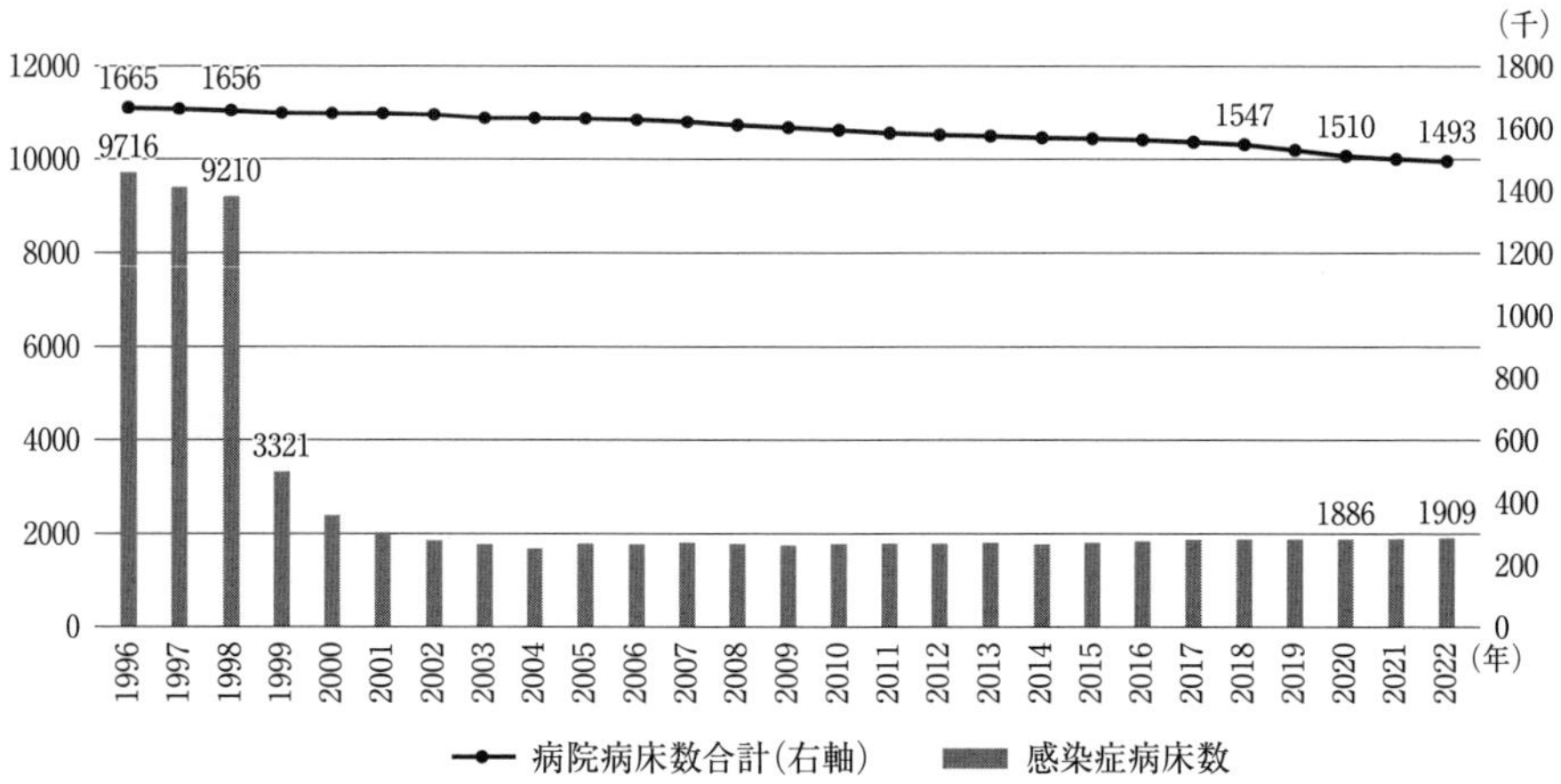

図 7-1　病院病床数と感染症病床数の推移

出所：2017 年までは社会保障統計年報各年版，以後は厚生労働省医療施設動態調査各年版（10 月 1 日）より作成．

院病床数合計の二一%程度を一貫して保っている。感染症への備えが相対的に薄くなっていたことは否定できまい。

感染症病床の激減は、従来の伝染病予防法が一九九八年に感染症予防法に改正されたことによると考えられる（九九年度より施行）。一九九八年改正の要点は、法に規定される感染症の種類・数が増えたこと、および入院隔離対象の感染症が限定されたことである。公衆衛生審議会の部会委員会の一九九七年報告によれば、改正の必要性は、世界的に新興感染症（エイズ、エボラ出血熱等）および再興感染症（マラリア等）が問題になっていること、ワクチン等による予防と治療により一律に隔離する必要がなくなってきたこと、などである（公衆衛生審議会一九九七）。さらにその背景には、厚生白書等がくり返し述べたように、日本の疾病構造が感染症から「生活習慣病」へと変化した、という認識があっただろう。そのような認識のもとで、一九九八年から起こった変化が、感染症への備えを薄くしていたのである。

なお厚労省HPの「生活習慣病予防」の欄では、冒頭で同病を、「不健全な生活の積み重ねによって内臓脂肪型肥満となり、これが原因となって引き起こされるもの」と定義し、「個人が日常生活の中での適度な運動、バランスの取れた食生活、禁煙を実践することによって予防することができる」と述べている(https://www.mhlw.

go.jp/stf/seisakunitsuite/bunya/kenkou_iryou/kenkou/seikatsu/seikatsu/seikatusyuukan.html)。こうした定義・特徴づけは、科学的にまちがいではないにしても、健康の自己責任を強調することになっている。

「地域医療構想」は大規模感染症をネグレクトしていた

第二次安倍内閣が二〇一四年に制定した医療介護総合確保推進法は、「地域医療構想」を策定することを都道府県の義務とした(表6-1)。地域医療構想の内容とされたのは、第一に、都道府県内の構想区域(二次医療圏が基本)を単位として、二〇二五年の医療需要と病床の必要量を「高度急性期・急性期・回復期・慢性期」の四機能ごとに推計すること、また在宅医療の医療需要を推計すること、第二に、めざすべき医療提供体制を実現するための施策である。ちなみに高度急性期とは、救急救命や集中治療室など診療密度がとくに高い医療が必要な病状であり、急性期はそれに準じる。各県の構想は二〇一七年三月までに策定された。ついで厚労省は、二〇一七―一八年度を集中的な検討期間として、公立・公的医療機関等が地域の民間医療機関では担うことのできない医療機能に「重点化」するよう医療機能を見直し、これを達成するための再編統合の議論を進めるように要請した。

地域医療構想は、社会保障制度改革国民会議の二〇一三年の提言をうけた立法および施策ともいえるが、その重点はシフトしている。第六章で同会議の提言にふれたが、じつはそこには、「急性期医療を中心に人的・物的資源を集中投入」することが含まれていた(社会保障制度改革国民会議二〇一三:二二、二六―二七)(第八章の付表1)。医療・介護に改革が求められる背景として、医師・看護職員数が過少で「過剰労働が常態化している」点があげられていた(社会保障制度改革国民会議二〇一三:二二)。

さかのぼれば、二〇〇八年の社会保障国民会議の最終報告および麻生内閣の中期プログラムには、「急性期医療の機能強化」が含まれていた(本書の第五章、第八章の付表1)。しかし、第六章で見渡した安倍内閣の骨太の方針には、医療従事者の「過剰労働」への問題意識は読みとれず、急性期医療の機能強化や集中的資源投入などの文言も見られない。

そして二〇一九年九月二六日に厚労省は、急性期の機能選択の見直しが必要な四二四の公立・公的医療機関等のリストを公開した。その際に分析されたのは「五疾病」、すなわち、がん、脳卒中、急性心筋梗塞《こうそく》、糖尿病、精神疾患である。ところで二〇二〇年六月五日の閣議後記者会見で、加藤勝信厚労相は、地域医療構想のなかで新型コロナウイルス感染症への対応についても議論していく必要があると述べた。これまでも感染症の視点はあったとことわりつつ、「より一層大きな課題」として「取り込」むとのことである(https://www.mhlw.go.jp/stf/kaiken/daijin/0000194708_00250.html)。

これは、安倍内閣の地域医療構想において、大規模感染症が視野に入っていなかったことを認めたに等しい。感染症をネグレクトしたまま、公立・公的医療機関等の医療機能の見直しなどを求めたのである。しかも第六章で紹介したように、骨太の方針二〇一五の「経済・財政再生計画」で、「公的サービスの産業化」(医療・介護、子育てなどを含むと明記)が、歳出改革の柱の筆頭にあげられていたことを忘れてはならない。医療・介護の「産業化」とは、医療機関や医療従事者が健康増進ビジネスで〝儲ける〟業務に携わることと理解できる。こうした文脈に置かれ、感染症をネグレクトする地域医療構想が、コロナ禍を増幅しなかったとは考えにくい。

1-2 地域保健体制

「全然受けられない」検査

コロナ禍は地域保健の課題も露にした。『東洋経済 ONLINE』二〇二〇年四月二九日付は、調査報道部長らによる「PCR検査「全然受けられない人」を続出させる闇」と題する記事を掲載した(https://toyokeizai.net/articles/-/347451)。同記事がたどるように、PCR検査を受けにくいという現象は、二月中にとりざたされ、安倍首相は「二月末の時点で「すべての患者が検査を受けられる十分な検査能力を確保する」と発言」していた。その「首相指示から二カ月近く経っても、医師が必要と判断するすべての患者が検査を受けられるには程遠い」ということが、この記事の問題意識だ。

いっぽう『東京新聞』二〇二〇年六月二一日付は、「PCR検査強化、保健所増員――一〇年前に提言されていたのに　新型コロナに生かされず」との記事を掲載した。この記事は、二〇二〇年六月一五日の参議院決算委員会での質疑等を踏まえている。一〇年前の提言とは、新型インフルエンザ（A/H1N1）対策総括会議が二〇一〇年六月にまとめた報告書をさす。『東京新聞』記事が紹介するのは、二〇二〇年六月一五日の参議院決算委員会で加藤厚労相が提言への対応の遅れ（一〇年間！）を認めたこと、自民党の新型コロナウイルス関連肺炎対策本部長の田村憲久議員も、提言への対応が自分の厚労相在任中（二〇一二年末から一四年九月三日まで）の「最優先課題」ではなかったと、「放置」を認めたことである。

遅延のせいなのか

『東京新聞』が問題にしたように、遅れや放置は当然に責任を問われるべき事態であり、対策禍を起こしうる。だが、それだけなのだろうか。右記『東洋経済ONLINE』の記事もふれたように、二〇二〇年四月二日に日本感染症学会と日本環境感染学会は、「新型コロナウイルス感染症に対する臨床対応の考え方――医療現場の混乱を回避し、重症例を救命するために」を連名で発表し、そこに「軽症例には基本的にPCR検査を推奨しない」と記されていた（http://www.kankyokansen.org/uploads/uploads/files/jsipc/covid19_rinshotaio.pdf）。つまり感染症学界は緊急事態宣言（四月七日）直前の時点で、PCR検査を中等以上の症例に限定するべきだと表明したのである。その意図が病床逼迫などの医療逼迫を避けることにあった点は、声明の副題に現れている。それにしても、安倍首相が発言したように、「検査能力を確保」したうえで適用を限定することと、検査能力そのものが圧倒的に低いこととは異なる。では一〇年前の提言はいかなるもので、どう扱われたのか。

二〇〇九年の新型インフルエンザの流行後、一〇年三月末に厚労省に新型インフルエンザ（A/H1N1）対策総括会議が設置され、同年六月一〇日付の報告書をまとめた。座長は当時日本学術会議の会長だった金澤一郎（国際医療福祉大学大学院教授）であり、構成員には岡部信彦（国立感染症研究所感染症情報センター長）や尾見茂（自治医科大学公衆衛生学教授）が含まれた（厚労省HP新型インフルエンザ対策関連情報の欄。https://www.mhlw.go.jp/bunya/kenkou/kekkaku-kansenshou04/info_local.html#section04）。周知のように尾見および岡部は、二〇二〇年二月一六日から開催された新型コロナウイルス感染症対策専門家会議の主要メンバーである。(1)

PCRを削除せよ

『新型インフルエンザ（A/H1N1）対策総括会議報告書』の目次は、「1．はじめに」「2．全般的事項」につづいて、「3．サーベイランス」などである。サーベイランスの提言Aの3は、「国立感染症研究所、保健所、地方衛生研究所も含めた日常からのサーベイランス体制を強化すべきである。とりわけ、地方衛生研究所のPCRを含めた検査体制などについて強化するとともに、地方衛生研究所の法的位置づけについて検討が必要である」となっている（新型インフルエンザ（A/H1N1）対策総括会議二〇一〇：三一四）。

しかし、六月八日に同総括会議の第七回（最終会合）に提出された「報告書（案）」では、サーベイランスは「6．」であり、その提言Aの3の地方衛生研究所にかんする文言は、上に引用した「とりわけ」から「とともに」までの箇所が、「地方衛生研究所のPCR検査体制など、昨年の実施実績を公開した上で、強化を図るか民間を活用するのか検討する」となっていた。第七回会合の議事録を見ると、岡部構成員の求めにより〝昨年の実績の公開〟や〝民間を活用するのか〟という文言が削除されたこと、そしてサーベイランスを「6．」から「3．」に移したことが分かる。なお「3．」に移す修正について岡部は、プライオリティを示すものではないと断っている。

さらに重要なのは、そこで岡部構成員が「ＰＣＲ」という言葉も削除することを求めた点である。その理由は、「ＰＣＲだけではなくて、いろんな病原体の検査だ」、という。金澤座長が、「「ＰＣＲ」という言葉を残したいという意見もあった」として、「含めた」を加えることでＰＣＲの語を残すことを提案し、削除されなかったのである（https://www.mhlw.go.jp/bunya/kenkou/kekkaku-kansenshou04/dl/infu100608-04.pdf。議事録に頁番号は振られていないが、三七―三八頁のやりとりである）。金澤座長のとりなしがなければ、「一〇年前」の検査体制強化の提言に、ＰＣＲの語が含まれることはなかった。

保健所の設置数

新型インフルエンザ（A/H1N1）対策総括会議が報告書を提出したのち、二〇一〇年七月二〇日から厚労省の「地域保健対策検討会」が開催された。岡部はそこでもメンバーの一人だった。同検討会は、地域における健康危機管理の体制（地方衛生研究所の機能強化を含む）や市町村と保健所の連携などを検討し、二〇一二年三月末に報告書を提出した。象徴的なことに、その報告書には、「地方衛生研究所の充実・強化」という見出しのもとに、ＰＣＲの語も検査の語も見られない（地域保健対策検討会二〇一二：四五―四六）。新型インフルエンザ（A/H1N1）対策総括会議が提言したＰＣＲ検査体制の強化という課題は、対応が遅れたり放置されたのではなく、直後の地域保健対策検討会によって消去されていたのである。

中期的に、地域保健の体制はどう変化していたのだろうか。保健所については、一九九一年に最多の八五二カ所あったものが、一九九七年に七〇六カ所へと大幅に減少し、その後も減少を続けて二〇二〇年には四六九カ所となっている。第二次安倍内閣の八年間では二六カ所の減少である。その間に中核市の増加にともなう増設が一九カ所あり、他の自治体での減少はより激しい。都道府県の減少で目立つのは、大阪府の一四カ所から九カ所（五カ所減）、神奈川県の九カ所から五カ所（四カ所減）、茨城県の一二カ所から九カ所（三カ所減）である。指定市での減少はいっそうすさまじく、仙台市で二〇一五年に五カ所から一カ所へ、川崎市で二〇一六年に七カ所から一カ所へ、名古屋市で二〇一八年に一六カ所から一カ所へと減少した（社会保障統計年報データベース、全国保健所長会ＨＰ https://www.phcd.jp/03/HCsuii/pdf/suii_file02.pdf?2024）。

地域保健対策検討会の第一回会合の資料２「これまでの地域保健対策の経緯」によれば、保健所の数が減少したきっかけは、一九九四年に保健所法が改正されて地域保健法となったことである（一九九七年度から全面的に施行）。地域保健法は保健所の所管区域を広域化して統廃合を促し、市町村が保健センターを設置できることとして、母子保健サービスの主な実施主体を市町村に変更した。これに先立って老人保健サービスは市町村を実施主体としており、法改正により母子保健とあわせて住民に身近な保健サービスは、市町村が一元的に提供することとなった。

保健所の職員数

社会保障統計年報データベースおよび厚労省の地域保健・健康増進事業報告で、常勤の保健所職員数を見ると、一九八九年の総数三万四六八〇人から二〇一八年の二万七八八六人へと、約六八〇〇人減少した（一九・六％減少）。二〇一九年はやや増加して二万九三四五人となっていた（二〇二二年は三万二三四七人）。じつは、保健所の薬剤師・獣医師は一九八九年の一五八〇人から二〇一六年の五一五七人へと約三六六〇人増加した。増えたのは主として薬剤師であり、他職種の人数の減少は激しかった。とくに検査技師（臨床検査技師と衛生検査技師。大多数は臨床検査技師）は一九八九年から直近にかけて約五八％減少した。保健師の数は減っていないが、非正規化がとくに女性で進んだ（衛生行政報告例（隔年報）(2)）。ただし、コロナ禍の初動でＰＣＲ検査が受けにくかったのは、保健所検査技師が減ったためではないことを、以下に見る。

地域保健対策検討会の第一回会合の資料３「保健所、市町村、都道府県の現状と課題」によれば、一九九四年の法改正の以前に、保健所にたいする国からの運営費交付金と業務費補助金は、一九八七年から順次一般財源化され、九四年に運営費交付金の全額、二〇〇七年に保健所業務費補助金の全額が、一般財源化された。一般財源となると、自治体は使途を保健所に限定する必要はない。同資料3では、二〇一〇年一月に実施された保健所にたいするアンケート調査の結果も紹介された。保健所機能を発揮するにあたっての問題として、「職員の減少や集中配置により業務に支障が出ている」と回答した保健所は五二・三％である。

しかも上記のように、その後も二〇一八年まで、保健所の職員は減少した。「一〇年前」にすでに半数以上で〝業務に支障が出て〟いた保健所では、安倍内閣のもとでも設置数を減らし（〝集中配置〟を促進）、職員数も減らしたのである。

地方衛生研究所はどうなったか

いっぽう地方衛生研究所は、都道府県・政令指定都市（岡山市を除く）と、中核市および特別区の一部に設置されている。二〇一〇年時点で全国に七七カ所あり、二〇二四年現在は八五カ所である（地方衛生研究所全国協議会ＨＰ https://www.chieiken.gr.jp/）。この間に設置数が増えたのは、政令指定都市や中核市が増えたことによる。

地域保健対策検討会の第一回議事録によれば、「地方衛生研究所の現状と課題」（資料4）について、構成員（委員）である小澤邦壽《こざわくにひさ》（群馬県衛生環境研究所所長）から追加説明があった。現状と課題のポイントは第一に、二〇〇四－〇九年のあいだに人員が一二％、予算が三〇％、研究費が四七％削減され、「大幅な機能低下が起こっている」。第二に、地方衛生研究所のあいだの格差が非常に大きく、一部の研究所では本来果たすべき機能を果たせるか、「かなり心もとない」。これらの問題の要因とされたのが、地方財政の悪化である。最低限の設置要件が法律に定められていないため、地方財政の緊縮の「非常に大きなターゲット」にされたという。なお小澤構成員は、「今は」ＰＣＲ検査をできる保健所は一％もないと発言している。これに補足して、廣田洋子構成員（北海道空知総合振興局技監（北海道岩見沢保健所長））は、「昔ならば」保健所が担っていた検査機能も、衛生研究所に集約されたと説明した（https://www.mhlw.go.jp/stf/

shingi/2r9852000000p48x.html。この議事録にも頁番号はない)。

同会合では事務局から、サーベイランス体制を強化すべきであるという新型インフルエンザ(A/H1N1)対策総括会議の提言も、紹介された。だがじつはそれは、同対策総括会議報告書の最終修正前の案だった。上記のように、案では含まれていた〝昨年の実績の公開〟や〝民間を活用するのか〟という文言は、最終会合で岡部構成員の要求により削除されていた。地域保健対策検討会の事務局が、最終修正前の案を紹介した真意は不明である。

「個人を対象とした公助」から「自助及び共助支援としての公助」へ

ともあれ前記のように、二〇一二年三月に提出された報告書には、「地方衛生研究所の充実・強化」の見出しのもとに、PCRの語も検査の語も見られない。同報告書の末尾に掲載された「概要」を見ると、「地域保健を取り巻く社会的背景」では「NCD(非感染性疾患)の増大」が中央に記されており、「地域保健対策の方向性」では「地域保健の役割」として、「平成六年」の「保健サービスと福祉サービスの一体的提供」・「個人を対象とした公助」から「平成二四年」へと向かう太い矢印に「ソーシャル・キャピタルの活用」と記入されている。そして「平成二四年」の地域保健の役割は、「学校や企業等との積極的連携」・「自助及び共助支援としての公助」であるという。

同検討会で事務局がソーシャル・キャピタルにかんする資料を提供したのは、二〇一一年二月三日の第三回会合であり(資料7「ソーシャル・キャピタル」)、その口頭説明の冒頭で、ソーシャル・キャピタルを「聞き慣れない言葉かもしれませんので」と前置きして、定義を紹介している。すなわち「人々の協調行動を活発にすることによって、社会の効率性を高めることのできる、「信頼」「規範」「ネットワーク」といった社会組織の特徴を有するもの」である、と。その定義はロバート・パットナムによると資料7に明記されている(https://www.mhlw.go.jp/stf/shingi/2r985200000l5v8f.html。この議事録にも頁番号はない)。

つまり地域保健の「概要」で太い矢印に書き込まれた「ソーシャル・キャピタル」は、二〇一〇年頃から災害脆弱性／レジリエンスの要因としても析出されてきた「社会関係資本」をさす（本書の序章で紹介）。

地域保健対策の推進に関する基本的な指針が一部改正され、ソーシャル・キャピタルの活用が前面に出されたのは、二〇一二年七月三一日である。

ソーシャル・キャピタルの活用？

その後、第二次安倍内閣のもとで厚労省ＨＰの地域保健の欄にアップされたのは、ソーシャル・キャピタル関連の資料である（https://www.mhlw.go.jp/stf/seisakunitsuite/bunya/0000092042.html）。二〇一五年七月には自治体の衛生主管部局宛に、厚労省から事務連絡「地域保健におけるソーシャルキャピタルの活用等について」が発出され、ソーシャル・キャピタルの醸成・活用のための手引き・マニュアル等の参照を求めている。そのうち二〇一五年三月付の「住民組織活動を通じたソーシャル・キャピタル醸成・活用にかかる手引き」は、平成二五―二六年度厚生労働科学研究費補助金による健康安全・危機管理対策総合研究事業の成果の一つであり、研究班代表者は大分県中部保健所長の藤《とう》内《ない》修二である（https://mhlw-grants.niph.go.jp/project/24631）。

一〇〇頁近い手引きを見ると、第二章は「ソーシャル・キャピタルに関する基礎知識」であり、その四番目の項目は「ジェンダーとソーシャル・キャピタル」である。そこに次頁の表が掲載されている。同表に先立って、「このように分類すること自体、ジェンダーを理解していない、社会的役割を決めつけている、男女共同参画に逆行する、全員に当てはまらない」という指摘をいただくことを承知の上で」と断っている。しかし、表に「オス」・「メス」や「生き物」という表現が見られるように、「社会的役割を決めつけている」というよりむしろ、生物学的決定論を想起させる。また、「地縁の乏しい地域における住民組織活動」にかんする部分では、「マンション」をとりあげ、「理事会後の飲み会」を「家族ぐるみ」でという取り組みを紹介している。

表　ソーシャル・キャピタルの醸成の際に配慮したい男性と女性の違い

男性(オス・雄)	女性(メス・雌)
群れない	群れる
一人で行動 関係性に学べない 一人で抱え込み，相談できない	周りに合わせる 関係性に学ぶ 関係性に癒される
顕示欲・独占欲・性欲などが強い	食欲，愛情欲，物欲などが強い
プライドが高い生き物	プライドより本能とあきらめの生き物
役割，活動目的を示す，創出することが重要 名刺，肩書が重要	日常の中に幸せと役割を自ら見つけだす 関係性を構築する場が重要
人に言われても変われない おだてられないといじける	「まあいいか」と現実を受け入れ続ける

出所：平成 26 年度厚生労働科学研究費補助金　健康安全・危機管理対策総合研究事業　地域保健対策におけるソーシャルキャピタルの活用のあり方に関する研究班 2015：30 の表 1 を掲載.

地域保健の職員数はさらに減少

保健所はじめ衛生主管部局の関係者には、上表のような「分類」を鵜《う》呑《の》みにして「自助及び共助支援」にいそしむことよりも、予算や人員の確保に努めることが、期待されていたのではないか。しかしながら、人員にかんしては、上記のように保健所職員総数は二〇一八年まで減り続けた(薬剤師のみ増加)。地方衛生研究所の人員にかんしては、各年度の衛生行政報告例にもとづくと、図７‐２のとおりである。

二〇一七年四月には大阪で、府立公衆衛生研究所と市立環境科学研究所の衛生部門が統合され、地方独立行政法人とされた(現「大阪健康安全基盤研究所」https://www.iph.osaka.jp/li/010/050/leaflet2024.pdf)。二〇二〇年三月二五日には、大阪府関係職員労働組合と大阪健康安全基盤研究所の職員労働組合の執行委員長が、コロナ禍のもとで保健所および同研究所の職員が超長時間・過密労働を担っている実情を訴え、保健所の機能と職員体制の強化、研究所の府立直営化を求めている[3](https://www.fusyokuro.gr.jp/2020/03/post_opinion_12921.html)。

図７‐２の出所である衛生行政報告例の年度報には、検査の種類別の検査数も掲載されている。うちウイルス(リケッチアとクラミジア・マイコプラズマを除く)の分離・同定・検出の数を見ると、二〇一九年度が一二万七四七一件だったのに対して、二〇二〇年度は一三二万九二七八件、二〇二一年度は一八七万五八一四件、二〇二二年度も九九万一四八四件

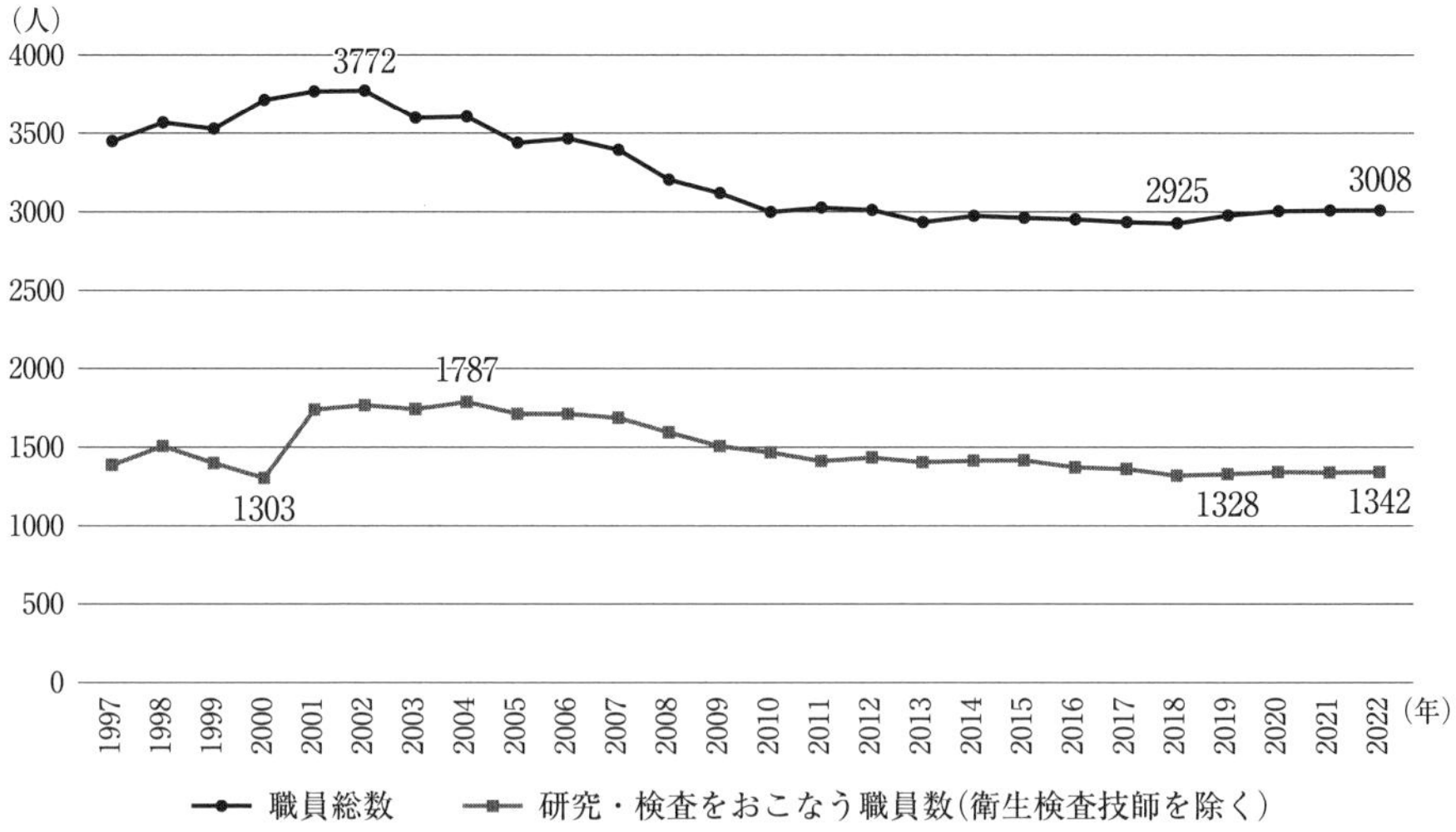

図 7-2　地方衛生研究所の職員数，総数と研究・検査をおこなう職員数

注：2010 年度報には宮城県の仙台市以外の市町村分を含まない．1997-2000 年度は臨床検査技師数と「その他の技術系職員」数の合計を図示．2001 年度報から，表「地方衛生研究所における職種別職員配置状況，職種・都道府県－指定都市－中核市(再掲)別」には，表頭に職名が列記されていない「主に研究及び検査を行う職員」の数が掲載されており，その数と臨床検査技師数の合計を図示．衛生検査技師の新規免許は 2011 年度で廃止されており，本図では数えていない．

出所：衛生行政報告例，各年度報の表「地方衛生研究所における職種別職員配置状況，職種・都道府県－指定都市－中核市(再掲)別」．

と、コロナ禍以前の一〇倍（以上）のレベルに達している。にもかかわらず、職員総数も研究・検査をおこなう職員数も、ほとんど増えていない。

地域保健対策検討会は民主党内閣のもとで設置され、PCR検査体制の強化という課題を事実上消去し、予算・人員面の窮状にたいして拡充を求めるよりも、地域保健を「個人を対象とした公助」から「自助及び共助支援としての公助」に転換するように提唱した。地方衛生研究所を地方独立行政法人とし、人員をさらに削減したのは、大阪維新の会のもとでの大阪府政・市政である。安倍内閣はこれらを追認しただけなのだろうか。ここでも、骨太の方針二〇一五が、医療・介護の「産業化」を掲げたこと、安倍内閣のもとで地域保健における「ソーシャルキャピタルの活用」が推進されたことが、忘れられてはならない。たんなる追認ではなく、拍車をかけたのである。

2　コロナ禍への日本政府の対応

日本政府のコロナ対応策の法律的な軸は、二〇二〇年三月一三日に成立した新型インフルエンザ等対策特別措置法の改正である（改正特措法）。改正特措法の第一条によれば、同法の目的は「新型インフルエンザ等の発生時において国民の生命及び健康を保護し、並びに国民生活及び国民経済に及ぼす影響が最小になるようにすること」にある。そこで、政府の対応策の目的の一つは、コロナ禍による死亡の防止であり、その目的の達成度は死亡数の人口比となる。また国民の生活と経済への影響としては、コロナ禍にともなう失職・収入低下による生活困難（メンタルヘルスを含む）、そして貧困や格差を防止することが、目的と捉えられる。

序章で紹介したように、コロナ対策禍は生活保障システムのなかでも保健医療政策の逆機能と捉えられる。そこには、ニーズを把握せず（ネグレクト）、とるべき対処策をとらないこと（ネグレクトで不作為）、判断の先送りや政策資源の不足・未調達などで必要な対処策が遅れること（遅延）、そして不適切な対処策をとること（過誤）、などが識別できるだろう。以下では、図序‐1に示した政策サイクルに沿いながら、ネグレクトや不作為、遅延、過誤などを検証していこう。

2‐1　政策サイクルの前半部

ニーズを把握せず闇雲な対策

まず、政策形成におけるニーズの把握について見ておきたい。それは、政策サイクルの①と②の接点に位置する。

先に紹介したように公衆衛生審議会の部会委員会は、一九九七年の報告で、感染症に一律の隔離は不要と述べていた。

それは、ワクチンや治療薬で予防・治療できるという条件のもとである。予防・治療の薬剤が存在しないコロナ禍の初期では、ＰＣＲ検査による陽性の確定と隔離が必須だったと考えられる（市販の抗原検査キットによる自己検査が可能になったのは二〇二一年九月から）。

しかし上記のように、新型インフルエンザをへた二〇一〇年において、感染症対策の「専門家」はＰＣＲ検査体制の拡充に後ろ向きだったのであり、緊急事態宣言直前の二〇年四月二日時点では、感染症学界がＰＣＲ検査を中等以上の症例に限定するべきだと表明していた。その際に、医療提供体制が感染症にたいして脆弱になっていたことが、暗黙の前提だった。そこで検査の抑制という方針がとられ、意図的なネグレクトが起こったのである。

実際、Our World in Data で東アジア諸国（日本、韓国、モンゴル、台湾、中国）の検査陽性率を見ると、二〇二一年四月半ばくらいまで日本が抜きんでて高く（https://ourworldindata.org/coronavirus-testing#the-positive-rate）、感染状況にたいして検査数が不足していたことが示唆される。感染者を積極的に同定しないため、また、後述のように初期は感染経路が接触・飛沫《ひまつ》とされていたこともあり、接触機会や飛沫への曝露《ばくろ》が多いと想定された学校・風俗業・飲食業・「密」なイベントなどへの参集を、一律に減らすことが、とりうる対策となった。レジでのビニール・カーテンやキャッシュレス化、飲食店等でのアクリル板も、接触・飛沫が主要な感染経路であるという想定によるものだった。

本章の冒頭に参照した『ＮＹタイムズ』の記事は、ダイヤモンド・プリンセス号での感染拡大が、空気感染に近いエアロゾル感染で生じたという報告を紹介していた。日本国内のニュースショーなどでも早期から、エアロゾル感染の可能性は示唆されていた。『毎日新聞』によれば、世界保健機関（ＷＨＯ）やアメリカ疾病対策センター（ＣＤＣ）がエアロゾル感染を認めたのは、二〇二一年春であり、日本の厚労省がＨＰを改訂したのは、半年以上たった二一年一〇月二九日である（『毎日新聞』二〇二一年一〇月二九日付「厚労省「エアロゾル感染」認める「飛沫と接触」との見解を改め」。https://mainichi.jp/articles/20211029/k00/00m/040/294000c）。

しかも内助を前提

二〇二〇年二月二七日、検査もろくに受けられない状況で安倍首相が唐突に打ち出したのが、小中学校・高校等の一斉休校である。休校は三月二日から実施され、緊急事態宣言のもとで五月下旬まで継続された。この休校措置には疫学的な効果が認められないと、のちに検証されている（Fukumoto et al. 2021）（②の政策形成で虚のニーズに対応）。休校措置は、保護者の休業、家事負担の増大、家計の圧迫などの副次的ニーズを招き、その副次的ニーズには女性に転嫁されるというジェンダーの偏りがあった。一斉休校という政策手段の意図せざる効果でもある（⑦の副アウトプット）。疫学的には効果がなかった休校措置とは、端的に無益にして有害な対策だったのであり、まさにコロナ対策禍を起こした。臨時休校による保護者の休業について、所得保障および雇用調整助成金の特例措置が拡大されたのは三月一〇日である。保護者の休業所得保障は事業主をつうずるものであり、事業主が適用を拒否した場合に個人申請となる（前記の副アウトプットへの対応が鈍感であり、②の政策形成で個人のニーズとして公認していない）。

さらに四月一日には首相が、全戸に布マスク各二枚を配布すると、これまた突然に表明した（〝アベノマスク〟）。四月七日には緊急事態宣言が発出され（四月一六日に全国に）、老若男女に「ステイホーム」が要請された。闇雲な一斉休校はもちろん、ステイホームの要請も、昼間に子どもの食事等のケアをする人が在宅することを、当然のように見込んでおり、専業主婦がいる「男性稼ぎ主」の世帯を前提している。休校等が打撃を与えたのは、シングルマザーや共稼ぎの女性の稼得活動である。そして賃金率を底上げする最低賃金引き上げについては、日本の二〇二〇年度の引き上げは一円（〇・一％）にとどまった（二〇二一年度には二八円、三・一％引き上げを決定）。

四月一七日の首相記者会見で、住民一人当たり一〇万円の特別定額給付金を支給することが発表された。生活困窮世帯に三〇万円として準備されていた措置が、一転して所得制限なしの一人当たり一〇万円となった背景は、公明党の要求とともに緊急事態宣言の全都道府県への拡大である。予算総額が一三兆円に上る膨大な現金給付である半面、受給権者が「世帯主」とされ、女性や子どもに確実に届くかが、懸念された（⑧の世帯内再分配の課題をネグレクト）。その後に児童手当の上乗せや低所得の親への追加給付が実施された。病床逼迫にともなって押しつけられた「自宅療養」も、単身者以外では、炊事、洗濯、ごみの処理、家庭内防疫などを担う人がいることを、あてにしている。「内助」を前提として自助に頼む対処策なのである。

コロナ禍直前の女性就業——①の一部

コロナ禍の影響をつかむために、コロナ禍直前の女性就業者の状況を見ておこう。雇用者でなく就業者を見るのは、コロナ禍での休業・離職は、自営業者および家族従業者で少なくなかったと考えられるからである。休業者は失業者にカウントされず、非労働力化は完全失業率を低下させる。休業・離職の選択も求職断念も、家庭責任（防疫を含む）と関連し、ジェンダー・バイアスをもつ。これらをふまえて本書では、完全失業率をアウトカム指標とすることには慎重である。

図7－3は、二〇一九年の女性就業者の産業別構成比を示す。吹き出しに、産業名、およびその産業の女性就業者数が全産業合計の女性就業者数に占める比率（シェア）を示す。全産業の女性就業者比率は四四・五％であり、産業ごとの女性就業者比率は後掲の図7－5の横軸の値を参照されたい。報酬については、自営業主・家族従業者の収入の情報は得られないため、男女フルタイム雇用者の賃金を参照しよう。二〇一九年の全産業平均賃金の男性の数値を一〇〇として女性の数値は七四・三だった（賃金構造基本統計調査（令和二年調査と同じ推計方法による集計）の一〇人以上事業所）。図7－3で、産業名を**ゴシック体**で表記しているのは、男性雇用者の全産業平均賃金を一〇〇として当該産業の女性の平均賃金が七四・三より低い、つまり女性にとって相対的に低賃金の産業であることを示す。

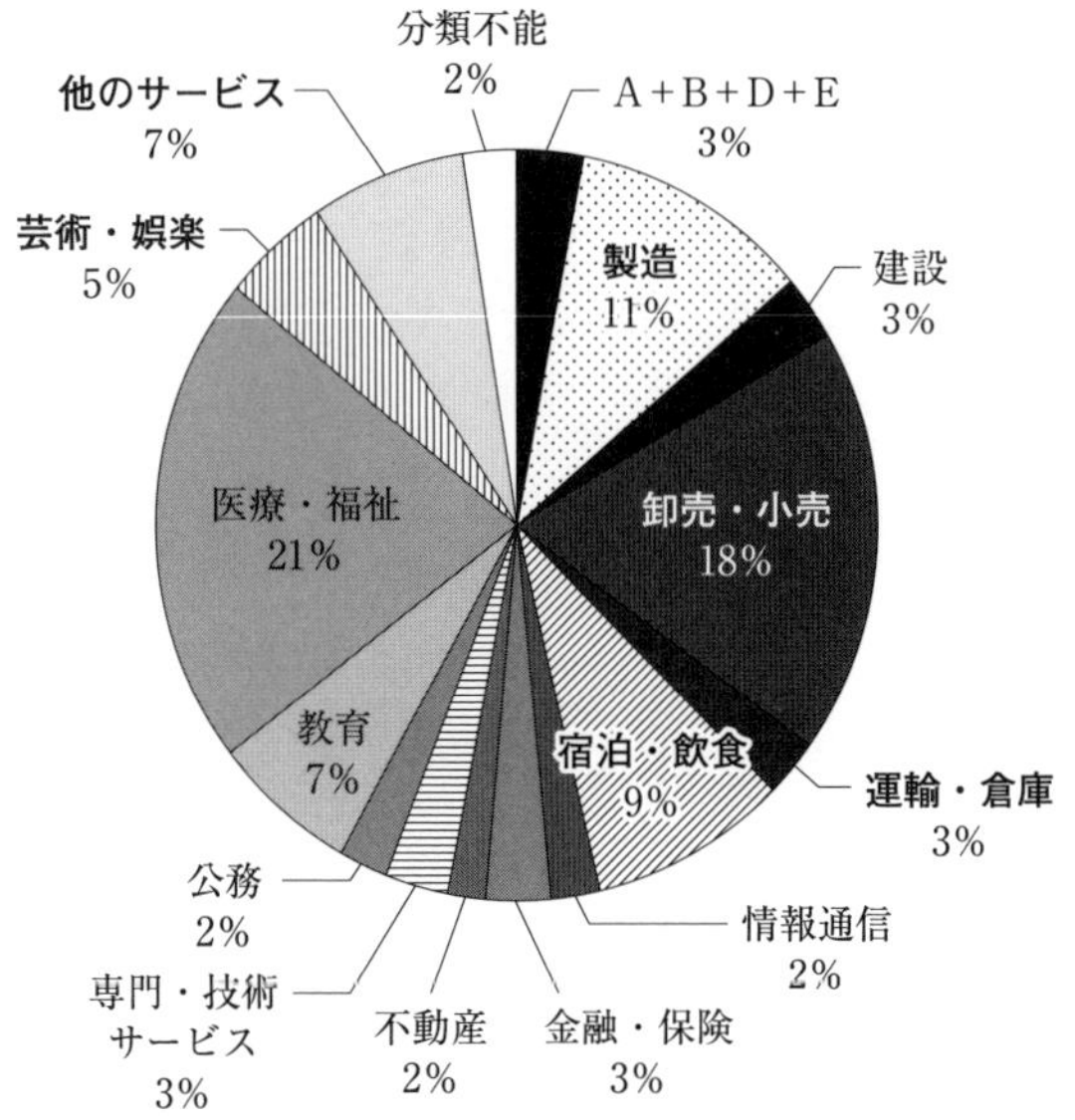

図 7-3　2019 年の女性就業者の産業別構成比

注：労働力調査の産業分類は日本では日本標準産業分類(JSIC)である．図中の日本の産業分類は，労働政策研究・研修機構(JILPT)が，JSIC による結果を国際標準産業分類(ISIC)に当てはめたもの(かならずしも合致するものではないと注記)にならっている．A は農林業，B は鉱業など，D＋E は JSIC の「F 電気・ガス・熱供給・水道業」であり，ISIC の D(電気・ガス・熱供給・水道業)と E(上下水道，廃棄物)に相当．数値は四捨五入されている．
出所：労働力調査．

歳出――資源コントロール③

コロナ禍での政府の財政措置について、IMFが把握したところを図7-4に示す。財政措置は、追加支出・免税（社会保険料の減免を含む）と資金繰り支援を合わせたものである。その規模（対GDP比）は、一見、日本が世界で最大級（一五・九＋二八・三）であり、次はイタリア（八・五＋三五・三）である。しかし、追加支出・免税のみに注目すると、日本は「先進経済平均」に達していない。しかも、財務省が二〇二一年六月初めに公表した国庫歳入歳出状況の令和三年三月分によれば、予算総額の三二％に当たる二七兆円が使い残されており（IMFは執行残を把握していない）、後述するように免税にいたってはマイナスだった。

二〇二一年七月に財務省が公表した二〇二〇年度決算概要では、二〇年度予算の翌年度繰越額は三〇・八兆円で、ほかに三・九兆円が「不用額」とされている。二〇二〇年度予算と三回の補正予算には「不要不急」のものが

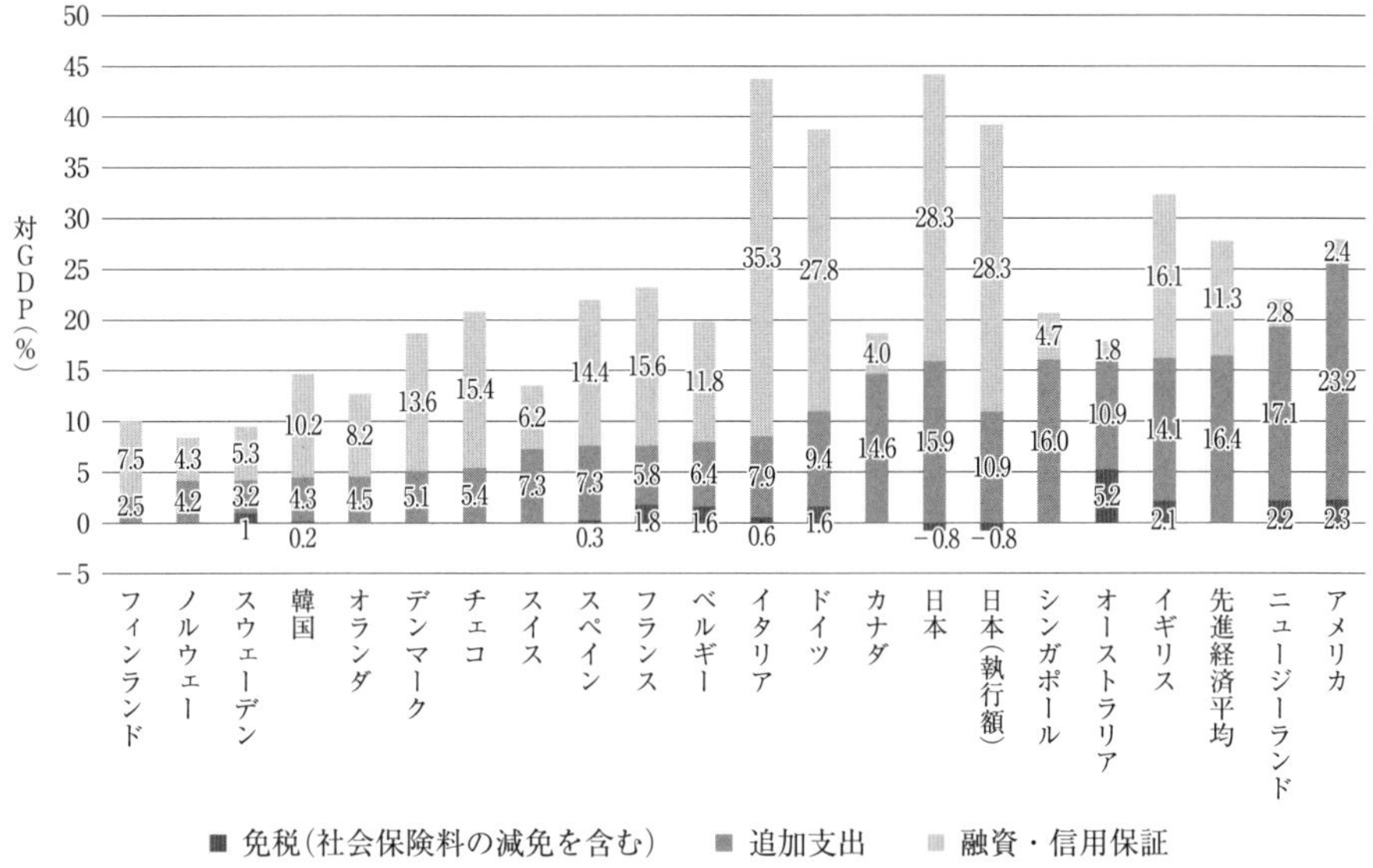

図 7-4　パンデミックへの財政措置の規模

出所：IMF, Fiscal Monitor Database of Country Fiscal Measures in Response to the COVID-19 Pandemic (April 2021). 日本の執行額につき財務省国庫歳入歳出状況令和3年3月分，日本の「免税」につき，財務省による令和3年度国民負担率(https://www.mof.go.jp/policy/budget/topics/futanritsu/20210226.html)より計算.

三割以上あった、と解釈するべきだろうか。予算規模が大きくて二〇二一年三月時点の執行率(財務省用語で「支出歩合」)が低いのは、国交省(七兆円残、執行率四八・二%)、経産省(六・七兆円残、七一・七%)、内閣府(三・六兆円残、四七・三%)、農水省(一・七兆円残、六二・八%)、である。

二〇二一年一一月五日に公表された会計検査院の二〇年度決算検査報告では、九件が「特徴的な案件」とされている。九件とは、「感染症対策に関連する各種施策」をはじめ、中小企業者等にたいする資金繰り支援、布製マスク(アベノマスク)配布、雇用調整助成金、Go To キャンペーン、持続化給付金などである。ここでは九件の筆頭に置かれた「感染症対策に関連する各種施策」を見よう。リストアップされた事業は八五四事業であり、うち予算執行を区分して管理している七七〇事業・六五・四兆円の執行状況が分析されている(期間は、二〇一九年度の二―三月と二〇二〇年度の末までを通算)。七七〇事業全体の執行率は六五・〇%、繰越額は二一・八兆円で、一・一兆円が「不用額」とされている。

執行率が低い項目を予算総額および執行率とともにあげると、新型コロナウイルス感染症対応地方創生臨時交付金の七・九兆円につき三三・一％、資金繰り対策等関係経費の一七兆円につき四七・七％、治療薬・ワクチン開発等関係経費の一・九兆円につき五八・七％、などである（https://www.jbaudit.go.jp/report/new/summary02/pdf/fy02_tokutyou_01.pdf）。会計検査院は、多額の繰越と不用額が出た状況について、各府省が国民にたいして十分な情報提供を行うよう求めた（会計検査院二〇二一）。

歳入――資源コントロール③

歳入はまさにグロテスクというべき状態を呈した。二〇二〇年度の国税収入は六〇・八兆円で過去最大であり、増えた筆頭は消費税収で二・六兆円、法人税・所得税も微増で、若干の税種の減収とあわせて、合計二・四兆円の増収だった（財務省租税及び印紙収入決算額調の令和元年度分と令和二年度分より計算）。なお二〇一九年度と二〇年度は住宅ローン減税の拡大および私的年金制度の見直しで、合計一〇〇〇億円程度の所得税減収と見込まれた（表6-2）。実際の所得税収は一九〇〇億円の増収で、減収を優に埋め合わせたのである。個人住民税収も増加した（総務省令和二年度地方税収入決算見込額）。国と地方の税収合計の増加は一・七兆円と見られる。住民税は前年の所得にもとづいて課されるので、増えたのは不思議ではないとはいえ、二〇二〇年中の所得低下について減免措置がほとんどとられなかったことを意味する。

さらに、財務省による国民負担率のデータから計算すれば、社会保障負担は〇・五兆円の減収にとどまる。社会保険料のうち国民健康保険料は、やはり前年の所得にたいして算定されるため、当年の所得が減少しても保険料負担は減少せず、大幅な未納が生じないかぎり政府にとっての収入も減少しない。自治体レベルでは国民健康保険料を減免することが可能であり（上田二〇二四：一二五）、実際に減免が（全額も）おこなわれたようだが（寺内ほか二〇二一：七二）、マクロでは減収は小さかったのだ。

こうして、コロナ対策予算を二〇兆円以上、約三割も使い残した政府が、税・社会保険料負担を合計二一・一兆円増やした。二一・一兆円は、二〇二〇年度のGDP五三五・五兆円の〇・四％分に当たる（図7－4の免税のマイナス分）。

2－2　政策サイクルの後半部

コロナ禍で就業はどうなったか

二〇一九年と二〇二〇年の年平均就業者総数（男女合計）の変化は、マイナス〇・七一％（四八万人）であり、就業者総数に占める女性の比率は変わらなかった。平均の女性比率は変わらなかったとしても、産業により様相は大きく異なる。図7－5は変化を産業別に示す。(4)

図の横軸には、産業別に二〇一九年平均の就業者の女性比率をとり（バブルの中心の値）、縦軸には一九年と二〇年の平均就業者（男女）総数の増減率をとる。バブルの大きさは増減数であり、産業名の後の数字が万人単位の増減数である。バブルのトーンにより女性比率の増減を示す。自営業主・家族従業者の収入の情報は得られないため、ここでも雇用者の賃金を見ている。当該産業の女性雇用者の平均賃金の比率が女性の全産業平均賃金（対男性比）よりも低い場合に、産業名を**ゴシック体**にした。

就業者が減り女性比率も低下したのは、宿泊・飲食業と製造業である。宿泊・飲食業での就業者（男女計）の減少は二九万人と最大で、うち女性の減少は二一万人だった。激しい「女性切り」が起こったことが分かる。ステイホームや飲食業への営業自粛要請というコロナ対策の影響である。同産業は二〇一九年に女性比率が六二・四％と第二位で、女性シェアは九（八・八）％と第三位だったが（図7－3および図7－5）、二〇二〇年の女性比率は六一・六％、女性シェアは八・一％となった。図7－3で示すように、宿泊・飲食業と製造業では、女性雇用者の平均賃金（全産業の男性対比）は女性の全産業平均より低かった。相対的に低報酬と見られる業種の就業者では、貯蓄も雇用保険の適用も充分だっ

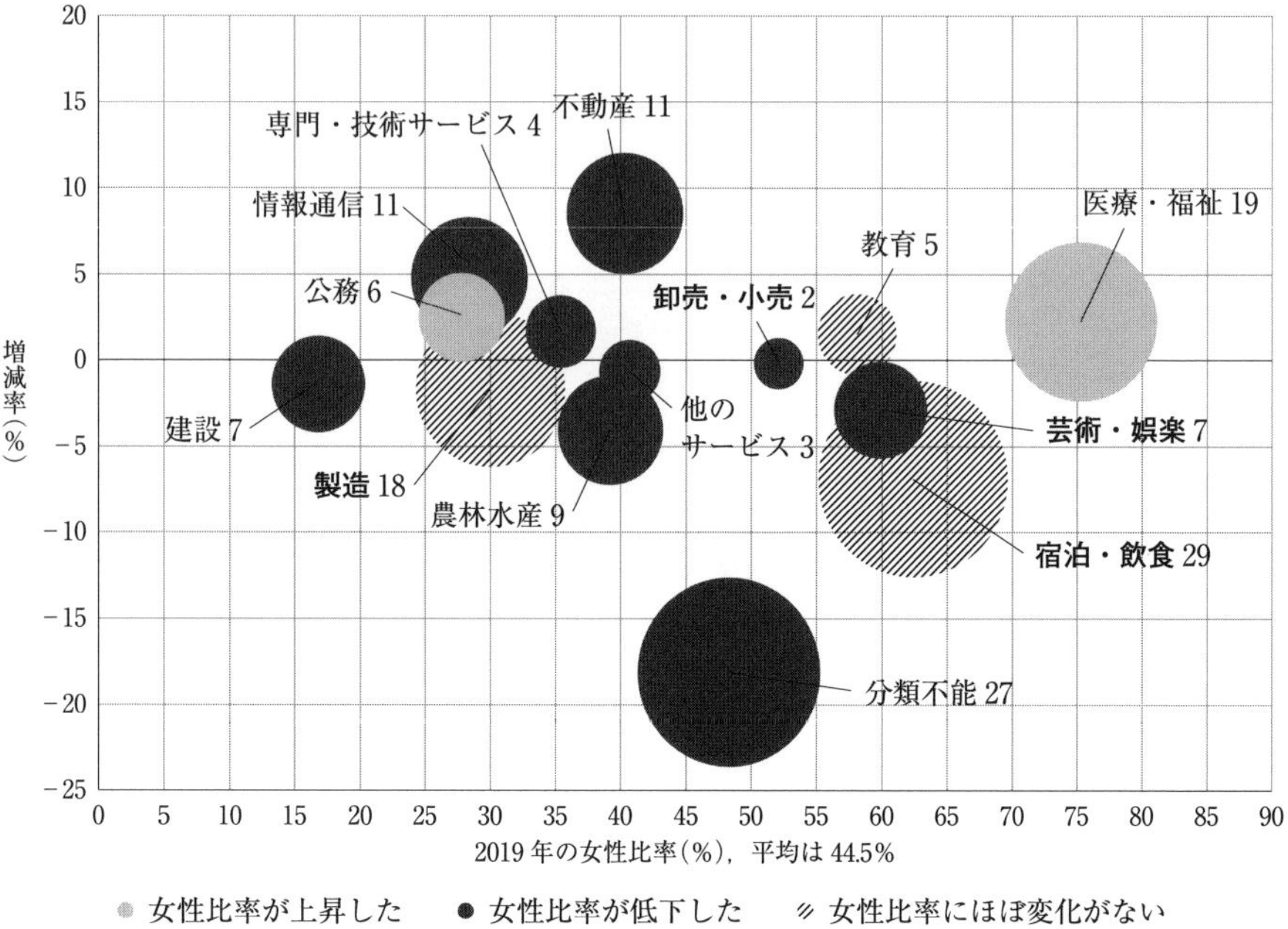

図 7-5　2019-20 年の産業別平均就業者（男女）の増減と 2019 年の女性比率

出所：「平成 31 年労働力調査結果（総務省統計局）」（https://www.e-stat.go.jp/stat-search/files?page=1&layout=datalist&toukei=00200531&tstat=000000110001&cycle=7&year=20190&month=0&tclass1=000001040276&tclass2=000001040283&tclass3=000001040284&result_back=1&tclass4val=0），表 II-2-1.

たとは考えられない。コロナ禍の稼得への影響は端的に「女性不況」と呼ばれており（竹信二〇二三）、本書でもその内容の一面が確認されたのである。

逆に就業者が増え女性比率も上昇したのは、医療・福祉と公務である。うち医療・福祉は、二〇一九年に女性比率が七五・三％と最高で、女性シェアも二一％と最大の産業であり（図7－3および図7－5）、かつ女性雇用者の平均賃金（全産業の男性対比）も相対的に高かった。公務は女性比率が低く女性シェアも小さかったが、就業者が増え女性比率も上昇した。医療・福祉と公務に新たに就業した女性たちは、賃金は低くないにしても、エッセンシャル・ワーカーとして厳しい労働条件に直面したと推測される。

低収入層と母子世帯で生計が悪化

ＪＩＬＰＴ研究員の鈴木恭子《きょうこ》は、ＪＩＬＰＴが二〇二〇年四月から三、四カ月ごとに実施したパネル調査結果を分析し、二四カ月までに収入が低下し続けたグループには、「女性」「非正規雇用」「飲食・宿泊業」「サービス業」が多く、これにたいして「大企業」「男性」「正規雇用」の人たちが収入を維持していたことを見出した（鈴木二〇二三）。しかも、コロナ離職者が再就職後に月収低下を経験した割合は、一般離職者の倍近くだった（高橋二〇二一）。もともと低賃金だった宿泊・飲食業の女性雇用者は、失職後に再就職できても、月収がさらに低くなったかもしれないのだ。

ところで二〇二一年二月から三月にかけて、内閣府により中学二年生とその保護者を対象として「令和二年度 子供の生活状況調査」がおこなわれ、二一年一二月にその分析報告書が出された（内閣府政策統括官二〇二一）。調査世帯の二〇一九年の等価世帯収入（税込みであり、社会保障現金給付も含む）により、その中央値以上、中央値の半分から中央値未満、中央値の半分未満の各グループに分けて分析されている。各グループを、中以上収入の世帯、やや低収入世帯、そして低収入世帯と呼ぼう。なお可処分所得ではないので中央値の半分は貧困基準ではない。またふたり親、ひとり親、ひとり親のうち母子世帯に分けた集計も示されている。

二〇二〇年二月以前とくらべて世帯収入が低下したとする回答は、全体では三二・五％であり、低収入世帯では四七・四％、母子世帯では三五・三％だった（ふたり親世帯では三二・四％）。いっぽう支出が増えたとするのは全体の四三・四％であり、低収入世帯では六三・四％、母子世帯では六〇・一％だった（ふたり親世帯では四一・六％）。子ども自身では、コロナの影響により「学校の授業がわからないと感じること」について「増えた」と回答した割合は、低収入世帯やひとり親世帯で多い（内閣府政策統括官二〇二一：五一六、一二、一〇一）。

ようするに、低収入世帯で二〇二〇年三月以降に収入が減った世帯の割合が多く、またふたり親世帯よりも母子世帯で収入が減った世帯の割合が多い。かつ支出が増えた世帯の割合は、低収入世帯および母子世帯でより多い。生活は明らかにより苦しくなったことだろう。格差が拡大したのである。そしてコロナ禍のもとで生活が苦しくなったと見られる世帯の子どもで、授業が分からないと感じることが「増えた」という回答が多い。子どもにとって授業がますます分からなくなった学校に出席するのは、辛い。シングルマザーのパネル調査では、主食も買えないほどの苦境が回答され、シングルマザーの子どもである小学生では、多い時で一割の子どもの体重が減ったと見られる（シングルマザー調査プロジェクト二〇二一）。

自殺リスクの増大

前記「令和二年度 子供の生活状況調査」によれば、低収入世帯のうちコロナ禍で収入が減った世帯の保護者では、調査時点の過去一カ月間の心理的な状態で、「うつ・不安障害相当」の割合は三割に迫っていた（内閣府政策統括官二〇二一：九八）。本書の「はじめに」でふれたように、コロナ禍で自殺が増えた国は稀であるところ、日本と韓国では比較的若い女性の自殺数が増加した（男性では減少）。

『令和四年版 自殺対策白書』によると、二〇一五—一九年平均にたいして二〇二〇年および二一年の自殺数の増加が大きかったのは、「はじめに」で述べたように女性の「被雇用者・勤め人」だった。ここで同白書における小分類の職種を見よう。二〇二〇年の自殺の増加数が多いのは、「事務員」（六八人増）、「その他のサービス職」（六五人増）、「販売店員」（四一人増）、「医療・保健従事者」（三四人増）である（小数点以下を四捨五入）。原因・動機別では「勤務問題」が増加した（同居人ありの場合）（厚生労働省二〇二二：五九、六一）。また「学生・生徒等」では、「被雇用者・勤め人」についで増加数が大きかった。前年『令和三年版 自殺対策白書』の分析によれば、小中高校の生徒にあたる「児童・生徒」の「自殺時期について、一斉休校や学校再開時期との関連性が示唆された」（厚生労働省二〇二一b：九五、九八）。関連とは、一斉休校の開始後に自殺数が減り、学校再開時期に急増した、というものである。これらの少なくともいくぶんかは、コロナ禍というよりコロナ対策禍と見なければならない。

生活困窮への対処

そうした生活困窮について政府はどう対処したのか。広く報道されたように、二〇二一年一月二七日の参議院予算委員会で、立憲民主党の石橋通宏《みちひろ》議員は、コロナ禍の生活困窮者に政府の施策が届いているかを質した。これにたいして菅《すが》首相は、「政府には最終的には生活保護という」「仕組み」があると答弁した。ところで前記の中学二年生と保護者を対象とする「令和二年度 子供の生活状況調査」では、政府の支援制度について利用状況を尋ねている。生活保護制度を調査時点現在で利用しているのは、低収入世帯では四六・二%、母子世帯では七一・二%だった。コロナ禍で母子世帯に政府の施策が実際に届いたかについては、生活保護だけでなく、低所得のひとり親にたいする児童扶養手当の受給状況も見ることが、適当だろう。それを図7-6として示す。

見られるように近年では、母子世帯の生活保護受給数(六万件)にたいして児童扶養手当は一〇倍以上の受給数(七九万件)である。児童扶養手当におけるひとり親の「低所得」は、扶養する子どもの数に応じるが、一人扶養の二人世帯なら本人年収一六〇万円までが「全部支給」(二〇一八年七月分までは一三〇万円)、本人年収三六五万円までが「一部支給」の対象となり、子どもが満一八歳に達した年度の末まで支給される。「本人年収」と断るのは、同居の扶養義務者(子の祖父母や兄弟姉妹)についても、所得制限があるからだ(本人一部支給の限度額よりは高い)。これらの収入は、申請時の前年の収入をさす(一―九月の申請については前々年の収入)。また「ひとり親」が事実婚の状態にあるとみなされると支給されない。

図7-6は、母子世帯の生活保護受給数がこの間に減少傾向にあること、二〇二〇年になって減少が加速していることを示唆する。低下は一貫して見られるので、二〇二〇年に各種の給付金が一時的に支給されたことだけでは、低下を説明できない。また、母子世帯の児童扶養手当受給は、年ごとに前年各月より二・五万から三万件も低い。上記のように児童扶養手当の受給資格は、前々年または前年の所得で判定されるため、二〇二〇年の収入低下には二〇年中に制度的に対応できない。しかし、前記のように二〇二〇年には母子世帯の三割以上で収入が低下したと想像され

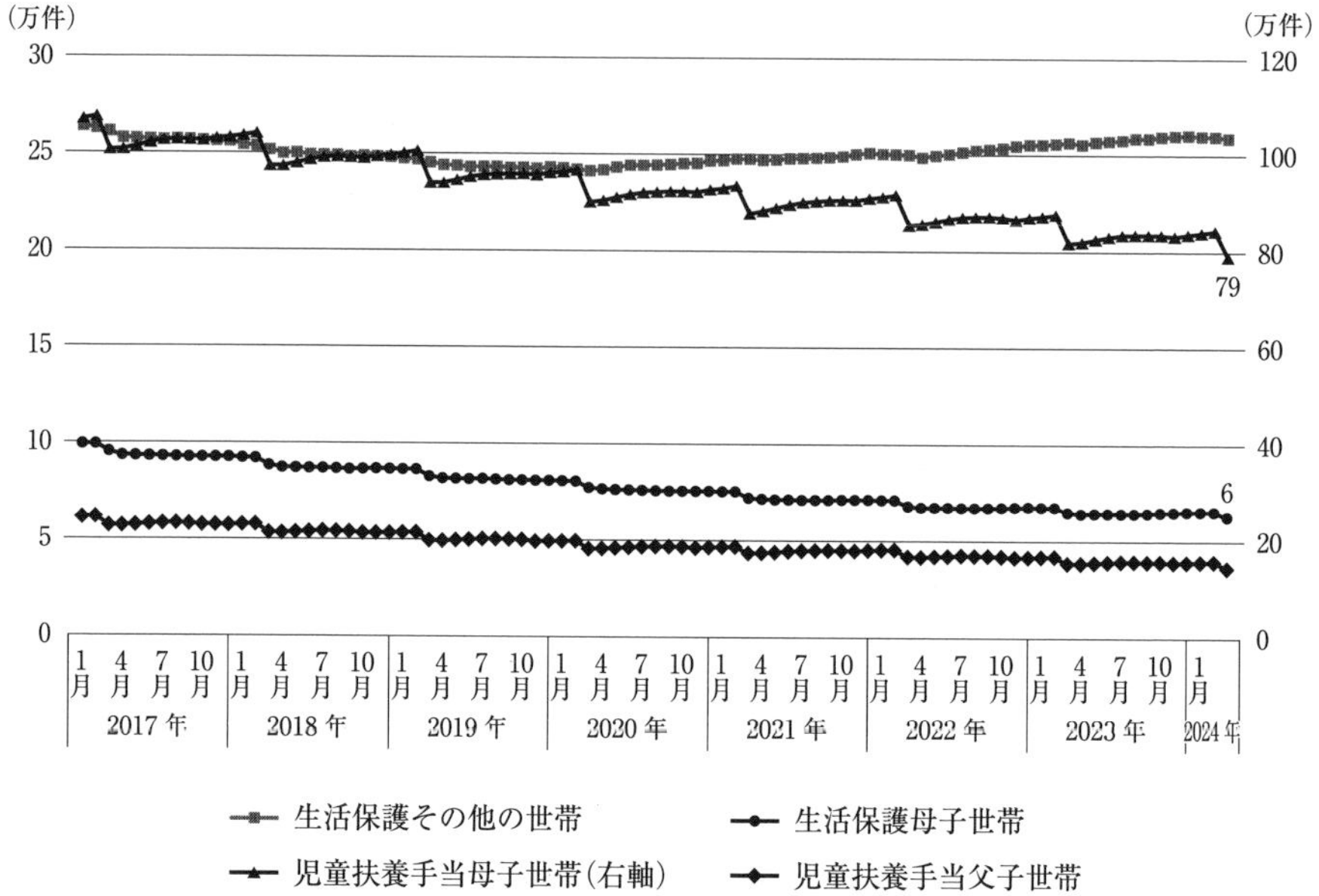

図 7-6　児童扶養手当，および生活保護の受給世帯数

注：生活保護の「その他世帯」とは，世帯主が高齢者・母子(世帯の母)・障害者・傷病者のいずれでもない世帯をさす．世帯主が労働年齢であり障害も傷病もない場合に「その他」となり，父子世帯はここに含まれることになる．

出所：厚生労働省福祉行政報告例の各月報，および被保護者統計の各年版．

るにもかかわらず、二一年の件数は二〇年よりも低く推移している。これらの制度がコロナ禍の生活困窮に対応したと見ることはむずかしい。

自治体もネグレクト

生活保護制度では、申請者の扶養義務者にたいして仕送り等の援助の可能性を問い合わせる「扶養照会」が、申請を抑止する機能を発揮してきた。菅内閣のもとで厚労省は、二〇二一年二月に扶養照会手続きを省略できるケースを通知した。しかし、超党派の地方議員による調査で、首都圏の自治体の九割が、この通知の主旨を「生活保護のしおり」に掲載していなかったことが判明した(『東京新聞』二〇二二年一月二二日付)。

自治体による厚労省通知のネグレクトであるが、内閣が生活保護制度のひき締めを優先的な政策課題とし、公安警察が生活保護の受給やその支援を犯罪視するかのような気運のもとで、自治体のみに責めを負わせることは当を失する。

低所得者に対応するはずの制度で、困窮が広がる状況のなかで利用数が低下したという事態は、ニーズにたいする制度の応答性の鈍さ、それを修正しようとしないという政府の不作為により、コロナ対策禍が生じていたことを推測させる。

コロナ禍に関連する死亡数

さて、コロナ禍に関連する死亡数である。厚労省の「データからわかる――新型コロナウイルス感染症情報」(https://covid19.mhlw.go.jp/)などによって検討した結果の概略に、本書の「はじめに」でふれた。ここで図を示そう。図7-7、図7-8は公表されたデータから計算した結果である。性別・年齢階級が不明ないし公表されていない死者は一万三〇〇〇人であり、累積死者数の一七・四%にものぼる。だが不明・非公表の内訳が、他と大きく異なると考えるべき根拠もない。図7-7から推測されることは、コロナによる死亡で、第五波までは七〇歳未満の男性が一三%程度を占めたとはいえ、その時点でも男女とも高齢層に集中していたことである。そして第六-八波で高齢層への集中を強めた。死者の構成比が高まった「高齢者」とは、男性では七〇歳以上、女性では八〇歳以上であることも、図7-7からわかる。その意味の「高齢者」人口にたいするコロナ死者数の比率を、図7-8として示すと、都道府県により相当の差があり、高いのは大阪、北海道、沖縄などである。そして福島県と東京都を除く二七の道府県で、女性高齢者の死者比率が高い。

高齢者で女性の死者比率が多いのは「自然」か

コロナ死亡者が「高齢層」に集中し、なかでも女性の死者比率が高いというのは、高齢者ではコロナ以外の疾患をもつことも稀でなく、女性のほうが体力が弱かったことなどの「自然」な結果だろうか。見逃してならないのは、第一に、コロナ感染者への入院適用について、神奈川県、埼玉県、千葉県、愛知県などが入院優先度判断スコアを使っ

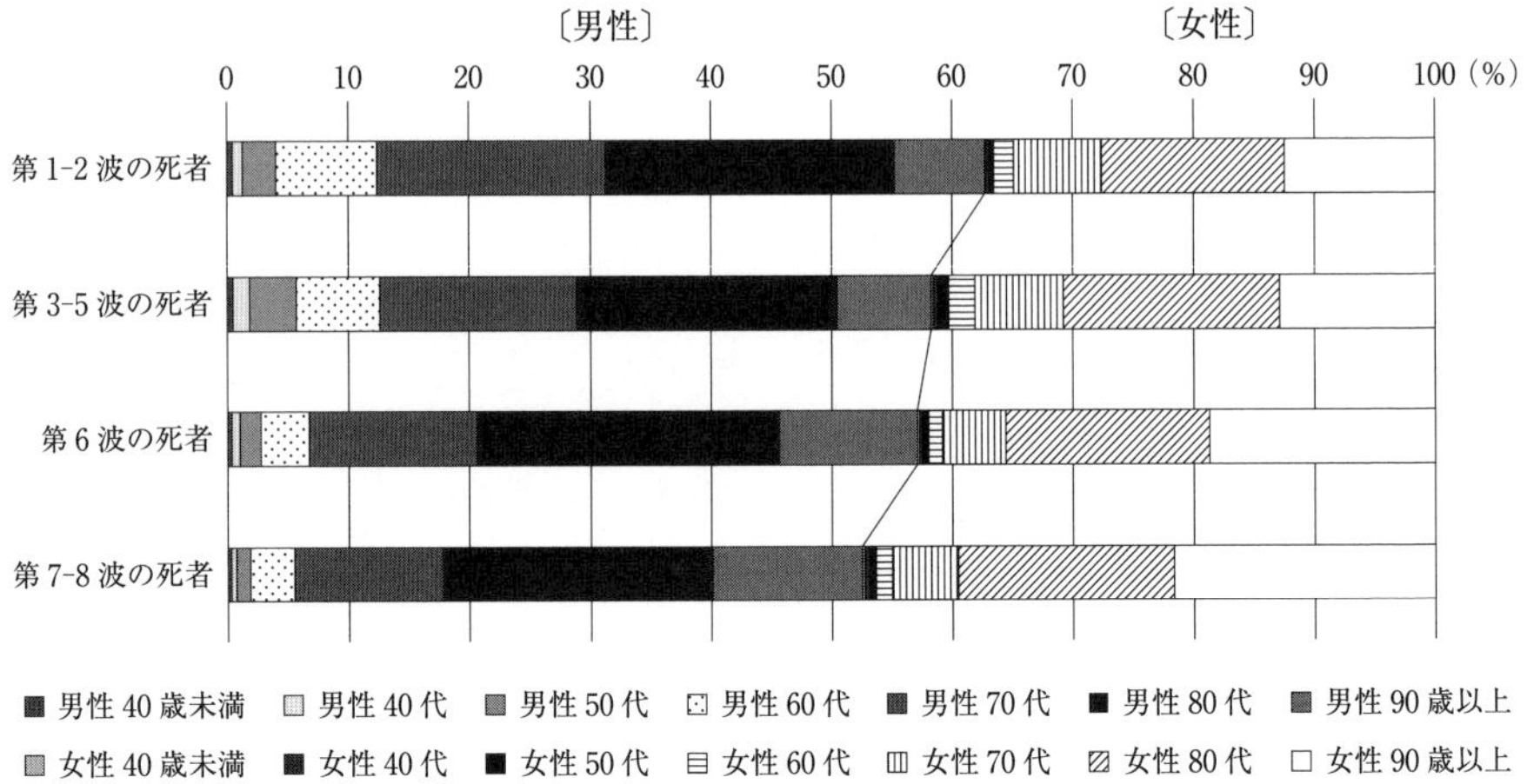

図 7-7　コロナ禍の波ごとの死者数，性別・年齢階級別

注：感染の波は，死者数の増減を目安に，第 1-2 波は 2020 年 10 月 1 日まで．その後第 3-5 波は 21 年 12 月末まで．その後第 6 波は 22 年 6 月末まで．その後第 7-8 波は 23 年 4 月 25 日まで，としている．性・年齢階級が不明ないし非公表の死者は 1 万 3000 人余り．
出所：厚労省 HP「データからわかる――新型コロナウイルス感染症情報」より集計(https://covid19.mhlw.go.jp/).

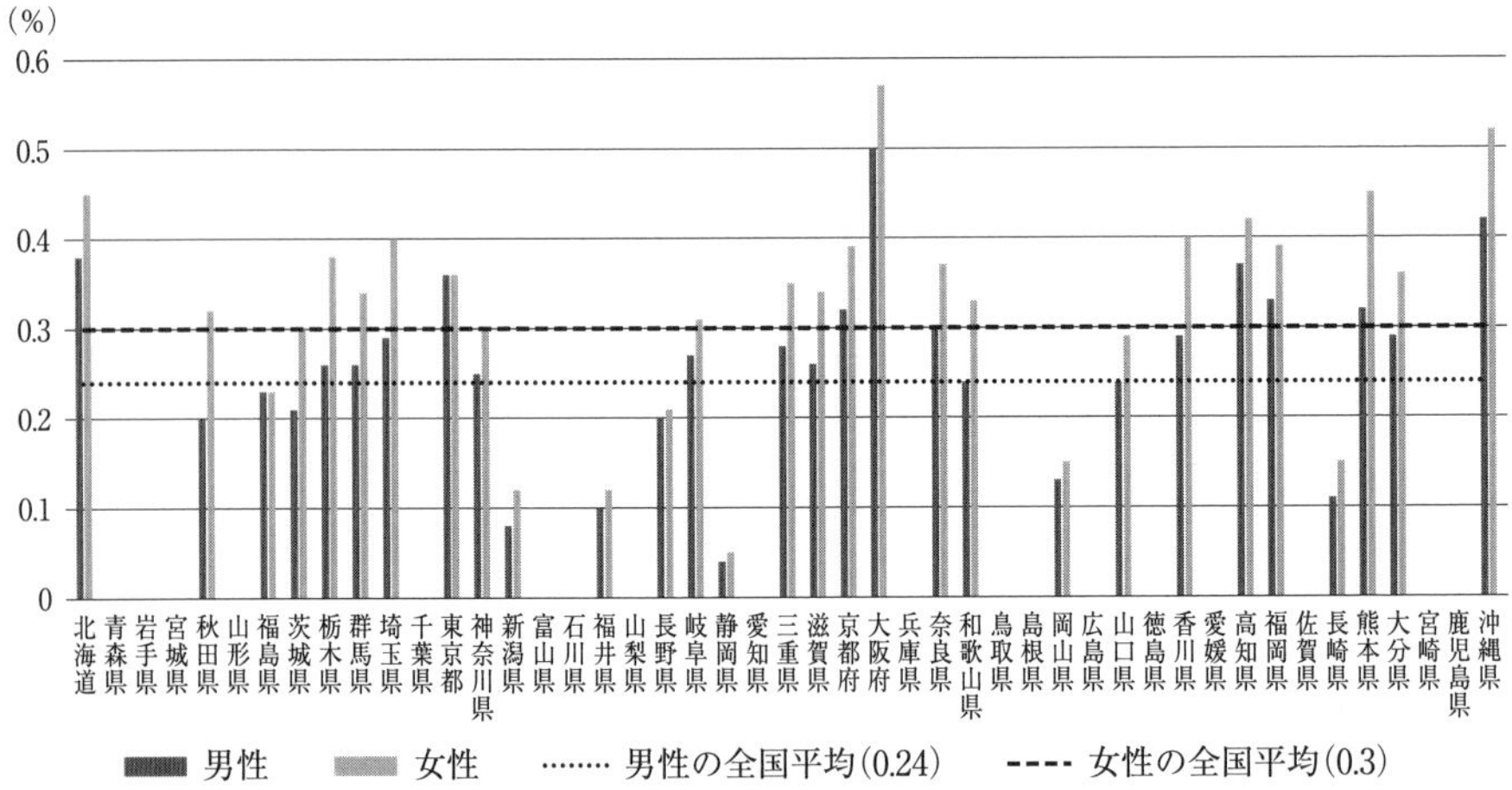

図 7-8　高齢者の累積コロナ死者(性別，人口比)

出所：高齢者とは，女性については 80 歳以上，男性については 70 歳以上．棒グラフが立っていない 18 の県は，性別・年齢階級別に報告していないと思われる．
出所：性別・年代別の人口は，総務省人口推計(2021 年 10 月 1 日)．性別・年代別のコロナ死亡者数(累積)は，2023 年 4 月 25 日までを，厚労省 HP「データからわかる――新型コロナウイルス感染症情報」(図 7-7 に同じ)より集計．

ており(『朝日新聞』二〇二一年八月二〇日付)、神奈川県のスコアでは二〇二一年五月一一日に運用開始した第二版から、たんに「男性」であることに一点与えるようになったことだ(二〇二〇年一二月七日から運用された第一版では性別はない)。スコア3以上が入院調整等の対象、5以上が「入院の目安」であって、一点の意味は小さくない(神奈川県健康医療局医療危機対策本部室二〇二三:二五、三四)。逆にいうと、「女性」であるだけで一点減点、に等しいことになる。その意味で「罰」が科されている。明示的なスコアがなくても、入院優先度の判断で男性が優先された可能性があり、そのような判断が実態にふさわしかったかが、問われるべきである。

第二に注意したいのは、コロナのクラスターを「発生機関」別に見ると、その四割は「高齢者福祉施設」だった、という点だ(https://covid19.mhlw.go.jp/)。エステベス=アベとイデ(井出博生《ひろお》)によれば、日本でPCR検査が抑制されたことは、「高齢者介護施設」の入居者や利用者の安全を確保するうえでの障壁となった(Estévez-Abe and Ide 2021)。無症状や軽症の感染者が入居者や利用者に接触することを防げないからだ。さらに、超過死亡の数はコロナ死者の三倍以上にのぼり、その倍率が高い県では「老衰」死が多かったと思われる。老衰死者の多数は高齢女性と見られる。

ここで、コロナ関連の統計における「性別」について、「はじめに」ではふれなかった事情を述べておこう。医療社会学者の武藤香織は、二〇二〇年二月から政府のコロナ対策の会議の複数でメンバーを務めた。武藤が二〇二二年五月に発表した論考によれば、厚労省の新型コロナウイルス感染症対策アドバイザリー・ボードでは、二〇年七月からほぼ毎週、感染動向の年代別の分析が報告されていたが、性別の分析は、二一年四月一四日の第三〇回会合が「初めて」だった。さらに「年代別職業別の感染動向の男女比」が報告されたのは、二〇二一年九月一六日の第五二回会合だった(武藤二〇二二)。感染や重症化のしやすさ、後遺症を発症する確率などで、コロナ禍に性差があることは、少なくとも専門家には比較的初期から知られていた。にもかかわらず、厚労省のアドバイザリー・ボードに性別の分析が報告されたのは、コロナ対策開始後一年以上たってからだったのだ。

3　小括

日本の保健医療体制はコロナ禍への初動につまずき、くり返し病床逼迫を起こして多数の超過死亡を招いた。その背景には、医療提供体制では一九九八年を境として、地域保健体制では九四年の法改正を画期として、感染症にたいする脆弱性が亢進してきたという事情がある。二〇〇九－一〇年以来の対応が「遅れた」ことも確かであり、第二次安倍内閣はそこに、医療・介護の「産業化」を打ち出し、地域医療構想で感染症をネグレクトしたまま公立・公的医療機関等の医療機能の見直しを求めた（二〇一九年）。

保健所の設置数は法改正から四半世紀のあいだに約四五％減った。すでに二〇一〇年時点で「集中配置」された保健所の半数以上で、職員の減少等により業務に支障が出ていると認識されていた。にもかかわらず第二次安倍内閣のもとで、保健所はさらに二六カ所減少し、二〇一八年まで職員数も減少した。検査を担う地方衛生研究所にかんしては、二〇一〇年に人員・予算等の削減による「大幅な機能低下」が憂慮されており、「ＰＣＲを含めた検査体制」の強化が課題として特記されていた。しかし、地域保健対策検討会は、検査体制の強化という課題を消去し、「ソーシャル・キャピタル」に寄りかかって地域保健を「公助」から「自助及び共助支援」へと転換することを提唱した。

安倍内閣はこれらの動きに拍車をかけ、コロナ禍に際してはニーズを把握しようとしないまま（ＰＣＲ検査を抑制）、一斉休校やステイホーム、宿泊・飲食業等への営業自粛要請などの闇雲な対策をくり出した。宿泊・飲食業では二〇一九年の就業者の六二・四％が女性だったが、二〇年の就業者は二九万人減少し、女性比率も〇・八％ポイント低下した。闇雲な対策が、とくに女性の就業・稼得活動に打撃を与え、家庭内防疫を含む家事負担を激増させた。比較的若い女性や「学生・生徒等」の自殺の増加は、少子化を確実に加速させた。まさにコロナ対策禍が起こったのである。

第八章 周回遅れから逆走し、苛烈な女性処罰
――岸田「新しい資本主義」の実相

二〇二一年九月の自由民主党総裁選挙に際して、岸田文雄候補は「新しい資本主義」をうちだし、当選した。その定義や政策体系らしいものを示したのは、二〇二二年年頭の月刊誌記事だった。すなわち、『文藝春秋』二月号に岸田個人が発表した「緊急寄稿 私が目指す「新しい資本主義」のグランドデザイン」である（以下、「緊急寄稿」）。内閣としては二〇二二年六月七日に、「経済財政運営と改革の基本方針二〇二二」とともに、「新しい資本主義のグランドデザイン及び実行計画」を決定した（以下、骨太の方針二〇二二、グランドデザイン）。

「緊急寄稿」は、近年の新自由主義的な資本主義のもとで「格差や貧困が拡大し」、「自然に負荷をかけ過ぎた」という認識を示す。それらの「弊害」に対処する資本主義の「進化の動き」で、日本が「世界をリード」すると述べている（岸田二〇二二）。また、グランドデザインの副題は「人・技術・スタートアップへの投資の実現」である（閣議決定二〇二二b）。

明らかに、「新しい資本主義」の中心的な柱の一つは「人への投資」である。「人」のなかでも女性について、骨太の方針二〇二二では、「女性の経済的自立」が「「新しい資本主義」の中核に位置付けられ」る、との文言も見られる。「男女の賃金格差の是正に向けて企業の開示ルールの見直しにも取り組む」ことは、その政策手段の一つである（閣議決定二〇二二a：一四、四）。くり返し述べてきたように、グローバルにも各国内でも貧困者の多数は女性である。「貧困や格差」の問題に取り組むとは、ジェンダー平等化の課題にほかならない。では、岸田首相はこうした課題に正面

から取り組もうとしたのだろうか。

また、本書の「はじめに」でふれたように、岸田首相は二〇二三年初めには「異次元の少子化対策」を打ちだし、それは後述する「全世代型社会保障構築」の一環をなす。第五章でたどったように、麻生内閣や民主党内閣では、「全世代(対応)型」は子どもや現役世代への社会保障給付を強めることを意味した。しかし第二次安倍内閣では、高齢者への給付を削るとともに負担を増す諸施策の看板となった。岸田版の「全世代型」は、それとは異なるのだろうか。

ところで、「新しい資本主義」の要素は一年足らずのあいだにも変遷しており、その変遷こそが、グランドデザインおよび骨太の方針二〇二二などの字面《じづら》以上に、この構想の正体を物語ると考えられる。第一節でその点をたどろう。また、二〇二二年七月八日に安倍元首相が銃撃により死去しており、その前後で岸田内閣の姿勢が変わったかどうか、検討を要する。

1 「新しい資本主義」の変遷——貧困削減をめぐって

少なくとも周回遅れ

自民党総裁選挙にあたっての岸田候補の記者会見(九月八日)、そして首相就任後の一〇月八日におこなわれた所信表明演説などによれば、岸田首相は貧困や格差の改善に取り組むかに見えた。いわく、「富めるものと富まざるものとの深刻な分断」「令和版所得倍増プラン」を進め、金融所得課税を強めて(「一億円の壁」の打破)、分厚い中間層を復活させる、「分配なくして(次の)成長なし」などの発言である。

ちなみに「一億円の壁」とは、年収一億円を境として、それ以上の収入では税の負担率が低下する現象をさす。これは、高所得者では利子・配当・株式譲渡益などの金融所得の割合が高いこと、その金融所得が給与所得や事業所得とは分離され（合算されず）、一律約二〇％（国税及び地方税）の税率であることによる。給与所得や事業所得では四〇〇万円を超える所得部分には五五％（国税および地方税）の税率となることに比べて、金融所得は優遇されているといえる。

首相は一〇月一五日には、自らを本部長とする「新しい資本主義実現本部」を内閣官房に設け、同時に同本部の下に「新しい資本主義実現会議」を置いた。その議長は首相であり、副議長は新しい資本主義担当相と官房長官、構成員は財務相、厚労相、経産相などと有識者である（https://www.cas.go.jp/jp/seisaku/atarashii_sihonsyugi/pdf/kaigi.pdf）。

本書の第四章でふり返ったように、EUでは一九九〇年代から、またOECDやIMFといった国際機関でも二〇一〇年代の半ばまでには、格差・貧困との闘いを重視するに至った。EUでは二〇一三年から、子どもに焦点を当てて「人への投資」が強調されてきた。後述するように格差対策として強調されるのは、ボトムアップ、つまり低所得層の底上げである。そして序章でふれたように、二〇一五年九月に合意された国連の「持続可能な開発目標（SDGs）」は、「誰一人取り残さない」を標語として、目標の第一に貧困撲滅を掲げた。そのターゲット2（SDG1-2）は、国内定義による「あらゆる次元における貧困」者の比率を、二〇三〇年までに少なくとも半減することを、国連加盟国のすべてに（日本を含めて）求める。その際に、グローバルにも各国内でも、貧困者の多数が女性であることが明確に意識されている。

いっぽう、日本政府が貧困・格差を問題としてとり上げはじめたのは、麻生太郎内閣下の二〇〇九年である。続く民主党政権は「未来への投資」を掲げ、社会保障・税一体改革の四つの優先事項のうち「貧困・格差対策（重層的セーフティネット）」および「低所得者対策」を、「制度横断的課題」に据えた（本書の第五章）。つまり、貧困・格差にかんする政策指向で、岸田内閣は「世界をリード」するどころか、EUはじめ国連などにたいして少なくとも周回遅れである。中間層の復活や人への投資をめぐる日本政府の政策構想の展開にてらしても、いまさらと感じさせる。とはいえ、岸田内閣に問われるのは、課題を直視して適合的な政策を取ろうとしているか、だった。

EUや国際機関はボトムアップ経済学にもとづく

EUなどにとって格差・貧困との闘いは、優先的な目標であると同時に、現役の低所得層を底上げすることが、人的資本投資（教育訓練）を増強し、イノベーションを促して成長につながる手段でもある、という脈絡をそこに読みとることができる。すなわち「ボトムアップ経済学」である。

ボトムアップ経済学を論証する分析は、二〇一〇年代の半ばから、OECDやIMFのワーキングペーパーなどで発表されてきた。たとえば、OECDの雇用労働社会政策局は、ワーキングペーパーでの分析（Cingano 2014）にもとづき、二〇一四年一二月に「格差と成長」に焦点を当てるパンフレットを公表した。日本を含むOECD諸国の多くで過去三〇年間、所得分布のボトム四〇％の人びとが「置き去り」にされてきたことが、経済成長を阻害したと指摘する。そして、成長にとって最も重要なのは、低所得層の底上げ（ボトムアップ）であるという。ボトムアップすれば、低所得層の人びとが自分自身や子どもの教育に投資し、経済成長力を増強するからである（OECD雇用労働社会政策局二〇一四）。

IMFのワーキングペーパーや討議資料も、OECDに遅れをとらなかった。二〇一五年の討議資料は所得五分位の分析を行っている（Debla-Norris et al. 2015）。分析結果は、各分位の所得シェアについて、それがトップ二〇％で上昇しても成長率は下がるが、ボトム二〇％で所得シェアが上昇すると成長率が上昇する、というものである。同討議資料は、「利得はトリクルダウンしない」とクギを刺す。「トリクルダウン」とは、富裕層や大企業を減税などで潤せば、恩恵が下層にも滴り落ちる、という考え方ないし仮説であり、ある時期、一部の経済学者によって支持された。IMFの討議資料はそうした仮説を排除しつつ、先進諸国にたいして税制の累進性を高めることを提言している。

二〇一九年にはOECDが機関として、*Under Pressure: The Squeezed Middle Class* と題する報告書を発表した。この報告書における「中間層」の定義は、等価可処分所得の中央値の七五―二〇〇％の所得をもつ層である。メンバト国全体で一九八〇年代半ばから二〇一〇年代半ばに、この中間層の所得シェアが低下し、人口に占める割合も低下したこと、トップ一〇％の平均所得の伸び率にたいして中位所得の伸び率はその三分の二にとどまったこと、中間層の生活費用のうち居住、医療、教育の費用が他の物価より速く上昇したことなど、が指摘される。その意味で中間層が圧迫されてきたことを、報告書のタイトルは表す（OECD 2019b）。

公正を進める主要な手段として提唱されたのは、税・公的給付制度であり、とくに株式への配当のような資本所得、および株式売買差益のようなキャピタルゲイン、そして相続への課税を強めることが推奨されている（OECD 2019b: 30）。

岸田首相の「新しい資本主義」が、「分厚い中間層」の復活を強調したのは、以上のような国際機関の認識と軌を一にしていたといえる。当初は金融所得課税の強化を打ち出したことからも、政策指向は同列だったのだろう。しかし、低所得層の置き去りこそが成長の足を引っ張るという課題は、後述するようにネグレクトされ、金融所得課税の強化という政策指向も早々に衰滅する。これでは、中間層の復活も期待できそうにない。

逆走し、地がねが露に

というのは、首相は早くも一〇月一〇日のテレビ番組で、当面、金融所得課税には触らないと表明したからだ。「岸田ショック」とも呼ばれた株価の下落（二〇二一年九月二四日から八営業日連続）をうけてのことである、そして二〇二二年六月のグランドデザインでは、「倍増」されるべき所得が「資産所得」に限定されてしまった。このグランドデザインで私が注目するのは、「格差」と「貧困」が切り離され、貧困は課題とすらされていない、という点だ。貧困問題をネグレクトするという「逆走」が、ここで決定的になったのである。

再確認しよう。岸田首相は当初は、「格差や貧困が拡大し」と述べており、格差と貧困を一体ないし一つながりの課題として捉えているかのようだった。しかし、「緊急寄稿」ではその拡大について「欧米諸国を中心に」と限定していた。格差や貧困は日本の問題ではないかのごとくである。なにより本書の第二章で紹介したように、すでに二〇二一年一二月八日の国会で首相は、西村智奈美立憲民主党幹事長の代表質問のうち、相対的貧困率の削減に取り組むのかという論点にたいして、相対的貧困の指標が「我が国……にはなじまない」と答弁していた。その理由は、高齢化が進めばこの指標が高まるため、という。指標はともかくとして、貧困削減に取り組むつもりがあるのか言明しなかった。「高齢社会をよくする女性の会」理事長の樋口恵子が、かねてからＢＢＢ(貧乏ばあさん防止)を呼びかけるのにたいして、ＢＢＨ(放置)こそが「新しい資本主義」の地がねだった。

二〇二二年六月のグランドデザインでは、本文で三五頁にわたる文書のなかで、「格差」は巻頭から主要課題とされている。それは「多様性」の文脈や「分厚い中間層の形成」の文脈である。いっぽう「貧困」という語は、一度だけ、二六頁目に、コロナ禍で「貧困を抱える世帯の生活が厳しくなる」という認識として登場する。「格差」と「貧困」が切り離されたと述べるのは、このような語彙《ごい》の使用と配置をさす。しかも、「貧困」の語が登場する箇所で、取り組みの対象は、「貧困」ではなく、「孤独・孤立」であり、取り組む主体はＮＰＯ等とされている(政府はそれを支援する)。

「貧困」をネグレクトし「格差」も消えた

いっぽう骨太の方針二〇二二で「貧困」が登場するのは、子ども関連と沖縄関連の二カ所のみであり、こどもの貧困解消は、こども食堂等への支援を通ずることとしている(閣議決定二〇二二a：一三、一八)。なお菅首相のもとで策定された骨太の方針二〇二一には、「子供」について「年齢による切れ目や省庁間の縦割りを排し」て対応する新しい「行政組織を創設」すると書かれており(閣議決定二〇二一：一八)、二〇二二年六月には内閣府の外局となるこども家庭庁の設置法(二三年四月に発足)、およびこども基本法が成立していた(二三年四月施行)。

骨太の方針二〇二二の「共生社会づくり」の見出しのもとでは、「生活保護基準の定期的な見直しについて、消費水準との比較による検証結果や社会経済情勢等を踏まえて対応する」(閣議決定二〇二二a：一四)と明記されている。二〇一三年一月の生活保護基準部会報告書にてらして、この記述は生活保護基準のいっそうの切り下げという方針を示唆すると読むべきだろう(本書の第六章)。それが「共生社会づくり」に含められているのは、公助に頼らず地域で共生せよという意味なのか。また「共助社会づくり」という小見出しのもとでは、「これまで官の領域とされてきた社会課題の解決に、民の力を大いに発揮してもらい」と述べる(閣議決定二〇二二a：一二)。共生社会と共助社会とは、どう異なりいかに重なるのか、説明らしきものはない。

社会保障制度についてのまとまった記述は、「持続可能な社会保障制度の構築」という見出しのもとに置かれ、持続可能な社会保障制度は「全世代型」といいかえられている。そして、「後期高齢者医療制度の保険料賦課限度額の引上げを含む保険料負担の在り方等各種保険制度における負担能力に応じた負担の在り方等の総合的な検討を進める」、という(閣議決定二〇二二a：三〇―三三)。この文章は悪文としかいいようがないが、後期高齢者をはじめ高齢者の社会保険料負担を引き上げるという意味は紛れもない。

なお、EUの「社会的投資」の潮流では、明らかに「子どもへの投資」が重視されているが、その前提となる貧困事情を見落としてはならない。本書の第二章でふれたようにEU諸国、とくに一九九五年までの加盟国では、高齢層の貧困が低く抑え込まれ、高齢貧困がほぼ過去のものとなっている。現加盟国を見渡しても、高齢貧困はバルト三国に限定される問題である。これにたいして日本(および韓国)では、高齢貧困は貧困との闘いの最大の課題の一つである。

岸田内閣が強調した「共生社会」・「共助社会」は、「社会関係資本」にあたるものだろう。第七章で見たように地域保健の分野では、二〇一〇年代の初めに、明示的に「ソーシャル・キャピタル」をあてにしつつ、従来は公助とされたものを共助・自助に転換することが提唱された。この動向は第二次安倍内閣によって後押しされた。

社会関係資本では社会的信頼が重要

ここでは、日本で貧困をはじめとする社会課題の解決に、社会関係資本や「民の力」をあてにできるかを、検討しよう。一九九四年告示の「地域保健対策の推進に関する基本的な指針」は、コロナ禍をへて二〇二三年三月末に改定され、同じ頃に保健所と地方衛生研究所にたいする健康危機対処計画(感染症)策定ガイドラインがまとめられた(https://www.mhlw.go.jp/stf/seisakunitsuite/bunya/tiiki/index.html)。しかし、二〇一二年以来の位置づけ、すなわち地域保健対策の推進の基本が、ソーシャル・キャピタルを活用して「自助及び共助を支援」することにあるという点は、コロナ禍をへても変わっていない。

二〇一一年二月に地域保健対策検討会の事務局がもち出した「ソーシャル・キャピタル」は、既述のとおりパットナムの社会関係資本にあたる。序章でふれたように、パットナムが作成した社会関係資本の総合指数と最も高く相関するのは、「社会的信頼」である(パットナム 2000＝二〇〇六：表4)。パットナムは社会的信頼の数値を、シカゴ大学総合社会調査(GSS)からとった。社会的信頼は、GSSだけでなく、国際社会調査プログラム(ISSP)、世界価値観調査、日本版総合社会調査(JGSS)などで定期的に調査されている。ISSPでの設問は、「一般的にいって、人は信頼できるか、人と接する時には用心するに越したことはないか」である。「人」は無冠詞の people で、漠然と「世間の」人をさす。この設問に、「ほとんどいつも信頼できる」「たいてい信頼できる」と回答した者の比率の合計が、社会的信頼の度合として用いられることが多い。

ISSPで社会的信頼が設問された調査で、日本における「ほとんどいつも信頼できる」および「たいてい信頼できる」の数値を、調査年および主テーマとともに列挙しよう。一九九八年調査(宗教)では一・一%と三三・二%、二〇〇四年(シティズンシップ)では一・一%と三一・二%、二〇〇八年(宗教)では〇・六%と三七・六%、二〇一四年(シティズンシップII)では〇・七%と三二・二%、二〇一七年(社会的ネットワークと社会的資源)では、〇・八%と三四・三%と、いずれも合計して三〇%台半ばである。二〇二〇年(環境)では二%と一七・二%と、とりわけ低い(1)。

貧困・格差の拡大が社会的信頼を毀損する

第七章で参照した「住民組織活動を通じたソーシャル・キャピタル醸成・活用にかかる手引き」は、たとえばマンションの「理事会後」に「家族ぐるみ」「飲み会」を推奨するかのようであるが、「理事会」メンバーは、明らかに顔見知りで共通の目的をもつのであり、「他人」を信頼する社会的信頼の醸成とは距離がある。手引きが作成された時期と近い二〇一四年ＩＳＳＰ調査により、各国の社会的信頼の度合を示すと図８－１のとおりである。六〇％から八〇％に達する高い数値を示す諸国には、北欧諸国が目立つ。これにたいして、アメリカ、フランス、日本での回答率は明らかに低い。

序章でもふれたように近年のＩＭＦのワーキングペーパーは、アメリカと欧州のデータを用いて、所得不平等と社会的信頼の関係を分析した。そこでの問題意識は、社会の信頼のレベルがその国の経済成長と発展の重要な決定因である、というものである。分析から、所得不平等が拡大すること、とくにボトムで拡大することが、社会的信頼を低下させる、という結果がえられた(Gould and Hijzen 2016)。この分析に日本は含まれていない。

他方で、「住民組織活動を通じたソーシャル・キャピタル醸成・活用にかかる手引き」の第二章「基礎知識」には、貧困・格差について「健康格差」以外に言及がなく、健康以外の格差や貧困とソーシャル・キャピタルとの関連にふれていない。本書の第二章で見たのは、日本の国民生活基礎調査にもとづく貧困率が二〇一二年まで上昇し、全国消費実態調査(二〇一九年から全国家計構造調査)にもとづく貧困率は、二〇一四年から一九年にかけて急上昇したことである(図２－１)。また、所得階層のトップ一〇％とボトム一〇％の所得比(P90/P10)は、日本では二〇〇〇年代初め以来上昇気味である(図２－３)。ＩＭＦのワーキングペーパーから示唆されるのは、日本での貧困・格差の事情が、社会的信頼を「醸成」する方向には作用しなかっただろう、ということである。

各国の人助けの傾向を直接に調べる調査もある。イギリスの慈善団体チャリティーズ・エイド財団(ＣＡＦ)が二〇

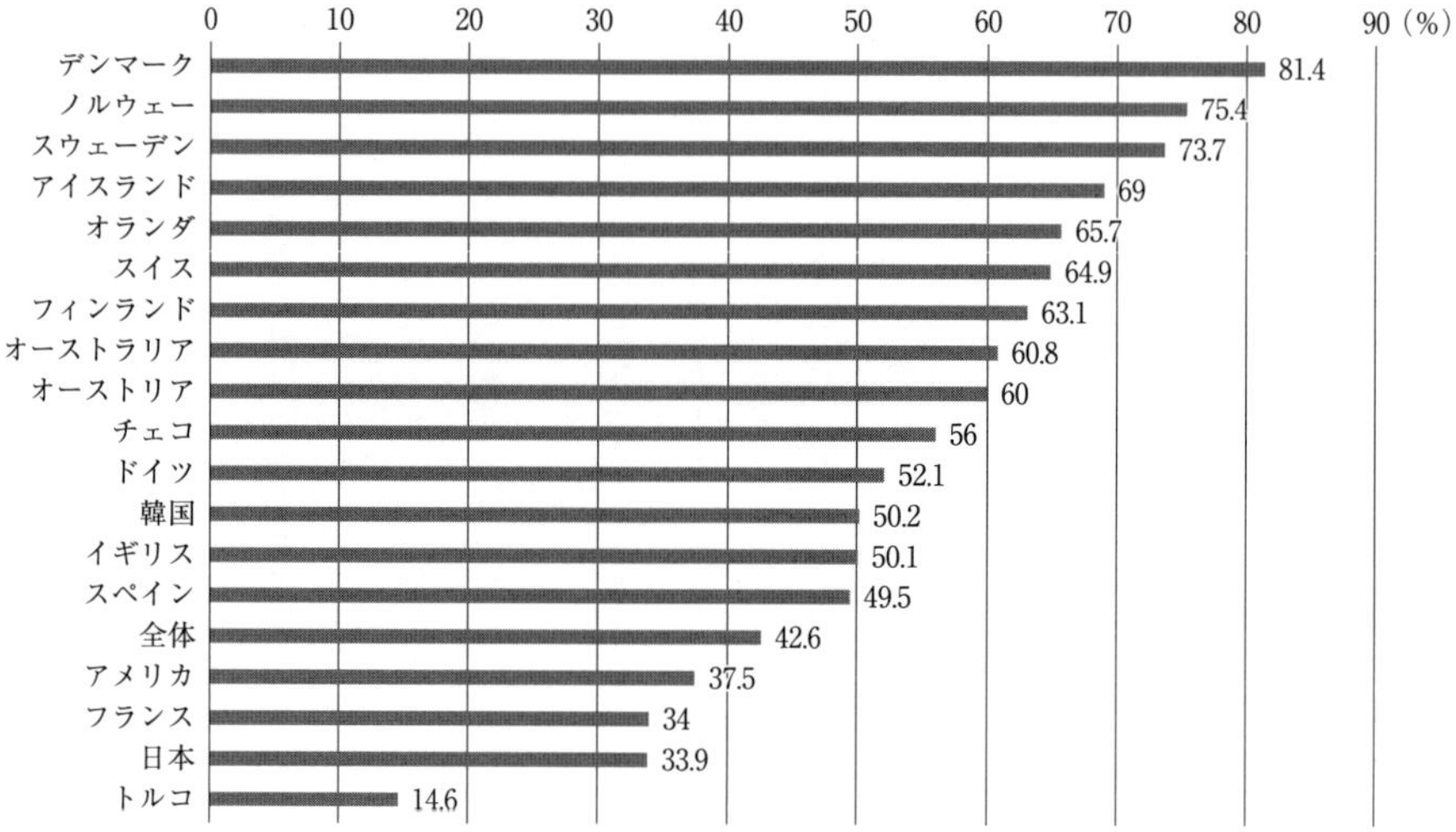

図 8-1 社会的信頼の度合（2014 年）

出所：ISSP 2014-“Citizenship Ⅱ”の質問 48 の回答より，「ほとんどいつも信頼できる」および「たいてい信頼できる」の回答率を合計．

〇九年から実施しているWorld Giving Index調査では、過去一カ月に「見知らぬ人を助けたか」「寄付をしたか」「ボランティアをしたか」を尋ね、それぞれに肯定する回答をした人の割合を合成して総合指数をとり、指数順に諸国をランクづけしている。二〇一〇―一九年の調査で日本が一〇〇位以内になったことは数えるほどしかなく、一九年に発表された一〇年分の総括でも一二六カ国中一〇七位だった（CAF 2019: 25）[2]。二〇二二年には、二〇年五月の調査結果で、日本が調査対象の一一四カ国のなかで最下位だったことが話題となった（『朝日新聞』二〇二二年六月二七日付）。前記三つの質問にたいする日本での肯定の比率はいずれも一二％であり、一〇年分の総括の総合指数である二三％から半減した。

このような国で、社会課題の解決において「民の力」やソーシャル・キャピタルをあてにして、政府の役割を自助・共助の支援に止めようとすることは、怠慢や的外れをとおり越して戯画的といっても過言ではあるまい。しかも日本では、税・社会保障による所得再分配が一定の人口区分の貧困をかえって深めるという、逆機能をきたしている恐れがある。政府こそが貧困の削減に正面から取り組む必要があり、なかでも税・社会保障制度の逆機能を解消することは最優先である。

2　アベノミクスから離反したのか

全世代型社会保障の看板のもとで

「新しい資本主義」が、いわば狗肉《くにく》を売るための羊頭にすぎなかったとして、売りこまれた狗肉はいかなるものだったか。たとえば「全世代型」社会保障の政策手段である。安倍首相のもとで二〇一九年九月に設置された全世代型社会保障検討会議は、菅首相にひきつがれ、二〇二〇年一二月一五日に「全世代型社会保障改革の方針」が閣議決定された。同方針の柱は、少子化については不妊治療への保険適用等、医療については、地域医療構想の枠組み内で都道府県の医療計画に新興感染症等への対応を位置づける（ようやく）、また一定以上の所得がある後期高齢者の医療費窓口負担を二割に引き上げる、などである（全世代型社会保障構築会議第一回　資料3）。柱として〃太い〃とはいえないながら、高齢者の負担増は進められている。この流れに沿って岸田首相は、就任からまもない二〇二一年一一月に全世代型社会保障構築会議を設置した。座長は清家篤である。

同構築会議は二〇二二年一二月一六日に報告書を提出し、首相を本部長とする全世代型社会保障構築本部によって、同報告書に基づき、政府として着実に進めていくことが、即日に決定されていた。「全世代」と謳いつつ、現下の最も緊急を要する課題は、「「未来への投資」として、子育て・若者世代への支援を急速かつ強力に整備することである」という（全世代型社会保障構築会議二〇二二：三）。その際に、「「社会保障を支えるのは若い世代であり、高齢者は支えられる世代である」という固定観念を払しょく」することが、全世代型の「要諦」であると述べる。「全世代」にはこれから生まれる将来世代を含むとして、負担を先送りせず現在の社会保障を含む経済社会の「支え手」を増やす必要がある、という（全世代型社会保障構築会議二〇二二：五）。具体策としてあげられたのが、出産育児一時金を大幅増額すること、その際に後期高齢者医療制度からも「支援」を求めること、被用者保険の適用を拡大して「勤労者皆保険」をめざすこと、介護施設の職員配置基準の「柔軟化」を検討すること、などである。

「国の奴雁」はいずこへ

社会保障にかんして首相が任命した歴代の会議体の課題意識、具体的提案などを、本章の付表1としてまとめた。二点コメントしよう。第一に、清家篤が会長を務めた社会保障制度改革国民会議が、「一九七〇年代モデル」では給付が高齢者に偏り、子どもをはじめ若い世代には給付が薄いと特徴づけたのは(第六章)、事実の認識であって、高齢者はもっぱら支えられる(べき)世代であるという「固定観念」とは異なる。しかも本書が確認したように、日本の高齢層の貧困率は改善されないどころか上昇気味であり(図2－4)、税・社会保障による貧困削減率は低下気味である(図3－10)。消費税率が一〇%となり、介護保険料等が基礎年金給付から天引きされる現在、高齢者がもっぱら支えられているなどと「観念」している層は、どれだけいるというのか。そうした考慮の形跡もないまま、清家座長のもとでの全世代型社会保障構築会議は、全世代型の「要諦」を説いたのである。「国の奴雁」はどこかに飛び去ってしまったのだろうか。

第二に、日本で子どもや若者にたいする支援の拡充が急務であることは論を俟たない。第四章で見たように、EUを先頭に、人への投資、とくに子どもへの投資が重視されてきたが、日本の幼児の教育保育サービス利用は、量・質ともにOECD諸国のなかで見劣りするといわざるをえない。日本の幼児教育への公的支出の規模は、アメリカと並んで最も低い。

そしてOECDの『図表でみる教育二〇二三』が特筆するように、就学前教育の教員の年齢分布について、OECD平均では一八%が三〇歳未満であるが、日本では三〇歳未満が四九%にのぼり最高である。子どもへの投資の最前線を担う就学前教育の教員は、OECD諸国のいずれでも九割以上が女性であるが、日本ではその半数がキャリアを継続できていないのだ(OECD 2023a: Table B2. 2)。第一子出生時の母の年齢は、日本では二〇一五年から三〇歳を超えている。(3) この点にてらして、日本の就学前教育の教員たちの半数は、おそらくまだ子どもをもっていない。本気で子どもに投資しようとするなら、幼児教育の環境を整備し、その教員のキャリア形成やワーク・ライフ・バランスを支援することが不可欠である。出産育児一時金の増額程度で済む話ではないのだ。

ともあれ、全世代型社会保障構築本部の年末の決定を受けて、二〇二三年一月四日の年頭記者会見で岸田首相は「異次元の少子化対策」を打ち出した。

岸田内閣の制度改正

岸田内閣が社会保障制度と税制に導入した改正は、表8-1、表8-2のとおりである。生活保障の機能強化をめざすといえるのは、議員立法の困難女性支援法であり、社会保障では子ども・子育て関連の給付の拡充と後期高齢者の負担のひき上げが対照的である。税制改正では、あいかわらず中以上所得層と企業への減税が並び、二〇二四年には一人当たり四万円の所得税・住民税の特別控除(定額減税)がおこなわれた。控除しきれない額は一万円単位で給付される(https://www.cas.go.jp/jp/seisaku/benefit2023/index.html)。

安倍内閣で税額控除を「全否定」

ここで歴代税調などの提案をふり返ってみよう。税制にかんする歴代の会議体の報告について、問題意識、具体策などを本章の付表2としてまとめた。第五章でもたどったように、小泉内閣のもとで石税調は税額控除という政策手段に言及し、福田内閣下の香西税調は税額控除を丁寧に紹介し、麻生内閣の「中期プログラム」でそれは検討課題とされた。森信茂樹によれば、この段階で「検討」にとどまったのは、個々人の所得を把握する番号制度が未整備だったからである(森信二〇二四:二一)。森信は財務官僚出身で、給付つき税額控除の採用論の旗手といえる存在である。社会保障・税共通の番号制度を導入することを掲げたのは、民主党鳩山内閣の税制改正大綱であり、そこでは明確に、

表 8-1　岸田内閣の社会保障制度改正

年／月	法律名	おもな規定	備考
2022/3	雇用保険法等改正	2020 年の失業給付暫定措置を継続	コロナ対応の機能強化
2022/5	困難女性支援法（議員立法）	「性的な被害，家庭の状況，地域社会との関係性などにより困難な問題を抱えた女性」を対象に，国が示す支援の基本方針(厚労相告示)にもとづき，都道府県が計画を策定する．都道府県には「女性相談支援センター」の設置を義務づける	機能強化 民間の団体に国・自治体が必要な援助
2022/6	こども家庭庁設置法 こども基本法	内閣府の外局として 23 年 4 月より発足 すべてのこどもの個人としての尊重・基本的人権の保障・差別されないこと．こどもの養育の基本は家庭，父母その他の保護者に第一義的責任	こども家庭庁にこども政策推進会議を設置 施策に対するこども・子育て当事者等の意見の反映
2023/5	孤独・孤立対策推進法 健康保険法等改正	孤独・孤立の状態は誰にでも生じるため，社会のあらゆる分野で対策の推進を図る．家族を含む当事者の立場に立って継続的支援 出産育児一時金にたいして後期高齢者医療制度から支援金，後期高齢者医療の負担率の見直し	内閣府に孤独・孤立対策推進本部を置く 全世代対応型の持続可能な社会保障制度を構築するため，として
2024/6	子ども・子育て支援法改正	「支援金制度」の創設，児童手当の所得制限を撤廃(12 月支給分から)，対象を 18 歳まで広げる．3 歳未満児の「こども誰でも通園制度」の導入，育児休業給付の拡充，子どもが 3 人以上いる世帯で児童扶養手当の加算部分の支給額を引き上げ等	主管はこども家庭庁，厚労省が共管

出所：『厚生労働白書』等にもとづき作成.

表 8-2　岸田内閣の税制改正

年度	個人所得課税・資産課税等				法人税・消費税等	
	増税(累進度＋)	税収増	減税(累進度－)	税収減		税収増減
2022			住宅ローン控除の見直し	20 億円	積極的な賃上げ促進	－1640 億円
2023			NISA の抜本的拡充・恒久化	150 億円	研究開発税制の見直し	－130 億円
2024			定額減税 住宅ローン控除拡充	2 兆 3020 億円 290 億円	賃上げ促進税制の強化 戦略分野国内生産促進税制創設 イノベーションボックス税制創設	－3460 億円 －2190 億円 －230 億円

注：税収の増減は平年度．ただし 2024 年度の定額減税は，年収 100 万円以上 2000 万円以下に適用され，税収減は当年度分．累進度を低下させるものではない.
出所：財務省『税制改正』毎年度より作成.

所得控除から税額控除・給付つき税額控除へ、そして手当へという方向性が示された。

ところが、第二次安倍内閣のもとでの税制調査会(中里税調)は、諮問から六年以上の月日をかけて提出した二〇一九年答申で、「累進」には相続税にかんしてのみ言及し、税額控除には間接外国税額控除にかんしてのみふれた(第六章の注7)。中里税調にたいしてはまた、就任後まもない岸田首相から、二〇二一年一一月に、「包括的」な審議が諮問され、二三年六月に二六一頁におよぶ答申が提出された。そこには具体的な提案といえるものが見出されない。

じつは二〇一五年一一月一三日に中里税調が提出した「経済社会の構造変化を踏まえた税制のあり方に関する論点整理」では、「累進構造」をとり上げていた。すなわち事実認識として、一九九四年以前と比べて二〇一五年現在の「累進構造は緩やかなものとなっている」こと、また社会保険料の負担構造に「いわゆる逆進性」があるもとで負担が高まっていること、さらに個人所得課税と社会保険料をあわせた「実効負担率」は、過去二〇―二五年のあいだに低所得層で高まり、中高所得層で低下してきたこと、などを示す。

そして提言に向けて、「所得控除方式を採用している諸控除を見直し、税負担の累進性を高めることを通じて、低所得層の負担軽減を図っていくことを中心に検討すべきである」と明言し、所得控除方式よりも累進的な税負担の構造を実現できる方式の一つとして、「税額控除」をあげた(税制調査会二〇一五：五―八)。

「論点整理」はその参考資料において、日本の現行制度のもとで、所得控除と税額控除のそれぞれがもつ効果について「イメージ図」を掲載し、所得控除にくらべて税額控除で、低所得者への税負担軽減効果は大きく、累進性もより高いと解説する(税制調査会二〇一五：参考資料(個人所得課税：資料6))。また、日本の「低所得層の負担率は、ドイツ、フランスに近いのに対し、中高所得層の負担は低く抑えられており、負担構造の累進性は主要国中、最も緩やかとなっている」、と明言する(税制調査会二〇一五：参考資料(個人所得課税：資料3))。

なお同資料3の社会保険料負担は被用者に限られ、国民健康保険や基礎年金第一号被保険者の負担を含まない。本書で説明してきたように、後者の負担は定額の部分を含むか、全額が定額であるため、低所得者の負担率がきわめて高くなること（図6－3）を勘案すれば、日本の負担構造は〝累進性がゆるやか〟ではすまない状況にあると考えられる。

二〇一六年にはマイナンバー制度が導入され、正確な所得把握の条件が整った。にもかかわらず、中里税調の二〇一九年答申でも二〇二三年答申でも、個人所得課税に関連して「税額控除」という言葉はない。森信は、二〇一六年以来政府部内で給付つき税額控除が本格的に議論されていないとして、その「理由」につき、「安倍政権が、民主党時代の政策を全否定する対応を行い、霞が関で給付付き税額控除をとりあげ議論することが難しくなったという事情がある」と考える、という（森信二〇二四：二一―二二）。安倍への忠義だてが、岸田内閣下で没後も続いたということだろう。

史上最悪の介護保険改定へ

改正を目ざす動きも見逃せない。介護保険制度では二〇〇〇年度の発足以来、三年を一つの「期」として法や制度の改正が重ねられており、二〇二二年度には社会保障審議会介護保険部会で、二四年度から二六年度までの第九期介護保険事業計画に向けて制度見直しの審議が進行していた。審議では全世代型社会保障構築会議での議論や骨太の方針、財務省の財政制度等審議会の議論が参照されている（https://www.mhlw.go.jp/stf/shingi/shingi-hosho_126734.html）。二〇二二年度の介護保険部会では、利用者の利用料の自己負担率の引き上げ（一割から二―三割へ）、要介護1・2の通所および訪問介護を介護保険から「介護予防・日常生活支援総合事業」に移管、ケアプランの有料化、などの項目が俎上に上がった。前記のように全世代型社会保障構築会議の二〇二二年一二月の報告書は、施設の職員配置基準の「柔軟化」を検討項目にあげた。「史上最悪の介護保険制度改定」につながると関係者や上野千鶴子・樋口恵子などの有識者が声を上げたのは、二〇二二年一〇月初めである。上野が樋口との編著『史上最悪の介護保険改定?!』の「はじめに」で記しているように、これらの改悪はいったん阻止されたものの、「先送り」されたにすぎない（上野・樋口二〇二三)。そして二〇二四年度から、訪問介護の基本報酬が減額となった(身体介護一回あたり四〇円から一二〇円など)。

骨太の方針二〇二三——「未来への投資」

六月に閣議決定された骨太の方針二〇二三は、アベノミクスから離れただろうか。その副題は、「加速する新しい資本主義——未来への投資の拡大と構造的賃上げの実現」である。冒頭で日本が直面する構造的な課題の一つとして、「格差が固定化されない誰もが暮らしやすい包摂社会の実現」があげられる。副題は「未来への投資」と「構造的賃上げ」という二つの柱を表している。うち前者の「未来への投資」については、「異次元の少子化対策」を加速化することが、「最も有効な未来への投資」と位置づけられ、その際に「国民に実質的な追加負担を求めることなく」と限定された。少子化の最大の原因は、雇用機会・賃金水準にあるという、的外れではない認識も示されている(閣議決定二〇二三:一一—一三、一七)。

これは、内助を前提する自助>共助>公助という、自民党の従来の社会保障政策から離反するものと理解できるだろうか。注意するべきは、社会保障にかんして「持続可能性の向上」こそが掲げられている点である(閣議決定二〇二三:二)。そして貧困への言及は、例によって「こどもの貧困」のみである(閣議決定二〇二三:一八、二三)。「こどもの貧困解消」は、前記のように骨太の方針二〇二二では、こども食堂にいわば丸投げされていたが、二〇二三年版ではこども食堂にくわえて、ひとり親を支援することによる、とされている。その支援とは、ひとり親の就業支援や養育費の支払確保だという(閣議決定二〇二三:一八)。

第四章で見たように、日本のひとり親は、就業率が高く貧困率が高いという、金銭とケアの「双子の赤字」の極地に置かれている。そこに就業支援したところで、子どもの貧困が解消されるとは期待できない。そもそも貧困な子どもはひとり親世帯に限られるわけではない(4)。

「構造的賃上げ」とは

骨太の方針二〇二三が副題に示すもう一つの柱「構造的賃上げ」とは、「三位一体の労働市場改革」、すなわち「リ・スキリングによる能力向上支援」「個々の企業の実態に応じた職務給の導入」「成長分野への労働移動の円滑化」の三つをつうじて、構造的に賃金が上昇するしくみを作ることである（閣議決定二〇二三：四）。リ（・）スキリングとはこの時点で周知の言葉だったとは思われないが、定義されないままに、「個人の主体的な」と形容され、「労働者が自らの意思で」おこなう、などと記述されている（閣議決定二〇二三：四、一七）。

「構造的賃上げ」という言葉は、一年前の骨太の方針二〇二二にもグランドデザインにも含まれておらず、〝新しい〟。新しい資本主義実現会議の資料をたどると、リスキリングという言葉が登場したのは、二〇二二年一〇月四日の第一〇回会合の資料2「「新しい資本主義のグランドデザイン及び実行計画」の実施についての総合経済対策の重点事項（案）」であると考えられる。その重点事項の「I」が、「人への投資と分配（労働移動円滑化、リスキリング、構造的な賃金引上げ）」と題されている。そこでのリスキリングの定義は、「成長分野に移動するための学び直し」である（https://www.cas.go.jp/jp/seisaku/atarashii_sihonsyugi/kaigi/dai10/shiryou2.pdf）。この第一〇回会合では、有識者構成員にハーバード大学教授のレベッカ・ヘンダーソンが追加され、一〇月二六日の第一一回会合は、ヘンダーソンの報告「資本主義を再構想する（Reimagining Capitalism）」[5]と質疑応答にあてられた。

省庁のなかでは経産省が、二〇二一年二月に「デジタル時代の人材政策に関する検討会」を発足させており、二月二六日の第二回会合では石原直子委員（リクルートワークス研究所人事研究センター長／主幹研究員）が「リスキリングとは――DX時代の人材戦略と世界の潮流」と題する報告をおこなっている。石原が紹介したように、リクルートワークス研究所は、二〇二〇年四月に「DX時代のリスキリング」研究プロジェクトを発足させ、九月には提言書『リスキリング――デジタル時代の人材戦略』を発行していた（リクルートワークス研究所二〇二〇）。経産省検討会での石原報告によれば、同研究プロジェクトの「ゴール」の一つは、「リスキリングにたいして、一義的に責任を負うのは企業」

との認知を広げて、そのためのプラットフォーム構築と資金投下を始めてもらいたい！」、というものだった。そこでリスキリングは「新しい職業に就くために、あるいは、今の職業で必要とされるスキルの大幅な変化に適応するために、必要なスキルを獲得する／させること」、と定義されている(https://www.meti.go.jp/shingikai/mono_info_service/digital_jinzai/pdf/002_02_02.pdf)。

いっぽう、新しい資本主義実現会議第一一回でのヘンダーソン委員の報告でも、リスキリングは企業と経済全体に求められるものであって、「労働者」「個人」は打ち出されていない。そのリスキリングは、企業と経済全体が採用するべき「グッドジョブ戦略」(より高い報酬や労働の意義と尊厳など)の一環である。会議の「要旨」によればヘンダーソンは、自分の再構想が「社会主義」といわれることもあると述べている(https://www.cas.go.jp/jp/seisaku/atarashii_sihonsyugi/kaigi/dai11/gijiyousi.pdf)。

以上にたいして岸田版「賃上げ」の「リ・スキリング」は、労働者個人の主体性のみを前面に出しており、石原やヘンダーソンの理解や位置づけにてらして、意義がずらされていると感じる。つまり、賃金が上がらないのは、スキルの獲得を怠り、積極的な移動もしない労働者個人の、自己責任だと聞こえるのだ。竹信三恵子なら「言葉の乗っ取り」と評すだろう。なお経済学者の金子勝によれば、世界的に成長が見込まれる新しい先端産業は、情報通信産業、医薬品産業、自然エネルギーと蓄電池などであるのにたいして、歴代自民党政府が古い重化学工業の利害を偏重してきた結果、日本にはめぼしい成長分野が存在しない。若手人材の採用難に直面して、企業は初任給を高めつつ研究職を含めて中高年社員をリストラすることで、年功制を弱めている(日本型職務給)。リスキリングで労働移動して賃上げなど、「絵に描いた餅」と手厳しい(金子二〇二四：九一―九二)。

「こども未来戦略」と骨太の方針二〇二四

二〇二三年一二月には、首相を議長とするこども未来戦略会議が「こども未来戦略」を決定し、そのまま閣議決定された。その基本理念は、若い世代の所得の増加、社会全体の構造・意識の変革、そしてすべてのこども・子育て世帯への切れ目ない支援、という三点であり、以下の施策を打ち出している。すなわち三年間で集中的に取り組む「加速化プラン」として、経済的支援の強化(児童手当の二〇二四年一〇月分からの抜本的な拡充、出産等の経済的負担の軽減、高等教育費の負担軽減、住宅支援の強化等)、すべてのこども・子育て世帯を対象とする支援の拡充(伴走型相談支援、保育士・幼稚園教諭等の処遇改善、保育士配置基準の改善、こども誰でも通園制度(仮称)、放課後児童対策、多様な支援ニーズへの対応等)、共働き・共育ての推進(二五年度からの出生後休業支援給付や育児時短就業給付の創設等)、である。なお児童手当の拡充の内容は、所得制限の撤廃、支給期間を高校生年代まで延長、第三子以降を三万円とする多子加算、である。「加速化プラン」の予算総額は三・六兆円であるという(https://www.cas.go.jp/jp/seisaku/kodomo_mirai/pdf/kakugikettei_20231222.pdf)。

これらは二〇二四年六月に策定された骨太の方針二〇二四にそっくり盛り込まれた。同方針では、「新たなステージを目指すための」五つのビジョンの第三が、経済・財政・社会保障の持続可能性の確保である。具体策としてあげられたのは、かかりつけ医機能が発揮される制度整備を推進すること、介護保険では利用者負担が二割となる「一定以上所得」の判断基準の見直し等に、第一〇期介護保険事業計画期間の開始(二〇二七年度)前までに結論をえること、予防・重症化予防・健康づくりを推進すること、である(閣議決定二〇二四:四、四一—四三)。骨太の方針二〇二四に先立ち、上記のように二四年度から訪問介護の基本報酬は減額されており、四—九月の介護事業者の倒産件数は過去最多となった(『朝日新聞』二〇二四年一〇月二二日付)。

民主党内閣が二〇一〇年度に導入した所得制限なしの「子ども手当」を、野党だった自民党は「ばらまき」「くだらん選択」とさんざん非難し廃止を追った。二〇一一年八月には民自公三党の幹事長・政調会長が、一二年度より子ども手当を廃止して児童手当を復活させ、所得制限を設けることに合意した。自民党HPのニュースのバナーは「バラマキ政策撤廃の第一歩。」である(https://www.jimin.jp/news/policy/130217.html)。その自民党の内閣が、一四年後に所得制限を撤廃することを「抜本的な拡充」と謳うのは、誇大妄想《もうそう》的である。

宮本太郎は、岸田内閣の「異次元の少子化対策」や「三位一体の労働市場改革」が、スウェーデンに「そっくり」と紹介する。ただし、スウェーデンが所得制限なしの児童手当を導入したのは一九四八年であって、岸田内閣に先立つこと七五年である点、スウェーデンの保育サービスでは「質」に重点が置かれている点などに、注意を促す。スウェーデンでは「就学前教育士」の配置が一－五歳の子ども五人に一人であるのにたいして、「こども未来戦略」がめざすのは、保育士一人にたいして四－五歳児三〇人という従来の基準を、二五人にすることである。これは一二年前に民主党内閣の社会保障・税一体改革が掲げた目標にすぎない(宮本二〇二四)。

本書の第四章でも、日本の幼児の教育保育サービス利用が、量・質ともにOECD諸国のなかで見劣りすることに留意した。スウェーデンの就学前教育士と日本の保育士・幼稚園教諭の差も、重要である。上記のように日本の保育士・幼稚園教諭の四九％が三〇歳未満であるのにたいして、スウェーデンの就学前教育士は、三〇歳未満が一〇％、三〇－四九歳が五二％、五〇歳以上が三八％である。

追加負担なしで財源調達?

では三・六兆円の財源はいかにして、「国民に実質的な追加負担を求めることなく」調達されるのか。「こども未来戦略」によれば、二〇二八年度までに、「既定予算の最大限の活用等」で一・五兆円、「徹底した歳出改革等」で公費を一・一兆円節減、そして「こども・子育て支援金制度(仮称)の構築」で一・〇兆円の「確保を図る」という。「徹底した歳出改革」は、防衛費の爆発的というべき増額と並行する。すなわち、二〇二三年度から五年間の防衛力整備の水準を四三兆円程度とするという大増額であり、防衛以外の分野、とくに一般会計歳出の最大分野である社会保障への節減圧力は、このうえなく厳しいものとならざるをえない。それが、骨太の方針二〇二四における「社会保障の持続可能性の確保」の文脈である。

一兆円の「支援金」が〝国民の実質的な追加負担〟ではないという点は、通常の言語感覚では理解不能である。「こども未来戦略」によれば、「こども・子育て支援金制度」とは、「医療保険者に、支援納付金の納付をお願いし、医療保険者がその納付に充てる費用として、被保険者等から保険料と合わせて支援金を徴収する」ものだという。それが追加負担でないというのは、「歳出改革と賃上げによって実質的な社会保険負担軽減の効果を生じさせ、その範囲内で」制度を構築するからだという。「こども未来戦略」の三〇頁の注27によれば、「実質的な社会保険負担の軽減の効果」とは、保険料率の上昇を最大限抑制することでえられるようである（https://www.cfa.go.jp/assets/contents/node/basic_page/field_ref_resources/fb115de8-988b-40d4-8f67-b82321a39daf/b6cc7c9e/20231222_resources_kodomo-mirai_02.pdf）。

しかし、政府がもくろむように賃上げが実現すれば、保険料率が上昇しなくても保険料負担は増えるのであり、これを軽減効果と呼ぶのは、またしても通常の言語感覚ではない。実際には、くり返し指摘するように実質賃金は低下し続けており（本書の図6-1）、賃上げの恩恵にあずかれそうにない高齢者にとっては、年金給付額が削られている。では支援金はどの程度の負担になるのだろうか。こども家庭庁HPの「子ども・子育て支援金制度について」のページのうち、「その他の関連資料」のトップに掲載されている資料「子ども・子育て支援金制度における給付と拠出の試算について」によれば、支援金額は二〇二六年度に導入され、段階的に引き上げられて二八年度で一兆円に達することになっており、二六―二八年度の医療保険制度ごとの平均月額が表示されている（こども家庭庁二〇二五）。

負担増が不公正を重ねる

本書でるる述べてきたように、日本では消費税以外の税収が伸びないなかで、社会保険料負担の規模（対GDP比）が急ピッチで上昇しており、歳入が低所得者を冷遇する不公正な構造が強まってきた（図3-5、図6-3）。支援金制度の導入は、そうした不公正にさらに不公正を重ねるものである。

右記「試算について」資料で支援金額は、被用者健保では被扶養家族を含む加入者一人当たりとなっており、参考

表 8-3　医療保険各制度の子ども・子育て支援金月額，1人当たり，2028年度

	支援金月額(円)		
年収(万円)	被用者健康保険	国民健康保険*	後期高齢者医療制度**
80		50	50
160		200	100
180			200
200	350	250	350
250			550
300		400	750
400	650	550	
600	1000	800	
800	1350	1100	
1000	1650		

注：*夫婦と子どもの3人世帯．夫の給与所得のみ．年収300万円まで応益割の軽減あり．**単身，年金所得のみ．年収200万円まで均等割の軽減あり．国保の世帯では年収400万円以上層は上位約1割，後期高齢者医療制度では年収250万円以上層が上位約1割と見られるという．
出所：こども家庭庁(2025)：5，子ども・子育て支援金に関する試算(医療保険加入者1人当たり平均月額)．

として被保険者一人当たりの数値も表示している。被扶養家族は保険料も支援金も負担しないので、被保険者一人当たりで二〇二一年度の医療保険料額にたいする二八年度の支援金額の比率を計算してみよう(こども家庭庁の資料は加入者一人当たりを計算)。すると、協会けんぽでは四・三％、組合健保と共済では四・四％、国保(世帯当たり)では五・三％、後期高齢者医療制度では五・五六％となる。こども家庭庁の試算は後期高齢者制度では五・三％としているが、表示されている六三〇〇円にたいする三五〇円は五・五五五％であり、金額を誤記しているか計算ミスと考えられる。仮に五・三％だとしても、このような増加率は近年の賃上げ率にてらして法外といっても過言ではあるまい。すなわち、二〇二四年の春季労使交渉の結果が、大企業で定期昇給を含めて五・五八％の賃上げだったことが、「三三年ぶり高水準」と報道された(『日本経済新聞』二〇二四年八月六日付)。

それだけではない。二〇二三年五月の「全世代対応型の持続可能な社会保障制度を構築するための」健康保険法等改正により、後期高齢者医療制度の平均保険料月額は、二〇二一年度に六三〇〇円、二二―二三年度に六五七五円だったものが、二四年度には七〇八二円、二五年度には七一九二円の予

定と、二〇二一—二五年度の四年間で一四・二％という猛烈な引き上げである。この健康保険法等改正の主要項目は、出産育児一時金にたいして後期高齢者医療制度から支援金を出すこと、後期高齢者の平均保険料額の伸び率を、後期高齢者医療制度にたいする他の医療保険制度からの支援金（加入者当たり）の伸び率と同じにすること、である（https://www.mhlw.go.jp/stf/seisakunitsuite/bunya/kenkou_iryou/iryouhoken/newpage_00009.html）。実質賃金が低下し年金給付額も低下するなかで、厳しい負担増であり、そこに右記の子ども・子育て支援金が被せられるのである。

右記「試算について」資料はまた、粗い年収階級別の一人当たり支援金額を制度ごとに注記しており、それを表にまとめると前頁の表8-3のようになる。年収二〇〇万円を境に、後期高齢者の負担額が被用者健保での負担額を超えてしまうのだ。

3　小括

岸田内閣では全世代型の看板のもとで、高齢者の社会保障負担の増加、同時に社会保障給付のなかでも医療と介護の厳しい「節減」が、まさに怒濤《どとう》のように進められる。岸田内閣はアベノミクスを踏襲するという以上に、防衛費の激増と「未来への投資」のつけを、苛烈なまでに高齢者に被せている。高齢者のなかでも女性への影響が大きいと推測される。社会保障給付を性別に見ると、男性は年金給付額の六〇％以上を受ける（令和四年度厚生年金保険・国民年金事業の概況、参考資料3、4より計算）。これにたいして、介護保険では要介護認定を受けた者の六七・七％は女性であり、受給者の六九・二％は女性である（令和四年度介護給付費等実態統計の概況、表4）。国民医療費のうち高齢者にたいする額でも、六五歳以上で女性の分が五二・五％、七五歳以上では女性の分が五六・六％と大きい。一人当たり医療費は男性のほうが多いが、高齢層の女性比率が高いことによる（令和三（二〇二一）年度 国民医療費の概況）。つまり医療と介護の厳しい「節減」は〝高齢女性処罰〟的である。

公的な介護の節減は家族のケア負担を増すことにつながり、貧困率を悪化させるおそれがある（第四章で参照したヴァン＝ヴリートたちの分析）。ケア負担が増す「家族」とは主として女性であろう。娘や孫娘の介護離職の増加も懸念され、彼女たちの将来の年金額を低下させる。多世代の女性が「処罰」されるのである。このように〝女性処罰〟をつうじて賄われる「異次元の少子化対策」のもとで、女性たちははたして出産・育児意欲を増すだろうか。

この問いへの回答は、最近の出生数の減少率が示唆している。すなわち厚労省の人口動態統計によれば、二〇二〇年に対して二一年には三・六％減、二二年には四・九％減、二三年には五・二％減と、年々減少が加速してきたのである。人口学者の金子隆一は、「社会や地域での人生を残念なものと感じている人は、子どもを持つ意欲は低いでしょう」と、「異次元の少子化対策」の効果に疑問を呈している（『朝日新聞』二〇二四年七月三日付）。その「人」とは、女性といいかえられるべきだろう。子どもを産むのは女性だけであり、子育ての大半（ワンオペではないにしても）を担うのも、女性だからである。

付表1　社会保障にかんする会議体の報告(課題意識，具体策など)

名称 報告書提出年	設置年	任命・報告受領	課題意識	基本方針	具体策	貧困・格差ほか注目点
社会保障国民会議 2008年	2008年	福田首相(中間報告受領) 麻生首相(最終報告受領)	セーフティネット機能の低下，制度への信頼低下	社会保障の機能強化，「未来への投資」としての少子化対策	セーフティネット機能の強化で，非正規雇用者に社会保険適用拡大，基礎年金の最低保障額の設定，急性期医療の機能強化，介護従事者の確保と処遇改善，子育て支援サービスを一元的に提供，「働き方に中立的な制度設計」，制度適用で個人単位と世帯単位の関係整理，高額療養費制度の改善(現物給付化)，最低賃金の引き上げ，低所得者対策の見直し(社会保障の負担軽減，社会保障番号制の導入)，低所得者への就労支援	中間報告で，格差4カ所，ワーキング・プア1カ所．医療・介護・福祉サービスの改革で「選択と集中(「病院完結型」から「地域完結型」にシステム転換)
安心社会実現会議 2009年	2009年	麻生首相	多くの国民が生活に不安，社会保障制度の機能不全が不安を増幅	生涯・世代に「切れ目のない安心保障」 5つの「安心改革」：年金，医療・介護，次世代育成に加えて，雇用と教育	非正規労働者に社会保険適用拡大，正規／非正規の処遇格差の是正，給付つき勤労者税額控除の導入，所得保障つき職業能力開発制度，最低賃金の見直し，就学前教育，子育ての経済負担の軽減(給付つき税額控除，保育・教育費負担の軽減)，母子家庭の子どもの貧困の解消(就労支援，給付つき税額控除)，高等教育で給付型奨学金制度の導入，大学の研究開発費の強化，安心保障番号／カード(社会保障番号／カード)の早期導入，税・社会保障による実感を伴う所得再配分機能強化，低所得者の社会保険料負担の見直し，独居高齢者への住宅保障	格差の拡大や固定化，貧困問題が，社会の活力を弱め，保護のためのコストも増大．母子世帯の貧困率が6割を超え，看過できない．雇用から遠ざかっている人の「社会への迎え入れ(ソーシャル・インクルージョン)」
社会保障改革に関する有識者検討会 2010年	2010年	菅首相	機能不全，社会保障への公費負担の相当部分が，公債金収入に依存していることは問題	3つの理念(参加保障，普遍主義，安心に基づく活力)と5つの原則(全世代対象，未来への投資，縦割りでない包括的支援等)	〈所得保障・年金〉：基礎年金で国庫負担2分の1の実現を急ぐ．働き方，ライフコースの選択に対して中立な制度設計．基礎年金制度の最低保障機能の強化．〈サービス保障　医療・介護〉：病院・病床の機能分化の徹底と集約化，急性期病院を中心に人員配置の思い切った拡充．〈子ども・子育て支援〉：現役世代の就労と社会参加を支援しつつ，次世代を育成しその能力を高める．〈格差・貧困対策〉：社会保障の所得再分配機能を高め，求職者支援制度を提供，最低賃金や給付つき税額控除などで「働く見返りを高める」．税制面でも個人所得課税や資産課税において，所得再分配機能を強化する改革が必要	「貧困の拡がりが無視できない事実」，逆機能的現象に留意．標準報酬月額の最高限度額の引き上げが必要，「社会保険制度が内包する女性の就労インセンティブを弱める要素」の見直しが必要．5つの節からなる報告書の第4節は税制
社会保障制度改革国民会議 2013年	2012年11月設置	野田首相 安倍首相	社会保障制度の持続可能性を高め，その機能をさらに高度に発揮させる．国民皆保険・皆年金の防貧機能の弱体化	社会保障の機能強化，とともに「重点化・効率化」．「1970年代モデル」から「21世紀(2025年)日本モデル」へ	医療：「病院完結型」から「地域完結型」へ．急性期医療に資源を集中投入．医療提供側が転院先への紹介を準備するシステムの確立．地域医療ビジョンを都道府県が策定する．介護：地域包括ケアシステムづくり．24時間の定期巡回・随時対応サービスや小規模多機能型サービスの普及．国保の低所得者に対する保険料軽減措置の拡充，国保保険者の都道府県への移管，高収入者の社会保険料負担引き上げ(国保の保険料賦課限度額，被用者保険の標準報酬月額上限の引き上げ)，70-74歳の医療費の自己負担(法定2割を暫定1割にしている)を見直す．年金：年金制度の一元化(自営業者を含めた所得比例型の年金制度を目指していくこと)は，現時点での政策選択ではない，働き方に中立的な制度設計(国民年金第3号被保険者制度等)	グローバル化等による雇用の不安定が，格差・貧困の深刻化につながらないように．格差・貧困が拡大すると，社会の統合を脅かし，社会の分裂を招く．子どもの貧困，特にひとり親の貧困は看過できない
全世代型社会保障構築会議 2022年	2021年11月設置 報告書は22年12月閣議決定	岸田首相	全世代対応型の持続可能な社会保障構築	「未来への投資」として子育て・若者世代への支援を急速かつ強力に整備する	「高齢者は支えられる世代である」という固定観念を払拭し，負担を先送りしないために：出産育児一時金の大幅増額，出産育児一時金の「一部」を後期高齢者医療制度から「支援」(2023年法律改正により「一部」は7%とされた)，「勤労者皆保険」(被用者保険の適用拡大)，介護の職員配置基準の柔軟化の検討	社会保障の機能・役割：所得再分配機能を発揮して格差是正や貧困解消を図り，消費・「人への投資」を活発化，格差の固定化を防ぎ，貧困の連鎖を断ち切る(p. 6)

出所：本書の第5, 6, 8章.

付表 2　税制にかんする会議体の報告(問題意識，具体策など)，閣議決定など

(下段は答申・決定等の提出年月等)	会長(会長代理)など	答申等	問題意識	具体策
税制調査会 2005 年 6 月	石弘光 (上野博史)	「個人所得課税に関する論点整理」	「累次の減税」による所得税の財源調達機能の低下	子育て支援に税額控除を採用することも考えられると言及
税制調査会 2006 年 12 月	本間正明 (神野直彦)	答申「経済活性化を目指して」	安倍首相の諮問：成長なくして財政再建なし，歳出改革の徹底	減価償却制度につき，償却可能限度額(取得価額の 95%)を撤廃，新規取得資産につき残存価額(10%)を廃止(法定耐用年数内に取得価額全額の償却を可能に)
税制調査会 2007 年 11 月	香西泰 (神野直彦)	答申「抜本的な税制改正に向けた基本的考え方」	政府総債務残高が対 GDP 比 150% に迫る．格差が指摘されているとして，その固定化に懸念．「累次の累進緩和」により個人所得課税で財源調達機能と所得再分配機能が低下	社会保障の安定的な財源確保に消費税が役割を果たすべき．税制も再分配機能を適切に発揮すべき．税額控除と給付つき税額控除をとり上げ，その提唱者の観点を紹介
閣議決定 2008 年 12 月 24 日	麻生首相	「持続可能な社会保障構築とその安定財源確保に向けた「中期プログラム」」	社会保障国民会議の最終報告にのっとり「社会保障の機能強化の工程表」を掲げる	消費税を含む税制抜本改革を 2011 年度より実施．高所得者の税負担を引き上げつつ中低所得者世帯の負担軽減を検討する．その手段は，個人所得課税の各種控除や税率構造の見直し，最高税率や給与所得控除の上限の調整，給付つき税額控除の検討
閣議決定 2009 年 12 月 22 日	鳩山首相	「平成 22 年度 税制改正大綱――納税者主権の確立へ向けて」	個人所得課税で所得再分配・累進性が失われ，財源調達機能も低下．中間層が低所得層へと落ちていく下への格差拡大を食い止めることは喫緊の課題	社会保障・税共通の番号制度を導入，所得控除から税額控除・給付つき税額控除・手当へ，金融所得の一体課税
税制調査会専門家委員会 2010 年 6 月	神野直彦 (大沢真理)	「議論の中間的な整理」	所得税が累進性を回復し役割を担うことが，消費税率の引き上げと「車の両輪」であるべき	所得控除から税額控除等に見直し，税率構造および課税ベースの見直し，法人税で課税ベースの拡大とあわせた税率の見直し，消費税を重視する方向での見直し
税制調査会 2019 年 9 月	中里実 (神野直彦)	答申「経済社会の構造変化を踏まえた令和時代の税制のあり方」	2013 年 6 月の安倍首相の諮問：経済社会構造の変化に対応して，各税目が果たすべき役割を見すえ，「中長期的視点から」あるべき税制を検討	個人所得課税の諸控除の見直しを続ける(負担軽減につき，給与所得控除等の所得計算上の控除に著しく依存し，基礎控除等の人的控除の役割が比較的小さいため，適正化)．税額控除への言及は「間接外国税額控除」のみ
税制調査会 2023 年 6 月	中里実 (神野直彦)	答申「わが国税制の現状と課題　令和時代の構造変化と税制のあり方」	2021 年 11 月の岸田首相の諮問：「公平かつ働き方等に中立的」な，あるべき税制を包括的に審議	具体策の提案は見出されない．貧困率の上昇に留意(p. 60)．個人所得課税の課題のうち「所得再分配機能の適切な発揮の観点からの検討」に「所得控除と税額控除」と題する〈参考〉があるが(p. 119)，税額控除の説明がない．資料で給付つき税額控除の検討を求める法規定を引用

出所：本書の第 5, 6, 8 章．

終章　命と暮らしを守る生活保障システムとは

本書が明らかにしてきたのは、日本で所得格差が広がり、とりわけ貧困者が増加するなかで、歴代の自民党（連立）内閣が、麻生内閣をほぼ唯一の例外として、貧困の存在を認めず、その削減に取り組もうとしなかったことである。そうした経緯を踏まえても、これからの時代を生きる子どもたちや若者に思いを馳《は》せれば、諦めて嘆いている暇もないと痛感する。

貧困は完全にネグレクトされたわけではない。しかし、二〇一三年六月に議員立法で子どもの貧困対策法が成立しても、法の目的は子どもの「現在」でなく「将来」が、生育環境によって左右されないことにあり、貧困の解消をめざすものではなかった。第二次安倍内閣以来の骨太の方針では、「貧困」という言葉は子ども関連以外には登場せず、子どもとひとり親以外には、貧困は存在しないかのごとくだった。

そこで本章では、第一節で、首相が任命するレベルの会議体が、この間に提案してきたことを見渡す。第二節では、日本の生活保障システムを「女性処罰」的機能をもつ「男性稼ぎ主」型から転換するうえで、当面必要な政策手段を提案し、本書の結びとする。

1 「国の奴雁」たちは何を提案してきたか

諸提案を見渡す

目の覚めるような妙手を外から借りられるわけではない。首相の任命による「国の奴雁」たちが提案してきた諸施策のなかに、貧困削減に向けた「青い鳥」を見出すことが順当と考える。累次の有識者の会議体の提案は、第八章の付表1および2としてまとめた。ただし奴雁たちは、社会保障の機能低下や機能不全を問題として捉えたものの、逆機能には十分配慮したとはいえない。

付表1が示すように、二〇〇八年から一三年にかけて、社会保障関連で課題として意識されていたのは、セーフティネット機能の低下や機能不全だった。機能強化に向けて提案された政策手段は、非正規雇用者に社会保険の適用を拡大すること(二〇〇八、二〇〇九。数字は会議体の報告書等の提出年。以下同様)、低所得者対策として、高齢者では年金制度に最低保障額を設定したり最低保障機能を強化したりすること(二〇〇八、二〇〇九、二〇一〇)、低所得者の社会保険料負担を軽減すること(二〇〇八、二〇一〇、二〇一三)、最低賃金を引き上げること(二〇〇八、二〇〇九、二〇一〇)、給付つき税額控除を導入すること(二〇〇九、二〇一〇)、就労を支援すること(二〇〇八、母子家庭につき二〇〇九)、などである。

同時に、主として女性の就業促進を念頭に置いて、働き方やライフコースの選択に「中立的な」制度設計が求められ(二〇〇八、二〇一〇、二〇一三)、個人単位と世帯単位との関係を整理する必要性が意識され(二〇〇八)、とくに国民年金の第三号被保険者制度がとり上げられた(二〇一三)。総じて税・社会保障制度の所得再分配機能を強化することがめざされ(二〇〇九、二〇一〇)、上記の低所得者の負担軽減だけでなく、高収入者の社会保険料負担を引き上げること(国保の保険料賦課限度額の引き上げ、被用者社会保険の標準報酬月額の引き上げ)も提案された(二〇一〇、二〇一三)。

医療や介護にかんしては、急性期医療の機能強化・人員拡充や資源の集中投入（二〇〇八、二〇一〇、二〇一三）、介護従事者の確保と処遇改善（二〇〇八）、などが提案された。

これにたいして、第二次安倍内閣の登場以来は、社会保障の「持続可能性」を高めることが主題となり、岸田内閣ではそのうえに「全世代対応」が被せられた。第六章および第八章で見たように、「持続可能性」を高めるとは、社会保障の「重点化・効率化」であり、「全世代対応」は、子ども・子育て支援と称して、高齢者への給付を引き下げ、かつ負担を引き上げることを意味する。医療においては、二〇一四年の医療介護総合確保推進法にもとづく「地域医療構想」が、大規模感染症をネグレクトしたまま、また急性期医療の拡充抜きに、公立・公的病院に急性期の機能選択の見直しを迫った。同法のもとで介護においては、「地域包括ケアシステム」を看板として、介護サービス利用へのハードルを上げる改定が重ねられ、現在も準備されている。

いっぽう税制については、第八章の付表2が示すように、まず累次の減税により個人所得課税の財源調達機能が低下したことが、問題視され（二〇〇五）、所得再分配機能の低下も意識された（二〇〇七）。具体策として税額控除および給付つき税額控除制度への注目が強まり（二〇〇五、二〇〇七、二〇〇八、二〇〇九、二〇一〇）、個人所得課税の税率構造（最高税率や給与所得控除の上限）の見直しも言及され（二〇〇八、二〇一〇）、課税ベースの見直し・拡大の必要性も指摘された（二〇一〇）。

これにたいして第二次安倍政権以来は、税制による所得再分配機能への問題意識が明記されず、（給付つき）税額控除という手段は「全否定」された。

2　本書の提案

前提となる事実を再確認

「はじめに」で留意したように、日本の人びとの経済的事情の特徴は、諸外国との対比で高齢層をはじめいずれの年齢層でも貧困率が高い、すぐ上下の年齢層に比しても諸外国に比しても一八―二四歳の若年層の貧困率が高い、就業貧困率が高いだけでなく共稼ぎでも貧困率が高い、シングルマザーの家計が非常に厳しい、有子カップルの貧困率が、共稼ぎの場合でも片稼ぎの場合に比してわずかしか低くないという意味で、第二の稼ぎ手の稼ぎがいが低い、つまり「男性稼ぎ主」型が強固である、などである。共稼ぎ貧困やシングルマザー貧困が示すように、これらの特徴の要因は、女性の所得が低いことにあるが、それだけではない。女性が働く世帯や子どもを産み育てる世帯にとって、税・社会保障制度による所得再分配が貧困率をかえって悪化させるという、異例の逆機能がある。

第三章で見たように、二〇〇〇年代半ばにおいて日本の税・社会保障制度は、給付と負担の両面で貧者冷遇であり（図3‐9）、貧者の多数が女性であることからすれば、女性処罰的である。駒村康平たちは二〇〇九年の二〇―五九歳の就業者について、課税が貧困率を押し上げる状況を、税と社会保険料負担に分けて分析した（駒村ほか二〇一〇）。すると、社会保険料負担の影響が大きく、逆機能を呈していた。以後も日本の社会保険料負担の規模（対GDP比）は、諸国に例を見ないほど急上昇してきた（図3‐5）。社会保険料負担が貧困率を押し上げる「機能」が、強まったと推測せざるをえないのである。このような社会で、子ども・子育て支援のためと称して「支援金」を社会保険料負担に上乗せするとは、まさにもってのほかの政策手段である。

男性が「稼ぎ主」であるはず（ありうる・あるべき）と想定することは、貧困の存在自体をネグレクトすることと表裏一体である。ネグレクトしたままに「男性稼ぎ主」型＝女性処罰的なシステムが貧困と格差を拡大し、少子化、経済

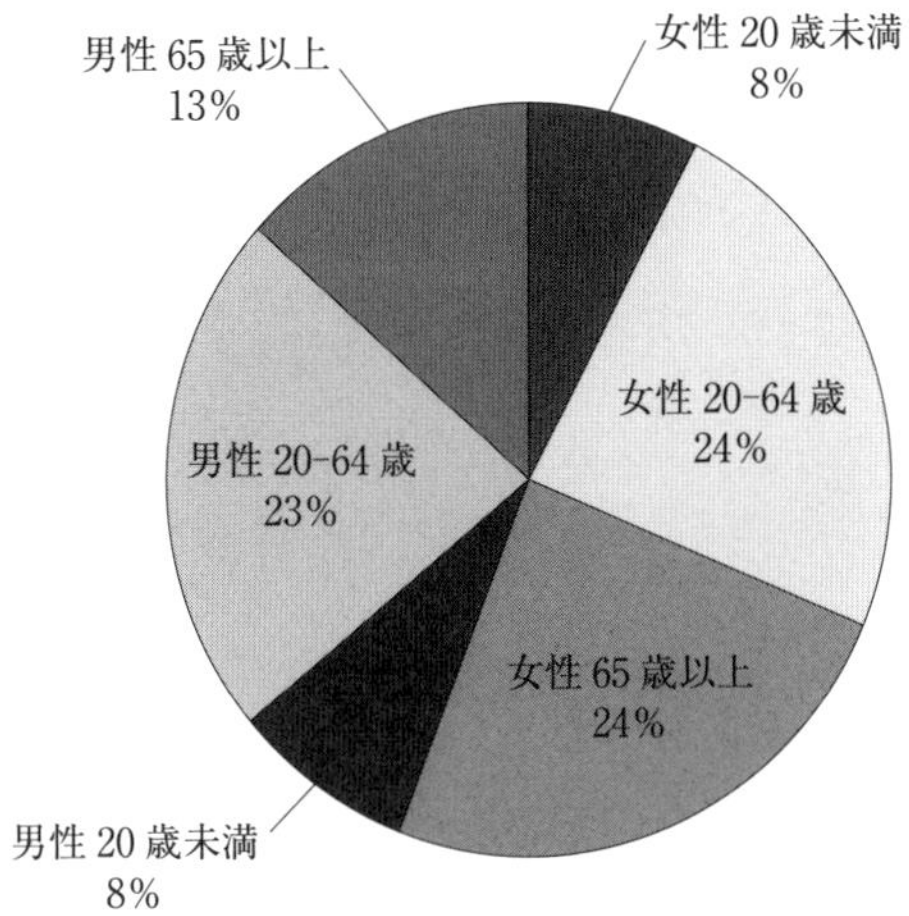

図終-1　日本の貧困者の性別・年齢グループ別の構成（2018 年）

出所：阿部 2021：スライド 8 枚目「貧困者に占める年齢 3 層の割合」の数値より作成.

成長力の劣化、災害脆弱性の亢進などをもたらしている。

図終－1は、阿部彩の貧困統計HP（阿部二〇二一）の数値にもとづいて、二〇一八年の日本の貧困者の性別・年齢グループ別の構成を示す。「はじめに」でふれたように、この時点で逆機能を被っていたのは、女性の〇－四歳児、および二五－二九歳だった。

世帯類型や就業状態によらず、税・社会保障制度の貧困削減率を少なくともプラスにすることが当然であり、そのためには、所得税制の累進度を引き上げ、社会保険料の逆進性に対処しなければならない。実際、自民党が安倍晋三総裁を擁して二〇一二年一二月末に政権に復帰する以前に、「国の奴雁」たちが共通してめざしていたのは、税・社会保障の所得再分配機能の回復および強化である。

所得再分配機能を回復する――提案1

税・社会保障の所得再分配機能を毀損してきた要因は、主として負担＝財源調達面にある。るる述べてきた諸点をまとめよう。要因の第一は、歴代税調や内閣の大綱・プログラムも指摘したように、累次の所得税「減税」により、その累進性が低下したことである。とはいえ、現在の個人所得課税の税率構造は諸国と大差ない（https://www.mof.go.jp/tax_policy/summary/income/b02.htm）。

森信によれば、日本の所得税の最高税率はOECD諸国でトップ3に入る高さである(森信二〇一九)。問題は各種の所得控除により所得税の課税ベースが狭くなっていることにある。第三章で紹介したように、二〇〇〇年代の半ばの平均給与について、日本の所得控除額の合計が給与に占める比率は、片稼ぎ子ども二人で七〇%を超え、単身者でも五〇%にのぼる。こうした比率は、アメリカ・イギリス・ドイツ・オランダ・スウェーデンにたいして最高である(田近・八塩二〇〇八、是枝二〇一〇)。

税・社会保障の所得再分配機能を毀損している第二の要因は、岸田首相も当初は挑もうとした「一億円の壁」である。第八章でもふれたように、利子・配当・株式譲渡益などが比例税率で申告分離となっていることが、所得税制の累進性を大きく損なっている。財務省のホームページによれば、上場株式譲渡益への税率は、二〇〇二年までは二六%だったが、二〇〇三年から一三年までの一〇年間にわたって、配当収入とともに一〇%の軽減税率が適用され、二〇一四年からようやく二〇・三%(所得税一五%+復興特別所得税、地方税五%)になった。一律二〇・三%という水準は、高額の株式譲渡益にたいしてはG5諸国で最も軽い。「高額の」と断るのは、アメリカとイギリスでは所得におうじて高い税率となる「段階的課税」だからである。ドイツは税率二六・四%であり、フランスでは申告分離で一二・八%の税率であるが、利子・配当・株式譲渡益にたいしては一七・二%の社会保障目的税が加えられる(https://www.mof.go.jp/tax_policy/summary/income/b06.htm#a05)。

第三の要因は、社会保険料負担の規模が諸国に例を見ないほど急上昇してきた(図3-5)だけでなく、所得階級の両端での逆進性がいちじるしいことである(図6-3)。とくに厚生年金制度での標準報酬の上限は、直近で健康保険の月額一三九万円にくらべて半額以下の月当たり六五万円にすぎない(表1-2、表1-3、および五四頁参照)。

以上にたいして、累進度と税収を大きく改善できる政策手段は、各種の所得控除を税額控除に転換することである。転換による効果は、前記のように中里税調が資料を示しつつ論点整理しており、税財政を専門とする経済学者の八塩裕之が別途分析した(八塩二〇一五)。本書も、所得控除の税額控除への転換をこの提案1の第一項目としたい。マイナンバー制度が導入され、正確な所得把握の条件が整った現在、アベノミクスの亡霊を払拭できないわけはない。税額控除に転換されるべき社会保険料控除では、納入すべき税額が低いために控除しきれない分を、現金で給付するようにすれば(給付つき)、低収入の側での逆進性を解消できる。

提案1の第二項目として、利子・配当・株式譲渡益について、日本でも他の収入との総合課税(たとえばフランスやアメリカの州・地方政府税)を理想としつつ、段階的課税を組み込んで、その高い段階の税率をかつての二六%に戻すべきである。第三項目として、社会保障制度改革国民会議も言及したように、厚生年金制度の標準報酬の上限を、健康保険なみの一三〇万円程度に引き上げることを提案する。こうした手段により、社会保険料負担の逆進性を緩和すると同時に、保険料率を上げることなく保険料収入を確保できる。(1)

「年金支援給付」で高齢者に最低生活を保障する——提案2

日本の社会保障は給付面でも富者厚遇である。給付が富者厚遇となるおもな要因は、厚生年金給付が報酬比例であること、かつ最低生活を保障する機能がないことにある。提案1の第一項目により、公的年金等控除を税額控除に転換することで累進性をもたせることができる。最低保障については、現行の年金制度にもその要素がないわけではない。すなわち基礎年金では給付費の半額が国庫負担であり、低所得や失業のために、四〇年間(二〇—六〇歳の加入可能年数の上限)をつうじて保険料を全額免除された人も、半額の給付を受けられる(二〇〇九年三月以前の免除期間については三分の一)。(2)しかし、「満額」である月額六万八〇〇〇円そのものが、生活扶助基準にも満たないことを忘れてはならない。日本の高齢者は所得再分配によって貧困を削減されているものの、その貧困率は六五歳以上の男女の平均で二〇%であり、OECD諸国で高いほうである。一九八五年から二〇二一年という長期間で、男性高齢者では低下してきたが、女性の七五歳以上では低下していない(阿部二〇二四)。

岩田正美は二〇二一年の刺激的なタイトルの著書『生活保護解体論』で、高齢者の収入が最低基準以下の場合に、税財源により「年金支援給付」を支給することを提言している。収入の認定には税制を利用し、資産については本人が居住する住宅の所有、および生活保護基準の六カ月分の預貯金を認め、給付を生活扶助基準を下回らないレベルとするという内容である（岩田二〇二一：二二七―二二八）。私もこの提案に賛同する。[3] 一定額以下の所得の年金受給者に給付金等を支給する年金生活者支援金給付法が、二〇一九年一〇月に施行されている（表6－1）。[4] 同法の給付を拡充することで岩田の提案を実現すれば、日本の貧困者の二四％は女性高齢者で、一三％が男性高齢者であることから（図終－2）、貧困者を四割近く減らすことができ、高齢者への生活扶助費も相殺される。

就業インセンティブを損なう制度・慣行を廃止する――提案3

就業インセンティブの問題は、二〇〇八年に社会保障国民会議が設置される相当に以前から議論されてきた。すなわち、社会保障や男女共同参画にかんする会議体が、所得税の配偶者控除制度や国民年金第三号被保険者制度を念頭に置いて、「働き方（やライフコースの選択）に中立的な制度設計」「個人単位と世帯単位の関係」などの見出しのもとで、審議していた（大沢二〇一三：二四七、二四九―二五〇）。社会保障制度審議会の一九九四年報告や、第一章でふれた男女共同参画審議会の九六年答申が、その結果である。[5] 年金関係の会議体としては、二〇〇〇―〇一年に活動した「女性のライフスタイルの変化等に対応した年金の在り方に関する検討会」、そして二〇〇二―〇四年に活動した社会保障審議会年金部会が、第三号被保険者制度について本格的に議論した（大沢二〇〇七：五章一節）。

提案1により所得税の配偶者控除制度は税額控除に転換されるが、第三号被保険者制度についてはどう考えるべきだろうか。第三号被保険者本人は保険料を徴収されずに基礎年金の満額を受けることができ、その分の保険料を第二号の全員が分担している。第三号の九九％は女性であり、専業主婦の年金とも通称される。この制度では、単身や共稼ぎの第二号の負担により、専業主婦世帯が「支援」されているのであり、公正を欠く。二〇〇四年の年金改革に向けた〇三年一一月の厚生労働省案では、夫婦間の年金権を分割することにより、第三号制度を廃止するという方法が提案された（与党が拒否した）。私は当時、社会保障審議会年金部会の委員であり、厚労省案に賛成している（大沢二〇〇七：五章）。

ディーセント・ワークと同一価値労働同一賃金を——提案4

就業インセンティブは税・社会保障制度だけの問題ではない。諸外国に比して第二の稼ぎ手の稼ぎがいが格段に低いという状況は、人口減少および労働力不足に悩む社会として不合理のきわみである。しかし、貧困の存在自体を認めようとしない自民党政権のもとで、第二の稼ぎ手の稼ぎがいは正面から議論されなかった。

〝働いても共稼ぎでも貧困〟から脱却しにくいという日本の貧困の特徴は、税・社会保障制度の逆機能のほかに、そもそも女性の賃金率が低いことに起因する。女性の賃金率が低いのは教育歴や経歴が乏しいことに見合うもので、差別ではないという見解もある。しかし、社会学者の山口一男・シカゴ大学教授による近年の研究では、日本の所得や管理職昇進の男女格差は、「人的資本」と就業時間の男女差では四割しか説明できず、残りの六〇％は、たんに男に生まれたか、女に生まれたかで決まる、という（山口二〇一七）。

しかも山口によれば、日本企業は女性に人的資本の投資（教育訓練）をしていないだけではなく、女性従業員の意欲を阻喪させることでその人的資本を腐らせてもいる。昇進の有資格者を識別する際のシグナルとして、日本企業は、たとえば恒常的に長時間労働ができるとか、休日出勤や転勤を厭《いと》わないとかのように、家庭生活と両立しがたい働き方を続けることを用いている（山口二〇一七）。それは女性従業員の就業継続や昇進への意欲を削ぐことになる。まずは総合職と一般職といったコース別雇用管理などは、すべて間接的な雇用差別として禁止するべきである。

序章でふれたように二〇一五年のSDG8‐5は、若者・障害者を含めてすべての男女に、ディーセント・ワークと「同一価値労働同一賃金」を達成するように求めている。それよりも早く日本では、民主党政権の二〇〇九年の「新成長戦略」で掲げられた（本書の第五章で紹介）。本書の提案4として、雇用差別を禁止すること、同時に、同一

「価値」の労働に同一賃金を支払う原則を採用すること、をあげたい。同一「価値」労働同一賃金は、安倍内閣の「働き方改革」が掲げた「同一労働同一賃金」とは異なる。同一労働同一賃金では、正規労働者と同一職務を担当するごく一部の非正規労働者のみが対象で、同一賃金といいながらも正規とのあいだの賃金格差は残る。

これにたいして同一「価値」労働同一賃金では、職種・職務の違いや雇用形態（正規／非正規）を問わず、労働者の全員について、担当している仕事を構成する職務を分析する。その職務に「知識・技能」「責任」「負担」「労働環境」の四つの面で点数をつけて合計することで、仕事の価値を割り出し、その価値をもとに賃金を決定するのである（森・浅倉二〇二二、禿《かむろ》二〇二二）。

もちろん、価値をきちんと測っても「同一」の賃金の水準が低すぎては、ディーセント・ワークの実現はおろか、非正規はもちろん正社員も生活できない。フルタイムで働いても所得が生活保護基準をクリアできないようでは、就業インセンティブは当然に低い（働くことが報われない）。給付つき税額控除を低賃金雇い主への補助金にしないためにも、最低賃金の引き上げが重要である。近年、日本の最低賃金は急ピッチで引き上げられているが、諸国に比して水準が低い状態は、首相以下の主要閣僚がメンバーである経済財政諮問会議でも認められた。たとえば、二〇一九年五月一四日会合で新浪剛史《にいなみたけし》議員（サントリーホールディングス社長）が有識者議員連名の提案を報告し、最低賃金を引き上げる必要性やその効果を力説しており、菅官房長官が賛同の発言をおこなった（https://www5. cao. go. jp/keizai-shimon/kaigi/minutes/2019r/0514/gijiyoushi. pdf）。また、二〇二四年五月一〇日の同会議に有識者議員が連名で提出した資料では、「二〇三〇年代半ばより早期の最低賃金一五〇〇円達成等」が提案されている（https://www5. cao. go. jp/keizai-shimon/kaigi/minutes/2024/0510/shiryo_04. pdf）。

インフレの勢いを考えれば、数年以内の一五〇〇円達成が必要だろう。

「決める場所」に女性を増やす——提案5

問題は種々の提案を取捨選択し、導入を「決める場所」が、日本では年配の男性によって占められていることである。とはいえ日本政府は、「社会のあらゆる分野において、二〇二〇年までに、指導的地位に女性が占める割合が、少なくとも三〇%程度になるよう期待する」という目標を掲げてきた。小泉内閣期の二〇〇三年六月二〇日に首相を本部長とする男女共同参画推進本部が決定した目標である。「指導的地位」は、内閣府の男女共同参画会議によって二〇〇七年に、(1)議会議員、(2)法人・団体等における課長相当職以上の者、(3)専門的・技術的な職業のうち特に専門性が高い職業に従事する者とする、と定義された(https://www.gender.go.jp/policy/positive_act/index.html)。一九九九年制定の男女共同参画社会基本法にもとづき五年ごとに男女共同参画基本計画が策定されており、二〇二〇年までに三〇%という目標は、累次の基本計画に掲げられてきた。

「指導的地位」の上記の定義の(1)のうち、衆議院議員の近年の女性比率は一〇%程度、そして(2)の管理職の女性比率は直近で一二、三%程度にすぎない(6)。それが要因となって、世界経済フォーラムが毎年公表するジェンダー・ギャップ指数とランキングで、日本は二〇一二年以来一〇〇位以内に入っていない。三〇%という目標を達成できないことが明白になった二〇二〇年中には、安倍内閣のもとで、第五次男女共同参画基本計画の策定作業がおこなわれていた。第五次計画は菅義偉首相のもとで二〇二〇年一二月に決定されたが、三〇%達成は「二〇二〇年代の可能な限り早期に」と先送りされたのである。

「指導的地位」とは、公私の機関で、資源(権限や予算・人員)の配分を決める地位、および専門的知見により決定をバックアップする地位といいかえることができる。そうした「決める場所」に女性が増えると、実際になにかが変わるのだろうか。政治経済学者の奥山陽子・ウプサラ大学助教授が紹介する研究結果によれば、一九九五―二〇一二年に議会に女性議員のクオータ制(議席の一定割合の割り当て)を導入した一三九の国と地域で、女性議員が急増した国・地域では公衆衛生・健康関連の財政支出の比重が増え、その財源は主に軍事関連支出を減らすことで賄われていた(奥山二〇二四)。

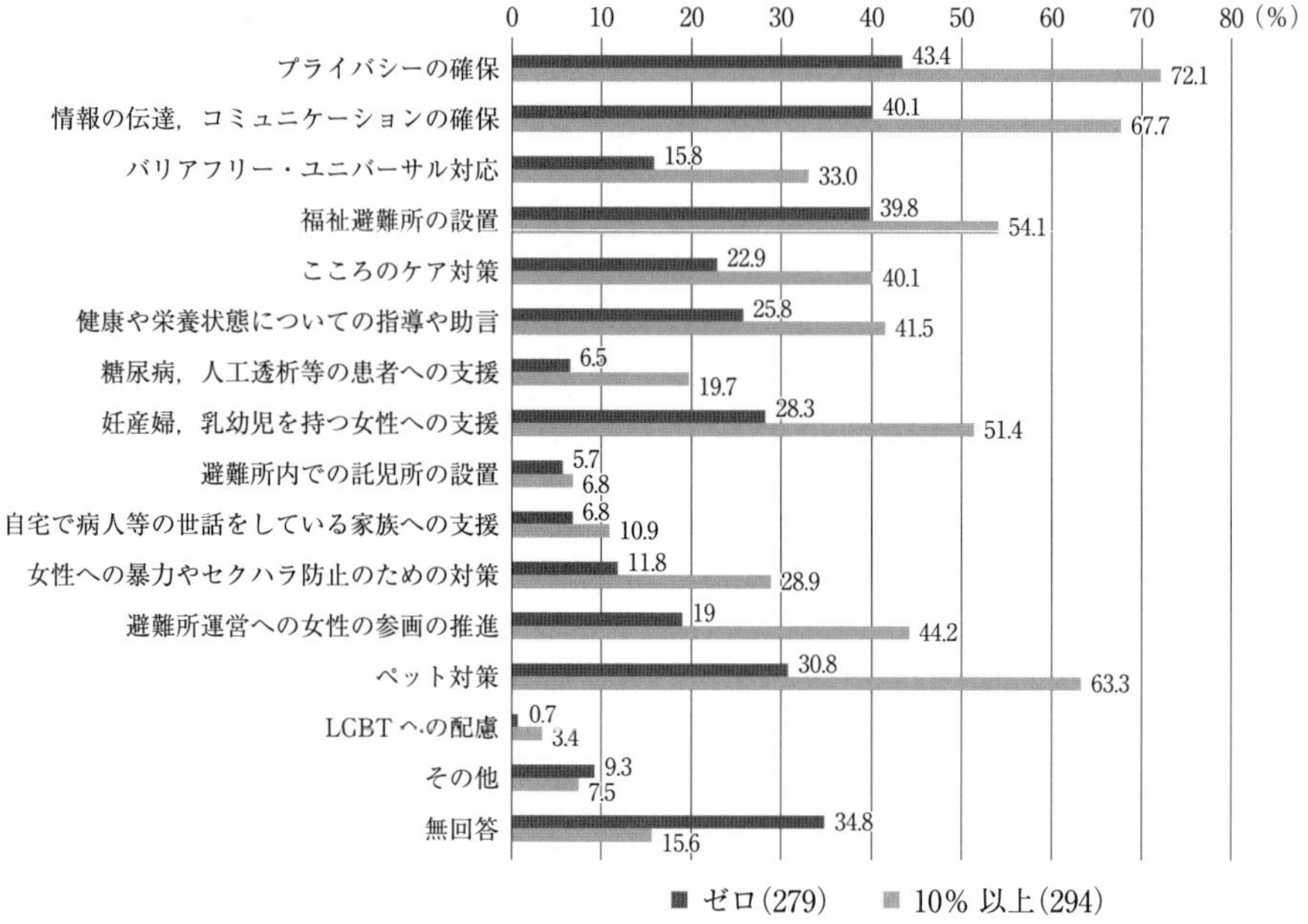

図終-2　防災会議の女性委員比率別，
避難所運営にかんする指針等に記述がある市区町村の比率

注：凡例は，防災会議の女性委員比率が，ゼロ，10% 以上の各場合であり，カッコ内は自治体数.
出所：大沢 2019：調査報告編の図表 28.

ここでは、公選職ではないものの、災害大国である日本にとって重要な決定にたずさわる役職について、女性の比率が施策や事業のあり方と、どう関連するかを見よう。それは自治体の防災会議である。私は二〇一八年二月に堂本暁子（元千葉県知事、男女共同参画と災害・復興ネットワーク代表）とともに、「二〇一七年度女性・地域住民から見た防災・災害リスク削減策に関する調査」を実施した[7]。その結果、従来から低かった地方防災会議の女性委員比率は、調査時点でも都道府県で一五％程度、市町村では八％程度と、依然として低かった。

市区町村について、防災会議の女性委員比率がゼロの自治体と、一〇％以上の自治体の別に、避難所運営にかんする指針等に各種の記述がある割合を示すと、図終-2のとおりである。指針等に記述がなければ、それらの実施を期待しにくい。女性委員が一割以上存在する自治体では、ゼロの自治体に比して、各項目が指針等に記述されている比率が、断然高いことが分かる。

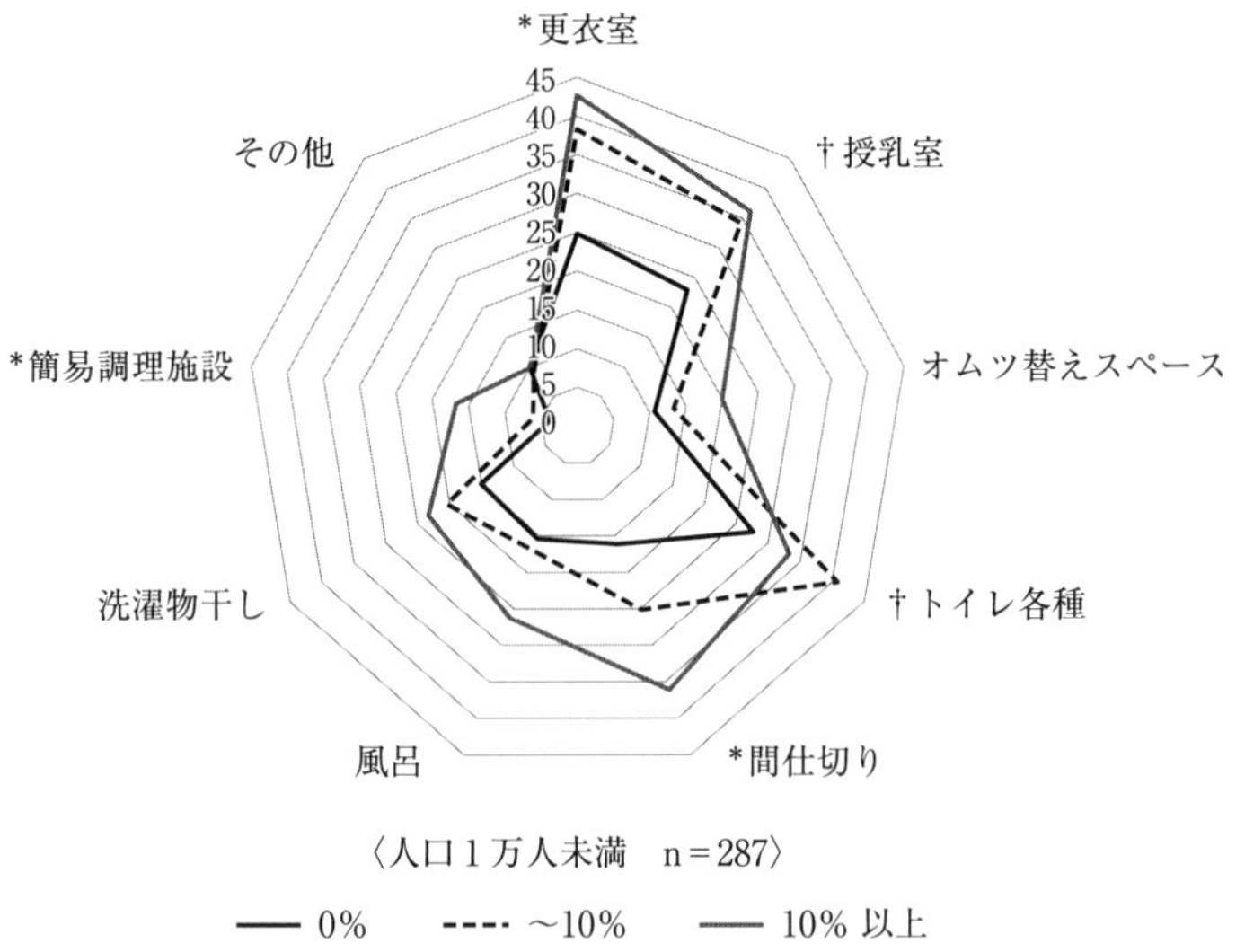

図終-3　人口１万人未満，防災会議の女性委員比率別，避難所に設置すると記述している市区町村の比率

注：凡例は，防災会議の女性比率が，ゼロ，10% 未満，10% 以上，の各場合．カッコ内は自治体数．*や†は差が統計的に有意であることを示す．鈴木富美子(当時，東京大学社会科学研究所准教授)による分析と作図．

出所：大沢 2019：調査報告編の図表 40.

同「二〇一七年度女性・地域住民から見た防災・災害リスク削減策に関する調査」によれば、防災会議の女性委員比率と自治体の人口規模のあいだには密接な関連があり、人口規模が大きい自治体ほど女性委員の比率が高かった。また避難所運営指針等の各種の記述は、人口規模が大きいほど記述があるとする比率が高い（大沢二〇一九：図表3、図表26）。図終‐2が示す状況は、人口規模の差を反映するにすぎないだろうか。そこで人口規模が一万人未満の自治体について、避難所運営にかんする指針等に設置すると記述している設備について尋ねた結果を、女性委員の比率別に示すと、図終‐3のとおりである。小規模自治体の状況を示すのは、人口一万人以上となると、防災会議の女性委員比率による差は、あまり見当たらないからでもある。人口一万人未満の小規模自治体では、女性委員が一人いるだけでも、女性委員ゼロの場合に比して、記述される設備に大きな差があることが分かる。統計的に有意な差は、更衣室、授乳室、トイレ各種、間仕切り、簡易調理施設で見られ、いずれもプライバシーの確保はじめ避難生活の質にとって切実な項目である。各種の災害で避難生活が長期化する傾向が指摘されており、災害関連死への問題意識が高まっている。

「決める場所」での女性の比率は、すべての人の命とくらしの保障に決定的な影響をもつのである。

注

はじめに

(1)「たまひよ」はベネッセ・コーポレーションの事業(https://st.benesse.ne.jp/press/content/?id=146313)。

(2)阿部彩によれば、日本を含む東アジア四カ国について二〇一八年頃の就業貧困者比率を計測した結果、日本の数値は一〇・八%であって、韓国(七・〇%)、台湾(三・七%)、香港(七・三%)よりも相当に高い(阿部二〇二二:四〇)。

(3)日本の全国家計構造調査(旧全国消費実態調査)の二〇一九年結果では五三・四%、国民生活基礎調査の二〇二一年結果では四四・五%である。

(4)一九八七―二〇一五年の経年の数値を掲載した版(二〇一八年版)では、日本の二〇〇九年と二〇一二年の数値が得られる。日本の第二の稼ぎ手の稼ぎがい(%)は、二〇〇九年に一三・二、二〇一二年に一三・六で、OECD諸国にインドやブラジルを含む諸国のなかで最低である。

(5)自殺対策白書では平成二八年版から令和五年版までの八つの版に「不備」があったとして正誤表の掲載が続いている。このため、最新の令和六年版の参考資料を使う(今後「不備」が見つかる可能性もあるが)。コロナ禍のもとでの自殺の増加について、二〇一五―一九年の平均値と対比するのは、『令和四年版 自殺対策白書』第二章第二節の分析に倣うものである。なお、令和四年から警察庁自殺統計の職業区分が変更され、「被雇用者・勤め人」「主婦」の識別ができなくなった。

序章

(1)ルクセンブルク所得研究(Luxembourg Income Study)プロジェクトは、現LIS(CROSS-NATIONAL DATA CENTER in Luxembourg)の旧称である。LISは本拠地をルクセンブルクに置き、各国の政府機関等の協力・支援を得て、家計所得に関係する各国の調査データを収集し、国際比較研究に利用可能なデータベースを整備している非営利機関である。データ提供国の研究者はLISのデータセットを無料で利用でき、現在のデータ提供国は約五〇カ国である。日本は、慶應義塾大学パネルデータ設計・解析センターが調査・作成している日本家計パネル調査(JHPS)のデータを提供することで、二〇〇九年に加入した(https://www.nstac.go.jp/use/archives/lis/)。

(2)エスピン=アンデルセン自身は二〇〇九年の著書『未完の革命』(原書名)で、「男性稼ぎ主」アプローチを事実上採用するに至ったものの（エスピン＝アンデルセン二〇一一＝二〇二二）、システムの成果のうち貧困事情への関心は強くないと見受けられる。

（3） うち移転シェアは、等価可処分所得に占める現金給付の比率の平均であり、コルピとパルメが等価総所得（現金給付後で課税前）への比率を使っていた点とは異なる。

（4） これは、コルピとパルメにならって⑥を所得単位別に見るものであるが、コルピとパルメが等価総所得（給付後で税引き前）を見たのにたいして、ブレイディとボスティックは当初所得を使った。

（5） ＬＩＳに提供された日本家計パネル調査（ＪＨＰＳ）データから貧困率を算出しており、ＯＥＣＤ統計に提供された国民生活基礎調査による貧困率より数％低い。

（6） 普遍主義を所得効果で計測した研究としてジャックとノエルが参照する文献も、コルピとパルメの論文ではない（Jacques and Noël 2018: 3）。

（7） これらの指標はエスピン＝アンデルセンの社会の階層化指標のうち、自由主義的体制を特徴づける指標と重なるが、ジャックとノエルは論文の当該箇所で、エスピン＝アンデルセンに言及していない。

（8） ＯＥＣＤ統計の保健の頁には「支出と財源調達」の欄があり、「世帯の自己負担（household out-of-pocket payments）」が掲載されている。日本の数値（対ＧＤＰ比）はＯＥＣＤ諸国で低いほうである。

（9） なお残余主義以外の類型は、「産業的業績主義」モデルおよび「制度的再分配」モデルである（Titmuss 1974: 30-31）。エスピン＝アンデルセンは脱商品化指標による福祉国家の三類型について、ティトマスの三類型をある程度反映すると述べている（Esping-Andersen 1990: 49）。

（10） この数値は、Jacques and Noël 2018 のオンライン付録の図Ａ３が示唆する数値とは異なる。ウェブ上の社会的支出データで算出するとこの数値のとおりである。

（11） 資産／所得調査つき給付の比率は、OECD Social Expenditures Update 2014 からとられている。この資料は現在ウェブに掲載されていないため、著者のノエルに電子メールで問い合わせ、資料の元データ（二〇一四年時点）を提供された。日本での比率が五％台という点は、国立社会保障・人口問題研究所の『社会保障費用統計』のうち集計表2の社会保障給付費収支表における児童手当（児童扶養手当を含む）および生活保護給付の「その他現金」（医療扶助を除く額に相当）の合計と符合する。

第一章

（1） 私は一九九五年五月から男女共同参画審議会の専門委員を務め、『男女共同参画ビジョン』の策定には起草委員の一人としてかかわった。

（2） 小熊は、『平成二四年版 厚生労働白書』の「職縁」の記述にはふれていない。

（3） 小熊は、賃金が年齢とともに「右上がり」になる雇用労働者から市町村職員を除き、その比率をもって、「大企業型」の構成比としている（小熊二〇一九：三八―四〇）。

（4） 記録とは、一九三五年三月付で社会局（内務省の外局）の保険部の名でまとめられた『健康保険法施行経過記録』（全六五九頁）であり、成立した法の施行を担当した官僚の回想とは、厚生省保険局・社会保険庁医療保険部監修の『医療保険半世紀の記録』（一九七四年）に、清水玄（法施行当時は内務省社会局保険部監理課長）が寄稿した「健康保険発足の頃」である。経過記録は国会図書館のデジタルコレクションに収録されており、ダウンロードもキーワード検索も可能になっている（https://dl.ndl.go.jp/pid/1282057/1/1）。

（5） 第四回総会の出席者・欠席者のリスト双方に武藤の名前は見られない。しかし、武藤の発言も記録されていないため、欠席したと思われる。

（6） 職員健康保険法には当初から同様の世帯員補給金が規定されていたが、当分のあいだ実施せず、改正健康保険法の世帯員への給付の施行を見守るとしていた（原田二〇二〇：八五）。被扶養者の範囲の変遷については、遠藤（二〇一六）を参照。

第二章

（1） 相対的貧困率が計測されたのは、一九九九年調査からと考えられるが、その集計結果はｅ‐Ｓｔａｔの下位のレベルに、理解が容易でない形で掲載されている。

（2） 有識者としては、五〇音順に、宇南山卓・一橋大学准教授、大竹文雄・大阪大学教授、小塩隆士・一橋大学教授、西郷浩・早稲田大学教授、白波瀬佐和子・東京大学教授があげられている。

（3） 前記三府省の調査分析によれば、二〇〇〇年前後と二〇一〇年前後において、単身世帯の「シェア」（集計客体に占める比率と思われる）は、全国消費実態調査よりも国民生活基礎調査で、二一―三％ポイント低い（内閣府・総務省・厚生労働省二〇一五：九）。

（4） 日本の資産貧困率は所得貧困率よりあまり高くなく、消費貧困率は所得貧困率より相当に低い。所得・資産の結合貧困率は表示諸国でマルタについで低く、所得・消費の結合貧困率は表示諸国で七番目に低い（Balestra and Oehler 2023：55-56）。これらの結果は、もちろん「慎重に解釈されるべきである」。

（5） ただし、税制上の優遇措置のうち社会的目的の税制措置は、ＯＥＣＤによる「純社会的支出」の計測では所得再分配に含まれる。

（6） 有力な論者として、ジョン・キャンベル、マルガリータ・エステベス＝アベ、井手英策、三浦まりなどがあげられる。

（7） 社会保障のサービス給付による所得格差の削減効果や貧困削減効果については、二〇一二年のＯＥＣＤワーキングペーパーによる試算がある（Verbist et al. 2012：Förster and Verbist 2012）。子ども向けの給付にかんする後者の分析結果では、一般的には、児童手当の貧困削減効果が、保育サービスおよび就学前教育サービスの貧困削減効果よりも、大きいと結論される。しかし、ＯＥＣＤメンバー国の三分の一程度の諸国では、サービス給付のほうが貧困削減に有効であるとも留意されている（Förster and Verbist 2012：47）。サービス給付が当初所得を変化させることについて、Verbist and Matsaganis（2014）、サーベイ論文としてVerbist（2017）があり、より新しい分析については第四章で見る。

(8) なお日本では、一九九七年から二〇一二年まで貧困基準が相当に低下したため、貧困率が低下して不思議ではなかったが、実際には一二年まで貧困率が上昇した(二〇一五年の貧困基準は一二年と等しく、一八年ではやや上昇した。二〇一五年・一八年・二一年と貧困率は低下したが、低下幅は一%ポイントに満たない)。

(9) 制度からの排除の項目は、選挙の投票にいかない(関心がない場合を除く)、公的年金制度や医療保険制度に未加入、公共施設・公共サービスを利用できない、ライフライン(電気・ガス・電話)の停止経験、である。

(10) 四方理人がサーベイしたように、日本での所得格差の拡大が人口高齢化によって引き起こされた〝みせかけ〟のものであるという研究結果は、少なくない(経済学者の大竹文雄や小塩隆士、社会学者の白波瀬佐和子など)。四方によればそれらの研究の「ほとんど」は、本人年齢でなく世帯主年齢を用いて分析しており、未婚化が進み親との同居期間が長期化してきた近年の実態を反映しない。本人年齢で分析すると、一九九四年から二〇〇九年にかけての所得格差の拡大について、年齢構成の変化より年齢内格差の拡大が主因だった(四方二〇一八)。格差拡大は、人口高齢化にともなう「みせかけ」ではなかったのである。

(11) 二〇二四年六月八日に理事長を退任し、名誉理事長となった。

(12) 消費支出の推計方式は、たとえば昭和三九年の厚生行政基礎調査報告に詳しい(厚生省大臣官房統計調査部一九六四)。

(13) 社会政策研究者の藤原千沙が紹介するように、被保護世帯の所得水準や生活保護基準を用いて、世帯の所得水準がそれ以下にある世帯の比率を推計した研究もある。それらの結果によれば、一九七〇年代から八二年までの低所得世帯の比率は六―七%である(藤原二〇〇四:表1)。一九八五年の貧困率が一二%だったことにてらすと、これらの推計結果がかなり低いことは、生活保護基準の〝貧しさ〟に照応しているだろう。いっぽう和田・木村は、厚生省の調査が聞き取り調査であり、消費額が過少申告されていたという可能性に、つまり推計結果が高めに出ている可能性にも言及している(和田・木村一九九八:九四)。

第三章

(1) オランダについては、ドイツとほぼ同様である(所得課税の個人と法人の割合は異なる)。

(2) 経済学者の伊藤正純が、佐藤吉宗のブログ「スウェーデンの今」の二〇一〇年八月七日付 https://blog.goo.ne.jp/yoshi_swe/d/20100807 の説明を紹介しつつ述べている(伊藤二〇一五:五一)。

(3) オランダでもピークの一九八三年に一八%を超えていたが、二〇〇一年以来は一三―一四%である。

(4) その充当先は、「一般化」した、すなわちすべての国民を適用範囲とした給付、および非拠出性給付である。まず家族手当、ついで医療保険のサービス給付、そして所得制限つきの無拠出年金に充てられた。

(5) IGCはロンドン・スクール・オブ・エコノミクスに拠点を置くシンクタンクであり、資金の大部分をイギリス政府の外務・英連邦・開発省から提供されている(https://www.theigc.org/about)。IMFのワーキングペーパー Pessino and Fenochietto (2010) および Fenochietto and Pessino (2013) も参考になる。その推計では、日本の二〇一〇年の課税努力は〇・六程度であり、平均は高所得国では〇・七六、中所得国では〇・六四、低所得国で〇・六五である。日本の推計値は低所得国の平均にも届いていない。ちなみにアメリカは〇・七〇、中国は〇・四八だった。

(6) Wang, J. and Caminada, K. 2017: Leiden LIS Budget Incidence Fiscal Redistribution Dataset on Income inequality. https://www.universiteitleiden.nl/en/law/institute-for-tax-law-and-economics/economics/data-sets/leiden-lis-budget-incidence-fiscal-redistribution-dataset-on-income-inequality-for-47-lis-countries 1967-2014. このデータセットには性別の貧困率が掲載されている。しかし、日本については二〇〇八年の数値しか掲載されていないため、日本を含めて推移を対比することができない。

(7) イタリア、フランス、ポーランドのデータは、粗収入ではなく純収入、または混合であるため、給付と課税に分けて貧困削減／増幅の効果を見ることができない。粗収入、純収入および混合を合わせて、国別とデータ年次別で三三九のサンプルがあるが、貧困削減がマイナスのケースは存在しない。

第四章

(1) これらの指標の内容とその論評は、大沢(二〇一八a)。

(2) これにたいして無業のひとり親の子どもシェア(表4-2のⅠ-c)の意味は、あまり明瞭でない。雇用者が自分の就業時間を調整できる余地(表4-1のⅡ-b)と、「男性稼ぎ主」型の度合の指標との関連から、フレキシブルに就業できると、共稼ぎで子どもをもつ傾向が高いことが、示唆される(Plavgo and Hemerijck 2020: Figure 3)。

(3) 表4-1で、日本のスコアが比較的高い親休暇関連の項目については、子どもの貧困を抑える機能が強くないことが示唆される(Plavgo and Hemerijck 2020: Figures 4, 5)。

(4) この数値は、図4-2に示す日本1(国民生活基礎調査結果)の二〇一五年の数値と合致する。同グラフの二〇一八年の数値は四八・三%であり、その数値を使っても日本はやはり最悪である(二〇二一年調査の「結果の概要」の「Ⅱ 各種世帯の所得等の状況」のうち「6 貧困率の状況」)。国民生活基礎調査が貧困率を計測する「子どもがいる現役世帯のうち大人が一人の世帯」は、現役(一八歳以上六五歳未満)の大人と一八歳未満の子で構成する世帯である(国民生活基礎調査の「調査の結果」のうち「用語の解説」。https://www.mhlw.go.jp/toukei/list/dl/20-21-yougo_r4.pdf)。これはOECD家族データベースで貧困率を計測しているひとり親世帯と合致する(表4-2の注記)。

(5) 「全国ひとり親世帯等調査」の「母子世帯」とは、父のいない二〇歳未満の未婚の子が、「その母」によって養育されている世帯をさし、母子以外の家族(主として「その母」の親)が同居する世帯を含む。二〇一六年には母子のみの母子世帯は六一・三%だった。上記のようにOECD家族データベースが就業率を計測している母親は、子が一四歳未満の場合に限定されており、子が二〇歳未満までを集計する日本の「母子世帯」の場合より、ケアのニーズは高く、就業へのハードルは高いと考えられる。

(6) やはり急伸が見られる韓国について付言する。福祉社会学者の西下彰俊が紹介するように、韓国の介護保険制度では、介護士の資格をもつ者が自分の親や配偶者を介護する場合に、日数・時間の限定のもとで、勤務先のセンターから賃金が支給されるという制度がある。また、僻地や島嶼部では家族介護者への現金給付が認められる。西下は、前者の制度が在宅介護に占める比率を三割弱と推定しており、比率は低下気味と見受けられる（西下二〇二〇）。健保連の調査報告によれば、韓国での介護保険給付は現物給付が中心である（健康保険組合連合会二〇二〇：一五二）。

（7）社会政策研究者の森周子によれば、ドイツの介護保険では、家族介護者に賃金労働者と同様の社会保険（労災・年金・失業）を適用し、また積極的な支援（代替介護・介護講習・助言訪問）を組み込んでおり、対価性は否定できない（森二〇二〇）。

（8）OECDは複数の報告書で、コロナ死者に占める介護施設入居者の比率の国際比較などを示しているが、日本のデータは含まれていない（Rocard et al. 2021：OECD Health Policy Studies 2023：ch. 7）。

第五章

（1）旧著でも言及したように（大沢二〇一三：二六）、新綱領策定から七カ月後の二〇〇六年六月には、竹中平蔵総務大臣が、『朝日新聞』のインタビューで次のように述べている。「格差ではなく貧困の議論をすべきです。貧困が一定程度広がったら政策で対応しないといけませんが、社会的に解決しないといけない大問題としての貧困はこの国にはないと思います（『朝日新聞』二〇〇六年六月一六日付）。

（2）生活保護の申請者の扶養義務者にたいして、仕送りの可能性などを照会することを「扶養照会」という。扶養照会は保護開始の要件ではないが、日本の民法の扶養義務者の範囲は親族三親等以内と、諸外国に比して広い（岩田二〇二一：四九—五一）。

（3）児童扶養手当制度の概略と変遷は、森周子（二〇一八）を参照。当事者の視座からの二〇〇二年改正については、赤石千衣子（二〇一二）。

（4）国税庁のHPによれば所得控除には、雑損控除、医療費控除、社会保険料控除、小規模企業共済等掛金控除、生命保険料控除、地震保険料控除、寄附金控除、障害者控除、寡婦控除、ひとり親控除、勤労学生控除、配偶者控除、配偶者特別控除、扶養控除、基礎控除がある。

（5）「住宅借入金等特別控除」とは、個人が住宅ローン等を利用して、自分が住む住宅を取得した場合に、その住宅ローン等の年末残高の合計額等にもとづく金額を、住み始めた年以降の毎年の所得税額からさし引くことができる、という制度である。住宅ローンを組むことができる個人が利用するため、中間以上の所得層にたいする減税といえる。

（6）私はその委員の一人であり、委員長から委員長代理に指名された。

（7）「フリーター」とはフリー・アルバイターの略称であり、「ニート」は雇用されておらず教育も訓練も受けていない若年者をさし、『欧州二〇二〇』の主要目標の第四でも使われた（本書の第四章）。

（8）『令和五年版　厚生労働白書』資料編8によれば、生活保護の受給世帯・受給人員および保護率は、一九九〇年代半ばに底を打ってから上昇し、二〇〇八年度から急上昇して一五年度にピークを記したのち、受給世帯数では横ばい、受給人員と保護率では低下してきた。つまり第二次安倍内閣のもとでもしばらくは急上昇が続いた(厚生労働省二〇二三b)。そうした動向がいかなる施策環境で起こっていたかを、第六章で見る。

(9) 二〇一二年四月五日の一般会計予算外二件両院協議会での自民党参議院議員・宮沢洋一の発言。宮沢洋一は宮澤喜一首相の甥であり、岸田文雄首相の母方の従兄である。

(10) 二〇一二年の四月下旬から夏にかけて、生活保護の「不正受給」にかんする週刊誌や夕刊紙、テレビやネットメディアの報道・論評があいつぎ、自民党議員が国会でとり上げるなどする「生活保護バッシング」が起こった。その発端は、週刊誌『女性セブン』四月二六日号が、高収入の人気お笑いタレントの母親が生活保護を受給していると報じたことだ、とされる場合が多い。これが制度的に「不正受給」に当たらないことは、当時から認識されていたが、問題とされたのは適法性よりも「モラル」だった。岩永によれば、『女性セブン』誌自体が一二年六月七日号で、同記事が元になって国会議員らの問題提起や国会での追及が始まったと明記していた。しかし、自民党ＰＴの設置は遅くとも三月中であり、岩永がたどったように三月から四月初旬にかけて、自民党議員が国会で生活保護費の抑制を要求していた。

さらに自民党の生活保護にかんする政策を掲載した『The Jimin News』一六〇号は、四月一六日付である。『女性セブン』誌が当該記事のための取材をいつ開始したかは不明であるが、その発行は、『The Jimin News』一六〇号の発行からまもなくという、自民党にとってあまりにも好都合なタイミングと内容だった。

(11) この提案文書を大阪市のＨＰ等に見出すことができないため、報道や論評を出所としている。同提案文書が作成された過程が分かる資料の公開請求がおこなわれ、大阪市が資料の不存在を理由として非公開を決定したことにたいして、請求者側が異議を申し立てており(https://www.city.osaka.lg.jp/somu/cmsfiles/contents/0000243/243544/358.pdf)、提案文書自体は存在したことが分かる。

第六章

(1) 他の委員と当時の肩書は、阿部彩・国立社会保障・人口問題研究所社会保障応用分析研究部長、庄司洋子・立教大学教授、栃本一三郎・上智大学教授、林徹・長崎大学教授、道中隆・関西国際大学教授、山田篤裕・慶應義塾大学准教授である。

(2) 「デフレ脱却と持続的な経済成長の実現のための政府・日本銀行の政策連携について(共同声明)」(平成二五年一月二二日、内閣府・財務省・日本銀行)。

(3) 大生連のホームページに二〇二二年四月二二日付で、「大生連弾圧事件から学ぶもの」と題する講演と質疑の記録がアップされている。

(4) 経済・財政再生計画にもとづくアクション・プログラムが二〇一五年一二月二四日に経済財政諮問会議でまとめられており、同プログラム巻末の「用語の解説」で、公的サービスの産業化は、医療・介護・保育およびその周辺サービスについて、「民間企業等が公的主体と協力して担うことによって、サービスの選択肢の多様化、サービスの効率化を図るとともに、新たな成長のタネを発掘・伸長させること」と定義されている。アクションの中身としては、医療・介護関連で「医療法人による医療・健康増進関連サービスの実施、医療関係職種が民間の健康サービス事業でより活躍できるようにする取組を推進する。さらに、介護保険外サービスを創出する」との記述がある（http://www5.cao.go.jp/keizai-shimon/kaigi/minutes/2015/1224/shiryo_01-1.pdf: 25. 9. 18-19）。

（5）社会保障にかんして「全世代型」という言葉が初めて登場するのは二〇一七年版であるが、「社会保障における世代間公平の確保を目指し」て取り組むべき課題、という以上の説明はない（閣議決定二〇一七：一一）。

（6）なお二歳未満児の保育費用の無償化、および高等教育の無償化は、住民税非課税世帯を対象とするとしており、低所得ターゲティングが強化されることになる。

（7）骨太の方針二〇一八は、個人所得課税や資産課税について、「再分配機能の向上」に一度言及しているが、「引き続き丁寧に検討を進める」というにとどまる（閣議決定二〇一八：六八）。この間に税制調査会は内閣府の審議会という位置づけに戻され、二〇一三年六月に最初に招集された（会長：中里実、会長代理：神野直彦）。そこで「中長期的視点」からの審議を諮問され、六年後の二〇一九年九月に答申した。同答申で税額控除への言及は「間接外国税額控除」のみである（税制調査会二〇一九）。

（8）二〇二一年一二月には、統計利用者のニーズに応じて支出側ＧＤＰ系列につき、簡易な遡及方法による改定後の一九八〇年までの参考系列が公表された（https://www.esri.cao.go.jp/jp/sna/data/data_list/h27_retroactive/pdf/h27sokyu_gaiyou.pdf）。

（9）ただし同調査の社会保障給付には、現金給付だけでなく、医療・介護・保育の現物（サービス）給付の利用日数などから推計された「給付額」が含まれ、課税には所得課税だけでなく固定資産税と（軽）自動車税が含まれており、本書が扱う所得再分配（所得課税・社会保障拠出と社会保障現金給付）とは異なる。

（10）『令和三年　所得再分配調査報告書』の「表10　当初所得階級別所得再分配状況（等価所得）」では、表頭の「当初所得」と「再分配所得」の欄には「等価」と記されており、同じく表頭の「拠出（税金と社会保険料）」と「受給」の欄には、「等価」の付記はない。「拠出」と「受給」は世帯の額かもしれないとの疑問が生じる。ただし給付については、「給付が一旦世帯に帰属し、同一世帯内の者に均等に分けられる計算になっている」という注記がある（同報告書：一八頁）。「拠出」についての注記はないが、同様の「計算になっている」と考えられる。また、等価再分配所得が、等価当初所得に「受給」の額を加え、「拠出」の額を差し引いた額に当たり、等価再分配所得と等価当初所得の差額を等価当初所得で割って「再分配係数」を算出していることから、等価当初所得額で「拠出」額を割ることは、不適切でないと考える。

第七章

（1）二〇二〇年二月の専門家会議設置時点では、尾見は地域医療機能推進機構理事長、岡部は川崎市健康安全研究所所長である。

（2） 衛生行政報告例の隔年報には、就業保健師の数が性別・雇用形態・就業場所別に示されており、保健所保健師の非正規雇用者の比率が分かる。

（3） 衛生行政報告例の二〇一七年度報から大阪市の報告がない。同年度から府立公衆衛生研究所と市立環境科学研究所の衛生部門が統合されたためと考えられる。二〇一六年度報と一七年度報を対比すると、市立環境科学研究所の衛生部門を統合してなお、職員総数も研究・検査をおこなう職員数も、相当に減ったことが分かる。

（4） 図7-5の意匠は、労働政策研究・研修機構（JILPT）の「新型コロナウイルス感染症関連情報――新型コロナが雇用・就業・失業に与える影響」のうち「国際比較統計 労働関係――産業別就業者の増減および女性割合（二〇二〇年七-九月期）」に倣っている。JILPTの分析は、日本、イギリス、フランス、アメリカを対象に、二〇一九年七-九月期と二〇年七-九月期とのあいだの増減を見るものである（労働政策研究・研修機構二〇二一）。本書は二〇一九年の平均と二〇年の平均とのあいだの増減を見ており、産業ごとの女性比率の増減にも注意している。

第八章

（1） 例外は二〇〇七年（余暇とスポーツ）のQ14aの回答で、「ほとんどの場合に（いつも）信頼できる」「たいてい信頼できる」がそれぞれ四・七％、五六・〇％で、合計すると六〇・七％になる。ISSPの日本調査の担当機関であるNHK放送文化研究所に問い合わせたところ、ISSPの英文調査票では、「社会的信頼」についての設問は、毎回同じ設問と選択肢になっているにもかかわらず、二〇〇七年調査票の日本語訳が、他の年の調査とは異なっていたとのことである。すなわち、他の年の調査票の設問では、「他人と接するとき」と断っているのにたいして、二〇〇七年調査での調査票にはその断りがない。英語の無冠詞peopleには身近な人ではないというニュアンスがともなっており、他の年の調査票の翻訳では、「人」が身近な人と思われないように断りを付加していたのである。二〇〇七年調査の六〇・七％という結果は、外れ値と見るべきだろう。

（2） 一〇年分の一二六カ国の総括で、トップ一〇カ国には、イギリスの植民地だった国が目立つ。ワースト一〇カ国には社会主義体制だった国が目立つ。

（3） 『令和五年人口動態統計月報年計 結果の概要』表3（https://www.mhlw.go.jp/toukei/saikin/hw/jinkou/geppo/nengai23/dl/kekka.pdf）。

（4） 総務省の人口推計によれば、二〇二一年（一〇月一日）の一八歳未満の子どもの数は一八〇五・五万人であり、国民生活基礎調査による同年の子どもの貧困率は一一・五％であるから、貧困な子どもは二〇七・六万人と見られる。これにたいして「令和三年度全国ひとり親世帯等調査」によれば、二〇二一年のひとり親と二〇歳未満の未婚の子の世帯数は一三四・四万世帯であり（親子以外の同居者がいる世帯を含む）、子ども数は二〇一・六万人と見られる（子ども数の平均は一・五人）。ひとり親世帯の貧困率は四四・五％であり、ふたり親世帯の子どもの相当数が貧困状態にあることになる。「はじめに」で留意したように、二〇一四年頃の日本の有子共稼ぎ世帯の貧困率は一一・四％と、表示諸国で最高だった。

(5) 資料では「資本主義の再構築」と翻訳されている。

終章

(1) 日本経済団体連合会(日本経団連)は二〇二四年一二月九日に、『FUTURE DESIGN 2040「成長と分配の好循環」――公正・公平で持続可能な社会を目指して』を発表した。十倉雅和会長のもとでの最終産物であり、国際的に見て日本では国民負担のうち社会保険料の割合が高いと指摘しつつ、「応能負担(富裕層の負担増)の徹底」などを打ち出す点で注目される。しかし、富裕層を含む所得上位層の負担増につき、金融所得課税にも厚生年金制度の標準報酬上限額にもふれず、社会保険料負担は「現役層に重い」と述べるのみで、その逆進性にふれていない(日本経済団体連合会二〇二四)。

(2) 第一号被保険者が該当。国民年金制度では、厚生年金の被保険者が第二号被保険者、第二号の配偶者で二〇歳以上六〇歳未満であり、年収が一三〇万円未満かつ配偶者の年収の二分の一未満の者が第三号、その他の者(自営業主とその家族従業者、パートタイム労働者、失業者、学生など)が第一号、となる。厚生年金の被保険者は、「常用的に」雇われ、所定労働時間(日数)の四分の三以上働く七〇歳未満の雇用者。ただし、被保険者数一〇〇人以上(二〇二四年一〇月から五〇人)の事業所のパート・アルバイトのうち、週の所定労働時間が二〇時間以上の者にも厚生年金を適用。第二号被保険者の保険料は源泉徴収され、免除や未納は該当せず、第三号被保険者本人は全く無拠出で満額を受ける。

(3) 私は従来、短時間労働者はもちろん、自営業者やその家族従業者も含めて年金制度を一元化し、単純な所得比例の拠出・給付としたうえで、国庫負担を低年金者の最低限保障に集中することを提言していた(スウェーデンの年金制度に近い)。こうした一元化案は、社会保障制度改革国民会議により「現時点での政策選択」ではないと明言されたこともあり、現時点での選択として岩田案に賛同する。

(4) 同法は民自公の三党合意にもとづき、二〇一二年一一月二六日に制定され、消費税率引き上げの第二段階の実施に合わせて施行とされていたものである。支給されるための要件は、老齢基礎年金受給者では、世帯全員が住民税非課税であること、かつ前年の年金収入金額とその他の所得の合計が約八九万円以下であること、である。給付月額は約五〇〇〇円を上限とする。

(5) 研究としては労働経済学者の永瀬伸子による先駆的な分析があり(永瀬一九九五)、永瀬の最近著でその後の研究も紹介されている(永瀬二〇二四)。最近では経済学者の近藤絢子が、有配偶女性が配偶者控除等の制度の壁を意識して就業時間等を抑えることにより、賃金格差(正規/非正規や男女間)が拡大されると推論している(近藤二〇二四)。

(6) 二〇一八年には候補者男女均等法が制定され、二一年に改正された。しかし、二〇二二年七月の参議院議員選挙の結果、女性比率は二六・七％、二〇二四年一〇月の総選挙の結果、衆議院議員の女性比率は過去最高となったものの、一五・七％にすぎない)。管理職の女性比率は、JILPTによる(労働政策研究・研修機構二〇二四)。

(7) 同調査は、調査設計：二〇一六―一八年度科学研究費補助金基盤研究(A)「災害・危機へのレジリエンスをジェンダー化する――

日独の対比に焦点を当てて」（研究代表者：大沢真理）アンケート調査チーム（大沢、堂本暁子＋貝塚康宣、池田恵子）／調査協力：内閣府男女共同参画局長および全国知事会長／調査期間：二〇一八年二月二日から二三日まで／調査対象：都道府県（四七）、市区町村（一八〇六）／回答数（回収率）：四七都道府県（一〇〇％）、一一七一市区町村（六四・八％）。

あとがき

一冊の本を作ろうという想いが固まったのは、二〇二二年の夏頃である。その以前に単著の単行本を出版したのは、二〇一三年暮に刊行の『生活保障のガバナンス――ジェンダーとお金の流れで読み解く』(有斐閣)であり、一〇年弱がたっていた。

この間に、共同研究の取りまとめなどとして、編著や共編著の単行本や報告書を一〇点ほど出版していた。学術誌や単行本への寄稿も相応の分量に達していたが、二〇一五年度からの四年間は大学行政の一端を担ったこともあり、落ち着いて取り組んだ仕事ばかりではなかった。

そのなかで、とくに身を引き締めてあたった仕事といえば、一般社団法人生活経済政策研究所の「日本における社会的投資戦略についての研究会」に、主査の三浦まり・上智大学教授から参加のお誘いをいただき、研究会の成果を盛り込んだ書籍に寄稿したこと(結果は大沢二〇一八a)、日本フェミニスト経済学会の二〇一七年度大会共通論題『アベノミクスのジェンダー分析――税財政・金融緩和・雇用・「外国人」人材」からみる』で、座長の足立眞理子・お茶の水女子大学教授から、安倍内閣の税・社会保障政策と正面から対峙する機会を与えられたこと(結果は大沢二〇一八b)、などである。これらは本書に反映している。

そして、二〇一六―一八年度科学研究費補助金基盤研究(A)「災害・危機へのレジリエンスをジェンダー化する――日独の対比に焦点を当てて」(研究代表者:大沢真理)により、「二〇一七年度女性・地域住民から見た防災・災害リスク削減策に関する調査」を、元千葉県知事で「男女共同参画と災害・復興ネットワーク」代表の堂本暁子さんや、池田恵子・静岡大学教授たちと実施したことも、えがたい経験だった（結果は大沢二〇一九）。「現役」最後の仕事で、市民の方々に直接「役に立つ」知見をお届けできたとすれば幸いであり、その知見のごく一部を本書の締めくくりとして紹介している。

二〇一九年三月末に東京大学を定年退職し、蔵書や資料の整理も一段落して、「次」を考えていた二〇二〇年春先に、新型コロナウイルス感染症の蔓延が始まった。

なにより腑《ふ》に落ちなかったのが、ＰＣＲ検査が進まないことだった。その背景を少しでもつかみ、社会科学者として提示する責任があると、文字どおり憑《つ》かれたように内外の情報を漁《あさ》る日々が続いた。本書の第七章でとりあげた「地域保健対策検討会」の議事録や報告書に辿《たど》りついたのは、偶然だった。かき集めた情報を整理して、日本公法学会の学会誌『公法研究』に寄せる論文を書いたのは、二〇二〇年五月半ばから六月初めにかけてである（大沢二〇二〇）。

諸外国ではどのようなコロナ対策がおこなわれているかという点も、大いに気になった。毎日のようにOur World in Dataを検索し、医学や疫学の論文も探し回った。韓国とドイツには友人もいて、もともとの社会の様子と政府のコロナ対応を、ある程度知っていた。両国と日本とは、人口規模や経済の発展度合も大きくかけ離れていない。そこで、日本、韓国、ドイツの対処策について、ＩＬＯや国連女性機関（UN Women）のサイト、日本の独立行政法人労働政策研究・研修機構の国別労働トピックなどにもとづいて、日程表（未公刊）を作成していった。

そうするうちに、日本フェミニスト経済学会の二〇二一年度オンライン大会共通論題「コロナ災害があらわにした女性のいのちとくらしの課題」で報告する機会を与えられた（大沢二〇二二）。また、安倍・菅内閣の惨憺たるコロナ対応に続いて岸田文雄首相が登場し、「新しい資本主義」などと唱えることについて、女性労働問題研究会の竹信三恵子代表から検証を求められ、同会主催の第三七回女性労働セミナー（二〇二二年九月）で、報告させていただいた。こうして顧みると、所属機関はなくなっても、学会や研究会への参画、図書館の利用、そして編集者や校正者が温かくも厳しく寄り添ってくださって、学術コミュニティがなりたち、それでこそ研究者生命が持続すると痛感する。

コロナ禍以来のそうした仕事を、より以前の仕事と接合して体系化することを内容として、単行本をめざした。旧知の岩波書店の藤田紀子さんに相談すると、ぜひ進めたいとのありがたいお返事を、即座にいただいた。

退職後、気の置けない仲間と不定期に研究会をおこなってきた。メンバーは、金英《キムヨン》・釜山大学校教授、藤原千沙・法政大学教授、申琪榮《シンキヨン》・お茶の水女子大学教授、金井郁《かおる》・埼玉大学教授、石黒久仁子・東京国際大学教授、不破麻紀子・東京都立大学教授、高松香奈・国際基督教大学上級准教授である。この会に藤田さんもお招きして、オンラインで出版の企画書にあたるものを検討したのが、二〇二三年の二月一六日である。執筆では東京大学社会科学研究所図書室、東京大学経済学図書館、国立国会図書館で、図書館員の方々の懇切なサービスのもと、古い書籍や資料を閲覧させていただいた。

第一次稿を脱稿したのは二〇二四年九月五日であり、ご都合のつくメンバーと藤田さんから、一〇月二日、九日、一四日に、原稿へのご意見をいただいた。ご意見を反映しつつ原稿を整理する過程で、第一次稿から三万字以上を削ることになった。

これまで、雑誌論文の査読者から原稿にコメントをいただくことはあっても、書籍はもっぱら編集者・校正者とのやりとりで製作してきた。親密な学術コミュニティでコレクティブに製作することは、期待以上に喜ばしい経験だった。当初の目論見よりも学術的な内容となったが、硬いかもしれない論述のあいだに、読者のみなさんが製作過程の喜ばしい空気を汲《く》みとってくだされば、幸いである。

本書につながった研究にたいして、以下の日本学術振興会科学研究費補助金を研究代表者として受けた。関係のみなさまに感謝申しあげる。

二〇二三―二五年度基盤研究（A）「社会的脆弱性／レジリエンスの比較ジェンダー分析――生活保障システム論の

新展開」
二〇一六―一八年度基盤研究(A)「災害・危機へのレジリエンスをジェンダー化する――日独の対比に焦点を当てて」

二〇二五年　一四年後の三・一一に

大沢真理

大沢真理
1953年生まれ．東京大学名誉教授．社会政策研究者．経済学博士．『イギリス社会政策史――救貧法と福祉国家』(東京大学出版会)，『男女共同参画社会をつくる』(NHKブックス)，『現代日本の生活保障システム――座標とゆくえ』，『いまこそ考えたい 生活保障のしくみ』(以上，岩波書店)，『企業中心社会を超えて――現代日本を〈ジェンダー〉で読む』(時事通信社，第13回山川菊栄賞受賞，のち岩波現代文庫)，『生活保障のガバナンス――ジェンダーとお金の流れで読み解く』(有斐閣，第6回昭和女子大学女性文化研究賞受賞)のほか編著書多数．訳書にG.エスピン＝アンデルセン『平等と効率の福祉革命――新しい女性の役割』(監訳，岩波現代文庫)がある．

生活保障システムの転換―〈逆機能〉を超える

2025年4月24日　第1刷発行

著　者　大沢真理《おおさわまり》

発行者　坂本政謙

発行所　株式会社 岩波書店
〒101-8002 東京都千代田区一ツ橋2-5-5
電話案内 03-5210-4000
https://www.iwanami.co.jp/

印刷・法令印刷　カバー・半七印刷　製本・松岳社

ISBN 978-4-00-061689-8　　Printed in Japan

人名索引

あ 行

か 行

さ 行

た 行

な 行

は 行

ま 行

や 行

ら・わ 行

事項索引

欧 文

あ 行

か 行

さ 行

た 行

な 行

は 行

ま 行

や・ら・わ 行

引用文献

Abe, Aya K. (2010), "Social Exclusion and Earlier Disadvantages: An Empirical Study of Poverty and Social Exclusion in Japan", *Social Science Japan Journal*, 13 (1), 5-30.

Adema, Willem (2001), "Net Social Expenditure: 2nd Edition", OECD Labour Market and Social Policy Occasional Papers No. 52 (https://www.oecd-ilibrary.org/docserver/426352083452.pdf?expires=1723270051&id=id&accname=guest&checksum=48D76995D81629EC774A7784B116513D)(国立社会保障・人口問題研究所の勝又幸子・山田篤裕による日本語訳がある http://www.ipss.go.jp/s-info/j/shiryou/NetSocx2nd.pdf).

Adema, Willem, Pauline Fron and Maxime Ladaique (2014), "How Much Do OECD Countries Spend on Social Protection and How Redistributive Are Their Tax/Benefit Systems?" *International Social Security Review*, 67 (1), 1-25.

Aldrich, Daniel (2012), *Building Resilience: Social Capital in Post-Disaster Recovery*, University of Chicago Press.

Aldrich, Daniel and Yasuyuki Sawada (2015), "The Physical and Social Determinants of Mortality in the 3.11 Tsunami", *Social Science & Medicine*, 124, 66-75.

Balestra, Carlotta and Friderike Oehler (2023), "Measuring the Joint Distribution of Household Income, Consumption and Wealth at the Micro Level", OECD Papers on Well-being and Inequalities, No. 11, OECD Publishing, Paris, https://doi.org/10.1787/f9d85db6-en (https://www.oecd.org/en/publications/measuring-the-joint-distribution-of-household-income-consumption-and-wealth-at-the-micro-level_f9d85db6-en.html).

Bonoli, Giuliano (2005), "The Politics of the New Social Policies, Providing Coverage against New Social Risks in Mature Welfare States", *Policy & Politics*, 33(3), 431-449.

Bonoli, Giuliano, Bea Cantillon and Wim Van Lancker (2017), "Social Investment and the Matthew Effect: Limits to a Strategy", in Anton Hemerijck ed., *The Uses of Social Investment*, Oxford: Oxford University Press, 66-76.

Bouget, Denis, Hugh Frazer, Eric Marlier, Sebastiano Sabato and Bart Vanhercke (2015), *Social Investment in Europe, A Study of National Policies 2015*, European Commission, European Social Policy Network (ESPN).

Brady, David and Amie Bostic (2015), "Paradoxes of Social Policy: Welfare Transfers, Relative Poverty, and Redistribution Preferences", *American Sociological Review*, 80 (2), 268-298.

CAF (Charities Aid Foundation) (2019), *CAF World Giving Index, 10th Edition, Ten Years of Giving Trends*.

Caminada Koen, Kees Goudswaard, Chen Wang and Jinxian Wang (2020), "Antipoverty Effects of Various Social Transfers and Income Taxes across Countries", *Social Indicators Research*, 154, 1055-1076.

Cingano, Federico (2014), "Trends in Income Inequality and its Impact on Economic Growth", OECD Social, Employment and Migration Working Papers, No. 163.

COVID-19 Excess Mortality Collaborators (2022), "Estimating Excess Mortality Due to the COVID-19 Pandemic: A Systematic Analysis of COVID-19-related Mortality, 2020-21",

The Lancet (https://doi.org/10.1016/S0140-6736(21)02796-3).
Dabla-Norris, Era, Kalpana Kochhar, Nujin Suphaphiphat, Frantisek Ricka and Evridiki Tsounta (2015), "Causes and Consequences of Income Inequality: A Global Perspective", IMF Staff Discussion Notes, No. 15/13.
Erman, Alvina, Sophie Anne De Vries Robbé, Stephan Fabian Thies, Kayenat Kabir and Mirai Maruo (2021), *Gender Dimensions of Disaster Risk and Resilience, Existing Evidence*, The World Bank and the Global Facility for Disaster Reduction and Recovery (GFDRR).
Esping-Andersen, Gøsta (1990), *The Three Worlds of Welfare Capitalism*, Cambridge: Polity Press. (日本語訳は岡沢憲芙・宮本太郎監訳『福祉資本主義の三つの世界――比較福祉国家の理論と動態』ミネルヴァ書房, 2001 年)
Esping-Andersen, Gøsta and John Myles (2007), "The Welfare State and Redistribution" (https://www.researchgate.net/publication/255583959_The_Welfare_State_and_Redistribution).
Estévez-Abe, Margarita and Hiroo Ide (2021), "COVID-19 and Japan's Long-Term Care System", LTC covid. org, International Long-Term Care Policy Network, CPEC-LSE.
Estévez-Abe, Margarita and Margarita León (2022), "Different Paths to Social Investment?: The Politics of Social Investment in North East Asia and Southern Europe", in Julian L. Garritzmann, Silja Häusermann and Bruno Palier eds., *The World Politics of Social Investment (Volume I): Welfare States in the Knowledge Economy*, Oxford: Oxford University Press, 404-425.
European Commission (2008), Communication from the Commission to the Council, the European Parliament, the European Economic and Social Committee and the Committee of the Regions on a Commission Recommendation on the Active Inclusion of People Excluded from the Labour Market, COM (2008) 639 {SEC (2008) 2589} {SEC (2008) 2590}.
European Commission (2010), *Europe 2020 A European Strategy for Smart, Sustainable and Inclusive Growth*, COM (2010) 2020.
European Commission (2013a), Communication from the Commission to the European Parliament, the Council, the European Economic and Social Committee and the Committee of the Regions, Towards Social Investment for Growth and Cohesion—Including Implementing the European Social Fund 2014-2020. Com (2013) 83.
European Commission (2013b), Commission Recommendation of 20. 2. 2013 Investing in Children Breaking the Cycle of Disadvantage. C (2013) 778.
European Union (2008), Commission Recommendation of 3 October 2008 on the Active Inclusion of People Excluded from the Labour Market, C (2008) 5737, *Official Journal of the European Union*, 18. 11. 2008.
Fenochietto, Ricardo and Carola Pessino (2013), "Understanding Countries' Tax Effort", IMF Working Paper WP/13/244.
Ferragina, Emanuele, Martin Seeleib-Kaiser and Thees Spreckelsen (2015), "The Four Worlds of 'Welfare Reality'—Social Risks and Outcomes in Europe", *Social Policy and Society*, 14 (2), 287-307.
Förster, Michael and Gerlinde Verbist (2012), "Money or Kindergarten? Distributive Effects of Cash Versus In-Kind Family Transfers for Young Children", OECD Social, Em-

ployment and Migration Working Papers, No. 135 (http://dx. doi. org/10. 1787/5k92vxbg pmnt-en).

Fukumoto, Kentaro, Charles T. McClean and Kuninori Nakagawa (2021), "Shut Down Schools, Knock Down the Virus? No Causal Effect of School Closures on the Spread of COVID-19", *Nature Medicine* doi: 10. 1038/s 41591-021-01571-8.

Garritzmann, Julian L., Silja Häusermann and Bruno Palier eds. (2022), *The World Politics of Social Investment (Volume I): Welfare States in the Knowledge Economy*, Oxford: Oxford University Press.

Gould, Eric and Alexander Hijzen (2016), "Growing Apart, Losing Trust? The Impact of Inequality on Social Capital", IMF Working Paper WP/16/176.

Gugushvilia, Dimitri and Tijs Laenena (2021), "Two Decades after Korpi and Palme's "Paradox of Redistribution": What Have We Learned So Far and Where Do We Take It from Here?", *Journal of International and Comparative Social Policy*, 37(2), 112-127.

Hamaaki, Junya (2016), The Incidence of Health Insurance Costs: Empirical Evidence from Japan, RIETI Discussion Paper Series 16-E-020.

Hanesch, Walter, Gerhard Bäcker and Gerhard Trabert (2015), ESPN Thematic Report on Social Investment Germany 2015. European Commission, European Social Policy Network (ESPN).

Hemerijck, Anton (2013), *Changing Welfare States*, Oxford: Oxford University Press.

Hemerijck, Anton ed. (2017), *The Uses of Social Investment*, Oxford: Oxford University Press.

Hemerijck, Anton, Stefano Ronchi and Ilze Plavgo (2023), "Social Investment as a Conceptual Framework for Analysing Well-being Returns and Reforms in 21st Century Welfare States", *Socio-Economic Review*, 21 (1), 479-500.

Hicks, Alexander and Lane Kenworthy (2003), "Varieties of Welfare Capitalism, " *Socio-Economic Review*, 1(1), 27-61.

Howard, Christopher, (1997), *The Hidden Welfare State: Tax Expenditures and Social Policy in the United States*, Princeton: Princeton University Press.

Jacques, Olivier and Alain Noël (2018), "The Case for Welfare State Universalism, or the Lasting Relevance of the Paradox of Redistribution", *Journal of European Social Policy*, 28(1), 70-85.

Jacques, Olivier and Alain Noël (2021), "Targeting within Universalism", *Journal of European Social Policy*, 31(1) 15-29.

Kenworthy, Lane (2011), *Progress for the Poor*, Oxford: Oxford University Press.

Kenworthy, Lane (2015), "A Decent and Rising Income Floor" (https://lanekenworthy.net/a-decent-and-rising-income-floor/).

Kenworthy, Lane (2016), "Shared Prosperity" (https://lanekenworthy. net/shared-prosperity/).

Korpi, Walter and Joakim Palme (1998), "The Paradox of Redistribution and Strategies of Equality: Welfare State Institutions, Inequality, and Poverty in the Western Countries", *American Sociological Review*, 63 (5), 661-689.

Langford, Ben and Tim Ohlenburg (2015), "Tax Revenue Potential and Effort, An Empirical Investigation", International Growth Centre Working Paper.

Manne, Kate (2018), *Down Girl, the Logic of Misogyny*, Oxford: Oxford University

Press.（日本語訳は小川芳範訳『ひれふせ，女たち――ミソジニーの論理』慶應義塾大学出版会，2019 年）

Mitchell, Deborah (1991), *Income Transfers in Ten Welfare States*, Aldershot: Avebury.（日本語訳は埋橋孝文・三宅洋一・伊藤忠通・北明美・伊田広行共訳『福祉国家の国際比較研究――LIS 10 カ国の税・社会保障移転システム』啓文社，1993 年）

Miura, Mari (2012), *Welfare through Work, Conservative Ideas, Partisan Dynamics, and Social Protection in Japan*, Ithaca and London: Cornell University Press.

Neumayer, Eric and Thomas Plümper (2007), "The Gendered Nature of Natural Disasters: The Impact of Catastrophic Events on the Gender Gap in Life Expectancy, 1981-2002", *Annals of the Association of American Geographers*, 97 (3), 551-566.

OECD (2008), *Growing Unequal?: Income Distribution and Poverty in OECD Countries*, Paris: OECD.

OECD (2018), *Measuring Distance to the SDG Targets 2017, An Assessment of Where OECD Countries Stand*.

OECD (2019a), *The OECD SOCX Manual 2019 Edition, A Guide to the OECD Social Expenditure Database*.

OECD (2019b), *Under Pressure: The Squeezed Middle Class*.

OECD (2021), Revenue Statistics 2021, INTERPRETATIVE GUIDE.

OECD (2023a), *Education at a Glance 2023, OECD Indicators* (https://www.oecd.org/en/publications/2023/09/education-at-a-glance-2023_581c9602.html)

OECD (2023b), *Social Expenditure (SOCX) Update 2023, The Rise and Fall of Public Social Spending with the COVID-19 Pandemic* (https://www.oecd.org/en/publications/the-rise-and-fall-of-public-social-spending-with-the-covid-19-pandemic_12563432-en.html).

OECD Health Policy Studies (2023), *Ready for the Next Crisis? Investing in Health System Resilience*.

Pessino, Carola and Ricardo Fenochietto (2010), "Determining Countries' Tax Effort", *Hacienda Pública Española / Revista de Economía Pública*, 195 (4), 65-87.

Plavgo, Ilze and Anton Hemerijck (2020), "The Social Investment Litmus Test: Family Formation, Employment and Poverty", *Journal of European Social Policy*, 31 (3), 1-15, Supplemental Material (https://sage.figshare.com/articles/journal_contribution/Supplemental_material_Supplemental_material_for_The_social_investment_litmus_test_Family_formation_employment_and_poverty/12993601).

Porte, de la Carolin and Bruno Palier (2022), "The Politics of European Union's Social Investment Initiatives", in Julian L. Garritzmann, Silja Häusermann and Bruno Palier eds., *The World Politics of Social Investment (Volume I): Welfare States in the Knowledge Economy*, Oxford: Oxford University Press, 132-170.

Rocard, Eileen, Paola Sillitti and Ana Llena-Nozal (2021), "COVID-19 in Long-term Care: Impact, Policy Responses and Challenges", OECD Health Working Papers No. 131.

Scruggs, Lyle A. and James P. Allan (2006), "Welfare-state Decommodification in 18 OECD Countries: A Replication and Revision," *Journal of European Social Policy*, 16 (1), 55-72.

Scruggs, Lyle A. and James P. Allan (2008), "Social Stratification and Welfare Regimes for the Twenty-first Century: Revisiting *The Three Worlds of Welfare Capitalism*",

World Politics, 60 (4), 642-664.
Scruggs, Lyle A. and Jonas Pontusson (2008), "New Dimensions of Welfare State Regimes in Advanced Democracies", Paper Presented at the 2008 Annual Meeting of the American Political Science Association, Boston, MA, August 28-31.
Social Protection Committee (2001), *Report on Indicators in the Field of Poverty and Social Exclusion*.
Taylor-Gooby, Peter (2004), "New Social Risks in Postindustrial Society: Some Evidence on Responses to Active Labour Market Policies from Eurobarometer", *International Social Security Review*, 57 (3), 45-64.
Titmuss, Richard M. (1958), *Essays on the 'Welfare State'*, London: Allen and Unwin.
Titmuss, Richard M. (1974), *Social Policy: An Introduction*, ed. by Abel-Smith, Brian and Kay Titmuss, London: George Allen & Unwin.
Townsend, Perter (1979), *Poverty in the United Kingdom: A Survey of Household Resources and Standards of Living*, Berkeley: University of California Press.
Townsend, Perter (1993), *International Analysis of Poverty*, London: Routledge.
van Vliet, Olaf and Chen Wang (2015), "Social Investment and Poverty Reduction: A Comparative Analysis across Fifteen European Countries", *Journal of Social Policy*, 44 (3), 611-638.
Verbist, Gerlinde, M. Förster and M. Vaalavuo (2012), "The Impact of Publicly Provided Services on the Distribution of Resources: Review of New Results and Methods", OECD Social, Employment and Migration Working Papers, No. 130 (http://dx. doi. org/10. 1787/5k9h363c5szq-en).
Verbist, Gerlinde and M. Matsaganis (2014), "The Redistributive Capacity of Services in the European Union", in Bea Cantillon and F. Vandenbroucke eds., *Reconciling Work and Poverty Reduction: How Successful Are European Welfare States?* Oxford: Oxford University Press, 185-211.
Verbist, Gerlinde (2017), "Measuring Social Investment Returns, Do Publicly Provided Services Enhance Social Inclusion?" in Anton Hemerijck ed., *The Uses of Social Investment*, Oxford: Oxford University Press, 194-204.
Yamaguchi, Shintaro, Yukiko Asai and Ryo Kambayashi (2018), "How Does Early Childcare Enrollment Affect Children, Parents, and Their Interactions?" *Labour Economics*, 55, 56-71 (https://doi. org/10. 1016/j. labeco. 2018. 08. 006).

赤石千衣子(2012)「民主党政権は母子家庭の貧困を救えたのか」,『現代思想』40(11), 187-195頁
秋朝礼恵(2016)「研究ノート　所得の観点からみたスウェーデン中間層の変容――高負担型福祉国家の正統性と中間層に関する予備的考察」,『高崎経済大学論集』59(1), 31-40頁
秋朝礼恵(2023)「スウェーデン福祉国家にみる福祉再編と支持調達」, 高端正幸・近藤康史・佐藤滋・西岡晋編『揺らぐ中間層と福祉国家――支持調達の財政と政治』ナカニシヤ出版, 251-267頁
阿部彩(2006)「相対的剥奪の実態と分析――日本のマイクロデータを用いた実証研究」, 社会政策学会編『社会政策学会誌第16号　社会政策における福祉と就労』, 251-275頁
阿部彩(2021)「貧困の長期的動向――相対的貧困率から見えてくるもの」貧困統計HP https://www. hinkonstat. net/

阿部彩(2022)「ガラパゴス化する日本のワーキング・プア対策」，宮本太郎編『自助社会を終わらせる――新たな社会的包摂のための提言』岩波書店，35-63頁
阿部彩(2024)「相対的貧困率の動向(2022年調査update)」JSPS 22H05098，https://www.hinkonstat.net/
新雅史(2012)『商店街はなぜ滅びるのか　社会・政治・経済史から探る再生の道』光文社新書
有田伸(2020)「誰が所得上昇を果たしているのか？――21世紀日本社会の「右肩上がりの人生」」，石田浩・有田伸・藤原翔編著『人生の歩みを追跡する――東大社研パネル調査でみる現代日本社会』勁草書房，23-42頁
安心社会実現会議(2009)『安心と活力の日本へ』
伊藤周平(2012)「社会保障・税一体改革と生活保護制度改革」，『現代思想』40(11)，208-227頁
伊藤正純(2015)「税収構造からみえるスウェーデンと日本の違い」，『摂南経済研究』5(1・2)，35-68頁
医療経済研究機構(2005)『医療と福祉の産業連関に関する分析研究 総合報告書』(主任研究者：宮澤健一)財団法人・医療経済研究・社会保険福祉協会医療経済研究機構
岩田正美(2021)『生活保護解体論――セーフティネットを編みなおす』岩波書店
岩田正美(2024)『私たちの社会福祉は可能か――社会福祉をイチから考え直してみる』有斐閣
岩永理恵(2011)『生活保護は最低生活をどう構想したか――保護基準と実施要領の歴史分析』ミネルヴァ書房
岩永理恵(2012)「「直感」に支配される生活保護――その最低生活概念の歴史からみる現在」，『現代思想』40(11)，112-122頁
禹宗杬(2021)「韓国の賃金――現状と課題」，『連合総研レポートDIO』34(10・11)，8-13頁
上田真理(2024)「ディーセントな生活を支える社会保障の課題」，森ます美・本田一成・緒方桂子・上田真理・連合総合生活開発研究所編『非正規という働き方と暮らしの実像――ジェンダー・法制・労働組合を問い直す』旬報社，122-144頁
上野千鶴子・樋口恵子編(2023)『史上最悪の介護保険改定?!』岩波ブックレット
エスピン＝アンデルセン，イェスタ(2009＝2011＝2022)，大沢真理監訳，共訳ほか不破麻紀子・田宮遊子・今井貴子・冨江直子・九反田(難波)早希『平等と効率の福祉革命――新しい女性の役割』岩波現代文庫(原書はGøsta Esping-Andersen，*The Incomplete Revolution, Adapting to Women's New Roles*，Cambridge：Polity Press，2009)
榎一江(2011)「戦間期の繊維産業と労働市場の変容」，『大原社会問題研究所雑誌』635・636，26-41頁
榎一江(2023)「1922年健康保険法の再検討」，『社会政策』15(2)，87-99頁
遠藤和美(2016)「健康保険における「被扶養者」概念の一考察――世帯概念に視点をおいて」，『龍谷大学大学院法学研究』18，1-22頁
OECD雇用労働社会政策局(2014)FOCUS on Inequality and Growth，https://www.oecd.org/els/soc/Focus-Inequality-and-Growth-JPN-2014.pdf
大沢真理(1986)『イギリス社会政策史――救貧法と福祉国家』東京大学出版会
大沢真理(1993＝2020)『企業中心社会を超えて――現代日本を〈ジェンダー〉で読む』岩波現代文庫
大沢真理(1996)「社会政策のジェンダー・バイアス――日韓比較のこころみ」，原ひろ子・前田瑞枝・大沢真理編『アジア・太平洋地域の女性政策と女性学』新曜社，25-96頁
大沢真理(1998)「橋本6大改革のジェンダー分析」，山脇直司・大沢真理・大森彌・松原隆一郎編『ライブラリ相関社会科学5 現代日本のパブリック・フィロソフィ』新世社，243-270頁

大沢真理(2002)『男女共同参画社会をつくる』NHK ブックス
大沢真理(2007)『現代日本の生活保障システム　座標とゆくえ』岩波書店
大沢真理(2011)「社会的経済の戦略的意義――EU と日本の 2000 年代経済社会ガバナンスを対比して」，大沢真理編著『社会的経済が拓く未来――危機の時代に「包摂する社会」を求めて』ミネルヴァ書房，13-44 頁
大沢真理(2013)『生活保障のガバナンス――ジェンダーとお金の流れで読み解く』有斐閣
大沢真理(2015)「日本の社会政策は就業や育児を罰している」，『家族社会学研究』27(1)，24-35 頁
大沢真理(2018a)「「社会への投資」としての貧困削減」，三浦まり編『社会への投資――〈個人〉を支える〈つながり〉を築く』岩波書店，165-194 頁
大沢真理(2018b)「逆機能する税・社会保障制度――アベノミクスは何をしたのか」，『経済社会とジェンダー』3，5-22 頁
大沢真理編(2019)『防災・減災と男女共同参画――2019 年 2 月 1 日 第 30 回社研シンポの要旨「2017 年度女性・地域住民から見た防災・災害リスク削減策に関する調査」報告』，東京大学社会科学研究所研究シリーズ第 66 号(https://jww.iss.u-tokyo.ac.jp/publishments/issrs/issrs/pdf/issrs_66_01.pdf)
大沢真理(2020)「アベノミクスがあらかじめ深めた「国難」」，『公法研究』82，220-233 頁
大沢真理(2022)「コロナ禍への日本政府の対応――社会政策の比較ジェンダー分析から」，『経済社会とジェンダー』7，95-123 頁
大沢真理(2024)「「男性稼ぎ主」型と「大企業本位」――淵源と形成経過」，『経営論集』71(4)，99-122 頁
大津唯・渡辺久里子(2019)「剝奪指標による貧困の測定――「生活と支え合いに関する調査」(2017)を用いて」，『季刊 社会保障研究』4(3)，275-286 頁
岡田与好(1982＝2014)『競争と結合――資本主義的自由経済をめぐって』蒼天社出版
小熊英二(2019)『日本社会のしくみ――雇用・教育・福祉の歴史社会学』講談社現代新書
奥山陽子(2024)「クオータ制の効果の政治経済分析」，三浦まり編『ジェンダー・クオータがもたらす新しい政治――効果の検証』法律文化社，246-250 頁
会計検査院(2021)「令和 2 年度決算検査報告」(https://www.jbaudit.go.jp/report/new/summary02/pdf/fy02_tokutyou_01.pdf)
閣議決定(2001)「今後の経済財政運営及び経済社会の構造改革に関する基本方針」(https://www.esri.cao.go.jp/jp/esri/prj/sbubble/data_history/7/housin01_1.pdf)
閣議決定(2008)「持続可能な社会保障構築とその安定財源確保に向けた「中期プログラム」」(https://www.kantei.go.jp/jp/kakugikettei/2008/1224tyuuki.pdf)
閣議決定(2009a)「平成 22 年度 税制改正大綱――納税者主権の確立へ向けて」(https://www.kantei.go.jp/jp/kakugikettei/2009/1222zeiseitaikou.pdf)
閣議決定(2009b)「新成長戦略(基本方針)――輝きのある日本へ」(https://www.kantei.go.jp/jp/kakugikettei/2009/1230sinseichousenryaku.pdf)
閣議決定(2013)「経済財政運営と改革の基本方針――脱デフレ・経済再生」
閣議決定(2014)「経済財政運営と改革の基本方針 2014――デフレから好循環拡大へ」
閣議決定(2015)「経済財政運営と改革の基本方針 2015――経済再生なくして財政健全化なし」
閣議決定(2016)「経済財政運営と改革の基本方針 2016――600 兆円経済への道筋」
閣議決定(2017)「経済財政運営と改革の基本方針 2017――人材への投資を通じた生産性向上」
閣議決定(2018)「経済財政運営と改革の基本方針 2018――少子高齢化の克服による持続的な成長経路の実現」

閣議決定(2019)「経済財政運営と改革の基本方針 2019——「令和」新時代：「Society 5.0」への挑戦」
閣議決定(2020)「経済財政運営と改革の基本方針 2020——危機の克服，そして新しい未来へ」
閣議決定(2021)「経済財政運営と改革の基本方針 2021——日本の未来を拓く 4 つの原動力～グリーン，デジタル，活力ある地方創り，少子化対策～」
閣議決定(2022a)「経済財政運営と改革の基本方針 2022——新しい資本主義へ～課題解決を成長のエンジンに変え，持続可能な経済を実現～」
閣議決定(2022b)「新しい資本主義のグランドデザイン及び実行計画——人・技術・スタートアップへの投資の実現」
閣議決定(2023)「経済財政運営と改革の基本方針 2023——加速する新しい資本主義～未来への投資の拡大と構造的賃上げの実現～」
閣議決定(2024)「経済財政運営と改革の基本方針 2024——賃上げと投資がけん引する成長型経済の実現」
加藤榮一(2007)『福祉国家システム』ミネルヴァ書房
金井利之(2021)『コロナ対策禍の国と自治体——災害行政の迷走と閉塞』ちくま新書
神奈川県健康医療局医療危機対策本部室(2023)『新型コロナウイルス感染症 神奈川県対応記録(保健医療編)』(https://www. pref. kanagawa. jp/documents/101951/hyoushi-p80. pdf)
金子勝(2024)『高校生からわかる 日本経済』かもがわ出版
上井喜彦(1979)「第一次大戦直後の労働政策——治警法 17 条の解釈・適用問題を中心として」，労働運動史研究会編『黎明期日本労働運動の再検討』労働旬報社，150-181 頁
禿あや美(2022)『雇用形態間格差の制度分析　ジェンダー視角からの分業と秩序の形成史』ミネルヴァ書房
岸田文雄(2022)「緊急寄稿 私が目指す「新しい資本主義」のグランドデザイン」，『文藝春秋』2022 年 2 月号，94-106 頁
木下武徳(2022)「アメリカにおけるコロナ禍の低所得層への経済給付——公的扶助を中心に」，『立教大学コミュニティ福祉研究所紀要』10，45-61 頁
金明中(2016)「社会保険料の帰着に関する先行研究や非正規雇用労働者の増加に関する考察」，ニッセイ基礎研究所『基礎研レポート』2016-10-20(https://www. nli-research. co. jp/files/topics/54122_ext_18_0. pdf)
木本喜美子編著(2018)『家族・地域のなかの女性と労働——共稼ぎ労働文化のもとで』明石書店
健康保険組合連合会(2020)『公的介護制度に関する国際比較調査 報告書』(https://www. kenporen. com/include/outline/pdf/kaigai_r01_03. pdf)
公衆衛生審議会(1997)『新しい時代の感染症対策について 報告書』(https://www. mhlw. go. jp/www1/shingi/s1208-1. html)
厚生省大臣官房統計調査部編(1964)『厚生行政基礎調査報告 昭和 39 年』
厚生省保険局・社会保険庁医療保険部監修(1974)『医療保険半世紀の記録』社会保険法規研究会
厚生労働科学研究費補助金　平成 26 年度健康安全・危機管理対策総合研究事業　地域保健対策におけるソーシャルキャピタルの活用のあり方に関する研究班(2015)「住民組織活動を通じたソーシャル・キャピタル醸成・活用にかかる手引き」
厚生労働省(2012)『平成 24 年版 厚生労働白書』
厚生労働省(2021a)『令和 3 年版 労働経済の分析』
厚生労働省(2021b)『令和 3 年版 自殺対策白書』

厚生労働省(2022)『令和 4 年版 自殺対策白書』
厚生労働省(2023a)『2022(令和 4)年 国民生活基礎調査の概況』(https://www.mhlw.go.jp/toukei/saikin/hw/k-tyosa/k-tyosa22/index.html)
厚生労働省(2023b)『令和 5 年版 厚生労働白書』
厚生労働省(2024)『令和 6 年版 自殺対策白書』
小暮かおり(2016)「日本の健康保険における出産給付の起源と給付方法の変遷――1927 年から 1945 年の制度変化に注目して」,『大原社会問題研究所雑誌』698, 38-50 頁
こども家庭庁(2025)「子ども・子育て支援金制度における給付と拠出の試算について」(https://www.cfa.go.jp/assets/contents/node/basic_page/field_ref_resources/2013c0c1-d5f0-4555-920d-80d9428893be/098afb26/20240904_policies_kodomokosodateshienkin_07.pdf)
小西杏奈(2013)「一般社会税(CSG)の導入過程の考察――90 年代のフランスにおける増税」, 井手英策編著『危機と再建の比較財政史』ミネルヴァ書房, 341-361 頁
小西杏奈(2023)「フラットな税制が支えるフランス福祉国家の動揺――財政支出削減下で問われる CSG の正当性」, 高端正幸・近藤康史・佐藤滋・西岡晋編『揺らぐ中間層と福祉国家――支持調達の財政と政治』ナカニシヤ出版, 197-213 頁
小林勇人(2012)「生活保護のワークフェア改革と地方分権化」,『現代思想』40(11), 123-139 頁
駒村康平・山田篤裕・四方理人・田中聡一郎(2010)「社会移転が相対的貧困率に与える影響」, 樋口美雄ほか編『貧困のダイナミズム――日本の税社会保障・雇用政策と家計行動』慶應義塾大学出版会, 81-101 頁
是枝俊悟(2010)「税・社会保険料の課税ベースの国際比較と提言」, 大和総研『Legal and Tax Report』(https://www.dir.co.jp/report/research/law-research/tax/10093001tax.pdf)
近藤絢子(2024)「「年収の壁」がもたらす諸問題」,『DIO 連合総研レポート』37(5), 25-28 頁
金野美奈子(2005)「家族と職場のはざまで――「男性」/「女性」の位置の変化」, 佐口和郎・中川清編著『福祉社会の歴史――伝統と変容』ミネルヴァ書房, 259-280 頁
財務省(2006)『ファイナンス別冊 平成 18 年度 税制改正の解説』
斎藤太郎(2017)「GDP 統計の改定で変わった日本経済の姿」, ニッセイ基礎研究所『Weekly エコノミスト・レター』2017-01-13
坂元晴香(2024)「新型コロナウイルス感染症流行を経て変化する日本の疾病構造」,『生活経済政策』329, 8-12 頁
佐口和郎(2018)『雇用システム論』有斐閣
佐藤滋・古市将人(2014)『租税抵抗の財政学――信頼と合意に基づく社会へ』岩波書店
里見賢治(2013)「厚生労働省の「自助・共助・公助」の特異な新解釈――問われる研究者の理論的・政策的感度」,『社会政策』5(2), 1-4 頁
四方理人(2015)「所得格差の研究動向――所得格差と人口高齢化を中心として」,『貧困研究』14, 47-63 頁
四方理人(2018)「世帯主年齢と本人年齢による所得格差の寄与度分解――格差拡大は人口高齢化によるものか?」, 四方理人・宮崎雅人・田中聡一郎編著『収縮経済下の公共政策』慶應義塾大学出版会, 3-26 頁
柴田洋二郎(2012)「フランス社会保障財源の「租税化」(fiscalisation)――議論・帰結・展開」,『海外社会保障研究』179, 17-28 頁
柴田洋二郎(2017)「フランスの医療保険財源の租税化」, 日本総研『JRI レビュー』9(48), 4-25 頁
社会局保険部編(1935)『健康保険法施行経過記録』

社会局保険部編(1937)『健康保険事業沿革史』
社会保障改革に関する有識者検討会(2010)『安心と活力への社会保障ビジョン』(https://www.cas.go.jp/jp/seisaku/syakaihosyou/kentokai/dai5/siryou.pdf)
社会保障国民会議(2008a)『中間報告』(https://warp.ndl.go.jp/info:ndljp/pid/12019971/www.kantei.go.jp/jp/singi/syakaihosyoukokuminkaigi/chukan/siryou_1.pdf)
社会保障国民会議(2008b)『最終報告』(https://warp.ndl.go.jp/info:ndljp/pid/8731269/www.kantei.go.jp/jp/singi/syakaihosyoukokuminkaigi/saishu/siryou_1.pdf)
社会保障審議会生活保護基準部会(2013)「社会保障審議会生活保護基準部会報告書」
社会保障制度改革国民会議(2013)『社会保障制度改革国民会議報告書――確かな社会保障を将来世代に伝えるための道筋』(https://warp.ndl.go.jp/info:ndljp/pid/8295038/www.kantei.go.jp/jp/singi/kokuminkaigi/pdf/houkokusyo.pdf)
社会保障制度審議会(1994)『社会保障将来像委員会第2次報告』
自由民主党(1979)『研修叢書8　日本型福祉社会』
自由民主党政務調査会編(2012)「重点政策 2012」,『政策特報』(1415):2012.12.15, 自由民主党資料頒布会
新型インフルエンザ(A/H1N1)対策総括会議(2010)『新型インフルエンザ(A/H1N1)対策総括会議報告書』(https://www.mhlw.go.jp/bunya/kenkou/kekkaku-kansenshou04/dl/infu100610-00.pdf)
シングルマザー調査プロジェクト(2021)『コロナ禍におけるひとり親世帯の子どもの状況 2021.4.25』(https://note.com/single_mama_pj/n/nf3ffc9528378)
神野直彦(2010)税制調査会専門家委員会委員長「議論の中間的な整理」(2010年度第2回 税制調査会(6月22日)資料のうちhttps://www.cao.go.jp/zei-cho/history/2009-2012/gijiroku/zeicho/2010/__icsFiles/afieldfile/2010/11/24/22zen2kai3.pdf)
鈴木恭子(2023)「コロナショックにおける「レジリエンス」――回復の軌跡における異質性」,樋口美男／労働政策研究・研修機構編『検証・コロナ期日本の働き方――意識・行動変化と雇用政策の課題』慶應義塾大学出版会,283-306頁
税制調査会(2005)基礎問題小委員会「個人所得課税に関する論点整理」(https://www.cao.go.jp/zei-cho/history/1996-2009/etc/2005/pdf/170621.pdf)
税制調査会(2006)「平成19年度の税制改正に関する答申――経済活性化を目指して」(https://www.cao.go.jp/zei-cho/history/1996-2009/etc/2006/181201a.html)
税制調査会(2007)答申「抜本的な税制改革に向けた基本的考え方」(https://www.cao.go.jp/zei-cho/history/1996-2009/etc/2007/pdf/191120a.pdf)
税制調査会(2015)「経済社会の構造変化を踏まえた税制のあり方に関する論点整理」(https://www.cao.go.jp/zei-cho/shimon/seiri271113.html)
税制調査会(2019)答申「経済社会の構造変化を踏まえた令和時代の税制のあり方」(https://www.cao.go.jp/zei-cho/shimon/1zen28kai1_2.pdf)
税制調査会(2023)答申「わが国税制の現状と課題――令和時代の構造変化と税制のあり方」(https://www.cao.go.jp/zei-cho/shimon/5zen27kai_toshin.pdf)
政府・与党社会保障改革検討本部(2011)「社会保障・税一体改革成案」(http://www.cas.go.jp/jp/seisaku/syakaihosyou/kentohonbu/pdf/230630kettei.pdf)
全世代型社会保障構築会議(2022)「全世代型社会保障構築会議報告書――全世代で支え合い,人口減少・超高齢社会の課題を克服する」(https://www.cas.go.jp/jp/seisaku/zensedai_hosyo/pdf/20221216houkokusyo.pdf)
総務省政策統括官(統計担当)(2018)「諮問第117号の概要(全国消費実態調査及び家計調査の変

更)」(https://www.soumu.go.jp/main_content/000576489.pdf)
総務省統計局(2021a)『2019年全国家計構造調査関連情報』「所得に関する結果及び家計資産・負債に関する結果――結果の概要」(https://www.stat.go.jp/data/zenkokukakei/2019/pdf/gaiyou0518.pdf)
総務省統計局(2021b)『2019年全国家計構造調査関連情報』「年間収入・資産分布等に関する結果――結果の概要」(https://www.stat.go.jp/data/zenkokukakei/2019/pdf/gaiyou0831.pdf)
高橋康二(2021)「コロナ離職と収入低下」,『JILPTリサーチアイ』63
高山直樹・前田知温・鈴木大地・室屋孟門・平山智基・山岸圭輔(2017)「平成27年度国民経済計算年次推計の概要について」,『季刊国民経済計算』161, 1-30頁
竹内麻貴(2018)「現代日本におけるMotherhood Penaltyの検証」,『フォーラム現代社会学』17, 93-107頁
武田宏子(2016)「「再生産」とガバナンス――政治社会学から」, 東京大学社会科学研究所・大沢真理・佐藤岩夫編『ガバナンスを問い直す[I] 越境する理論のゆくえ』東京大学出版会, 161-191頁
竹信三恵子(2021＝2025)『増補版 賃金破壊――労働運動を「犯罪」にする国』旬報社
竹信三恵子(2023)『女性不況サバイバル』岩波新書
田近栄治・八塩裕之(2008)「所得税改革――税額控除による税と社会保険料負担の一体調整」,『季刊 社会保障研究』44(3), 291-306頁
橘木俊詔・浦川邦夫(2006)『日本の貧困研究』東京大学出版会
田中聡一郎(2021)「所得貧困, 資産貧困, 経済的不安定――『2019年全国家計構造調査』の検討を通じて」,『週刊社会保障』75(3140), 48-53頁
田端博邦(1988)「福祉国家論の現在」, 東京大学社会科学研究所編『転換期の福祉国家[上]』東京大学出版会, 3-75頁
男女共同参画室(総理府)編(1997)『男女共同参画2000年プラン＆ビジョン』大蔵省印刷局
地域保健対策検討会(2012)『地域保健対策検討会報告書――今後の地域保健対策のあり方について』
鶴田立一(2003)「公的支出の経済波及効果――地域産業連関分析による考察」, 日本政策投資銀行『地域政策調査』15
寺内順子・稲葉美奈子・村田くるみ／一人親家庭からの発言(仮名)＝濱田恵美・高橋恵子(2021)「座談会 コロナ禍で困窮するシングルマザー・若者・学生――支援施策と今後のあり方」,『経済』312, 64-74頁
統計委員会(2016)「諮問第82号の答申　国民生活基礎調査の変更について」(https://www.soumu.go.jp/main_sosiki/singi/toukei/inquiry/tousin/tousin_82.html)
統計委員会(2018a)「諮問第117号の答申　全国消費実態調査及び家計調査の変更について」(https://www.soumu.go.jp/main_content/000590415.pdf)
統計委員会(2018b)「諮問第118号の答申　国民生活基礎調査の変更について」(https://www.soumu.go.jp/main_content/000590416.pdf)
内閣府(2009)『平成21年度 年次経済財政報告』
内閣府(2021a)『日本経済2020-2021』
内閣府(2022)『令和4年版 男女共同参画白書』
内閣府政策統括官(政策調整担当)(2021)『令和3年 子供の生活状況調査の分析 報告書』(https://warp.da.ndl.go.jp/info:ndljp/pid/12772297/www8.cao.go.jp/kodomonohinkon/chousa/r03/pdf-index.html)

内閣府・総務省・厚生労働省(2015)「相対的貧困率等に関する調査分析結果について」(https://www.mhlw.go.jp/seisakunitsuite/soshiki/toukei/dl/tp151218-01_1.pdf)
中川清(2005)「家族生活と社会政策の関係史――近現代日本を概観する試み」,佐口和郎・中川清編著『福祉社会の歴史――伝統と変容』ミネルヴァ書房,281-322頁
中島将隆(2013)「なぜ赤字国債の無制限発行が可能になったか」,『証券経済研究』81,17-35頁
永瀬伸子(1995)『女子の就業選択について』東京大学博士(経済学)論文
永瀬伸子(2024)『日本の女性のキャリア形成と家族――雇用慣行・賃金格差・出産子育て』勁草書房
西下彰俊(2020)「日本と韓国における介護保険制度および在宅高齢者に対するケアマネジメントの比較分析」,『東京女子大学社会学年報』8,17-37頁
西村万里子(1990)「日本最初の健康保険法(1922年)の成立と社会政策――救済事業から社会政策への転換」,『三田学会雑誌』83(特別号-Ⅰ),138-154頁
西山隆行(2023)「アメリカにおける福祉国家・税をめぐる政治と「中間層」」,高端正幸・近藤康史・佐藤滋・西岡晋編『揺らぐ中間層と福祉国家――支持調達の財政と政治』ナカニシヤ出版,233-249頁
日本医師会医療政策会議(2018)『平成28・29年度医療政策会議報告書 社会保障と国民経済――医療・介護の静かなる革命』日本医師会(https://www.med.or.jp/dl-med/nichikara/isei/isei29.pdf)
日本学術会議 人口縮小社会における問題解決のための検討委員会(2023)「報告 深化する人口縮小社会の諸課題――コロナ・パンデミックを超えて」(https://www.scj.go.jp/ja/info/kohyo/pdf/kohyo-25-h230926-1.pdf)
日本経済団体連合会(2024)『FUTURE DESIGN 2040「成長と分配の好循環」――公正・公平で持続可能な社会を目指して』(https://www.keidanren.or.jp/policy/2024/082.html)
野田昌吾(2016)「ドイツ保守政治空間の変容――キリスト教民主・社会同盟の「復活」とその背景」,水島治郎編『保守の比較政治学――欧州・日本の保守政党とポピュリズム』岩波書店,195-217頁
ノーブル,G.W.(2016)「消費税増税と日本のガバナンス」,東京大学社会科学研究所・大沢真理・佐藤岩夫編『ガバナンスを問い直す[II] 市場・社会の変容と改革政治』東京大学出版会
橋本健二(2009=2013)『増補新版「格差」の戦後史――階級社会 日本の履歴書』河出ブックス
パットナム,ロバート・D(2000=2006),柴内康文訳『孤独なボウリング――米国コミュニティの崩壊と再生』柏書房(原書はPutnam, Robert D. (2000), *Bowling Alone: The Collapse and Revival of American Community*, New York: Simon & Schuster)
濱秋純哉(2016)「社会保険料の帰着についての実証的研究」,科学研究費助成事業 研究成果報告書,法政大学学術機関リポジトリ(https://hdl.handle.net/10114/13414)
濱口桂一郎(2010)「EUの新成長戦略――知的で持続可能で包摂的な成長」,『生活経済政策』159,35-40頁
濵田江里子・金成垣(2018)「社会的投資戦略の総合評価」,三浦まり編『社会への投資――〈個人〉を支える〈つながり〉を築く』岩波書店,3-30頁
原田啓一郎(2020)「研究ノート 健康保険法における家族療養費の創設過程に関する覚書――職員健康保険法の視点から」,『駒澤大學法學部研究紀要』79,61-117頁
尾藤廣喜(2012)「「生活保護バッシング」を超えて――今こそ問われる「生存権」保障の意義」,『現代思想』40(11),69-83頁

兵藤釗(1997)『労働の戦後史 上』東京大学出版会
樋口陽一(1984)「日本憲法学と「福祉」問題――「福祉」シンボルの憲法論上の役割」，東京大学社会科学研究所編『福祉国家4 日本の法と福祉』東京大学出版会，59-103頁
福田直人(2021)『ドイツ社会国家における「新自由主義」の諸相――赤緑連立政権による財政・社会政策の再編』明石書店
藤原千沙(2004)「女性の所得保障と公的扶助」，大沢真理編『叢書 現代の経済・社会とジェンダー4 福祉国家とジェンダー』明石書店，199-232頁
古市将人(2023)「スウェーデン財政の構造変化と人々の分断――2000年代の所得データ及び国際世論調査を用いた分析」，高端正幸・近藤康史・佐藤滋・西岡晋編『揺らぐ中間層と福祉国家――支持調達の財政と政治』ナカニシヤ出版，233-249頁
松本勝明(2012)「ドイツにおける社会保障財源の見直し」，『海外社会保障研究』179，4-16頁
丸山里美(2020)「世帯内資源配分に関する研究にみる「世帯のなかに隠れた貧困」」，『大原社会問題研究所雑誌』739，8-21頁
水島治郎(2018)「自律・参加・コミュニティ――オランダにおける社会的投資戦略への転換」，三浦まり編『社会への投資――〈個人〉を支える〈つながり〉を築く』岩波書店，31-58頁
宮下さおり(2022)『家族経営の労働分析――中小企業における家父長制の構造とジェンダー』ミネルヴァ書房
宮本太郎(2024)「少子化対策はスウェーデンの苦闘の歴史から学べ――2度の人口危機を乗り越えた国の新たな挑戦」，『中央公論』2024年7月号，118-125頁
武藤香織(2022)「公衆衛生・医療の観点からみたジェンダー格差」，『学術の動向』2022年2月号，29-34頁
茂住政一郎(2023)「「中間層の危機」と「国家と他者への不信」をもたらすアメリカ連邦財政」，高端正幸・近藤康史・佐藤滋・西岡晋編『揺らぐ中間層と福祉国家――支持調達の財政と政治』ナカニシヤ出版，79-98頁
持田信樹(2014)「ソブリン危機と福祉国家財政」，持田信樹・今井勝人編『ソブリン危機と福祉国家財政』東京大学出版会，1-20頁
森周子(2018)「社会手当の展開」，田多英範編『『厚生(労働)白書』を読む――社会問題の変遷をどう捉えたか』ミネルヴァ書房，247-266頁
森周子(2020)「介護手当と家族介護――ドイツの動向から考える」，『日本労働研究雑誌』719，27-37頁
森ます美・浅倉むつ子編著(2022)『同一価値労働同一賃金の実現――公平な賃金制度とプロアクティブモデルをめざして』勁草書房
森信茂樹(2019)「平成の税制を振り返る(その3) 所得再分配機能の回復」，東京財団政策研究所連載コラム「税の交差点」61(https://www.tkfd.or.jp/research/detail.php?id=3106)
森信茂樹(2024)「ベーシックインカムと給付付き税額控除――デジタル・セーフティネットの提言」，財務省財務総合政策研究所『フィナンシャル・レビュー』157，4-31頁
八塩裕之(2015)「日本の勤労所得課税の実態――スウェーデンとの比較をもとに」，『会計検査研究』52，27-44頁
山口一男(2017)『働き方の男女不平等――理論と実証分析』日本経済新聞出版社
山口慎太郎(2019)「保育政策の意図せざる帰結」，『日本労働研究雑誌』707，21-34頁
横山和彦・田多英範編著(1991)『日本社会保障の歴史』学文社
米村滋人(2023)「なぜ日本のコロナ対策は失敗を続けるのか――行政と専門家の構造的問題に目を向けよ」，『世界』966(2023年2月号)，189-198頁
リクルートワークス研究所(2020)『リスキリング――デジタル時代の人材戦略』(https://

www. works-i. com/research/report/reskilling2020. html)
リュ・ジョンヒ（2021），河昇彬訳「多次元的な子どもの貧困の現況と課題」，五石敬路，ノ・デミョン，王春光編著『日中韓の貧困政策――理論・歴史・制度分析』明石書店，258-279頁
労働政策研究・研修機構（2021）「新型コロナウイルス感染症関連情報――新型コロナが雇用・就業・失業に与える影響　国際比較統計：産業別就業者の増減および女性割合（2020年7-9月期）」，（2021年1月28日更新，https://www. jil. go. jp/kokunai/statistics/covid-19/f/f07. html）
労働政策研究・研修機構（2024）『データブック国際労働比較 2024』（https://www. jil. go. jp/kokunai/statistics/databook/2024/index. html）
和田有美子・木村光彦（1998）「研究ノート 戦後日本の貧困――低消費世帯の計測」，『季刊 社会保障研究』34（1），90-102頁
渡邉将史（2008）「社会保障費2,200億円削減への対応――政管健保国庫補助額特例措置法案」，『立法と調査』279，24-31頁